Jahrbuch für Musikwirtschafts- und Musikkulturforschung

Reihe herausgegeben von
C. Winter, Hannover, Deutschland
M. Lücke, Berlin, Deutschland

Das neue *Jahrbuch für Musikwirtschafts- und Musikkulturforschung* **[JMMF]** der GMM e.V. ist mit der Reihe „Musikwirtschafts- und Musikkulturforschung" verbunden und wie sie überdisziplinär angelegt. Es dokumentiert aktuelle Forschung, Diskussionen, Publikationen und Veranstaltungen insbesondere zu Entwicklungen der Musikwirtschaft und Musikkultur und ist als thematisches und zugleich offenes Forum konzipiert. Als begutachtete und bewusst inter- und transdisziplinäre Fachpublikation lädt das JMMF sowohl zu thematischen Forschungsbeiträgen, zu aktuellen Forschungsbeiträgen sowie auch zu Rezensionen und Veranstaltungsbesprechungen ein. Vorgesehen sind für jedes Jahrbuch neben Beiträgen zu Titel und Thema jedes Jahrbuchs weiter Beiträge, die rechtliche, politische, ästhetische o.ä. Aspekte aktueller Entwicklungen in Musikwirtschaft und Musikkultur thematisieren.

Weitere Bände in der Reihe http://www.springer.com/series/15573

Lorenz Grünewald-Schukalla
Martin Lücke · Matthias Rauch
Carsten Winter
(Hrsg.)

Musik und Stadt

Jahrbuch für Musikwirtschafts- und
Musikkulturforschung 2/2018

Springer VS

Hrsg.
Lorenz Grünewald-Schukalla
Berlin, Deutschland

Martin Lücke
Berlin, Deutschland

Matthias Rauch
Mannheim, Deutschland

Carsten Winter
Hannover, Deutschland

ISSN 2524-3101   ISSN 2524-311X   (electronic)
Jahrbuch für Musikwirtschafts- und Musikkulturforschung
ISBN 978-3-658-23772-1   ISBN 978-3-658-23773-8   (eBook)
https://doi.org/10.1007/978-3-658-23773-8

Die Deutsche Nationalbibliothek verzeichnet diese Publikation in der Deutschen National-
bibliografie; detaillierte bibliografische Daten sind im Internet über http://dnb.d-nb.de abrufbar.

Verantwortlich im Verlag: Barbara Emig-Roller

Springer VS ist ein Imprint der eingetragenen Gesellschaft Springer Fachmedien Wiesbaden GmbH
und ist ein Teil von Springer Nature
Die Anschrift der Gesellschaft ist: Abraham-Lincoln-Str. 46, 65189 Wiesbaden, Germany

Inhalt

Thematische Beiträge

Musik und Land

Buchrezensionen

Veranstaltungsbesprechungen

Autor_innen

Verena Blättermann, M.A., Jahrgang 1985, war ab 2014 Referentin für Öffentlichkeitsarbeit und politische Kommunikation sowie von 2017 bis September 2018 zudem stellvertretende Geschäftsführerin beim Verband unabhängiger Musikunternehmen e. V. (VUT) in Berlin. Sie hat zunächst Sprache, Kultur, Translation (B.A.) an der Johannes Gutenberg-Universität Mainz studiert und Auslandssemester in Spanien und Schweden verbracht. Von 2011 bis 2013 studierte sie Kultur- und Medienmanagement (M.A.) am Institut für Kultur- und Medienmanagement der Freien Universität Berlin.

Frédéric Döhl, PD Dr. phil. habil. Ass. iur., 1978, Musikwissenschaftler und Jurist, ist derzeit Strategiereferent für Digital Humanities im Leitungsstab der Generaldirektion der Deutschen Nationalbibliothek sowie wissenschaftlicher Koordinator für Musikjournalismus am Institut für Musik und Musikwissenschaft der TU Dortmund, zuvor u. a. von 2007-2014 am SFB 626 Ästhetische Erfahrung im Zeichen der Entgrenzung der Künste an der FU Berlin. Promotion 2008 mit ...that old barbershop sound. Die Entstehung einer Tradition amerikanischer A-Cappella Musik (Stuttgart 2009), Habilitation 2015 mit Mashup in der Musik. Fremdreferenzielles Komponieren, Sound Sampling und Urheberrecht (Bielefeld 2016). Weitere Publikationen u. a. André Previn Musikalische Vielseitigkeit und ästhetische Erfahrung (Stuttgart 2012) sowie die mitherausgegebenen Sammelbände Musik bei Ken Russell (Kiel 2011), Konturen des Kunstwerks. Zur Frage von Relevanz und Kontingenz (Paderborn 2013), Zitieren, Appropriieren, Samplen. Referenzielle Verfahren in den Gegenwartskünsten (Bielefeld 2014), Prekäre Genres. Zur Ästhetik peripher, apokrypher und liminaler Gattungen (Bielefeld 2015), Musik und Narration. Philosophische und musikästhetische Perspektiven (Bielefeld 2015), In Search of the „Great American Opera". Tendenzen des ameri-

kanischen Musiktheaters (Münster 2016) und Musik aus zweiter Hand. Beiträge zur kompositorischen Autorschaft (Laaber 2017).
Kontakt: frederic.doehl@fu-berlin.de

Lorenz Grünewald-Schukalla, M.A., Jahrgang 1987, ist seit 2014 Geschäftsführer der Gesellschaft für Musikwirtschafts- und Musikkulturforschung (GMM). Nach dem Musikstudium an der Popacademie Enschede (NL, Hauptfach Gitarre) und einem Masterstudiengang in Musik und Medien am Institut für Journalistik und Kommunikationswissenschaften Hannover arbeitet er an seiner Promotion zu Branding mit Musik. Seine Arbeitsschwerpunkte liegen in der Schnittstelle von Mediensoziologie, Cultural Studies und Management-Forschung. So ist er Ko-Herausgeber des Jahrbuchs für Musikwirtschafts- und Musikkulturforschung. Zu seinen jüngeren Publikationen zählen Artikel zu YouTubes Musikkultur zwischen Co-Creation und Kommerzialisierung oder zur Methodologie kultureller Musikwirtschaftsforschung sowie ein Special Issue zu Internet-Memes zwischen Originalität und Viralität.
Kontakt: lgs@posteo.de

Yao Houphouet, B.Sc., Jahrgang 1983, ist als Kulturmanager und Trainer in den Bereichen Medienerziehung und Kulturvermittlung tätig. Nach seinem Abitur studierte er an der Gerhard-Mercator Universität Duisburg-Essen angewandte Kommunikations- und Medienwissenschaften mit dem Schwerpunkt Kommunikationspsychologie. Im Jahr 2006 gründete er den Verein Ensible, dessen 1. Vorstandsvorsitzender er bis heute ist. Für den Verein konzipierte er verschiedene, mehrfach ausgezeichnete Projekte, darunter das Social Network Training, eine Workshopreihe zur medialen Erziehung für weiterführende Schulen in NRW. Von 2013 bis 2015 war Yao Houphouet Leiter des Projekts create music, das unter Trägerschaft der Landesmusikakademie NRW in dieser Zeit mehr als 2.000 junge Musiker_innen, Festivals und Konzertgruppen in ihrer Band- und Projektarbeit förderte. Seit 2016 ist Houphouet hauptamtlich für den Ensible e. V. tätig und leitet die Jugendkulturprojekte der Youth&Arts-Reihe.
Kontakt: yao@youth-and-arts.nrw

Anita Jóri, Dr., Jahrgang 1985, ist wissenschaftliche Mitarbeiterin am Vilém Flusser Archiv an der Universität der Künste (UdK) Berlin. 2010 hat Anita Jóri ihr Studium an der Eötvös-Loránd-Universität Budapest (ELTE) mit einem MA in Geschichte, Pädagogik und angewandter Linguistik, 2017 ihre Promotion mit ihrer Doktorarbeit mit dem Titel „The discourse community of electronic dance music" abgeschlossen. Im Verlauf ihres Studiums erhielt Anita Jóri verschiedene Stipendien, etwa für Auslandsstudien in Prag, Vilnius und Berlin. Zuvor war sie an der Hochschule

Macromedia (Berlin) und an der Universität Pécs (Ungarn) als wissenschaftliche Mitarbeiterin tätig und war an einigen Forschungsprojekten beteiligt.

Martin Lücke, Prof. Dr., Jahrgang 1974, studierte Musik-, Geschichts- und Sozialwissenschaft und promovierte zum Thema Jazz in totalitären Systemen an der Ruhr-Universität Bochum. Seit 2009 ist er Professor für Musikmanagement an der Hochschule Macromedia, zunächst am Campus München, seit 2013 in Berlin. Martin Lücke ist u. a. Autor des Lehrbuchs „Management in der Musikwirtschaft" (Kohlhammer) und Herausgeber des Jahrbuchs für Musikwirtschaftsforschung (Springer VS). Aktuell ist er Beirat der Gesellschaft für Musikwirtschafts- und Musikkulturforschung (GMM).

Dennis Mathei, M.A., geb. 1979, studierte Musikwissenschaft (Folkwang Universität) und Medienwissenschaft (Ruhr-Universität Bochum). In seiner Promotion untersucht er „Die Produktivität von Micro Indie-Szenen". Er arbeitet als selbstständiger Dozent. Seine Lehr- und Forschungsschwerpunkte liegen in den Bereichen Popmusik, Medien- und Musikkulturen sowie Medienpädagogik. Er ist musikalisch als DJ (Der Diskotier) und Produzent (Pechuga de Pollodiablo) aktiv. Publikationen: „Oh my god – it's techno music!". Osnabrück: epos Verlag, 2012. Szeneproduktivität: Die Bedeutung kollektiver Produktion und Kreativität in Micro Indie-Szenen. In: Holger Schwetter, Hendrik Neubauer, Dennis Mathei, Produktivität von Musikkulturen, Wiesbaden: Springer, 2018.
Kontakt: kontakt@de-mathei.de

Hendrik Neubauer, Dr. phil., Jahrgang 1980. Zwischen 2004 und 2015 Studium der Musikwissenschaft, Medienwissenschaft und Kulturwissenschaft in Paderborn, Bonn und Kassel als Stipendiat der Hans-Böckler-Stiftung, abgeschlossen mit der Promotion im Fach Musikwissenschaft. Zwischen 2013 und 2016 Wissenschaftlicher Mitarbeiter am Institut für Musik der Universität Kassel. 2015–2017 Lehrbeauftragter an der Musikakademie der Stadt Kassel ‚Louis Spohr'. 2018 Mitherausgeber des Themenbandes ‚Die Produktivität von Musikkulturen' in der Reihe Musikwirtschafts- und Musikkulturforschung bei Springer VS, Wiesbaden. Vorträge, Publikationen und Lehrveranstaltungen zu den Arbeitsschwerpunkten Musik-Kontext-Analyse, Musikalische Interaktion, Musikalische Urteilsbildung und Systemtheorie bezüglich Musikkulturen des 20. und 21. Jahrhunderts.
Kontakt: kontakt@hendrikneubauer.de.

Matthias Rauch, Dr. phil., Jahrgang 1978, leitet seit 2017 den Geschäftsbereich *Kulturelle Stadtentwicklung* für Startup Mannheim. Matthias Rauch ist derzeit stellvertretender Vorsitzender der Gesellschaft für Musikwirtschafts- und Musik-kulturforschung (GMM). Er studierte Amerikanistik, Betriebswirtschaftslehre, Medien- und Kommunikationswissenschaft, Geschichte und Soziologie an den Universitäten Mannheim und Heidelberg. Von 2007-2010 war er Promotionsstipendiat im Promotionskolleg *Formations of the Global* an der Universität Mannheim und im Jahr 2010 *Visiting Research Fellow* an der York University, Toronto. Matthias Rauch hatte bzw. hat Lehraufträge u. a. an der Universität Mannheim, der SRH Hochschule Heidelberg und der Popakademie Baden-Württemberg inne. Zudem ist er seit fast 20 Jahren als freier Autor für Print- und Online-Medien tätig. Von 2013-2014 leitete er die Presse- und Öffentlichkeitsarbeit des Clustermanagements Musikwirtschaft Mannheim & Region und übernahm im Anschluss die Leitung des Clustermanagements Musikwirtschaft (2014-2016). Seine Lehr- und Forschungs-schwerpunkte sind populäre Musik & Kultur, Musik- und Kulturmanagement, kreative Stadtentwicklung sowie kulturelle Globalisierung.
Kontakt: rauch@startup-mannheim.de

Nicolas Ruth, Dr. phil., Jahrgang 1986, ist wissenschaftlicher Mitarbeiter im Arbeitsbereich Medien- und Wirtschaftskommunikation am Institut Mensch-Computer-Medien der Universität Würzburg.. Er studierte Musikwissenschaft an der Universität Gießen sowie „Populäre Musik und Medien" (Musik-, Medien- und Wirtschaftswissenschaft) an der Universität Paderborn. 2018 promovierte er zum Thema Repräsentation und Wirkung prosozialer Musik. Von 2009 bis 2014 arbeitete er als Assistant Manager Mitte & West bei Emergenza Festival. Seine Forschungsschwerpunkte sind Rezeption und Wirkung populärer Musik und Musikmanagement.
Kontakt: nicolas.ruth@uni-wuerzburg.de

Bastian Schulz, M.A., Jahrgang 1984, ist Marketing- und Projektmanager und treibt freiberuflich die digitale Entwicklung von Musik-, Kultur- und Festivalmachern an. Er studierte an der Universität Paderborn sowie der Høgskolen i Lillehammer (NO) Medien- und Musikwissenschaften, bevor er seinen Master „Medien und Musik" am Institut für Journalistik und Kommunikationsforschung (IJK) in Hannover absolvierte. Seine Masterarbeit schrieb er über „Das Phänomen Pop-Festival" und die Wertschöpfungsprozesse des deutschen Festivalmarktes.
Kontakt: kontakt@baschulz.de

Benedikt Spangardt, Dr. phil., Jahrgang 1986, ist seit 2018 Pressesprecher der Stadt Lünen im östlichen Ruhrgebiet. Von 2012 bis 2018 war er wissenschaftlicher Mitarbeiter im Arbeitsbereich Medien- und Wirtschaftskommunikation am Institut Mensch-Computer-Medien der Universität Würzburg und hat dort vor allem zu Unternehmenswerbung, zum Zusammenspiel von Werbung und Musik sowie zu Musik im Radio geforscht. Er studierte Kommunikationswissenschaft und Politikwissenschaft an der Universität Münster sowie „Medien und Musik" an der Hochschule für Musik, Theater und Medien Hannover.
Kontakt: benedikt.spangardt.02@luenen.de

Frederik Timme, M.A., geboren 1986 in Hamburg, ist als Medien- und Kulturmanager tätig. Nach seinem Musikstudium an der Westfälischen Wilhelms-Universität Münster absolvierte er den Masterstudiengang „Musik und Medien" am Institut für Journalistik und Kommunikationsforschung der HMTM Hannover. Anschließend arbeitete er als freischaffender Dozent für zahlreiche Bildungseinrichtungen und wirkte an verschiedensten Medien- und Kulturprojekten mit. Sein primäres Interesse, sowohl in Forschung als auch in seiner beruflichen Tätigkeit, gilt der Schnittstelle zwischen den Bereichen Medien, IT und Kultur.
Kontakt: frederik.timme@gmx.de

Carsten Winter, Dr. phil. habil., Jahrgang 1966, ist seit 2007 Universitätsprofessor für Medien- und Musikmanagement am Institut für Journalistik und Kommunikationsforschung (IJK) an der Hochschule für Musik, Theater und Medien Hannover. Carsten Winter studierte u. a. *Angewandte Kulturwissenschaften* (Kommunikation, Medien und BWL) in Lüneburg und war u. a. Sprecher der *DGPuK*-FG „Soziologie der Medienkommunikation" (1999-2005) und Gründungsvorsitzender der *Gesellschaft für Musikwirtschafts- und Musikkulturforschung e. V.* (bis 2016), deren Beirat er aktuell angehört. Er ist Sprecher des Masterprogramms „Medien und Musik", Boardmember in der *International Music Business Research Association e. V.* (IMBRA), Herausgeber des *International Journal of Music Business Research* (IJMBR, mit D. Collopy und P. Tschmuck) und der Reihe *Musikwirtschafts- und Musikkulturforschung* bei Springer VS (gemeinsam mit M. Lücke, P. Tschmuck und M. Rauch). Schwerpunkte in Lehre und Forschung sind insbes. Strategisches Medien- und Musikmanagement, Medien-, Kultur- und Gesellschaftstheorie, Medienökonomie, Medienentwicklung und Mediengeschichte. Zu seinen mehr als 80 veröffentlichten Artikeln und 20 veröffentlichten Büchern zählen u. a.: *Kulturwissenschaft* (1996), *Grundlagen des Medienmanagements* (1999f., mit M. Karmasin), *Cultural Studies* (1999, mit R. Bromley & U. Göttlich), *Kulturwandel*

und Globalisierung (2000, mit C.-Robertson) und *Connectivity, Networks and Flows.* (2008, mit A. Hepp, F. Krotz & S. Moores).
Kontakt: Carsten.Winter@ijk.hmtm-hannover.de

Johannes Salim Ismaiel-Wendt, Prof. Dr., Jahrgang 1973, ist seit 2012 Professor für Musiksoziologie an der Stiftung Universität Hildesheim. Er ist Vorstandsmitglied im Zentrum für Bildungsintegration (www.zbi.uni-hildesheim.de). Er war zunächst tätig als staatlich anerkannter Erzieher, studierte Kulturwissenschaft, Musikwissenschaft und Soziologie in Bremen und promovierte dort auch. Von 2010-2012 war er wissenschaftlicher Mitarbeiter am Haus der Kulturen der Welt in Berlin. Seine Lehr- und Forschungsschwerpunkte sind Popular Music and Postcolonial Studies. Aktuelle Buchveröffentlichungen: post_PRESETS. Kultur, Wissen und populäre MusikmachDinge (2016) sowie mit Alan Fabian Herausgeber des Sammelbandes Musikformulare und Presets. Musikkulturalisierung und Technik/Technologie (2018) – beide auch online verfügbar (open access).
Kontakt: ismaielw@uni-hildesheim.de

Einleitung: Musik und Stadt

Entwicklung, Profilierung und Positionierung – eine Hinführung zum Jahrbuch und seinen Beiträgen

1

Carsten Winter, Lorenz Grünewald-Schukalla, Martin Lücke und Matthias Rauch

1.1 Das Jahrbuch für Musikwirtschafts- und Musikkulturforschung

Mit der Gründung der Gesellschaft für Musikwirtschafts- und Musikkulturforschung e. V. (GMM) wurde die Publikation eines Jahrbuches angeregt. Dieses neue *Jahrbuch für Musikwirtschafts- und Musikkulturforschung* [JMMF] sollte explizit überdisziplinär angelegt sein und als thematisches und zugleich offenes Forum aktuelle Forschung, Diskussionen, Publikationen und Veranstaltungen zu Entwicklungen der Musikwirtschaft und Musikkultur dokumentieren. Die Jahrbücher sollen in einzelnen Beiträgen den Stand der Forschung ebenso aufarbeiten, wie sie über aktuelle Publikationen und Veranstaltungen informieren und eine Plattform auch für den wissenschaftlichen Nachwuchs sein sollen.

Musikwirtschafts- und Musikkulturforschung ist in diesen Jahrbüchern nicht als disziplinäre Forschung konzipiert, sondern als ein Forschungsfeld, das situativ und interdisziplinär auf Problemlagen und neue Fragen reagiert und diese zugleich auch aufwirft. Im Zentrum stehen reale Probleme und Fragen: in diesem Jahrbuch, das als erstes Jahrbuch der Reihe geplant war und das aufgrund einer Verkettung von unglücklichen Verzögerungen nun als JMMF 2018/2 im Doppelpack mit dem JMMF *Big Data und Musik 2018/1* (Ahlers et al. 2018) erscheint, mit Blick auf die Entwicklung, Profilierung und Positionierung der Musikstadt.

1.2   Musik und Stadt

Obwohl sich Probleme und Fragen zur Entwicklung, Profilierung und Positionierung der Musikstadt schon länger stellen, stellen sie sich heute insbesondere im Kontext des digitalen Strukturwandels von Musikkultur und Musikwirtschaft. Hier gibt es gerade und vor allem in Musikstädten mit aktiven Netzwerken und neuen Netzwerkorganisator_innen viele neue Möglichkeiten nicht nur für Musiker_innen, die immer mehr und auch häufiger zu Unternehmer_innen ihrer Musik werden. Es gibt neue Herausforderungen durch neue Technologien und Medien sowie auch neue Rollen und Formen von Organisationen, die traditionelle Rollen und Funktionen von Strukturen in Musikkultur und Musikwirtschaft herausfordern, weil neue Musicpreneur_innen deren Grenzen neu interpretieren und teilweise völlig neue Geschäftsmodelle entwickeln. Neue Künstler_innen-Subjekte, Musikunternehmen und musikalische Inhalte, fordern praktisch, konzeptionell und methodisch heraus. So verändern sich in diesem Zusammenhang auch die Strukturen der Ausbildung und Karrierepfade von Musikschaffenden – etwa durch neue Angebote, Inhalte, Karriereverläufe und eine Zunahme neuer insbesondere digitaler Lehrangebote für ein lebenslanges Lernen in der Musik.

Über den Gegenstandsbereich „Musik" im engeren Sinne ist heute die digitale Schnittstelle von Musikkultur und Musikwirtschaft zu *dem* Laboratorium für insbesondere digitale Möglichkeiten geworden, uns ästhetisch, spirituell, intellektuell produktiv beim Schöpfen von vielfältigen Werten zu entwickeln sowie auch die dafür nötigen neuen Mittel und Strukturen. Die Digitalisierung unserer Lebenswelten begann an dieser Schnittstelle von Musikkultur und Musikwirtschaft mit der Vorstellung der CD auf der IFA im Herbst 1981 in Berlin und ihrer Ausbreitung. Sie bescherte der Musikindustrie eine industrielle kommerziell sehr erfolgreiche erste Digitalisierungswelle. Aufbauend auf der immer größeren digitalen Verfügbarkeit von Musik hat dann die Entwicklung von MP3 und später neuer digitaler Netzwerkmedien wie *Napster* (1999) und in der Folge mit *Last.fm, MySpace* (beide 2003), *YouTube* (2005) *SoundCloud* (2007) und *Kickstarter* (2009) eine zweite postindustrielle Digitalisierungswelle diese Schnittstelle von Musikkultur und Musikwirtschaft zu diesem Laboratorium gemacht. Denn nun verfügten immer mehr Akteure über immer mehr sehr leistungsfähige neue digitale (Netzwerk)Medien als Mittel, die nicht mehr nur Unternehmen und Organisationen nutzen konnten, sondern die für Künstler_innen und gewöhnliche Leute entwickelt worden waren. Sie erhielten mit diesen neuen digitalen Musik-Medien völlig neue Möglichkeiten, ästhetisch, spirituell und intellektuell produktiv im Umgang mit ihnen in Bezug auf Musik für sich und andere auf neue Arten und Weisen Werte zu schöpfen und dabei insbesondere in Städten neue Netzwerkstrukturen auszubilden, die für die

Digitalisierung in Städten immer wichtiger werden (vgl. mit Blick auf Berlin ausf. Hermes et al. 2016).

Neue mediale Kulturtechniken der digitalen Produktion und der Verteilung sowie der Orientierung und oft sogar Organisation der Wahrnehmung von Kommunikation lernten wir zuerst mit neuen digitalen *Musikmedien*. Dieses digital-mediale „Ver-Teilen", „Folgen", „Co-Kreieren", „Liken", „Kritisieren", „Kommentieren", „Linken" usf. ist die Voraussetzung einer neuen, von viel mehr beteiligten Akteur_innen betriebenen Transformation fast aller Prozesse und Strukturen der Musik und in der Stadt oft der Ausgangspunkt von mehr Partizipation am nun auch digital-vernetzt möglichen öffentlichen Leben in einer Stadt.

In diesem Kontext digitaler Innovationen und Struktur-Transformationen waren damals in der Folge der Gründung der GMM e. V. die Verleihung des Titels „UNESCO City of Music" an die Städte Hannover und Mannheim der Anlass, das JMMF dem Thema „Musik und Stadt" zu widmen. Die Entwicklung, Profilierung und Positionierung von Musikstädten gewinnt seit einigen Jahren an Bedeutung und dürfte noch länger wichtig bleiben. Das legen sowohl die einschlägigen Sammelbände zu Musikstädten wie Berlin (Breitenborn et al. 2014) und Hamburg (Barber-Kersovan et al. 2014), die Herausarbeitung vor allem der Bedeutung von Musikfestivals für (US-amerikanische) Städte (Wynn 2015), die global viel zitierte einflussreiche und kritisch diskutierte Studie zu Music Cities (vgl. Terrill, A. et al. 2015) sowie unlängst eine Studie zur Digitalisierung der Berliner Musikwirtschaft (Hermes et al. 2016) nahe.

Der Fokus auf Musik und Stadt ist dabei vor dem Hintergrund der gesamtgesellschaftlichen Rolle von Musikwirtschaft und Musikkultur jedoch auch ganz strategisch gewählt. Denn entwickelt und institutionalisiert werden neue Formen des Umgangs mit Musik zumeist zuerst hier: in der Stadt, in komplexen urbanen Kontexten, in denen es definitionsoffene Räume gibt, um Chancen, Erwartungen und Zwänge neu zu interpretieren und zu organisieren. Hier wird frei und doch kontextabhängig von Stadtentwicklung, Tourismus, Bauvorschriften, Traditionen, Subkulturen oder Wirtschaftsakteur_innen irritiert und stimuliert. Hier kann erprobt werden, wie gewachsene Strukturen herausgefordert werden, sollen und können. Musik und Stadt stehen dabei in einem fast symbiotischen Verhältnis. So lässt sich Popmusik kaum ohne den Kontext des urbanen Raums denken, und genauso lassen sich Dynamiken der Stadt kaum ohne Bezüge zu Trends in der Musik hinreichend verstehen. Auch Knotenpunkte und Hubs, aus denen heraus die medialen Spaces of Flow entwickelt werden, in denen wir heute Musik produzieren, hören und verteilen, sind in der Regel Städte. Sie sind die Orte, die Spaces of Place, an denen wir musikalische Erfahrungen machen und teilen, und hier sitzen auch die Unternehmen und Start-ups, die es uns ermöglichen, Musik zu teilen, zu streamen, zu co-kreieren, zu kommentieren oder durch Crowdfunding zu co-finanzieren. Vor allem in der Stadt entstehen neue Herausforderungen zuerst, so wie hier zuerst um sie herum Konflikte aufbrechen und in der Regel auch neue Wege gefunden werden, auf sie zu reagieren: Wie, die Frage stellt sich immer wieder neu, können Städte so entwickelt werden, dass sie allen Beteiligten neue Möglichkeitsräume eröffnen? Heute wird immer häufiger im Umfeld von Musik und neuen digitalen Musikmedien, Netzwerken, Praktiken und Prinzipien nach der Antwort auf diese Frage gesucht.

Entsprechend der Zielsetzung des JMMF gehen in diesem Jahrbuch ganz unterschiedliche Beitragende Fragen zu Musik & Stadt nach. Zu Wort kommen Medien- und Musikmanagementforschende, Stadt- und Landentwickler_innen, Soziolog_innen, Musikwissenschafter_innen und auch Kultur- und Kommunikationswissenschaftler_innen.

1.3   Übersicht über die Beiträge des Bandes

Matthias Rauch wirft in seinem Beitrag einen vergleichenden Blick auf die konkreten Förderstrukturen der nordamerikanischen Musikstädte Austin und Toronto. Der Beitrag zeigt Best-Practice-Beispiele und Potentiale auf und unterstreicht, dass formelhafte Universallösungen nicht automatisch zum Ziel führen, sondern individuelle und dem jeweiligen Kontext angemessene Strukturen erarbeitet werden sollten. Der Beitrag hebt insbesondere intelligente Vernetzungsangebote und eine Integration in die externe Kommunikation der Stadt als Grundvoraussetzung für produktive Förderstrukturen einer Musikstadt heraus.

Auch der Beitrag von *Verena Blättermann* stellt die Notwendigkeit einer flexiblen und kontextsensitiven Bewertung von Standortfaktoren in Musikstädten in einem Vergleich zwischen Berlin, Stockholm und London heraus. Auch wenn die Definition von einheitlichen Standortfaktoren als schwierig erachtet werden muss, so zeigt die Autorin doch auch ihr Potential für die Praxis auf: Stärken und Potentiale können genauso identifiziert werden wie Schwächen und Lehrstellen. So ist gerade in dieser komparativen Dimension der Mehrwert einer Standortfaktorenanalyse zu finden.

Das Popmusikförderprogramm des Musicboard Berlin steht im Zentrum der Analyse von *Martin Lücke* und *Anita Jóri*. In ihrem Beitrag stellen sie heraus, dass das Musicboard in seiner Förderstrategie der Vielfalt und Diversität der Berliner Popmusiklandschaft gerecht wird und hier keine eingrenzende oder limitierende Förderpolitik zum Tragen kommt. Vielmehr schafft das Musicboard ein exemplarisches Beispiel für die konsequente Förderung von Popmusik und Popkultur, das durchaus auch in anderen Städten adaptiert werden könnte – wenn auch im Volumen im Vergleich zu hochkulturellen Fördermaßnahmen noch in sehr überschaubarem Rahmen. Maximaler künstlerischer Freiraum und eine primär finanzielle Unterstützung offenbart sich auch hier als zentraler Baustein der Förderstrategie.

Frédéric Döhl geht in seinem Beitrag der Frage nach, wie sich die amerikanische Oper als genuin amerikanisch inszeniert und welche Rolle hier der Rückbezug auf die mythologische urbane Landschaft der amerikanischen Metropolen spielt. Die Konstitution als amerikanisch vollzieht sich dabei durch den Verweis auf bestehende literarische Narrative, die in der amerikanischen Oper neu inszeniert werden. Die amerikanische Metropole, wie wir aus zahlreichen Narrativen wissen, nimmt hier überraschenderweise eine Nebenrolle ein. Zentraler ist die ländlich geprägte Kleinstadtidylle, die der passendere Rahmen für die Inszenierung des amerikanischen (Anti-)Helden und seinem expressiven Individualismus zu sein scheint: im Kontrast zu verschiedenen popmusikalischen Inszenierungsformen, die explizit auf den urbanen Raum Bezug nehmen. Die Suche nach der „Great American Opera" wird vor allem durch die Suche nach der „Great American Novel" geprägt und kann durch den Beitrag Döhls als ihre Fortsetzung gelesen werden.

Wie stark aktuelle Diskurse um die Themen Sampling und Urheberrecht von kulturellen und ethnischen Essentialismen geprägt sind, verdeutlicht der Beitrag von *Johannes S. Ismaiel-Wendt* am Beispiel der gerichtlichen Auseinandersetzung zwischen Kraftwerk und Moses Pelham. Hier stehen nicht die juristischen Details im Vordergrund der Betrachtung, sondern eine hierarchisch aufgebaute Diskursstruktur, die das „Andere" – in diesem Fall afro-amerikanische Kultur und Hip Hop – genauso essentialisiert und festschreibt, wie dies Moses Pelham in seiner Argumentation selbst tut. Im Aufbrechen dieser Binaritäten sieht der Beitrag nicht nur das Potential einer Verschiebung der Machtrelation, sondern auch ein mögliches neues und weniger restriktives Verständnis des Urheberrechts und damit Chancen für mehr und umfassendere kulturelle Teilhabe.

Dennis Mathei beschreibt, wie in der Techno-Szene neuen Möglichkeiten der Partizipation durch den Umgang mit digitalen Netzwerkmedien vorangetrieben und dabei gleichsam neue Distinktionsmuster etabliert wurden. Durch die zunehmende Partizipation von Nicht-Szeneakteur_innen veränderte sich der Stellenwert der Medien innerhalb der Techno-Kultur, um weiterhin ein Innen und Außen bzw. einen Distinktionswert generieren zu können, wie Mathei überzeugend beschreibt. Die szeneinterne Differenzbildung hat sich mit dem Digital Turn folglich noch intensiviert und verläuft dabei weiter nach den Kategorien „main" und „sub" bzw. Mainstream und Subkultur.

Dass Musik aus Deutschland nicht notwendigerweise ein Exportschlager ist, ist hinreichend bekannt. Nichtsdestotrotz gibt es einige deutsche Künstler und

Titel, die sich international großer Beliebtheit erfreuen. Was die Gründe hierfür sind und welche Stile sich zu welcher Zeit in den betrachteten Ländern etablieren konnten, erkundet *Hendrik Neubauer* in seinem Beitrag. In einer quantitativen Analyse folgert er, dass deutsche Musik insbesondere im europäischen Ausland Resonanz findet und dass sich stilistisch insbesondere sowohl die elektronische Musik als auch Rock/Pop durchsetzen konnten. Der Titel „Mambo No 5" bescherte Musik aus Deutschland einen gesonderten Aufmerksamkeitsschub, der in den Folgejahren noch nachhallte.

Als Orte haben in den letzten Jahren neben Musikstädten vor allem Festivals an Bedeutung gewonnen. Das trifft aber auch nicht auf *alle* Festivals zu, wie *Lorenz Grünewald-Schukalla, Bastian Schulz* und *Carsten Winter* in ihrem Beitrag „Festivalstrategien im digitalen Zeitalter" erläutern. Der Beitrag erforscht neue digital-mediale Chancen und Herausforderungen für Pop-Festival-Strategien in einem gesättigten Veranstaltungsmarkt. Er zeigt, warum es immer wichtiger wird, Voraussetzungen dafür zu schaffen, das Festivalbesucher individuelle Festival-Erfahrungen mit ihren digitalen Netzwerkmedien dokumentieren, teilen, verarbeiten, modifizieren, kritisieren, liken oder selbst co-kreieren können. Die Art und der Grad ihrer Beteiligung sowie auch der der beteiligten (Musik-)Künstler_innen bei der Ko-Kreation von Festival-Werten entscheidet immer häufiger über den Erfolg von Festivals. Dieser Erfolg basiert zunehmend auf einer zugleich unmittelbaren Erfahrung vor Ort sowie im selben Moment auf ihrer medialen Verarbeitung im Raum der (Daten-)Ströme.

Auch wenn Musik und Werbung zweifellos untrennbar miteinander verbunden sind, so ist ihr vielschichtiges Wechselverhältnis noch vergleichsweise wenig erforscht. *Benedikt Spangardt* und *Nicolas Ruth* leisten daher in ihrem Beitrag eine Kartierung des Forschungsfeldes und zeigen dabei unterschiedliche Interrelation von Musik und Werbung auf. Sie machen deutlich, dass sich dieses Forschungsfeld nur interdisziplinär erschließen lässt und Ansätze und Perspektiven aus den unterschiedlichsten Forschungsrichtungen gefragt sind. Auch legen die Autoren blinde Flecken in der Forschung zu diesem vergleichsweise neuen Thema offen und zeigen damit vielfältige mögliche Untersuchungsperspektiven für die Zukunft auf.

Popmusikförderung ist vor allem ein städtisches Thema. Nur selten wird darüber nachgedacht, wie sich auch im ländlichen Raum popmusikalische Strukturen stärken und ausbauen lassen. Folgerichtig widmen sich *Yao Houphouet* und *Frederik Timme* daher in ihrem Praxisbeitrag diesem wichtigen, aber bislang noch weitgehend unterbelichteten Thema. Am Beispiel des Landesförderprojekts *create music* zeigen sie, dass ein Auf- und Ausbau der Popmusikförderung im ländlichen Raum auch vielversprechende gegenseitige Synergien mit den urbanen Ballungszentren verspricht. Hierfür sind jedoch langfristige Förderstrategien unabdingbar, um die positiven Auswirkungen auf die vermeintlich weichen Standortfaktoren nachhaltig zu gestalten. So legen die Autoren auch ein überzeugendes Plädoyer für ein konsequenteres Zusammendenken von Stadt und ländlichem Raum vor, das nicht nur in der Praxis, sondern auch in der Forschung Widerhall finden sollte.

Diskutiert und rezensiert werden außerdem aktuelle Publikationen der Musikwirtschafts- und Musikkulturforschung. *Michael Ahlers* rezensiert den Sammelband *Akustisches Kapital. Wertschöpfung in der Musikwirtschaft* von Bastian Lange, Hans-Joachim Bürkner und Elke Schüssler, in dem urbane Kontexte ein zentraler Gegenstand sind. *Yvette Kneisel* bespricht das ebenfalls im transcript Verlag erschienene *Gravitationsfeld Pop* von Uwe Breitenborn, Thomas Düllo und Sören Birke, das popmusikalische „Konstellationen in Berlin und anderswo" untersucht. *Peter Tschmuck* rezensiert das erste Lehrbuch zum Thema *Management in der Musikwirtschaft* von Josef Limper und Martin Lücke und *Aljoscha Paulus* die Monographie *Kapitalistische Geister in der Kultur- und Kreativwirtschaft. Kreative zwischen wirtschaftlichem Zwang und künstlerischem Drang* von Alexandra Maske, die neue arbeitssoziologische Entwicklungen erforscht.

Musikwirtschafts- und Musikkulturforschung findet jedoch nicht nur in Publikationen statt. Besprochen werden daher auch relevante Veranstaltungen dieses neuen Forschungsfeldes. Berichtet wird aus Berlin von der *MostWanted: Music-Konferenz* der Berlin Music Commission, vom *Jetztmusik Festival* in Mannheim, von der *Reeperbahnfestival-Konferenz* in Hamburg, von der Tagung *Räume, Märkte, Szenen. Neue Arbeiten zur Popgeschichte* der Pophistoriker_innen in Berlin und vom *GMM Summer Institute* in Porto.

Literatur

Ahlers, M., Grünewald-Schukalla, L, Lücke, M. & Rauch, M. (2018). *Big Data und Musik*. Wiesbaden: VS-Springer.
Barber-Kersovan, A., Kirchberg, V., & Kuchar, R. (Hrsg.). (2014). *Music City. Musikalische Annäherungen an die »Kreative Stadt«*. Bielefeld: transcript Verlag.
Breitenborn, U., Düllo, T., & Birke S. (2014). *Gravitationsfeld Pop. Was kann Pop? Was will Popkulturwirtschaft? Konstellationen in Berlin und anderswo*. Bielefeld: transcript Verlag.
Hermes, K., Knoflach, L, & Winter, C. unter Mitarbeit von J. Bug, J. & A.-S. Balzer (2016). *beyond! before! bright! in Berlin. Analyse mit Handlungsempfehlungen zur Gestaltung der digitalen Berliner Musikwirtschaft*. Berlin: Senatsverwaltung für Wirtschaft, Technologie und Forschung. Verfügbar unter: https://projektzukunft.berlin.de/fileadmin/user_upload/BeyondBeforeBright_01062016-2.pdf. [30.08.2018]

Terrill, A. et al. (2015). *The mastering of a music city. Key elements, effective strategies and why it's worth pursuing*. Toronto: Music Canada.

Wynn, J. R. (2015). *Music/City. American festivals and placemaking in Austin, Nashville, and Newport*. Chicago: The University of Chicago Press.

Musik und Stadt

Where The Music Is?
Music Cities im Vergleich
Zahlen und Strukturen in Austin & Toronto

Matthias Rauch

Zusammenfassung

Der Beitrag vergleicht die beiden nordamerikanischen Musikstädte Austin und Toronto insbesondere hinsichtlich ihrer Demografien, ihrer Gründungs- und Startup- sowie ihrer generellen kreativwirtschaftlichen Dynamiken, ihrer kommunalpolitischen Umfelder, ihrer zentralen Organe der Interessenvertretung sowie ihrer Einbindung in das Stadtmarketing und die Schaffung eines *urban branding*. In einem zweiten Schritt werden die bestehenden Strukturen zur Förderung von Musik und Musikwirtschaft sowie zentrale Programme skizziert und gegenübergestellt.

Schlüsselbegriffe

Musik, Stadt, Musikwirtschaft, Kreativwirtschaft, Stadtentwicklung

2.1   Einleitung

Die Zahl der Städte, die sich selbst als Musikstädte bezeichnen, wächst beständig. Zu unterscheiden ist hier zwischen Städten, die aufgrund ihrer Historie eine ausgewiesene Dichte an musikalischen Aktivitäten und Strukturen aufweisen und solchen, die erst unlängst den strategischen und operativen Mehrwert einer Musikstrategie für die Bereiche der Stadtentwicklung, des *urban brandings* sowie des Stadtmarketings erkannt haben. Ein weiteres Kategorisierungsmerkmal, das

© Springer Fachmedien Wiesbaden GmbH, ein Teil von Springer Nature 2019
L. Grünewald-Schukalla et al. (Hrsg.), *Musik und Stadt*, Jahrbuch für Musikwirtschafts-
und Musikkulturforschung, https://doi.org/10.1007/978-3-658-23773-8_2

hier jedoch nicht explizit berücksichtigt werden soll, wäre die Mitgliedschaft im UNESCO Creative Cities Netzwerk im Bereich Musik.[1]

Im Folgenden werden die beiden Musikstädte Austin und Toronto insbesondere hinsichtlich ihrer Demografien, ihrer Gründungs- und Startup- sowie ihrer generellen kreativwirtschaftlichen Dynamiken, ihrer kommunalpolitischen Umfelder, ihrer zentralen Organe der Interessenvertretung sowie ihrer Einbindung in das Stadtmarketing und die Schaffung eines *urban branding* betrachtet. In einem zweiten Schritt werden dann die bestehenden Strukturen zur Förderung von Musik und Musikwirtschaft sowie zentrale Programme skizziert und verglichen. Anzumerken ist, dass dieser Vergleich in der gegebenen Kürze nur punktuell und keinesfalls in Gänze vollzogen werden kann. Nichtsdestotrotz lassen sich durch eine komparative Analyse gewisse Handlungsempfehlungen formulieren, die auch in anderen Städten adaptiert werden können, wobei diese Empfehlungen hier keinesfalls als statische Formeln verstanden werden sollten, sondern stets dem jeweiligen urbanen Kontext angepasst und weiterentwickelt werden müssen. Ein universales Rezept auf dem Weg zu einer erfolgreichen Musikstadt kann es dabei nicht geben, wobei die Veröffentlichung von *The Mastering of a Music City* (Terrill et al., 2015) – auf die sich die vergleichende Betrachtung zusammen mit *Accelerating Toronto's Music Industry Growth* (Rowling et al., 2012) maßgeblich bezieht – genau dies suggeriert. Im direkten Vergleich von Austin und Toronto werden dabei grundlegende Stärken und Defizite der jeweiligen Ansätze herausgearbeitet und in der gebotenen Kürze analysiert.

2.2   Demografische Rahmungen

Um einen Vergleich der existierenden Strukturen in Austin und Toronto zu ermöglichen, werden im Folgenden kurz die demografischen Eckdaten und das Verhältnis der Musikindustrie zum generellen ökonomischen Sektor skizziert.

---

1   Für eine einführende Lektüre zum Thema Musikstadt vgl. auch Barber-Kersovan et al., 2014. Hier findet sich auch eine kritische Einordnung der Funktionen und Wirkungsweisen eines UNESCO City of Music Titels am Beispiel von Glasgow.

2.2.1 Austin

Das US-amerikanische Austin konnte in den letzten Jahren einen erstaunlichen Einwohnerzuwachs von ca. 50.000 pro Jahr verbuchen (Rowling et al., 2012, S. 6). Die Dynamik der Stadt wird von über 180.000 Studierenden geprägt und lässt Austin auf Platz 8 des „Best City for Staying Young" Ranking erscheinen (Rowling et al., 2012, S. 6; Austin Chamber, 2016). Die große Zahl an Studierenden positionierte Austin im Ranking der gebildetsten Städte der USA im Jahr 2012 auf Platz 8, wobei 38,2 % der in der Stadt Lebenden einen Hochschulabschluss vorweisen konnten, deutlich über dem nationalen Durchschnitt von 30 % (Rowling et al., 2012, S. 6).

Austin umfasste 2012 ca. 800.000 Einwohner im urbanen Zentrum und ungefähr 1,5 Millionen Menschen in der Metropolregion und gehört damit ins obere Mittelfeld der nordamerikanischen Großstädte. Die Stadt kann über 200 Liveclubs und über 50.000 Livekonzerte im Jahr vorweisen, und die Gesamtwertschöpfung der Musikwirtschaft liegt bei etwa 1,6 Milliarden US-Dollar im Jahr. Ungefähr 18.000 Stellen sind in der Musikwirtschaft zu verorten, und die Stadt generiert hieraus Gewerbesteuereinnahmen von mehr als 38 Millionen US-Dollar jährlich (Rowling et al., 2012, S. 7). Der amerikanische Soziologe und Stadtforscher Jonathan Wynn bezieht sich hier auf etwas konservativere, wenn auch kaum weniger beeindruckende Zahlen. Mit Verweis auf eine Studie der wirtschaftlichen Auswirkungen der Kreativwirtschaft aus dem Jahr 2012 beziffert Wynn die Wertschöpfung im gesamten Kreativwirtschaftssektor mit 4,35 Milliarden US-Dollar. Davon generiert Austin 71 Millionen US-Dollar an Steuereinnahmen, wobei die Musikwirtschaft hier 9,6 Millionen US-Dollar beiträgt. Wynn spricht von einer Beschäftigtenzahl von ca. 49.000 im Kreativwirtschaftssektor und knapp 8.000 in der Musikwirtschaft (Wynn, 2015, S. 170).

Der in Austin am direktesten mit der Musikwirtschaft in Verbindung stehende Sektor ist die Technologieindustrie. Dieser hat sich seit den 1960 Jahren – gemeinsam mit dem Bildungssektor – positiv entwickelt. Zu den führenden Firmen der Stadt zählen unter anderem Dell mit über 16.000, Apple mit mehr als 2.500, IBM mit ca. 6.000 Mitarbeitern sowie Samsung, Intel, Advance Micro Devices, Xerox, Cisco, Hewlett-Packard und Motorola. Hinzu kommen eine Vielzahl an kleineren Technologieunternehmen und Startups (Wynn 2015, S. 176f.). Die Verbindung aus Technologie und Kreativwirtschaft bescherte der Stadt vor einigen Jahren den Namen „Silicon Hills", der natürlich ein Verweis auf das bekannte, kalifornische „Silicon Valley" und seine zahlreichen innovativen IT- und Technologieunternehmen darstellt. Der Schlüssel zu dieser überzeugenden Wachstumsstrategie liegt laut Wynn in einer ausgeklügelten Placemaking Strategie der Stadt begründet, die sich schon seit vielen Jahren um das Thema (Live-)Musik dreht (Wynn, S. 177). Der damalige

Bürgermeister (2003–2009) Will Wynn (2015) beschreibt seine, merklich von den Thesen Richard Floridas inspirierte, „Quality of Live" Kampagne mit den Worten:

> "These twenty-five and thirty-year-old kids who have PhDs in electrical engineering from Michigan moved to Austin in part because of the music scene and outdoor recreation. So, it's far more organic, far less targeted. Our economic development model is that the jobs will follow the people. You want to be attractive to the people, and the people you want to attract are young, educated, creative, dynamic kids who have a passion for the outdoors, love live music, want to ride their mountain bikes to work." (S. 177)

Dass diese Strategie aufzugehen scheint, zeigen die zahlreichen Spitzenplätze in Städterankings, die Austin regelmäßig einnimmt.[2] Darüber hinaus ist Austin eine der jüngsten und am besten gebildetsten amerikanischen Städte. Insbesondere die Altersgruppe zwischen 25 und 34 zog Austin zunehmend Städten wie Los Angeles oder New York vor (Wynn, 2015, S. 177). Joel Kotkin und Mark Schill (2016) fassen diese erstaunliche ökonomische Entwicklung Austins folgendermaßen zusammen:

> "Austin leads the pack in terms of population growth, up 13.2 % between 2010 and 2014, in large part driven by the strongest rate of net domestic in-migration of the 53 largest metropolitan areas over the same span: 16.4 per 1,000 residents. The educated proportion of its population between 25 and 44 is 43.7 %, well ahead of the national average of 33.6 %, although somewhat below the traditional 'brain center' cities of the Northeast and the West Coast."

Zwischen 2000 und 2010 wuchs Austin durchschnittlich um 37,3 %, was sie zu einer der am rasantesten wachsenden nordamerikanischen Städte machte (Wynn, 2015, S. 179). Selbstverständlich ist diese positive Gesamtentwicklung nicht ausschließlich auf die beachtliche Entwicklung der Musikwirtschaft und deren Beitrag zur Lebensqualität und Dynamik der Stadt zurückzuführen. Dennoch ist davon auszugehen, dass die Förderstrukturen der selbsternannten „Live Music Capital of the World" hier eine zentrale Rolle bei der Steigerung der Attraktivität für Einwohnerschaft, Startups und Unternehmen gespielt hat und dies nach wie vor tut.

---

2   Für eine Auflistung der unterschiedlichen Rankings für Austin vgl. auch https://austintexas.gov/rankings (15.12.2016)

2.2.2 Toronto

Auch Toronto kann seit vielen Jahren eine lebhafte und diversifizierte Musikszene und Musikwirtschaft ihr eigen nennen. Toronto ist unumstritten der größte Musikmarkt Kanadas und unter den fünf größten Nordamerikas. Die Stadt beheimatet sowohl Major-Firmen als auch zahlreiche Independent-Labels und ist mit über 150 Liveclubs zweifellos das musikalische Zentrum Kanadas (Rowling et al., 2012, S. 4). Im Zentrum Torontos wohnen aktuell über 2,8 Millionen Menschen, in der Metropolregion über 6 Millionen. Die Stadt ist damit die viertgrößte Metropole Nordamerikas und der drittgrößte Musikmarkt Nordamerikas. (Toronto Music Advisory Council, 2016; Profile Toronto, 2015)

Toronto zeichnet sich durch eine überdurchschnittliche kulturelle Diversität aus; Menschen aus über 200 Nationen leben und arbeiten in der Stadt. Diese Vielfalt drückt sich durch zahlreiche ethnisch geprägte Stadtviertel aus (City of Toronto, 2016b). Darüber hinaus studieren in Toronto über 250.000 Menschen und ca. 55 % der Bewohner verfügen über einen Hochschulabschluss (Rowling et al., 2012, S. 5). Weiterhin verfügt Toronto über eine starke und breit aufgestellte Kultur- und Kreativwirtschaft, wobei jeder vierte kanadische Job in diesem Bereich in Toronto angesiedelt ist. Im Jahr 2011 leistete die Kultur- und Kreativwirtschaft Torontos einen Beitrag von 11,3 Milliarden kanadische Dollar zum nationalen Bruttoinlandsprodukt. Im Jahr 2011 waren mehr als 174.000 Menschen in der Kultur- und Kreativwirtschaft beschäftigt, ungefähr 6 % der Erwerbstätigen. Am prominentesten vertreten ist hier die Filmindustrie sowie die digitalen Medien, die ca. 1 Milliarde kanadische Dollar Umsatz generieren und über 25.000 Menschen beschäftigen, ein Viertel des gesamten kanadischen Sektors (City of Toronto, 2016a). Die Tageszeitung *Toronto Star* beziffert die ökonomische Bedeutung des Musikwirtschaftssektors mit ca. 700 Millionen kanadische Dollar für das Jahr 2014 (Crawford, 2014). Laut des Toronto Music Strategy Papiers von 2016 verfügt die Stadt über 18.500 Songschreiber_innen und professionelle Musikschaffende aus über 150 Ländern. Darüber hinaus existieren über 75 Festivals und Musikkonferenzen mit einem Gesamtbesuchervolumen von über 2,6 Millionen jährlich sowie mehr als 55 Kunstschaffenden- und Managementagenturen, über 40 Musikverlage, Lizensierungs- und Vertriebsunternehmen, knapp 100 Plattenfirmen sowie auch über 180 Ausbildungsinstitutionen im Bereich Musik und Musikwirtschaft (Toronto Music Advisory Council, 2016). Die Förderstrukturen in der Musikwirtschaft gestalteten sich in Toronto aber bis vor Kurzem sehr überschaubar, wobei einige wichtige Entwicklungen zu beobachten sind, bei denen auszugehen ist, dass sich die regionale Musikwirtschaft weiter positiv entwickeln wird.

2.3   Vernetzte und vernetzende Förderstrukturen innerhalb veränderter Wertschöpfungsprozesse in der Musikwirtschaft

Spätestens seit der Entwicklung von Napster im Jahre 1999 haben sich die Musikwirtschaft und -kultur maßgeblich transformiert. Die neuen Technologien erlaubten einer immer größeren Zahl an Menschen nicht nur die Distribution, sondern auch die Produktion von Musik innerhalb vernetzter Strukturen. Verliefen die Wertschöpfungsprozesse zuvor primär oft innerhalb eines Unternehmens und in einem weitgehend linearen Prozess, ist die heutige Wertschöpfung in der Musikwirtschaft eine konsequent vernetzte, die es einer Vielzahl an Menschen erlaubt, sich aktiv an diesen Wertschöpfungsprozessen zu beteiligen und diese zu gestalten (Winter, 2013). Carsten Winter und Aljoscha Paulus (2014) beschreiben diese Veränderung als einen Wechsel von einer „Push"- zu einer „Pull"- oder „On-Demand"-Kultur, in der die ehemaligen Kunden immer zentrale Wertschöpfungsakteure werden:

> „Die Dynamik der Musikwirtschaft wird erheblich durch Musiknutzer getrieben. Sie sind im Umgang mit digitalen Netzwerkmedien immer seltener nur Nutzer oder Konsumenten, sondern eher Prosumer, die sich unterschiedlich aktiv bzw. produktiv an der Wertschöpfung zum Beispiel durch die Verteilung von Musik beteiligen." (S. 136)

Ein entscheidendes Kriterium in Winters Modell ist, dass die heutige Wertschöpfung in der Musikwirtschaft nicht mehr ausschließlich, ja nicht einmal mehr primär, in klassischen Markstrukturen verläuft, denn für „Musikschaffende nimmt die Vernetzung mit ihren Fans, die auf verschiedenste Art und Weise an deren Wertschöpfung partizipieren, einen immer höheren Stellenwert ein, weil in Netzwerken alles von Wert ist, was in ihnen getauscht werden kann" (Winter, 2013, S. 342). Insbesondere mit Blick auf den Zusammenhang von Musikwirtschaft und Stadtentwicklung sollte dieser nicht ausschließlich ökonomisch, sondern als komplexes, interdependentes Beziehungsgeflecht verstanden werden, wie auch Anita Schlögl (2009) konstatiert:

> „Stadtentwicklung durch Musikwirtschaft ist nur sekundär ökonomisch ausgerichtet. Musik als Wirtschaftsfaktor zu verstehen und zu fördern, stellt eine wichtige, doch keine ausreichende Bedingung für eine musikimplementierende Stadtentwicklungspolitik dar. Diese kann nur dann erfolgreich sein, wenn es ihr gelingt, alle vorhandenen musikwirtschaftlichen Potenziale und ihre Standortbedingungen zu erkennen und sie über eine Synergien schaffende Verknüpfung zwischen Musik als Wirtschafts-, Standort-, Identitäts-, und Imagefaktor strukturell zu verankern. Zwischen Musikwirtschaft und Stadtentwicklung besteht eine komplexe Reihe materieller und immaterieller Austauschbeziehungen und sich gegenseitig verstärkender Wirkkräfte. Ihre Förderung geht weiter über Subventionen und punktuelle Einzelmaßnahmen

hinaus. Sie zielt auf eine Verbesserung der strukturellen Rahmenbedingungen, in denen sich die Musikwirtschaft in Städten entfalten kann." (S. 25f.)

Es gilt im Folgenden daher auch zu fragen, inwiefern die Städte mit ihren Programmen und Förderstrukturen diesen veränderten und komplex vernetzten Wertschöpfungsprozessen Rechnungen tragen und kommunal fokussierte Leistungen für die jeweiligen Agierenden zu einem Mehrwert werden, um diese adäquat unterstützen zu können. Der evaluierende Blick ist dabei keinesfalls ausschließlich ein ökonomischer, sondern behält die wechselseitige Verbindung von Musikwirtschaft und Stadtentwicklung heuristisch im Fokus.

2.4 Bestehende Strukturen und Programme in Austin

Einleitend muss auf die generelle kommunalpolitische Struktur in Austin eingegangen werden, um eine hinreichende Vergleichbarkeit mit Toronto herzustellen. Das zentrale politische Entscheidungsgremium in Austin ist das Austin City Council (AMC), das aus sechs Mitgliedern bzw. Stadträt_innen und dem Oberbürgermeister besteht. Die Stadträt_innen werden auf drei Jahre gewählt. Die zentrale Interessenvertretung der Musikwirtschaft gegenüber dem City Council ist die AMC, eine von ungefähr 60 Ausschüssen und Kommissionen. Die Mitglieder der AMC engagieren sich ehrenamtlich und werden ebenfalls auf drei Jahre gewählt. Im Gegensatz zu einigen anderen Kommissionen kann die AMC keine autonomen politischen Entscheidungen treffen, sondern hat eine ausschließlich beratende Funktion. Die AMC wurde bereits 1990 gegründet und der Vorstand besteht aus sieben Mitgliedern, die monatliche öffentliche Anhörungen durchführen und entsprechende Empfehlungen an das City Council formulieren (vgl. Rowling et al. 2012, S. 9f.).[3]

Aus der AMC heraus formierten sich zwei weitere Kommissionen. Zum einen die Live Music Task Force (2008), deren fünfzehn Mitglieder sich aus zwölf Vertreter_innen der Musikwirtschaft und drei Vertreter_innen aus Quartierverbänden zusammensetzt. Eine der Empfehlungen der Live Music Taskforce an das City Council war die Einrichtung einer Music Division Innerhalb der Stadtverwaltung, was 2009 umgesetzt wurde. Die Music Division wurde innerhalb der Wirtschaftsförderung verankert, die mit einem jährlichen Budget von ca. 9,4 Millionen US-Dollar arbeitet und 46 Stellen aufweist. Innerhalb der Abteilung für Economic Growth

---

3   Die Empfehlungen für das Jahr 2015 können hier eingesehen werden: http://www.austintexas.gov/edims/document.cfm?id=259385 (20.12.16)

and Redevelopment Services (EGRSO) wurden sechs Unterdivisionen gebildet: Cultural Arts, Economic Development, Small Business Development, International Economic Development, Redevelopment und die Music Division. Die Music Division wurde ganz bewusst nicht in die Cultural Arts Division eingegliedert, um die Gewinnabzielungsabsichten der Akteure herauszustellen. Die Music Division war zu Anfang mit drei Vollzeitstellen und einem Budget von ungefähr 374.000 US-Dollar ausgestattet, was 2011 ca. 4 % des Gesamtbudgets des EGRSO ausmachte (vgl. Rowling et al. 2012, S. 13f.). Mittlerweile operiert die Music Division mit vier Vollzeitstellen und mit der Bezeichnung Music & Entertainment Division (ATX Music) etwas breiter gefasst. Ihre zentralen Ziele sind die Profilschärfung der lokalen Musikszene sowie die Ansiedlung neuer musikwirtschaftlicher Unternehmen, eine Verdichtung des Austauschs und der Kommunikation innerhalb der Musikwirtschaft, die Beratung der politischen Entscheidungsträger_innen und die enge Zusammenarbeit mit der Stadtverwaltung im Bereich Sicherheit und Ordnung, insbesondere im Bereich Livemusik. Im Folgenden werden einige der vergangenen und aktuellen Projekte der Music & Entertainment Division vorgestellt, wobei sich die Darstellung vor allem auf die Zusammenfassung von Rowling et al. und die aktuellen Projektskizzen der Music & Entertainment Division stützt. (Rowling et al., 2012, S. 14f.).[4]

Music in the Parks war ein ganzjähriges Konzertprogramm bei kostenlosem Eintritt in unterschiedlichen städtischen Parks in Zusammenarbeit mit dem City Parks Department. Ziel der Veranstaltungen war es, sowohl lokalen Kunstschaffenden eine weitere Plattform in einem familienfreundlichen Kontext zu geben als auch Aufmerksamkeit auf die Grünflächen Austins zu richten.

Das Projekt *311 Loud Music Request* beinhaltete die Einrichtung einer 24-Stunden-Telefonhotline für Lärmbeschwerden. Hierdurch konnte verhindert werden, dass die Beschwerden direkt an die polizeilichen Behörden gerichtet werden. Dies machte es der Division zudem möglich, Lautstärkeüberschreitungen oder zu lange Öffnungszeiten einiger Spielstätten zu identifizieren und rasch entgegenzuwirken, bevor strafrechtliche Konsequenzen zu befürchten waren. Eng mit diesem Projekt verbunden ist die Initiative *The Music Venue Assistance Program*, das Mikrokredite an Veranstalter_innen und Spielstätten vergibt, damit diese ihre Soundqualität in der Venue verbessern und die entstehende Lärmemission reduzieren können. Ein weiteres Angebot der Music and Entertainment Division (MED) sind die sogenannten *Sound Impact Plans*, bei denen die MED direkt Veranstaltungsstätten bei Lärmmessungen sowie bei der Kommunikation mit Anwohnenden und angren-

---

4   Für eine Übersicht der aktuellen Projekte der Music & Entertainment Division vgl. http://www.austintexas.gov/department/what-we-do-0 (22.12.2016)

zenden Geschäftsinhaber_innen unterstützt. Die MED kann hier die notwendigen Genehmigungen auch direkt ausstellen, was eine deutliche Vereinfachung der bisherigen Abläufe darstellt.

Die MED bietet zudem regelmäßig unterschiedliche Workshops, Seminare und Weiterbildungen im Bereich Musik und Musikwirtschaft an. Überdies wird monatlich ein Newsletter verschickt, der über alle Aktivitäten des MED berichtet. Zudem informiert das MED zeitnah mittels Facebook, Twitter und Instagram über bevorstehende Programmpunkte. Das *Music on Hold* Programm kuratiert regelmäßig alle städtischen Telefonwarteschleifen mit aktueller Musik aus Austin. Sollte man also nicht direkt mit dem gewünschten Kontakt verbunden werden, wird der Anrufer_in die Wartezeit so kurzweilig wie möglich gestaltet und den lokalen Kunstschaffenden eine weitere Plattform geboten. *Austin Music Now* war eine Kooperation mit dem TV-Sender Channel 6, um lokalen Kunstschaffenden eine mediale Plattform zu bieten, indem sie sich beispielsweise in 30-minütigen Showcases im Fernsehen vorstellen konnten. Das Projekt war multimedial angelegt und beinhaltete auch Webcasts, Podcasts und weitere Social Media Formate. Auch hier war eine größere Sichtbarkeit der lokalen Kunstschaffenden ein zentrales Anliegen.

Als selbsternannte „Live Music Capitol of the World" scheint es nur naheliegend, dass auch die City Council Sitzungen von Livemusik eingeläutet werden. Die auftretenden Musikschaffenden werden im Zuge dessen auch in das Buch der Stadt eingetragen, und zahlreiche Kunstschaffende nehmen den Tag ihres Eintrags zum Anlass, diesen Tag jedes Jahr aufs Neue mit Bekannten und Fans zu feiern. Im Rahmen des Projekts *Live Music to the World,* einer Kooperation mit der SXSW, wurde ein ganzer Container mit Musikinstrumenten und Recording Equipment an ein Land verschickt, das dieser Ausrüstung bedarf. Jedes Jahr wurde ein neues Land ausgewählt, das entsprechend ausgestattet bzw. beschenkt wurde.

Ein weiterer wichtiger Bestandteil des aktuellen Angebots der MED sind die *Master Classes*, in denen insbesondere kaufmännische Kenntnisse für Musikschaffende vermittelt werden. Die zwei Mal jährlich stattfindenden *Venue Summits* informieren lokale Veranstalter_innen und Veranstaltungsstätten darüber hinaus über Änderungen bezüglich Lizensierungen oder Genehmigungen. Die *Music Summits*, die vierteljährlich stattfinden, sind klassische Netzwerkveranstaltungen für Agierende der Musikwirtschaft und der Stadtverwaltung, bei denen sowohl Probleme thematisiert und erörtert werden als auch informell aktuelle Brancheninformationen ausgetauscht werden können.

Überdies arbeitete man an einer *Austin Independent Radio Smartphone App*, die es ermöglichte, überall unabhängigen Kunstschaffenden aus Austin zu lauschen und die dabei gleichzeitig direkte Verlinkungen zu den Websites und Onlineshops der Kunstschaffenden bereithielt. Mit diesem Projekt in engem inhaltlichen Zusammenhang stehend ist die *Live Music Venue Guidebook & Smartphone App*, die eine Auflistung und Einordnung der Live Music Spielstätten der Stadt bietet. Die Förderung der Venues als auch die Steigerung der Attraktivität dieses Angebots für Tourist_innen waren bei diesem Projekt zentrale Ziele.

In Zusammenarbeit mit der Austin Music Foundation, einer gemeinnützigen Stiftung zur Förderung der Musikwirtschaft in Austin, wurden drei Projekte entwickelt. Das *Leadership Music Austin* versucht, Musikwirtschaftsagierende in einen engeren Austausch mit Agierenden der übrigen Kreativwirtschaft zu bringen. Ziel war die Schaffung von Synergieeffekten und neuen Arbeitsplätzen, insbesondere im Entry-Level Bereich. Programmatisch sehr ähnlich ausgerichtet ist auch das *Austin Creative Collaboration* Projekt, das branchenübergreifende Kommunikation und Kollaborationen innerhalb der Kreativwirtschaft vorantreiben möchte. Projektpartner ist hier die Austin Creative Alliance, eine Organisation, die sich um die Vernetzung und branchenübergreifende Zusammenarbeit in der Kreativwirtschaft bemüht. Der *Music Business Accelerator* ist ein klassisches Accelerator-Programm, das kleineren Unternehmen Informationen, Coachings und Weiterbildungsmaßnahmen anbietet. Das letzte Kooperationsprojekt mit der Austin Music Foundation stellte das *Creative Ambassadors Program* dar, das Kunstschaffende (nicht ausschließlich Musikschaffende) aus Austin bei Auslandsreisen finanziell unterstützte und diese damit oft erst ermöglichte. In enger Zusammenarbeit mit der Cultural Arts Division unterstützte man diese sogenannten Kreativbotschafter_innen bei der Erschließung neuer internationaler Märkte, wobei die Geförderten gleichzeitig als Aushängeschilder für die Musikstadt Austin fungierten. In diesen Zusammenhang ist auch das *House of Songs* Projekt zu nennen, das in Zusammenarbeit mit der dänischen Regierung entwickelt wurde und internationale musikalische Kooperationen unterstützt. Bislang wurden weit über 100 Kunstschaffende gefördert und es entstanden mehr als ein Dutzend internationaler Top-10-Hits. Das Programm beschränkt sich seit einiger Zeit nicht mehr auf einen bilateralen Austausch mit Dänemark, sondern kooperiert auch mit Schweden und Kanada.[5] Ein weiteres Projekt, das sich vor allem auf die Erschließung internationaler Markzugänge fokussiert, ist *ATXport – Austin Music Export*, das tourende Musikschaffende aus Austin mit Unternehmen aus Austin zusammenbringen möchte, die auch im Ausland Dependancen und Büros haben. Zuletzt ist *The One Village Music Project* zu nennen, das es über 30 Kindern und Jugendlichen ermöglicht, an einem Global Youth Peace Summit teilzunehmen und auf Basis dieser Erfahrung, Musik zu schreiben, die sowohl physisch als auch digital veröffentlicht wird.

---

5   Für weitere Informationen zum Projekt vgl. http://www.thehouseofsongs.com (22.12.2016)

Eine weitere städtische Unterstützung der Musikwirtschaft geht vom Austin Convention Center and Visitor's Bureau (ACVB) aus. Die letzte Economic Impact-Studie der Stadt zeigte, dass die Musikwirtschaft über 1,6 Milliarden US-Dollar Umsatz jährlich erwirtschaftet und über 18.000 Arbeitsplätze damit verknüpft sind. Dieser Umsatz wuchs seit der letzten Studie im Jahr 2005 um etwa eine Drittel. Der signifikanteste Wachstumsbereich war dabei im Musiktourismus zu beobachten (Rowling et al., 2012, S. 18f.). Zwischen 2005 und 2010 wuchs der Kulturtourismussektor um fast 30 Millionen US-Dollar pro Jahr. Von den bereits erwähnten 1,6 Milliarden US-Dollar Umsatz ist ungefähr die Hälfte, genauer gesagt 806 Millionen US-Dollar auf den Musiktourismus zurückzuführen (Rowling et al., 2012, S. 52).

Das ACVB unterhält zwei Satellitenbüros (New York City, Chicago) und finanziert sich durch einen sechszehnprozentigen Anteil an den Steuern für Hotelübernachtungen, der sogenannten Hotel Occupancy oder HOT Tax. 2012 belief sich das Jahresbudget des ACVB auf knapp 10 Millionen US-Dollar. Wie bei fast allen städtischen Tourismusbüros und Stadtmarketings sind die zentralen Ziele des ACVB die Anziehung von Touristen und die Steigerung der Nachfrage nach Hotelübernachtungen. Beachtlich ist hierbei jedoch, dass innerhalb des ACVB eine eigene Abteilung gebildet wurde, die sich ausschließlich um die Steigerung des Kulturtourismus im Bereich Musik und Film kümmert: das Austin Music & Film Office. Die Abteilung erhielt 2012 ca. 4 % des ACVB Budgets, also ca. 430.000 US-Dollar (Rowling et al., 2012, S. 53).

Folgende Projekte des ACVB zielen insbesondere darauf ab, Austins einzigartige Reputation als „Live Music Capital of the World" weiter auszubauen. *Music in the Air* bietet Live-Musik am internationalen Flughafen Austins mit ungefähr 15 Shows pro Woche an fünf unterschiedlichen Locations. Diese Aktion erreicht jede Woche tausende Passagiere, selbst wenn diese nur in Austin umsteigen sollten, und kann so die Marke der Musikstadt Austin sehr effektiv, nachhaltig und kostengünstig platzieren. Das zweite Projekt kann zweifellos als Standardprojekt bezeichnet werden. Es handelt sich um die *Austin Music CD*, die als Give-Away auf Festivals, Kongressen und zahlreichen Musikveranstaltungen kostenfrei verteilt wird. Die CD war in den vergangenen Jahren stets aufmerksam kuratiert und bot eine weitere Plattform für lokale Kunstschaffende. Ein weiteres Angebot des ACVB ist der *Austin Music Guide*, der Besucher in die Geschichte der Musikstadt einführt und einen Überblick über die zahlreichen musikalischen Aktivitäten der Stadt bietet. Der Guide ist sowohl als Printausgabe als auch digital verfügbar. Alle drei skizzierten Maßnahmen fungieren als Erstkontaktpunkt für Besucher oder Interessierte und positioniert Austin als kreative, lebendige und vielseitige Stadt. Ein weiteres Projekt des ACVB ist darüber hinaus das *Live Music Experiental Marketing,* das sich auf die Einbindung von Live-Musik bei Kongressen und Veranstaltungen in Austin konzentriert. Hier soll eine direkte, authentische Erfahrung der Musikstadt Austin für Kongressteilnehmer ermöglicht werden.

Wie bereits angedeutet, ist Austin nicht nur Musik-, sondern auch Technologiestadt. Um diese Identität wechselseitig zu verstärken und auszubauen, setzte das ACVB auf einige Maßnahmen, die insbesondere eine junge und digitalaffine Zielgruppe in den Fokus rücken. So hatte die ACVB Website lange Zeit eine *Austin Music Juke Box* integriert, mit einer genreabhängigen Listung von lokalen Kunstschaffende, entsprechenden Youtube-Videos, einem Streamingplayer sowie einem Merchandise Store und einer interaktiven Karte zu den Liveclubs der Stadt (Rowling et al., 2012, S. 55). All dies findet man nach wie vor online, jedoch in etwas abgeänderter Form (vgl. Austin Convention & Visitors Bureau, 2016a). Auch kann man auf der Seite des ACVB direkt lokale Künstler für einen Auftritt buchen. Die Anfrage hierfür ist standardisiert und einfach zu handhaben. Interessierte bekommen dann aus einem Pool von ca. 2.000 Musikschaffenden einen für ihre Veranstaltung passenden Kunstschaffenden angeboten bzw. vermittelt (vgl. Austin Convention & Visitors Bureau, 2016b).

Natürlich tragen auch die beiden größten Festivals, das Austin City Limits und das South by Southwest, maßgeblich zur musikwirtschaftlichen Wertschöpfung Austins bei. Das Austin City Limits brachte bereits 2011 weit über 250.000 Menschen über einen dreitägigen Festivalzeitraum nach Austin. Über 60 % des Publikums sind überregionale Gäste. Die Veranstalter gingen 2011 von einer Gesamtwertschöpfung von über 100 Millionen US-Dollar (inkl. Umwegrentabilitäten) und über 20 Millionen US-Dollar an kostenloser Werbung für die Stadt Austin aus (Rowling et al., 2012, S. 56). Die wirtschaftlichen Effekte, die ein SXSW zeitigt, sind nicht weniger eindrucksvoll. So zeigten die Aktivitäten, die das SXSW das ganze Jahr über betreibt, eine Wertschöpfung von allein 73,7 Millionen US-Dollar, während die drei Hauptfestivals des SXSW – also Musik, Film & Interactive – gemeinsam im Jahr 2011 über 168 Millionen US-Dollar generierten, über 190 Millionen US-Dollar in 2012, über 218 Millionen US-Dollar in 2013 und beachtliche 315 Millionen US-Dollar in 2014, wobei sich diese noch mal in 208,6 Millionen US-Dollar direkte Wertschöpfung, 55,6 Millionen US-Dollar Umwegrentabilität und 51,1 Millionen US-Dollar induzierte Effekte aufschlüsseln (Wynn, 2015, S. 170). Darüber hinaus waren im Jahr 2014 fast 2300 Bands auf 111 Bühnen und fast 28.000 Festival- und Konferenzgäste beim SXSW zu Gast (Wynn, 2015, S. 138). Damit hat sich das SXSW über die Jahre zu einem zentralen Bestandteil der Identität Austins entwickelt und die Stadt wird überregional und international zunehmend mit dem SXSW assoziiert. Oder salopp ausgedrückt: Austin ist SXSW und das SXSW ist Austin, eine symbiotische Beziehung, welche Stadt sehr effektiv für sich nutzen konnte.

Beide Festivals fungieren zweifellos als Aushängeschilder der Musikstadt Austin und tragen in starkem Maße zur überregionalen Wahrnehmung als kreative Stadt bei. Austin hat es unter anderem durch eine strategisch kluge Förderstruktur geschafft, die beiden Hauptmarken der Stadt „Live Capital of the World" und „Keep Austin Weird" für sich zu nutzen und sie an Lebensqualität- und Wachstums-Diskurse zu binden (Wynn, 2015, S. 137).[6] Eine starkes Verständnis von Städten und Orten als Marke sieht Wynn als Vorteil im Wettbewerb der Städte um kreative und schlaue Köpfe: „(W)hen a location is branded, it allows for a continual and collective recognition and identification of place – called alternately *territorial trademarking* or *place branding*." (Wynn, 2015, S. 211). Dass dieses *place branding* nach innen wie nach außen sehr gut zu funktionieren scheint und dabei auch eine kollektive Identität und Kollegialität unter den Musikschaffenden befördert hat, unterstreichen Philipp Krohn und Ole Löding (2015) in ihrem Erfahrungsbericht zu Austin eindrücklich:

> „Austin hat für Gitarrenmusik die lebendigste Szene aller nordamerikanischen Städte. Auf einer langen Popmusiktradition aufbauend, hat sich die texanische Hauptstadt eine einzigartige Position in der Musikindustrie erarbeitet. Sie ist die Hochburg für handgemachte Musik, unabhängige Musiklabel und technisch hervorragende Livebands. An jeder Ecke ist Musik zu erleben. Die Szenemitglieder gehen sehr umsichtig miteinander um und arbeiten generationenübergreifend miteinander. An wenigen Orten der Welt wird die Staffelübergabe zwischen den Bands unterschiedlicher Generationen so reibungslos gestaltet." (S. 63f.)[7]

Diese integrale Verbindung des kommunizierten Markenkerns mit einer gelebten und erfahrbaren Identität der Stadt hat Austin konsequenter und deutlich früher vollzogen, als dies in Toronto der Fall ist, wie wir im Folgenden sehen werden.[8]

---

6   Die „Keep Austin Weird" Kampagne soll hier aus Platzgründen nicht weiter ausgeführt werden. Es handelt sich hierbei um eine Bewegung, die sich kritisch mit dem rasanten Wachstum sowie der Gentrifizierung und Homogenisierung der Stadt auseinandersetzt. Für eine soziologische bzw. kulturgeographische Aufarbeitung des Phänomens vgl. Long 2010.

7   Toronto wird von den beiden Autoren nicht mal erwähnt, was man als Anzeichen dafür lesen könnte, dass die internationale Wahrnehmung Torontos als Musikstadt noch nicht sehr präsent ist.

8   Für eine kritische Einordnung der „Festivalisierung" der Stadtkultur vgl. Siebel 2015, S. 238f.

2.5   Bestehende Strukturen und Programme in Toronto

Die kommunale Struktur Torontos unterscheidet sich von der Austins teilweise stark. So setzt sich das Toronto City Council aus 44 Stadträt_innen und der Oberbürger-meister_in zusammen. Die Stadträte repräsentieren jeweils einen Stadtbezirk. Es gibt sowohl Standing Policy Committees und Community Councils. Erstere geben lediglich Empfehlungen ab, letztere können in gewissen Bereichen auch eigene Entscheidungen treffen, wobei beide ausschließlich mit Stadträt_innen besetzt sind (Rowling et al., 2012, S. 21f.).

Innerhalb der kommunalen Strukturen steht die Economic Development & Culture Division (EDC) der Stadt im Zentrum des Interesses. Die Division ver-fügte 2015 über ein Betriebsbudget von 77,7 Millionen kanadische Dollar und ein Kapitalbudget von 46 Millionen kanadische Dollar.[9] Die EDC gliedert sich in drei Sektoren: Economic Competitiveness Services, Cultural Services, Business Services. 2013 votierte das City Council für die Einrichtung eines Toronto Music Advisory Council, bestehend aus sechs Stadträt_innen und 30 Musikwirtschaftsagierenden. Die Mitglieder werden vom City Council auf vier Jahre gewählt und haben die Aufgabe, Empfehlungen bezüglich der Entwicklung des Musikwirtschaftssektors an das Council abzugeben. Das TAMC tritt einmal monatlich zusammen und jede Musikwirtschaftsakteur_in kann sich für eine Mitgliedschaft bewerben (vgl. Toronto Music Advisory Council, 2016).

Auf Anraten des TAMC wurde im Oktober 2014 auch ein Music Development Office (MDO) als Unterabteilung der Film & Entertainment Division der Economic Development & Culture Abteilung installiert. Eines der ersten Projekte des MDO war die Erstellung einer *Toronto Music Directory*, die einen beträchtlichen Teil der Musikwirtschaft Torontos abdeckt und in fünf Suchkategorien unterteilt ist: Kunstschaffende, Management & Promotion; Live Music Support; Musikorgani-sationen; Musikspielstätten; Recording Studios und Proberäume. Die Datenbank ist frei zugänglich und alle können sich hier bequem einen Überblick über die Kontaktdaten der jeweiligen Firmen verschaffen. Ähnlich wie in Austin gibt es auch in Toronto ein *Music 311* Projekt, bei dem vier Mal jährlich die Telefonwar-teschleifen der Stadt mit lokalen Kunstschaffenden bespielt werden, um ihnen eine Plattform zu bieten. Ebenfalls inspiriert durch ein ähnliches Projekt in Austin, gibt es seit 2015 auch Live-Showcases mit lokalen Kunstschaffenden im Rathaus und anderen städtischen Einrichtungen. Das Projekt nennt sich *Live from City Hall*.

---

9   Vgl. hierzu den Jahresbericht der Economic Development and Culture Division: http://www1.toronto.ca/City%20Of%20Toronto/Economic%20Development%20&%20Culture/Divisional%20Profile/About/ECDev_2015Annual_Report_accessible.pdf (29.12.16)

Darüber hinaus bietet das MDO Beratungs- und Netzwerkleistungen im Bereich der Musikwirtschaft an. Das branchenübergreifende Förderprogramm *Enterprise Toronto,* das umfassende Beratungsleistungen sowie Seminare, Workshops und Weiterbildungsveranstaltungen im Bereich Existenzgründung anbietet, ist natürlich auch für die Akteure der Musikwirtschaft kostenlos oder erhebt nur sehr moderate Teilnahmegebühren. Weiterhin gibt es eine Kooperation mit der Stadtbibliothek im Rahmen der *Make Some Noise* Konzertreihe, bei der die Bibliothek kostenlose Konzerte mit lokalen Kunstschaffenden veranstaltet (vgl. Toronto Public Library, 2017b). Die Stadtbibliothek bietet zudem seit 2006 eine gesonderte Musiksammlung mit Veröffentlichungen lokaler Kunstschaffenden an. Ein Teil der Sammlung kann mit gültigem Bibliotheksausweis auch über die Bibliotheksseite gestreamt werden (vgl. Toronto Public Library, 2017c). Ein weiteres, in Kanada bislang einzigartiges Projekt der Stadtbibliothek ist die *Sun Life Financial Musical Instrument Lending Library,* bei der sich Interessierte, kostenlos eine beeindruckende Bandbreite an Instrumenten ausleihen können (vgl. Toronto Public Library (2017a). Ein direkter Vergleich zu den Projekten in Austin lässt schnell ersichtlich werden, dass Toronto noch nicht eine ähnliche Projektbreite abdecken kann, wobei der Anteil der Musikwirtschaft an der gesamten Wertschöpfung höher liegt als dies in Austin der Fall ist.

Auch ein Blick auf die Einbindung der Musikwirtschaft in die Strategie des Stadt- und Tourismusmarketings lässt ähnliche Schlüsse zu. Toronto konnte im Jahr 2015 ca. 40,4 Millionen Besuche verzeichnen, wobei ca. 14,3 Millionen Übernachtungsgäste waren. Die Gäste gaben während ihrer Aufenthalte in der Stadt insgesamt über 7,2 Milliarden kanadische Dollar im Jahr 2015 aus. Toronto begrüßt somit täglich rund 110.000 Besucher mit 38.000 Hotelübernachtungen. Im Schnitt sind täglich 6.800 US-amerikanische und 4.800 internationale Gäste zu Gast (Tourism Toronto, 2016).

Im Gegensatz zu Austin ist der Branchenverband Tourism Toronto von der Stadt strukturell unabhängig. Tourism Toronto hat mehr als 1.100 Mitglieder und zum Ziel, die Metropolregion Toronto zu vermarkten. Der Verband agiert hier in Kooperation und Abstimmung mit dem Ontario Ministry of Tourism, Culture and Sport und der Greater Toronto Hotel Association. Die Geschäftsführung des Verbands berichtet einem Aufsichtsrat aus 19 lokalen Branchenvertretungen. Bis zum Jahr 2010 finanzierte sich Tourism Toronto über Mitgliedergebühren und einer Hotelsteuer der teilnehmenden Hotels von 3 % auf die jeweiligen Zimmerpreise. Seit 2010 wird Tourism Toronto hauptsächlich durch die Provinz Ontario finanziert. 2011 verfügte Tourism Toronto über ein Budget von ca. 27 Millionen kanadischer Dollar (Rowling et al., 2012, S. 63). Wenn man sich den Webauftritt von Tourism Toronto genauer anschaut, fällt auf, dass Musik hier keine zentrale Rolle beim Branding der Stadt spielt. Zwar ist es möglich, sich mit einem Eventkalender einen Überblick über die musikalischen Aktivitäten der Stadt zu verschaffen, aber ansonsten erfährt man recht wenig über die sehr vielseitige Musikkultur und Musikgeschichte der Stadt. Im Gegensatz zu Austin, wo Musik ein zentraler Aspekt des Storytellings und des Brandings der Stadt darstellt, vermisst man diesen Ansatz bei Toronto fast gänzlich. Musik wird in Toronto bislang noch nicht als wichtiger Aspekt der Identität der Stadt verstanden und kommuniziert. Auch verfügt Toronto seit dem Ende des Virgin Music Fest im Jahr 2009 über kein international ausstrahlendes Festival in größerem Maßstab mehr. Die beiden angestammten und bereits seit Jahrzehnten bestehenden Musikfestivals, North by Northeast (NXNE) und Canadian Music Week (CMW), werden aufgrund ihres Konferenzteils vornehmlich als Branchenveranstaltungen und nicht primär als Besucherfestivals bzw. Veranstaltungen für Fans wahrgenommen (Rowling et al., 2012, S. 67). Auch was die Vernetzungsangebote angeht, hinkt Toronto den Entwicklungen und Strukturen in Austin hinterher. Zusammen mit der fehlenden Positionierung als Musikstadt im touristischen Kontext ist dies als eine der zentralen Lücken im bisherigen Programm Torontos herauszustellen. Die fehlenden strukturierten Vernetzungsangebote fallen umso schwerer ins Gewicht, wenn man bedenkt, dass die veränderte Dynamik innerhalb der Musikwirtschaft von einer Push- zu einer Pull-Kultur diese zu einem klaren Wettbewerbsvorteil werden lassen, sofern sie erlauben, eine größere Zahl an Artrepreneuren bzw. Prosumern nachhaltiger und intelligenter an der Wertschöpfung teilhaben zu lassen.

2.6 Direkter Vergleich der finanziellen kommunalen Unterstützung für den Bereich der Musikwirtschaft in Austin und Toronto

Die folgenden Zahlen basieren auf den Ergebnissen von Rowling et al. (2012). Leider liegen bislang keine aktuelleren Zahlen vor, sodass sich der Vergleichszeitraum auf 2009–2012 beschränken muss.

In Austin sind vier unterschiedliche Komponenten der Förderung der hiesigen Musikwirtschaft zu unterscheiden. Zum einen sind die sogenannten „Cultural Contracts" bzw. Projektförderungen zu nennen. Die Cultural Contracts werden in einem Zweijahresturnus ausgeschrieben und jährlich ausgeschüttet. Die Fördergelder werden von der Cultural Arts Division innerhalb der EGRSO verwaltet. 2012 hatte die Cultural Arts Division 1 Million US-Dollar zur Verfügung. Die Gelder werden zu 100 % durch die bereits angesprochene Hotel Occupancy Tax (HOT Tax) generiert. Die Cultural Contracts erhalten hier im Schnitt ca. 12 % der HOT Tax Einnahmen. Im Jahr 2012 konnten so Cultural Contracts im Wert von 5,2 Millionen US-Dollar ausgeschüttet werden. Die durchschnittliche Fördersumme je Projekt betrug ca. 25.000 US-Dollar. Der Anteil der Mittel, der zur Förderung musikwirtschaftlicher Strukturen bereitgestellt wurde, betrug in den Jahren 2010–2012 zwischen 20–25 % des Fördervolumens (vgl. Rowling et al. 2012, S. 36–38). Auch wenn das Gesamtvolumen wie bei den meisten nordamerikanischen Kommunen sehr überschaubar ausfällt, liegt der relative Anteil für popmusikalische Projekte deutlich über dem der meisten deutschen Städte. Bei 800.000 Einwohnern in Austin im Jahr 2012 ergibt sich eine pro Kopf Ausgabe von 1,28 US-Dollar für musikwirtschaftliche Strukturförderung. Das staatliche Kulturfördervolumen in Texas ist notorisch unterdurchschnittlich und eines der niedrigsten in den gesamten Vereinigten Staaten. So lag die durchschnittliche Pro-Kopf-Investition in Kultur bei lediglich 0,22 US-Dollar in Texas in den vergangenen Jahren. Rowling et al. (2012) gehen davon aus, dass jährlich nur ca. 35.000 US-Dollar an Fördermitteln in die Finanzierung der Cultural Contracts in Austin flossen und damit sicherlich keinen signifikanten Anteil am Fördervolumen ausmachen.

Im Jahr 2015 wurden durch das Toronto Arts Council insgesamt ca. 13,7 Millionen kanadische Dollar Fördermittel an Organisationen oder Individuen ausgeschüttet. Der Musikbereich erhielt hier ca. 2,7 Millionen kanadische Dollar, was einen Anteil von etwas mehr als 20 % der Gesamtfördersumme ausmacht. Durchschnittlich wurden Musikorganisationen mit einer Fördersumme von 19.375 kanadischen Dollar bedacht. Die Investitionen für strategische und langfristige Projekte von 2,44 Millionen kanadische Dollar sind hier nicht berücksichtigt. Leider ist aus den öffentlich zugänglichen Dokumenten nicht ersichtlich, welche geförderten Projekte im Zusammenhang mit der Förderung und Stärkung musikwirtschaftlicher Strukturen stehen. Rowling et al. (2012) gehen bei Ihrer Einschätzung aus dem Jahr 2012 davon aus, dass von 100 geförderten Projekten lediglich sechs einen musikwirtschaftlichen Bezug aufweisen (Rowling et al., 2012, S. 43). Wenn man davon ausgeht, dass die Projektstruktur 2015 ähnlich gelagert war, dann könnte man vermuten, dass bei 110 geförderten Projekten wahrscheinlich sieben einen musikwirtschaftlichen Bezug aufweisen. Insgesamt sind die Zuwendungen im Bereich Musik in Toronto in den letzten Jahren gestiegen und in der Summe auch deutlich höher als in Austin. Wenn man sie jedoch in einen pro Kopf Bezug zu Austin stellt, wird deutlich, dass Toronto der musikwirtschaftlichen Förderdynamik hinterherhinkt. Da keine aktuellen Zahlen in Toronto im Bezug auf spezifisch musikwirtschaftliche Förderungen vorliegen, muss auf einen Vergleich der Jahre 2010–2012 zwischen Toronto Arts Council und Austin Cultural Contracts zurückgegriffen werden, wie ihn Rowling et al. diskutieren. Wohingegen in Toronto lediglich 0,02 kanadische Dollar pro Einwohner_in auf Musikwirtschaftsförderung verwendet wurde, variiert die Investition in Austin zwischen 0,22 und 0,28 US-Dollar pro Kopf. Vergleicht man die Gesamtfördervolumen Austins und Torontos pro Kopf für das Jahr 2012, so bleibt es bei 0,02 kanadische Dollar für Toronto und 1,28 US-Dollar für Austin (Rowling et al. 2012, S. 45f.). Die Effektivität der Förderung und Maßnahmen in Austin scheint aber nicht allein auf das quantitative Fördervolumen zurückzuführen sein, sondern insbesondere auf die klug abgestimmten und von einer sehr überschaubaren Zahl an Mitarbeitenden initiierten Projekte.

2.7   Fazit

Im direkten Vergleich der beiden Städte hat sich gezeigt, dass in Austin eine deutlich höhere Zahl an Initiativen und Projekten existiert, die es den Agierenden ermöglicht, sich inkludierender, intelligenter und nachhaltiger zu vernetzen, als dies bislang in Toronto möglich war. Sowohl die kommunalen Strukturen in Austin – die nicht ausschließlich eine kulturelle Förderung der Musik vorsehen, sondern ganz gezielt auch die Musikwirtschaft fördern – als auch die eingesetzten Mittel pro Kopf sind größer als in Toronto. Weiterhin ist die Musikstadt Austin ein wesentlich integralerer Bestandteil des Stadtmarketings als dies in Toronto der Fall ist, was ebenfalls dazu beiträgt, dass Austin hier eine beachtliche Wertschöpfung durch den Musiktourismus generiert. Zusammen mit den zwei „Leuchtturm"-Festivals SXSW und Austin City Limits kann die Stadt eine beachtliche nationale und internationale Aufmerksamkeit als Musikstadt auf sich ziehen. Die Stadt Toronto hat erkannt, dass sie hier weitere Strukturen und Vernetzungsangebote schaffen muss, um im globalen Wettbewerb der kreativen Städte mithalten zu können, was die bereits angesprochene Veröffentlichung „The Mastering of a Music City" unterstreicht. Es wird spannend bleiben zu beobachten, ob Toronto im Bezug auf seine Außenwahrnehmung der Sprung in die erste Liga der Musikstädte gelingen wird. Die ersten Schritte sind gemacht, die Weichen gestellt.

Literatur

Austin Chamber (2016). *Education.* Verfügbar unter: https://www.austinchamber.com/economic-development/austin-profile/education [20.12.2016]
Austin Convention & Visitors Bureau (2016a). *From Music Concerts To Food Festivals, Check Out What's Happening in Austin.* Verfügbar unter: http://www.austintexas.org [27.12.2016]

Austin Convention & Visitors Bureau (2016b). *Hire Austin Musicians*. Verfügbar unter: http://www.austintexas.org/music-office/hire-austin-musicians [27.12.2016]

Barber-Kersovan, A., Kirchberg, V. & Kuchar, R. (2014). *Music City. Musikalische Annäherungen an die „Kreative Stadt".* Bielefeld: transcript.

City of Austin (2016). *Annual Internal Review. Music Commission.* Verfügbar unter: http://www.austintexas.gov/edims/document.cfm?id=259385 [20.12.2016]

City of Austin (2016). *ATX Music. Economic Development Department's Music & Entertainment Division. What We Do.* Verfügbar unter: http://www.austintexas.gov/department/what-we-do-0 [13.12.2016]

City of Austin (2016). *Austin Texas Gov. Economic Development Department, Austin Rankings.* Verfügbar unter: https://austintexas.gov/rankings [15.12.2016]

City of Toronto (2016a). *Toronto Facts. Arts and Culture.* Verfügbar unter: http://www1.toronto.ca/wps/portal/contentonly?vgnextoid=ea5067b42d853410VgnVCM10000071d-60f89RCRD&vgnextchannel=57a12cc817453410VgnVCM10000071d60f89RCRD [13.12.2016]

City of Toronto (2016b). *Toronto Facts. Diversity.* Verfügbar unter: http://www1.toronto.ca/wps/portal/contentonly?vgnextoid=dbe867b42d853410VgnVCM10000071d-60f89RCRD&vgnextchannel=57a12cc817453410VgnVCM10000071d60f89RCRD [10.12.2016]

Crawford, T. (2014). *Toronto tries to sing Austin's tune.* Toronto Star Newspapers Ltd. Verfügbar unter: https://www.thestar.com/entertainment/2014/02/19/toronto_tries_to_sing_austins_tune.html [11.12.2016]

Florida, R. (2002). *The Rise of the Creative Class. And How It's Transforming Work, Leisure, Community and Everyday Life.* New York: Basic Books.

Kotkin, J. & Schill, M. (2016). *America's Next Boom Towns.* Forbes US. Verfügbar unter: http://www.forbes.com/sites/joelkotkin/2016/01/14/americas-next-boom-towns/#58fa5598f0dd [13.12.2016]

Krohn, P. & Löding, O. (2015). *Sound of the Cities. Eine popmusikalische Entdeckungsreise.* Hamburg: Rogner & Bernhard.

Long, J. (2010). *Weird City. Sense of Place and Creative Resistance in Austin, Texas.* Austin: University of Texas Press.

Paulus, A.& Winter, C. (2014). *Musiker als Medie-Artrepreneure? Digitale Netzwerkmedien als Produktionsmittel und neue Wertschöpfungsprozesse.* In: U. Breitenborn, T. Düllo & S. Birke (Hrsg.) *Gravitationsfeld Pop. Was kann Pop? Was will Popkulturwirtschaft? Konstellationen in Berlin und anderswo.* Bielefeld: transcript. 133–142.

Profile Toronto (2015). *Toronto Employment Survey 2015.* Verfügbar unter: http://www1.toronto.ca/City%20Of%20Toronto/City%20Planning/SIPA/Files/pdf/T/2015-Employment-Bulletin%20FINAL-accessible.pdf [10.12.206]

Rowling, N. et al. (2012). *Accelerating Toronto's Music Industry Growth. Leveraging Best Practices from Austin, Texas.* Austin: Titan Music Group, LLC.

Schlögl, A. (2009). *Mehrwert Musik. Musikwirtschaft und Stadtentwicklung in Berlin und Wien.* Berlin: VS Research.

Siebel, W. (2015). *Die Kultur der Stadt.* Berlin: Suhrkamp.

Terrill, A. et al. (2015). *The Mastering of a Music City. Key Elements, Effective Strategies and Why It's Worth Pursuing.* Toronto: Music Canada.

The House of Songs (2015). *The Mission.* Verfügbar unter: http://www.thehouseofsongs.com [22.12.2016]

Toronto Economic Development & Culture Division (2015). *Making Toronto a place where business and culture thrive. Annual Report 2015.* Verfügbar unter: http://www1.toronto. ca/City%20Of%20Toronto/Economic%20Development%20&%20Culture/Divisional%20 Profile/About/ECDev_2015Annual_Report_accessible.pdf [29.12.2016]

Toronto Music Advisory Council (2016). *Toronto Music Strategy. Supporting and Growing the City's Music Sector.* Verfügbar unter: http://www.toronto.ca/legdocs/mmis/2016/ed/ bgrd/backgroundfile-90615.pdf [27.12.2016]

Toronto Public Library (2017a). *Borrow a Musical Instrument.* Verfügbar unter: http://www. torontopubliclibrary.ca/services/borrow-a-musical-instrument.jsp [22.12.2016]

Toronto Public Library (2017b). *Make Some Noise. Local Music Collection.* Verfügbar unter: http://torontopubliclibrary.typepad.com/make_some_noise [22.12.2016]

Toronto Public Library (2017c). *Music.* Verfügbar unter: http://www.torontopubliclibrary. ca/books-video-music/music [22.12.2016]

Tourism Toronto (2016). *Press Release: Record tourism arrivals and spending bolster Toronto regional economy.* http://media.seetorontonow.com/wp-content/uploads/sites/3/2016/02/ tourism-toronto-press-release-year-end-tourism-results-2015.pdf [22.12.2016]

Winter, C. (2013). Die Entwicklung der Medien als „Ursachen" und als „Wesen" musikbezogener Wertschöpfung. In: B. Lange, H. J. Bürkner & E. Schüßler (Hrsg.) *Akustisches Kapital. Wertschöpfung in der Musikwirtschaft.* Bielefeld: transcript.

Wynn, J. R. (2015). *Music/City. American Festivals and Placemaking in Austin, Nashville, and Newport.* Chicago: The University of Chicago Press.

Standorte für Musikunternehmen
Das Beispiel Berlin

3

Verena Blättermann

Zusammenfassung

Der Beitrag befasst sich mit der Frage, welche Standortfaktoren erfüllt sein müssen, damit eine Stadt für Unternehmen der Musikwirtschaft attraktiv ist. Dabei wird hinterfragt, ob es ein bestimmtes Modell für einen Musikstandort gibt oder aber jeweils ein spezifischer Mix an Faktoren einen Standort für Musikunternehmen – sowohl der klassischen als auch der neuen Geschäftsmodelle – interessant macht. Um dies zu untersuchen, wurden Experteninterviews geführt und diese sowie vorliegende Publikationen analysiert und ausgewertet. Bei der Analyse mit Hilfe von Standortkomplexen, denen die Standortfaktoren zugeordnet wurden, stand Berlin im Fokus. Außerdem wurden London und Stockholm vergleichend hinzugezogen. Durch das Herausfiltern der jeweiligen Vor- und Nachteile der Standorte und ihrer spezifischen Aufstellung, ergeben sich Hinweise für Politik und Verwaltung, in welchen Bereichen Maßnahmen nötig sind bzw. werden, um die jeweilige Stadt als Standort für Unternehmen der Musikwirtschaft nachhaltig attraktiv zu machen.

Schlüsselbegriffe

Musikwirtschaft, Standort, Standortfaktor, Standortkomplex, Geschäftsmodelle, Berlin, London, Stockholm, Standortanalyse, Standortvergleich

© Springer Fachmedien Wiesbaden GmbH, ein Teil von Springer Nature 2019
L. Grünewald-Schukalla et al. (Hrsg.), *Musik und Stadt*, Jahrbuch für Musikwirtschafts- und Musikkulturforschung, https://doi.org/10.1007/978-3-658-23773-8_3

3.1   Einleitung

Berlin, London und Stockholm – alle drei Städte eint nicht nur ihre Funktion als
Hauptstadt des jeweiligen Landes, sie sind außerdem zentrale Orte der Musikwirtschaft Deutschlands bzw. Großbritanniens und Schwedens. Zugleich verfügen sie
über eine nennenswerte Start-up-Szene. Das heißt, neben den etablierten Geschäftsmodellen der Musikwirtschaft wie Labels, Verlagen, Vertrieben, Bookingagenturen
und Veranstalter_innen, entstehen dort neue Geschäftsmodelle. Diese reichen von
Streamingdiensten bis hin zu Bookingplattformen. Doch welche Faktoren machen
eine Stadt für Musikwirtschaftsunternehmen attraktiv? Wie wichtig sind die einzelnen Faktoren für die Standortwahl? Weisen Berlin, London und Stockholm die
gleichen Standortfaktoren auf oder hat jede Stadt ihren spezifischen Standortmix?
Diesen Fragen will der vorliegende Beitrag nachgehen.

3.2   Stand der Forschung

Bezogen auf die Standortfaktoren, die für Wirtschaftsunternehmen bei der Wahl
ihres Unternehmensstandorts eine Rolle spielen, existieren wissenschaftliche
Publikationen sowohl mit betriebswirtschaftlichem als auch mit volkswirtschaft-
lichem Fokus. Betrachtet man die Kultur- und Kreativwirtschaft[1], so untersuchen
beispielsweise Studien im Auftrag der einzelnen Bundesländer und Städte die
Standortvorteile und -nachteile. Weitere theoretische Ansätze lassen sich in der
Geografie, Raumtheorie, Clustertheorie und Soziologie finden. Publikationen,
die sich mit dem Thema des Standorts von Musikwirtschaftsunternehmen und
der Musikszene befassen, konzentrieren sich auf die geografische Anordnung
von Unternehmen im Stadtraum und damit auf die innerstädtische Standortwahl
(Scott, 2000; Mundelius & Hertzsch, 2005a; Mundelius, 2008; Scharenberg &
Bader, 2005; Grimm, 2005). Eine Studie, die sich mit den klassischen und neuen
Geschäftsmodellen der Musikwirtschaft und den Standortfaktoren mehrerer Städte
im Vergleich befasst, lag 2013 nicht vor.
      Anlass der Untersuchung war, dass keine Definition für einen Musikwirtschafts-
standort und seine Standortfaktoren vorlag. Ebenso gab es keine vergleichende

---

1   Die Kultur- und Kreativwirtschaft besteht aus den Teilmärkten Musikwirtschaft,
     Buchmarkt, Kunstmarkt, Filmwirtschaft, Rundfunkwirtschaft, den Märkten für dar-
     stellende Künste, Architektur, Design, Presse, Werbung, der Software-/Games-Industrie
     und Sonstiges (Bundesministerium für Wirtschaft und Energie, 2014, S. 3).

Analyse mehrerer Städte, die hilft, zu evaluieren, ob bestimmte Standortfaktoren für Musikunternehmen in Europa immer erfüllt sein müssen, um einen Standort für sie attraktiv zu machen. Dabei stand insbesondere die Frage im Vordergrund, ob es überhaupt eine ideale Musikstadt gibt oder aber die Standortfaktoren in einem bestimmten Mix vorliegen müssen, um eine Stadt für die Musikwirtschaft attraktiv zu machen. Dies soll im vorliegenden Artikel mit dem Fokus auf Berlin analysiert und diskutiert werden. Dabei wird auch am Rande darauf eingegangen, ob es einen Unterschied zwischen klassischen und neuen Geschäftsmodellen gibt. Ein Vergleich mit zwei anderen Städten wurde als sinnvoll erachtet, um herauszuarbeiten, worin die Standortvorteile und -nachteile liegen und aufzuzeigen, in welchen Bereichen Berlin Nachholbedarf hat. London wurde zum Vergleich herangezogen, da die Stadt in Europa eine hervorgehobene Rolle aufgrund ihres internationalen Ansehens als Musikhauptstadt Europas und als globale Musikmetropole spielt (Bernstein, Sekine & Weissman, 2007, S. 155). Berlin und Stockholm spielen innerhalb ihrer jeweiligen Länder eine wichtige Rolle als Musikstandorte, jedoch haben sie bisher nicht den Status von London in der internationalen Wahrnehmung erreicht.

3.3   Methode

Der Untersuchung liegt ein Mix aus ausgewählten Forschungsmethoden zugrunde. Zum einen wurden vorliegende wissenschaftliche und journalistische Publikationen sowie Kultur- und Kreativwirtschaftsberichte sowohl bezüglich vorhandener Daten als auch hinsichtlich ihrer qualitativen Dimension (zum Beispiel die Geschäftsklimafaktoren und Standortvorteile und -nachteile im *Kultur- und Kreativwirtschaftsindex Berlin-Brandenburg)* zur Analyse herangezogen. Auf dieser Basis wurden qualitative, leitfadengestützte Experteninterviews entwickelt und durchgeführt. Die befragten Expert_innen kamen alle aus der Praxis, hatten Entscheidungskompetenz und setzten sich aus Vertreter_innen der klassischen und neuen Geschäftsmodelle der Musikwirtschaft sowie unterschiedlicher Unternehmensgrößen, Entwicklungsstadien und Netzwerke der Musikwirtschaft zusammen. Es wurden insgesamt neun Interviews geführt. Für die Seite der klassischen Geschäftsmodelle wurden Interviews mit zwei Vertreter_innen von kleinen bzw. mittleren Musikunternehmen mit dem Hauptgeschäftsfeld Musikverlag bzw. Label geführt. Für die Seite der neuen Geschäftsmodelle wurden drei Vertreter_innen von Streamingdiensten bzw. Online-Musikdiensten und zwei Vertreter_innen aus dem Bereich Booking bzw. Konzerttickets befragt. Zudem wurden zwei Vertreter_innen von lokalen Netzwerken der Musikwirtschaft bzw. einer Fördereinrichtung interviewt. Da für die

Experteninterviews keine Auflistungen der Standortfaktoren verwendet, sondern offene Fragen formuliert wurden, wurde Raum für mögliche Ergänzungen der Faktoren gegeben. Auf diese Weise wurde eine aktuelle und zeitgemäße Sicht auf die verschiedenen Standorte und die einzelnen Standortfaktoren gegeben, die eine tiefergehende Analyse durch die Kombination aus empirischen und qualitativen Erhebungen sowie Theorie und Praxis ermöglichte. Da der Fokus auf Berlin lag, wurde die Definition der Musikwirtschaft des Clusters IKT, Medien und Kreativwirtschaft als Grundlage verwendet, da die Kreativwirtschaftsberichte zum Teil unterschiedliche Abgrenzungen des Sektors vornehmen und keine europaweit einheitliche Definition vorliegt. Vor der Analyse des Standorts Berlin im Vergleich mit London und Stockholm sollen zuerst die Standortkomplexe vorgestellt werden.

3.4   Standortfaktoren und Standortkomplexe

Standortfaktoren benennen laut Andreas Ettlich „die Gründe für die Standortwahl" (2003, S. 39). Laut seiner Definition sind sie „Merkmale, welche die Eignung eines Standortes für eine bestimmte Nutzung kennzeichnen" (ebd.). Bei der Analyse des Standorts Berlin und dem Vergleich mit den Städten London und Stockholm wurde das Ziel verfolgt, die für die befragten Akteur_innen relevanten Standortfaktoren herauszufinden und miteinander zu vergleichen, anstatt alle theoretisch möglichen Standortfaktoren aufzulisten. Gleichzeitig wurde darauf verzichtet, sie in ‚harte' und ‚weiche' Faktoren einzuteilen, da die Autorin dies aufgrund der damit einhergehenden Wertung nicht als zeitgemäß und zielführend ansieht. In dieser Annahme folgt sie Thießen (2005, S. 31). Busso Grabow hebt hervor, dass die jeweilige Branche, die Unternehmensgröße und der Standort an sich genau zu untersuchen sind (Grabow, Henckel & Hollbach-Grömig, 1995, S. 19), denn diese drei Bezugsgrößen haben einen Einfluss darauf, welche Faktoren als relevant erachtet werden. Im vorliegenden Beitrag wird von der Annahme ausgegangen, dass es kein ‚Rezept' für den idealen Musikstandort gibt, sondern dass es sich hierbei eher um einen Standortfaktorenmix handelt, der aufgrund seiner spezifischen Zusammensetzung eine bestimmte Stadt für Musikunternehmen attraktiv macht. Einen weiteren entscheidenden Aspekt nennt Ettlich: Standortfaktoren – genau wie die Unternehmen und Städte selbst – entwickeln sich, sie sind also nicht statisch (2003, S. 55). Dadurch können Erhebungen nur für den jeweiligen Standort und den Zeitpunkt der Erfassung gültig sein (ebd.).

Der Analyse wurden jedoch nicht einzelne Standortfaktoren zugrunde gelegt, sondern sogenannte Standortkomplexe, um nicht einzelne Faktoren isoliert, sondern in ihrem Zusammenspiel miteinander besser vergleichen und analysieren zu können und so Zusammenhänge zu erkennen. Ein Standortkomplex ist „ein Bündel miteinander verwandter Standortfaktoren" (ebd., S. 40). Grundlage für die Benennung und Auswahl der einzelnen Standortfaktoren war Grabows Übersicht (Grabow, Henckel & Hollbach-Grömig, 1995, S. 27ff. und S. 68f.), ergänzt mit den Faktoren des *Kultur- und Kreativwirtschaftsindex Berlin-Brandenburg* (IHK Berlin, Medienboard Berlin-Brandenburg GmbH, Ministerium für Wirtschaft und Europaangelegenheiten Brandenburg, Senatskanzlei – Kulturelle Angelegenheiten & Senatsverwaltung für Wirtschaft, Technologie und Frauen/ Landesinitiative Projekt Zukunft, 2011, S. 19ff.) und weiteren Quellen wie u. a. Ettlich (2003, S. 121ff., S. 57ff., S. 175ff.), Thießen (2005, S. 25ff.), Ickrath (1992, S. 22ff.), Reich (2013, S. 49ff.), Sailer und Papenheim (2007, S. 121ff.), Becker (2009, S. 36ff.), Diller (1991, S. 32ff.), Salmen (2007, S. 133ff.) und Mundelius und Hertzsch (2005a, S. 232). Auf Grundlage dieser Quellen nahm die Autorin die Kategorisierung, Ergänzung, Zusammenstellung und Benennung der Standortkomplexe vor. Eine Wertung der Komplexe und ihrer einzelnen Faktoren wurde nicht vorgenommen, da keine repräsentative Umfrage durchgeführt wurde, die eine Priorisierung gerechtfertigt hätte. Insgesamt wurden fünf Standortkomplexe benannt:

1. Infrastruktur, Politik und öffentliche Einrichtungen
2. Ökonomische Faktoren
3. Charakter und Image der Stadt
4. Menschen, Netzwerke und Community
5. Kultur, Atmosphäre und Lebensqualität

Die Komplexe setzen sich wiederum aus mehreren Faktoren zusammen. So zählen zum Bereich *Infrastruktur* die Faktoren verfügbare Flächen und Büros in zentraler Lage, die überregionale und internationale Verkehrsanbindung, Informations- und Kommunikationstechnik, Freizeit- und Erholungsmöglichkeiten und die Energieversorgung. Unter *Politik* fallen die Unterstützung durch die Politik und ihre Zusammenarbeit mit der Branche, die Stadtentwicklung, die Qualität der Kommunal- und Bezirksverwaltung, Bürokratie und Gesetze. Universitäten und Fachhochschulen, Weiterbildungs- und Ausbildungseinrichtungen, die Nähe zu Forschungseinrichtungen, Kooperationsmöglichkeiten mit öffentlichen Einrichtungen, das Wirtschaftsklima, Technologie- und Dienstleistungsorientierung, aber auch Schulen und Kindergärten, die Gesundheitsversorgung, die Unterstützung der Unternehmen durch Kammern, das Angebot an öffentlichen Fördermitteln, -programmen und Beratung wurden unter dem Begriff *Öffentliche Einrichtungen* zusammengefasst. Dieser Standortkomplex setzt die Rahmenbedingungen am Standort, innerhalb derer ein Unternehmen agiert.

Der Standortkomplex *Ökonomische Faktoren* besteht aus den Kosten für Gewerbe- und Büroräume, den Mietkosten und der Verfügbarkeit an Wohnraum in zentraler Lage, den Lebenshaltungskosten, den kommunalen Abgaben und Steuern, den Lohnkosten, der Nähe zu Absatzmärkten, Kund_innen, Zulieferern und Partner_innen, der geografischen Lage, der Wirtschaftsförderung, dem Zugang zu Finanzierungsmöglichkeiten, den ansässigen Inkubatoren und Acceleratoren und der wirtschaftlichen Gesamtsituation.

Im dritten Standortkomplex *Charakter und Image der Stadt* wurden die Architektur, die Qualität und das Erscheinungsbild der Gebäude, das Stadtbild, das Image[2] der Stadt, der Region und des Mikrostandorts (beispielsweise des Stadtteils oder Bezirks), die Attraktivität der Stadt und der Region, die Identifikation mit der Stadt, die Umweltqualität, das Wohnumfeld und die Sicherheit, die Historie der Stadt als Image- und Inspirationsfaktor, das Gründungs- und Innovationsklima sowie die Einbettung der Branche in die Stadt zusammengefasst.

Zum Komplex *Menschen, Netzwerke und Community* zählen unter dem Punkt *Menschen* qualifiziertes Personal, die Dichte der Kreativen, informelle Kontakte, die Bevölkerungsstruktur sowie die Mentalität der Mitarbeiter_innen und der Menschen der Stadt. Unter dem Faktor *Netzwerke und Community* werden das persönliche Netzwerk und die Community, die Branchenvertretung, Verbände und Initiativen, die Vernetzung mit öffentlichen Einrichtungen und die Nähe zur eigenen Branche, zu Wettbewerber_innen und anderen Branchen zusammengefasst.

Zum fünften Standortkomplex zählen *Kultur, Atmosphäre* und *Lebensqualität*. Unter *Kultur* sind die Bedeutung als Kultur- und Medienstandort, die Medienlandschaft, das kulturelle Angebot, die Subkulturen, die Stadtteilkultur, Festivals, Großveranstaltungen und Branchenmessen sowie die Club- und Konzertszene zu nennen. Dem Begriff Atmosphäre liegt Gernot Böhmes Definition zugrunde, in der er diese unter anderem als „räumlichen Träger von Stimmungen" bezeichnet, also die Gesamtheit aller Qualitäten der Stadt zusammenfasst (Götz, 2006, S. 92). Lebensqualität bezeichnet das Zusammenspiel der genannten Faktoren, sie liegt in der persönlichen Wahrnehmung eines jeden Menschen.

---

2   „Ein Image ist ein vereinfachtes, überverdeutlichtes und bewertetes Vorstellungsbild, ein Quasi-Urteil, das keine Gültigkeitsgrenzen kennt und empirisch nicht hinreichend abgesichert ist. Alle menschlichem Wahrnehmen, Erleben und Denken zugänglichen Gegenstände werden immer auch vereinfacht – als Images – verarbeitet. Landschaften, Länder, Technologien, Städte-Standorte, Berufe, Wissenschaften... Images (…) sind ein universelles Phänomen." (Bergler, 1991, S. 47, zitiert nach Heinrichs, Klein & Bendixen, 1999, S. 62)

3.5 Auf dem Weg zu einem Verständnis von Standorten für die Musikwirtschaft

Berlin steht im Fokus der Analyse. London und Stockholm werden zum Vergleich herangezogen, um Gemeinsamkeiten und Unterschiede der Standorte herauszuarbeiten und zu analysieren, welche Faktoren für die Musikwirtschaft entscheidend sind. Es handelt sich dabei um eine Erfassung des Status Quo zum Zeitpunkt der Untersuchung im Jahr 2013. Wie bereits erwähnt, können sich die Faktoren und ihre Relevanz für die Unternehmen verändern, genauso wie sich Unternehmen und die Stadt selbst weiterentwickeln. Eine tiefergehende Analyse, beispielsweise im Hinblick auf die Entwicklung eines umfassenden Standortfaktorenkatalogs, mit dessen Hilfe eine repräsentative Umfrage durchgeführt werden könnte, müsste in jedem Fall einen detaillierteren Vergleich der Länder und Städte in Bezug auf ihre kulturellen, politischen, historischen und sozioökonomischen Spezifika umfassen. Essenziell bei der Betrachtung der Standortkomplexe ist die Berücksichtigung der Interdependenz der einzelnen Faktoren als auch der Standortkomplexe.

3.6 Infrastruktur, Politik und öffentliche Einrichtungen

3.6.1 Infrastruktur

Betrachtet man das Angebot an Flächen und Büros in zentraler Lage in Berlin, so zeigt sich im Vergleich mit London und Stockholm, dass Berlin – trotz Gentrifizierungsdebatten und steigenden Mieten sowie der Debatte um die Schließung von Clubs in zentraler Lage – bessere Bedingungen aufweist als die beiden anderen Städte. Insbesondere von nicht-deutschen Interviewpartner_innen wurde dieser Vorteil hervorgehoben. Bei den deutschen Gesprächspartner_innen schien dieser Punkt nicht sonderlich im Vordergrund zu stehen, was darauf hindeuten kann, dass hier noch keine Problematik identifiziert wurde. Diese Erkenntnis ist ein guter Ansatzpunkt, um aufzuzeigen, wie sich die Bedeutung von Standortfaktoren ändert, da sich von 2013 bis 2015 die Debatte um Mietsteigerungen und genügend Arbeits- und Wohnräume beschleunigt hat. So belegt der *Kultur- und Kreativwirtschaftsindex Berlin-Brandenburg 2015*, dass Berliner Kreativwirtschaftsunternehmen das Angebot und die Kosten für Räume als eher negativ ansehen (IHK Berlin, *IHK Potsdam, Cluster IKT, Medien und Kreativwirtschaft, Land Brandenburg & Land Berlin*, 2015, S. 28), während sie diese Punkte 2011 noch als Standortvorteil werteten (ebd., S. 31). Dies unterstreicht also, dass Standortfaktoren nicht statisch sind und auch die Einordnung durch die Akteur_innen nur eine aktuelle Beschreibung ist. Im Vergleich zu Berlin gibt es in London deutlich weniger verfügbare und bezahlbare Flächen und Büroräume und die Kosten für das Leben in der Metropole werden als Hauptnachteil bezeichnet (Greater London Authority, 2002, S. 31; Knell & Oakley, 2007, S. 11). Freiräume, wie sie in Berlin noch zu finden sind, sind ebenfalls rar. Dasselbe trifft auf Stockholm zu: Es gibt kaum verfügbare Flächen und Wohnraum, wodurch eine Hürde für potenzielle neue Mitarbeiter_innen entsteht (The Economist, 2013; Lamberth, 2013, S. 4). Bezogen auf diesen Faktor wurde Berlin positiver als die beiden anderen Städte eingestuft. Jedoch zeigen die aktuellen Entwicklungen, dass dieser Vorsprung zu schrumpfen scheint.

Der Faktor überregionale und internationale Verkehrsanbindung wird von der Musikwirtschaft aufgrund ihrer internationalen Ausrichtung und Geschäftsbeziehungen als besonders relevant erachtet. Im Fall von Berlin wird dabei insbesondere der noch nicht fertiggestellte Flughafen BER Berlin-Brandenburg als problematisch angesehen, da sich dies zudem negativ auf Berlins Image auswirkt. Hier besteht also Nachbesserungsbedarf, um als internationale Metropole wahrgenommen zu werden.

Zur Informations- und Kommunikationstechnik (IKT) sowie dem Angebot an Freizeit- und Erholungsmöglichkeiten lässt sich keine verwertbare Aussage treffen. Von Vertreter_innen der neuen Geschäftsmodelle wurde bezogen auf die IKT meist Verbesserungsbedarf bei der Breitbandversorgung in Berlin genannt. Im Bereich Infrastruktur ist London, insbesondere bezogen auf die IKT, auf einem hohen Niveau. Dasselbe gilt für Stockholm, wobei hier insbesondere auf die vorhandene IKT-Infrastruktur hinzuweisen ist, für die die schwedische Regierung bereits früh die Grundlagen bereitet hat (L.S., 2013; Power, 2003, S. 138).

Der Faktor Freizeitmöglichkeiten kann auch dem Punkt Lebensqualität zugeordnet werden. Gleichzeitig hat er bezogen auf Netzwerke eine ökonomische Bedeutung, da das Angebot an Clubs in Berlin für die Musikwirtschaft relevant ist und damit die Möglichkeit für informelle Treffen bzw. Auftrittsmöglichkeiten für die Künstler_innen gegeben ist. Bezüglich der Freizeit- und Erholungsmöglichkeiten sind London und Stockholm ähnlich wie Berlin ausgestattet. Hinsichtlich der Energieversorgung wurden keine Angaben zu den Standorten gemacht, dies könnte jedoch bei einer Befragung von Clubbetreiber_innen anders aussehen.

3.6.2 Politik

Seitens der Berliner Politik und Verwaltung wird der Kultur- und Kreativwirtschaft insgesamt eine bedeutende Rolle beigemessen, so gilt das Cluster IKT, Medien und

Kreativwirtschaft innerhalb der Berliner Wirtschaftspolitik als Wachstumsfeld (Senatsverwaltung für Wirtschaft, Technologie und Forschung, 2015). Bezogen auf die Anzahl der Beschäftigten als auch auf die Umsätze sind die Wachstumsraten überdurchschnittlich (ebd.). Seitens der Akteur_innen der Musikwirtschaft wird anerkannt, dass die Politik den Sektor wahrnimmt, jedoch fehlt es aus ihrer Sicht an einer umfassenden, langfristigen und zukunftsfähigen Strategie inklusive Handlungsmaßnahmen. Die befragten Expert_innen erwarten von Politik und Verwaltung, dass übergeordnete Probleme, die sie selbst nicht lösen können, auf einer höheren Ebene angegangen werden. Als ausbaufähig werden das Verständnis für die Musikwirtschaft und eine gezielte Wirtschaftspolitik und -förderung angesehen (Blättermann, 2013, S. 43). Hier wird das Vorgehen teils als opportunistisch wahrgenommen und stattdessen eine nachhaltige Strategie für die Musik- und Kreativwirtschaft gefordert. Eine Maßnahme, die zur Behebung des Missstandes führen sollte, war die Schaffung des Musicboards und der Stelle einer Referentin Musicboard in der Senatskanzlei als Schnittstelle zwischen Branche und Verwaltung (den Beitrag von Anita Jóri und Martin Lücke in diesem Band). Dennoch wird hier ein Defizit festgestellt, auch was die Nutzung und Zusammenarbeit mit vorhandenen Netzwerken und Ansprechpartner_innen der Branche betrifft. Die Akteur_innen sehen in Bezug auf die Bündelung von Maßnahmen und Förderstrukturen ein Vorbild in Hamburg. Dort gibt es beispielsweise die Hamburger Labelförderung, die als ,Best Practice'-Beispiel gilt, da sie auf die Bedürfnisse der kleinen und mittleren Unternehmen und damit der Mehrheit der Musikunternehmen zugeschnitten ist. Insgesamt wird in Berlin die Entwicklung des Musicboards mit Spannung verfolgt, in der Hoffnung, dass dessen Aktivitäten zur Schaffung weiterer Instrumente zur Förderung der Musikwirtschaft in Berlin führen.

Sowohl Großbritannien als auch Schweden haben im Gegensatz zu Deutschland bereits vor Jahren zeitgemäße Methoden im Bereich Musikwirtschaft eingeführt, um die gesamte Wertschöpfung der Branche zu erfassen (PRS for Music, 2011; Portnoff & Nielsén, 2013). In Deutschland wurde 2015 erstmals eine umfassende Musikwirtschaftsstudie erstellt, an der eine Vielzahl an Verbänden der Musikwirtschaft beteiligt war (VUT – Verband unabhängiger Musikunternehmen e. V. et al., 2015). Dieser Impuls ging jedoch nicht von Berlin aus, sondern die Idee entstand im Rahmen des Musikdialogs, der vom Senat der Freien und Hansestadt Hamburg jährlich veranstaltet wird (ebd.).

Bezüglich der Stadtentwicklung wurden von den Befragten keine Angaben gemacht, jedoch könnte dies bei einer aktuellen Studie durchaus anders ausfallen. Der Faktor steht nämlich im Zusammenhang mit steigenden Mieten und der Diskussion um Räume für die Kreativwirtschaft. Umgekehrt haben Entscheidungen im Bereich der Stadtentwicklung Auswirkungen auf das Kulturangebot und wirken sich auch auf die Attraktivität eines Standorts aus.

Was die Politik betrifft, war Großbritannien nicht nur im Hinblick auf die Erfassung der Musikwirtschaft federführend, sondern auch was den Einsatz der Kultur- und Kreativwirtschaft als Marketinginstrument betrifft. Somit lag es im Interesse der Politik, diesen Bereich zu fördern. Das Ergebnis ist – auch, wenn die damit verbundenen Maßnahmen zum Teil kritisch gesehen werden –, dass dort Popkultur Teil des britischen Kulturkanons im Selbstverständnis als Nation ist. London wird als Musikhauptstadt Europas angesehen (Bernstein, Sekine & Weissman, 2007, S. 155). Da die Musikwirtschaft aufgrund ihrer kulturellen wie ökonomischen Bedeutung für Großbritannien wahrgenommen wird, gibt es eine Reihe an Fördermöglichkeiten und Initiativen auf nationaler Ebene, die jedoch aufgrund der Rolle Londons als Zentrum der britischen Musikwirtschaft oft dort durchgeführt werden. Hier zeigt sich auch: Aufgrund der Daten, die über die Musikwirtschaft insgesamt bekannt sind, konnte gegenüber politischen Entscheider_innen dargelegt werden, weshalb dieser Bereich für das Land relevant ist.

In Schweden war die Erfassung der Musikwirtschaft Teil der Maßnahmen der Regierung für die Kreativwirtschaft – mit der Folge, dass das Exportbüro *Export Music Sweden* seinen Schwerpunkt änderte und den Zugang für Musikunternehmer_innen unabhängig vom Genre erweiterte (Portnoff & Nielsén, 2013, S. 1). Hervorzuheben ist zudem die ganzheitliche und breit angelegte Ausrichtung der Kulturpolitik und Musikförderung, die nicht nur Städten zugutekommt und von der Musikschule bis zur Tourförderung vieles umfasst, auch wenn sie durch Kürzungen in die Kritik geriet (Johansson, 2010, S. 139f.). In den Interviews wurde, wie im Fall von Großbritannien, die Wertschätzung von populärer Musik als Erfolgsfaktor gesehen. Dasselbe gilt für die exportorientierte Förderpolitik, die zudem dem Brandbuilding des Landes dient. Auch wenn diese Punkte dem Land an sich und nicht nur der Hauptstadt zuzuschreiben sind, haben sie eine Auswirkung auf Stockholm und die Anerkennung der Musikwirtschaft seitens der Politik. In Deutschland gibt es in diesem Bereich noch Nachholbedarf.

Beim Faktor Kommunal- bzw. Bezirksverwaltung, zu dem auch der bürokratische Aufwand zu zählen ist, wird die fehlende einheitliche Organisation Berlins als sehr problematisch angesehen. In diesem Zusammenhang nannten die Befragten beispielsweise die unterschiedlichen Herangehensweisen der Bezirke. Die Musikwirtschaft erwartet hier eine strategischere Ausrichtung, was jedoch aufgrund der Berliner Verfassung schwer zu erreichen ist. Die Kleinteiligkeit der Bezirkspolitik wird hier als Nachteil empfunden. Gründer_innen, insbesondere der neuen Geschäftsmodelle, stellen in Berlin zudem Defizite hinsichtlich der Kommunikation mit der Verwaltung, sowie deren Unterstützung, der Gebühren, des bürokratischen

Aufwandes und der Zuständigkeiten fest (IHK Berlin et al., 2011, S. 19 und 28; Fossati, Raduly, Selmer, Theilig & Wünsche, 2008, S. 50).

Hinsichtlich der Gesetze wird die Situation in Deutschland positiv wahrgenommen. Dies trifft auf Akteur_innen deutschlandweit zu, das heißt dies ist kein spezifischer Vorteil Berlins, sondern der Bundesrepublik insgesamt. Anhand der Aussagen der Akteur_innen kann an dieser Stelle nicht beurteilt werden, welcher Standort hier im Vorteil ist.

3.6.3 Öffentliche Einrichtungen

Berlin ist bezogen auf das Angebot an Universitäten, Fachhochschulen, Weiterbildungs- und Ausbildungseinrichtungen sehr gut ausgestattet. Dies bestätigen die Akteur_innen. Jedoch wird ein Defizit in der Praxisorientierung der Ausbildung festgestellt. Gleichzeitig werden mehr Professionalisierung sowie bessere Ausbildungsmöglichkeiten gewünscht. Auch für Existenzgründer_innen gibt es verschiedenste Beratungsangebote. Jedoch wird aufgrund der Veränderung der Musikwirtschaft und neuer Technologien ein Bedarf an besseren Weiterbildungs- und Professionalisierungsmöglichkeiten festgestellt (Blättermann, 2013, S. 44).

Die Nähe zu Forschungseinrichtungen wurde von den Akteur_innen nicht als Faktor erwähnt. Dasselbe gilt für Kooperationsmöglichkeiten mit öffentlichen Einrichtungen, Wirtschaftsklima, Technologie- und Dienstleistungsorientierung, Schulen, Kindergärten, Gesundheitsversorgung und die Unterstützung der Unternehmen durch Kammern. Das kann damit zusammenhängen, dass die Akteur_innen keinen Bedarf in den genannten Bereichen sehen. Andererseits spielen diese Punkte teilweise in andere Faktorenbündel hinein. Das Angebot an öffentlichen Fördermitteln, -programmen und Beratung wurde nicht explizit als Faktor erwähnt, jedoch zeigt sich im Bereich Politik, dass hier Handlungsbedarf gesehen wird.

Sowohl London, Stockholm als auch Berlin sind bei Betrachtung der zuletzt genannten Faktoren vergleichbar. Da diese jedoch nicht von den Akteur_innen bewertet wurden, lässt sich keine Aussage darüber treffen, welcher Standort hier besser abschneidet. Was Stockholm betrifft, lässt sich jedoch festhalten, dass das schwedische Bildungssystem von den Interviewpartner_innen als besonders hochwertig eingestuft wird, was sich auf den Pool an qualifizierten Arbeitskräften für die Musikwirtschaft auswirkt.

3.7   Ökonomische Faktoren

Berlin wird insbesondere bezogen auf die Faktoren Kosten für Gewerbe- und Büroräume, Miete, Lebenshaltungskosten und die Verfügbarkeit von Wohnraum in zentraler Lage von den Akteur_innen als positiv bewertet. Dem Faktor der günstigen Mieten und Lebenshaltungskosten wird von den Befragten nach dem Faktor des qualifizierten Personals vor Ort die größte Bedeutung zugesprochen. Gleichzeitig wird gerade dieser Punkt angesichts der steigenden Mieten von den Akteur_innen besonders kritisch betrachtet. Sie sehen Berlin diesbezüglich an einem Scheideweg, der direkte Auswirkungen auf die Dichte der Kreativen und Unternehmen der Musik- und Kreativwirtschaft vor Ort haben könnte. Obwohl die steigenden Preise in Berlin im Vergleich zu London und Stockholm immer noch niedrig sind, stellt die Preisentwicklung gepaart mit dem niedrigen Lohnniveau und den Umsätzen der kleinen Musikunternehmen ein Problem dar. Langfristig stellt sich also die Frage, wie sich diese Entwicklung auf die Musikwirtschaft und die Kultur- und Kreativwirtschaft insgesamt auswirken wird.

Während die niedrigen Kosten einer der Hauptvorteile Berlins sind, sind die hohen Mieten und Lebenshaltungskosten in London der größte Nachteil des Standorts (Greater London Authority, 2002, S. 31; Knell & Oakley, 2007, S. 11). Dasselbe gilt für Stockholm. In London hat dies bereits Auswirkungen auf die Kultur- und Kreativwirtschaft und die Stadt läuft Gefahr, dass sich nur noch umsatzstarke Unternehmen Büros im Zentrum leisten können, während die kleinen und mittleren Unternehmen verdrängt werden (Knell & Oakley, 2007, S. 12). Die Vielfalt droht also verloren zu gehen. Bei den Akteur_innen genießt London zwar aufgrund seiner herausgehobenen Bedeutung als Musikmetropole und Ort der künstlerischen Innovationen immer noch hohes Ansehen, gleichzeitig sind die hohen Kosten jedoch der entscheidende Nachteil, insbesondere für die Künstler_innen selbst. Stockholm ist im Vergleich zu Berlin ebenfalls sehr teuer, was Miet- und Lebenshaltungskosten, aber auch Steuern betrifft. Dies trägt zur bereits erwähnten Problematik des fehlenden Angebots an verfügbaren Wohn- und Arbeitsräumen bei und wird als größter Nachteil des Standorts für die Kultur- und Kreativwirtschaft angesehen (L.S., 2013; McKenzie, 2012; The Economist, 2013). Die Höhe der kommunalen Abgaben und Steuern wurde nur zum Teil als relevant angesehen. Falls ja, wurden sie als positiver Aspekt Berlins betrachtet, einhergehend mit den niedrigen Mieten und Lebenshaltungskosten.

Bezogen auf Kund_innen, Zulieferer und Partner_innen vor Ort sowie die Nähe zu den Absatzmärkten lässt sich für Berlin die Aussage treffen, dass das Vorhandensein der Wertschöpfungskette und spezialisierter Dienstleister vor Ort sowie die Absatzmöglichkeiten an sich als positiv bewertet werden. Bezogen auf

Letzteres wird jedoch noch Ausbaupotenzial gesehen, da potenzielle Kund_innen zwar vor Ort sind, die Möglichkeiten aber noch nicht voll ausgeschöpft werden. Darum werden Märkte außerhalb Berlins nicht vernachlässigt. Im Vergleich Berlins mit London zeigt sich, dass dort zwar wie in Berlin die unterschiedlichen Wertschöpfungsaktivitäten zu finden sind, aber auch viele mittelständische und große Musikunternehmen ihr europäisches Büro haben (Bernstein, Sekine & Weissman, 2007, S. 155). An dieser Stelle zeigt sich der Unterschied zu Berlin: London ist eine globale Metropole, auch bezogen auf die Musikwirtschaft. So wird es als wichtig erachtet, ab einer bestimmten Unternehmensgröße an diesem Standort vertreten zu sein. Das Vorhandensein der Kund_innen und Partner_innen vor Ort trifft auch auf Stockholm und London zu. Hier scheint also keiner der drei Standorte im Vorteil zu sein. Schweden hat jedoch aufgrund des kleinen nationalen Marktes einen Nachteil bezüglich des Absatzmarktes im eigenen Land. Darum verfolgt Schweden eine internationale Ausrichtung, nicht nur im Bereich der Musikwirtschaft.

Der Faktor der geografischen Lage Berlins wird als wichtig erachtet. Dies ist auch Berlins Nähe zu Osteuropa zuzuschreiben (Malik, 2011). Die geografische Lage spielt aufgrund des Zugangs zu anderen Märkten, der internationalen Ausrichtung und der Kooperationen innerhalb der Musikwirtschaft eine Rolle (Mundelius & Hertzsch, 2005b, S. 27). Im Vergleich zu Berlin gilt London als die Musikmetropole für Nachwuchskräfte – zum Nachteil anderer Städte Großbritanniens. Deutschland hingegen hat mehrere attraktive Metropolen, darunter Hamburg und Köln.

Wie bereits festgestellt sehen die Akteur_innen hinsichtlich der Wirtschaftsförderung in Berlin Nachholbedarf, so fehlt es an spezifischen Maßnahmen für die kleinen und mittleren Unternehmen der Musikwirtschaft und der Bündelung der Maßnahmen und Zuständigkeiten. In jedem Fall sind keine Subventionen gewollt, sondern eine spezifische Wirtschafts- und Infrastrukturförderung angepasst an die Bedarfe der Musikwirtschaft. Andererseits wird von den Akteur_innen so wenig Eingriff ‚von oben‘ wie möglich gewünscht, vielmehr sollte an den Stellen Unterstützung geleistet werden, an denen die Branche sich selbst nicht helfen kann.

Der Zugang zu weiteren Finanzierungsmöglichkeiten gestaltet sich in Berlin aus Sicht der Akteur_innen für neue Geschäftsmodelle mit Technologieorientierung einfacher. In den Fällen, in denen Unternehmen auf Venture-Capital, Investor_innen oder auf die Nähe zu Inkubatoren angewiesen sind, wird Nachbesserungsbedarf im Vergleich zu London gesehen. Dies steht im Gegensatz zu den klassischen Geschäftsmodellen, für die dieser Punkt keine Rolle spielt. Insgesamt werden hier weitere Finanzierungsmöglichkeiten für kleine und mittlere Unternehmen als wichtig erachtet. Bezogen auf die Punkte Wirtschaftsförderung für die Musikwirtschaft und Finanzierungsmöglichkeiten werden sowohl der Standort London als auch Stockholm von den Akteur_innen positiver eingeschätzt. Die Entwicklungen in

Berlin diesbezüglich werden aber positiv wahrgenommen. Bezogen auf Stockholm wird insbesondere die Exportförderung hervorgehoben und für die Musikwirtschaft als besonders wichtig erachtet.

Betrachtet man den Faktor wirtschaftliche Gesamtsituation schneidet Berlin im Vergleich mit London schlechter ab. London gilt als internationale Handelsstadt mit einem starken Bankensektor (Knell & Oakley, 2007, S. 7). Auch wenn das Interesse des Mittelstands am Standort Berlin allgemein wächst (Fahrun, 2013), wird von den Akteur_innen eher die allgemein positive wirtschaftliche Situation Deutschlands als relevant erachtet.

3.8   Charakter und Image der Stadt

Die Faktoren Architektur, Qualität und Erscheinungsbild der Gebäude sowie das Stadtbild sind nicht explizit benannt worden. Jedoch wird das Image der Stadt Berlin insgesamt, der Region und des Mikrostandorts von den Akteur_innen der Musikbranche als äußerst positiv bewertet. Gerade in Kombination mit den günstigen Lebenshaltungskosten wird hier ein Vorteil gegenüber London gesehen. Auch die Branche selbst sieht dieses positive Image als wichtig an. Dazu zählen neben der Dichte an Kreativen, die kulturelle Vielfalt, die Internationalität und die Offenheit der Stadt. Diese Faktoren machen auch die Attraktivität des Standorts aus. Oft wird Hamburg als Vergleich in Deutschland herangezogen, da Hamburg als Musikstandort als sehr professionell eingeschätzt wird. Dazu trägt unter anderem das Reeperbahn Festival bei. Weitere Aspekte von Berlins Image sind die ständige Veränderung der Stadt, die Toleranz für andere Lebensformen und der Ethos des Do-It-Yourself (DIY), der sich durch die Musikwirtschaft zieht. Des Weiteren wird die Wechselwirkung zwischen Veränderungen innerhalb der Musikbranche und der Entwicklung der Stadt gesehen. Die Vielfalt ist ein Kennzeichen Berlins, gleichzeitig wird die Heterogenität der Musikwirtschaft in Bezug auf die unterschiedlichen Geschäftsmodelle und Unternehmensgrößen aber zum Teil als problematisch empfunden, wenn es darum geht, Interessen, beispielsweise gegenüber der Politik, zu vertreten. Relevante Aspekte von Berlins Image sind zudem Techno, das Unfertige der Stadt, die Möglichkeit zu experimentieren und die Etablierung als Ort für technologienahe Start-ups. Das Image der Stadt färbt auf die Akteur_innen und ihre Unternehmen ab und zieht gleichzeitig weitere Unternehmen an.

Dies trifft auch auf die Attraktivität der Stadt und der Region zu. So ordnen die deutschen Branchenakteur_innen Berlin diesbezüglich hoch ein, was sich wiederum in der Gewinnung von Mitarbeiter_innen niederschlägt. Entsprechend wird Berlin im Ausland wahrgenommen. Das Image der Techno-Hochburg erweist sich hier als Nachteil, da Berlin kaum mit anderen Musikgenres in Verbindung gebracht wird und die deutsche Musiklandschaft an sich nicht besonders wahrgenommen wird.

Die Faktoren Identifikation mit der Stadt, Umweltqualität, Wohnumfeld und Sicherheit, die Historie als Image- und Inspirationsfaktor und die Einbettung der Branche in die Stadt wurden nicht explizit von den Akteur_innen genannt, jedoch kann hier vom Zusammenspiel mit Faktoren wie der Lebensqualität ausgegangen werden. Die Branche sieht sich als Teil der Stadt und ihres positiven Images, wodurch auch der Standort des Unternehmens positiv wahrgenommen wird.

Bezogen auf das Gründungs- und Innovationsklima werden vor allem die künstlerischen Aktivitäten in der Stadt als positiver Effekt genannt. Dasselbe gilt für den Innovationsgeist, der sich in der Mentalität der dort lebenden Menschen niederschlägt und beispielsweise positiver als in anderen deutschen Städten wahrgenommen wird. So wird in Berlin das Scheitern eher anerkannt als in anderen Städten Deutschlands, dasselbe gilt für das Experimentieren, auch in beruflicher Hinsicht (Bernau, 2013).

London als globale Musikmetropole verfügt ebenfalls über ein äußerst positives Image, insbesondere im Zusammenhang mit der Popkultur. Der Stadt wird wie Berlin das Image einer weltoffenen, internationalen, innovativen und kulturell vielfältigen Metropole zugeschrieben, wobei London als wirtschaftlich stärker wahrgenommen wird. Dies gilt auch für die Musikwirtschaft und den Beitrag des Landes zur Entwicklung der populären Musik. Im Gegensatz zu Berlin, dessen vorrangige Zuschreibung trotz aufkommendem Image als Start-up-Stadt, der Ruf als Kulturmetropole ist, ist London zugleich Geschäfts- und Finanzzentrum und wichtiger europäischer Start-up-Standort. Gerade für neue Geschäftsmodelle der Musikwirtschaft scheint es darum relevanter zu sein, in London als in Berlin zu sitzen, da sie dort den Kontakt zu Investor_innen, anderen Start-ups sowie anderen Akteur_innen der Musikwirtschaft pflegen können.

Stockholms Image ist ebenfalls sowohl von der Kultur- und Kreativwirtschaft als auch von der Rolle als Vorreiter bei technologischen Entwicklungen und im Bereich Design geprägt, sodass die Stadt als innovativ und kreativ wahrgenommen wird. Wie im Fall von London wirken sich die hohen Lebenshaltungskosten negativ auf die Attraktivität des Standorts aus. Bezogen auf die Vielfalt und Offenheit der Menschen schneiden Berlin und London besser ab als die schwedische Hauptstadt. Dagegen werden die internationale Ausrichtung des Landes, beispielsweise die sehr guten Englischkenntnisse der Schwed_innen und die Exportorientierung, positiv gesehen. Die Umweltqualität und das Innovationsklima Stockholms werden ebenfalls als positiv bewertet.

3.9   Menschen, Netzwerke und Community

3.9.1 Menschen

Der Faktor des qualifizierten Personals in Berlin – und zwar auch zunehmend internationalen Personals – ist gepaart mit der Kreativszene der Stadt, der hohen Lebensqualität und den günstigen Lebenshaltungskosten der entscheidende Standortvorteil Berlins. Gleichzeitig wird jedoch wie bereits erwähnt ein Professionalisierungsbedarf gesehen bzw. die Praxisferne der (universitären) Ausbildung bemängelt. Die Musikbranche stellt hier fest, dass es aufgrund der informellen Kontakte und Netzwerke einfacher ist, am Standort passende Mitarbeiter_innen zu finden. So spielen persönliche Empfehlungen eine entscheidende Rolle. Auf der anderen Seite ist das Gehaltsniveau der Stadt im deutschen Vergleich niedriger. Auf London trifft ebenfalls zu, dass der Pool an qualifizierten, internationalen Arbeitskräften zwar groß, das Gehaltsniveau aber aufgrund der hohen Lebenshaltungskosten höher ist. Auch Stockholm verfügt aufgrund der Universitäten über hochqualifizierte Arbeitskräfte, jedoch wirkt die Stadt aufgrund des knappen Wohnraums und der hohen Lebenshaltungskosten auf Arbeitskräfte aus dem Ausland nicht so attraktiv wie Berlin. Dies gilt ebenfalls für Musikunternehmen, da die Personalbindung dadurch schwierig wird (Power, 2003, S. 139). Es wird somit deutlich, dass der Faktor des Personals vor Ort eng mit den ökonomischen Faktoren verbunden ist.

Die Dichte der Kreativen vor Ort wird von den Akteur_innen ebenfalls als relevant erachtet, sie prägen die Atmosphäre und bieten die Möglichkeit, Künstler_innen direkt vor Ort zu treffen und Geschäftsbeziehungen zu pflegen. Dies trifft insbesondere auf Labels zu. Die Frage ist hier wiederum, wie sich Berlins steigende Mieten auf die Ansiedlung der internationalen Kreativen auswirken werden.

Informelle Kontakte spielen eine wichtige Rolle für Musikwirtschaftsunternehmen. So werden Beziehungen gepflegt und so sind die Netzwerke der Branche entstanden. Dies ist charakteristisch für Berlin und den ‚Bottom-up'-Ansatz in der Musikbranche. Darauf gehen die Gründung der Berlin Music Commission und der Anstoß zur Gründung des Musicboards zurück. Trotz aller Heterogenität wurden Wege gefunden, um die Interessen der Branche zu kommunizieren. Gleichzeitig wird der neuen Generation an Akteur_innen nachgesagt, dass sie kontaktfreudiger und vernetzungsorientierter sei. Während die vorherige Generation vor allem auf den selbstständigen Unternehmensaufbau gesetzt habe, sei die neue Generation verstärkt auf Wissensaustausch aus.

Die Bevölkerungsstruktur wurde von den Befragten nicht explizit als Faktor genannt, steht jedoch in Verbindung mit der Dichte an Kreativen, der Internationalität der jeweiligen Stadt und potenziellen Arbeitskräften. Diesbezüglich erscheint Stockholm weniger vielfältig als Berlin und London. Die Mentalität der Mitarbeiter_innen und der Menschen der Stadt schlägt sich in Berlins und Londons Image als internationale, offene Metropolen nieder, davon abgesehen wurde dieser Faktor nicht explizit erwähnt. Geprägt ist Berlin des Weiteren vom DIY-Ethos und davon, dass es in Berlin im deutschen Vergleich immer noch einfacher erscheint, zu experimentieren und auch zu scheitern (Bernau, 2013).

3.9.2 Netzwerke und Community

Das persönliche Netzwerk und die Community überschneiden sich als Faktor mit den bereits genannten informellen Kontakten, die als wichtiger Standortfaktor von Berlin wahrgenommen werden. Dies trifft auch auf London zu. Bei London kommt der Aspekt hinzu, dass die Stadt eine globale Metropole ist, weshalb dort maßgebliche Musikwirtschaftsunternehmen angesiedelt sind bzw. Dependancen betreiben. In Stockholm, Berlin und London sind die Netzwerke der Musikwirtschaft von informellen Kontakten geprägt.

Die Nähe zur eigenen Branche, zu Wettbewerber_innen und anderen Branchen spielt auch für Musikunternehmen eine Rolle. Die kurzen Wege werden allgemein als positiv betrachtet. Der Wettbewerb, den die große Dichte an Unternehmen an einem Standort hervorruft, wird sowohl positiv, nämlich als Belebung des Marktes, als auch negativ gesehen, da es aufgrund des großen Angebots schwieriger wird aufzufallen. Der Austausch mit angrenzenden Branchen findet teilweise bereits statt. Die beschriebene Nähe spielt ebenfalls in den Faktor der Netzwerke hinein, da sie den Wissensaustausch ermöglicht. Dies spielt insbesondere für neue Geschäftsmodelle eine Rolle. Die Kooperationsmöglichkeiten in Berlin selbst werden als positiv bewertet. London wird bezogen auf die Kontaktmöglichkeiten mit Partner_innen etwas positiver wahrgenommen als Berlin, was ebenfalls auf die Stellung der Stadt als globale Musikmetropole zurückgeführt wird.

Der Faktor Branchenvertretung, Verbände und Initiativen wird in Berlin als zufriedenstellend erfüllt angesehen, wenn auch die Angst besteht, dass aufgrund der inzwischen großen Anzahl an Netzwerken und Initiativen eine Fragmentierung entsteht, die zum Nachteil werden kann. Wie bereits erwähnt, ist der ‚Bottom-up'-Ansatz bezeichnend für Berlin. Institutionalisierten Netzwerken kommt dahingehend eine besondere Bedeutung zu, da mit ihrer Hilfe übergreifende Probleme angegangen und gemeinsame Interessen gegenüber der Politik vertreten werden können. Jedoch wird hier seitens der Akteur_innen die fehlende Vernetzung der Netzwerke untereinander bemängelt. Dass die Netzwerke nicht ‚top-down' organisiert sind, wird von der Branche als Standortvorteil betrachtet. Die Vernetzung mit öffentlichen Einrichtungen wird seitens der Branche als wichtig erachtet, gerade wenn es um größere Projekte geht. Auch London zeichnet sich durch eine Vielzahl von Initiativen und Verbänden aus. Dazu zählt beispielsweise *UK Music*, eine Interessenvertretung bestehend aus Künstler_innen, Verwertungsgesellschaften, Labels, Verlagen usw. Interessant an *UK Music* ist, dass hier eine gemeinsame Plattform weiter Teile der Musikwirtschaft gegründet wurde, die die Interessen der gesamten Musikwirtschaft und nicht nur einzelner Teilgruppen vertritt. Selbstverständlich sind auch in Stockholm Organisationen zu finden, darunter *Musiksverige* und *Export Music Sweden*. Am Beispiel Schwedens zeigt sich zudem eine positive Verbindung zwischen Musikwirtschaft und dem Technologiebereich, welche dazu führt, dass dem Land ein hoher Innovations- und Wettbewerbsgrad zugesprochen wird (Johansson, 2010, S. 137).

3.10   Kultur, Atmosphäre und Lebensqualität

3.10.1 Kultur

Die Bedeutung Berlins als Kultur- und Medienstandort stellt für die Akteur_innen der Musikbranche genau wie das vielfältige kulturelle Angebot einen der wichtigsten Standortfaktoren dar. Auch für Berlins Image spielt dies eine Rolle. Der Mix aus Branchen, Geschäftsmodellen und Menschen wird als besonders positiv bewertet. Das bestätigen Studien und bestärkt somit die Annahme, dass Vielfalt einer von Berlins herausragenden Faktoren ist (Senatsverwaltung für Wirtschaft, Technologie und Frauen, Der Regierende Bürgermeister von Berlin, Senatskanzlei – Kulturelle Angelegenheiten & Senatsverwaltung für Stadtentwicklung, 2008, S. 15; IHK Berlin et al., 2011, S. 18; Medienboard Berlin-Brandenburg GmbH & media.net berlinbranchenburg e. V., 2013, S. 3). Außerdem wirkt sich das Kulturangebot auf die Attraktivität der Stadt und die Lebensqualität aus. Hierzu lassen sich ebenso die Subkultur als auch die Stadtteilkultur zählen. Positiv wird auch die Medienlandschaft bewertet. Das gilt ebenfalls für das Angebot an Festivals, Branchenveranstaltungen, Konzerten und die Clubszene als Teil des kulturellen Angebotes. Hierbei wird jedoch konstatiert, dass beispielsweise das Hamburger Reeperbahn Festival als professionelle Branchenveranstaltung eine höhere Wertschätzung erfährt als die inzwischen nicht mehr stattfindende Berlin Music Week.

Bezogen auf das Kulturangebot werden London und Stockholm ebenfalls positiv bewertet. Dabei wird vor allem Londons Rolle als Knotenpunkt zwischen der europäischen und weltweiten Musikwirtschaft erwähnt. Dementsprechend haben die Akteur_innen Respekt und Anerkennung für die Stadt und für die Einstellung gegenüber populärer Musik sowie dahingehend, dass bereits früh Initiativen zur Förderung der Kultur- und Kreativwirtschaft konzipiert und umgesetzt wurden. Als negativ wird erachtet, dass London bezogen auf Clubs und kulturelle Angebote teuer ist und die Freiräume fehlen. Dasselbe gilt für Stockholm, wo auch ein Defizit an Nischen für die Kultur gesehen wird.

3.10.2 Atmosphäre und Lebensqualität

Die Atmosphäre Berlins wird von den Akteur_innen als sehr wichtig erachtet, sie prägt die Stadt und die Branche. Dies ergibt sich aus den vorgenannten Faktoren, beispielsweise der Vielfalt, dem DIY-Ethos und der Innovationsfreude. Die Atmosphäre wirkt ebenso positiv auf andere Branchen und trägt zur Attraktivität der Stadt bei. Andere Studien zogen ebenfalls den Schluss, dass die Atmosphäre und die Kultur die wichtigsten Faktoren Berlins sind (Mundelius & Hertzsch, 2005a, S. 232).

Stockholms Atmosphäre ist gleichzeitig von Modernität und Traditionsbewusstsein, aber auch von der hohen Lebens- und Umweltqualität geprägt. In London macht sich bemerkbar, dass die Stadt nicht nur als Kultur- sondern auch als Finanz- und Handelsmetropole wahrgenommen wird. Zwar lässt sich hier kreatives Flair finden, jedoch werden die hohen Lebenshaltungskosten als negativ erachtet, weil sich die kleinen und mittleren Unternehmen sowie Künstler_innen die Stadt zum Teil nicht mehr leisten können und so andere Standorte oder weniger zentrale Lagen in Betracht ziehen müssen. Verbindend zeigen die Befragungen, dass alle drei Standorte aufgrund ihrer spezifischen Aufstellung als positive Orte für die Musikwirtschaft und somit als Musikstädte wahrgenommen werden.

Die hohe Lebensqualität Berlins ist genau wie die Atmosphäre ein zentraler Standortfaktor für die Musikbranche. Da die Einschätzung der Lebensqualität der persönlichen Wahrnehmung entspricht, lässt sie sich nicht detailliert erfassen. Klar wurde aber aufgrund der Experteninterviews, dass hier vor allem das Zusammenspiel der verschiedenen als positiv wahrgenommenen Faktoren zählt. Das zeigen ebenso die Untersuchungen von Mundelius und Hertzsch (2005a, S. 232; 2005b, S. 27). Bei den beiden Städten London und Stockholm wird die Lebensqualität durch die hohen Lebenshaltungskosten und die Raumknappheit getrübt.

3.11   Fazit und Ausblick

Die Analyse der Standortfaktoren hat gezeigt, dass es kein allgemeingültiges Modell für eine Musikmetropole gibt. Somit wird die Annahme bestätigt, dass die individuelle Zusammensetzung der Faktoren sowie ihre Interdependenz die Stärken und Schwächen der Standorte ausmachen, die in einem spezifischen kulturellen, politischen und sozioökonomischen Umfeld zusammenwirken.

Betrachtet man nun, welches Niveau die jeweiligen Faktoren innerhalb des Standortmixes erreichen, so wird deutlich, dass Berlins Standortvorteil aktuell in den immer noch vergleichsweise günstigen Mieten und Lebenshaltungskosten und dem Raumangebot liegt. Dieser Vorteil spielt sowohl in den Standortkomplex *ökonomische Faktoren* als auch in den Standortfaktor *Infrastruktur* hinein. Was die Infrastruktur insgesamt betrifft, wird noch Nachbesserungsbedarf festgestellt. Hier müsste die Stadt aus Sicht der Akteur_innen vorankommen, um als internationale Metropole wahrgenommen zu werden. Als Stärken des Standorts sind des Weiteren die vielfältige Musikszene, die kreative Atmosphäre und der Pool an qualifizierten Arbeitskräften hervorzuheben. Somit werden die Komplexe *Charakter und Image der Stadt, Menschen, Netzwerke und Community*, insbesondere dabei die informellen Netzwerke, und *Kultur, Atmosphäre und Lebensqualität* als positiv bewertet. Beispielsweise wird das positive Image Berlins als tolerante, internationale Stadt, die von Vielfalt in vielerlei Hinsicht geprägt ist, als relevant erachtet, da sich so auch Personal binden lässt. Zusammengefasst liegen Berlins Stärken in der hohen Lebensqualität, dem qualifizierten Personalpool, den Netzwerken, dem vielfältigen Kulturangebot, der Atmosphäre, den günstigen Lebenshaltungskosten und der guten Infrastruktur. Bezogen auf den Faktor Politik sehen die befragten Expert_innen eine nachhaltige Strategie inklusive entsprechender Handlungsmaßnahmen, beispielsweise im Rahmen der Wirtschaftsförderung, als essenziell an. Konkret wird Hamburg als professionelles Beispiel genannt, wenn es um die Bündelung von Maßnahmen geht. Berlin ist durch den ‚Bottom-up'-Ansatz und den DIY-Ethos der Akteur_innen gekennzeichnet und geprägt durch Netzwerke, die aus informellen Kontakten entstanden sind. Hier besteht jedoch die Angst, dass aufgrund der inzwischen großen Anzahl an Netzwerken und Initiativen eine Fragmentierung entsteht, die zum Nachteil werden kann. Auch wird die fehlende einheitliche Organisation Berlins sowie die Verwaltung und Bürokratie als verbesserungswürdig betrachtet. Der Faktor *öffentliche Einrichtungen* wird zwar positiv beurteilt, dennoch wird hier mehr Praxisnähe und Professionalisierung gewünscht. Eine Herausforderung für die Stadt wird sein, einen Weg zu finden, ihre Strahlkraft auch bei steigenden Kosten und den schwindenden Räumen beizubehalten und der Verdrängung von Kreativwirtschaftsunternehmen und Kreativen aus dem

Zentrum aufgrund steigender Mieten entgegenzuwirken. Daran knüpft auch die Frage an, wie sich die Stadt von dem von Klaus Wowereit beschriebenen ,arm, aber sexy'-Image emanzipieren will.

Im Vergleich weisen zwar London und Stockholm deutlich höhere Lebenshaltungskosten und Raumknappheit auf, dennoch profilieren sie sich durch ihre Exportorientierung und ihre damit verbundene Wahrnehmung im Ausland. Stärken sind zudem Londons Wahrnehmung als globale Musikmetropole bzw. im Fall Stockholms Schwedens Technologieorientierung. Auf kultureller Ebene kommt London und Stockholm zugute, dass populäre Musik Teil des kulturellen Gedächtnisses ist – ein Punkt, an dem Deutschland noch nicht angekommen ist. Gleichsam wird sichtbar, dass übergreifende Initiativen wie *UK Music* die Akteur_innen bündeln, während in Deutschland erst 2015 gemeinsam eine umfassende Musikwirtschaftsstudie veröffentlicht wurde, aber eine übergreifende Interessenvertretung der verschiedenen Bereiche der Musikwirtschaft fehlt. Eine aktuelle Definition der Branche als Grundlage einer zeitgemäßen Erfassung ist somit auch für Berlin notwendig.

Hinsichtlich der gemeinsamen Strategie der Branche trotz ihrer Heterogenität besteht also noch Nachholbedarf in Berlin und in Deutschland insgesamt. Hier könnte nicht nur bezogen auf die Maßnahmen durch die Politik, sondern auch durch die Bündelung der Branche selbst mehr Schlagkraft erzielt werden. Es gilt, das vorhandene Wissen der Initiativen und Verbände zu nutzen und auf die von der Branche selbst geschaffenen Strukturen aufzubauen.

Der Unterschied zwischen den von neuen und klassischen Geschäftsmodellen als relevant erachteten Standortfaktoren ist gering. Es werden lediglich Unterschiede hinsichtlich der Vernetzungsaktivitäten und der Inanspruchnahme von Finanzierungsmöglichkeiten genannt. Hierbei sind für neue Geschäftsmodelle Venture-Capital und der Zugang zu Inkubatoren relevant.

Für die Praxis können die Standortfaktoren Hinweise dahingehend liefern, an welchen Stellen Verbesserungen nötig sind. Dies wäre insbesondere für die entsprechenden Abteilungen der Stadtverwaltung, also Stadtentwicklung und -planung, Wirtschaft und Kultur- sowie Kreativwirtschaft, aber auch für die Bundesländer hilfreich. Des Weiteren wäre eine umfassende, repräsentative Umfrage sinnvoll, um die Ergebnisse zu validieren und das Monitoring der Standortfaktoren kontinuierlich betreiben zu können und so auch der Dynamik der Veränderungsprozesse gerecht zu werden. Nur dann können frühzeitig entsprechende Instrumente und Handlungsmaßnahmen entwickelt und umgesetzt werden.

Diese Erkenntnisse könnten der Politik die Grundlage dafür liefern, Instrumente an die entstehenden Bedarfe frühzeitig anzupassen und aufzuzeigen, welche Faktoren verstärkt gefördert werden müssen bzw. in welchen Bereichen, einer negativen

Entwicklung Einhalt geboten werden muss. Beispielsweise ist der Ruf nach einer gezielten Wirtschaftsförderung, die auf die Aufstellung und Bedarfe der von kleinen und mittleren Unternehmen dominierten Musikbranche angepasst ist, aufgetaucht. Interessant wäre eine genauere Analyse der als relevant angesehenen Standortfaktoren bezogen auf die unterschiedlichen Geschäftsmodelle der Musikwirtschaft und anderer Branchen – auch über die Kultur- und Kreativwirtschaft hinausgehend. Hieraus könnten sich möglicherweise Ansatzpunkte zur Standortförderung ergeben, die einer Vielzahl an Branchen zugutekommen würde.

Zentral ist hinsichtlich der Förderung bestimmter Standortfaktoren, dass die Stärken und der spezifische Mix der Standortfaktoren einer Stadt im Mittelpunkt stehen sollten und nachhaltig entwickelt werden, anstatt die Modelle anderer Musikstädte zu kopieren. Diese Aussage wurde von allen Akteur_innen getroffen. Dazu gehört auch die Bündelung der bereits bestehenden Maßnahmen und Instrumente mit den vorhandenen Initiativen und Verbänden. Zudem müsste es gerade in einer Stadt wie Berlin, der die Industrie fehlt, die aber stark in der Kreativwirtschaft ist, ein Anliegen der Politik sein, den Standort für gerade diese Unternehmen zu stärken.

Literatur

Becker, J. (2009). *Standortanalyse Kultur- und Kreativwirtschaft*. Norderstedt: Books on Demand.

Bernau, V. (03./04.08.2013). Auf nach Berlin. *Süddeutsche Zeitung*, 178, 24.

Bernstein, A., Sekine, N. & Weissman, D. (2007). *The Global Music Industry. Three Perspectives*. New York [u. a.]: Routledge.

Blättermann, V. (2013). *Die Musikmetropole Berlin und ihre Erfolgsfaktoren: Eine Analyse anhand von klassischen und neuen Geschäftsmodellen im Vergleich mit London und Stockholm*. Unveröffentlichte Masterarbeit. Berlin: Institut für Kultur- und Medienmanagement der Freien Universität Berlin.

Bundesministerium für Wirtschaft und Energie (Hrsg.). (2014). *Monitoring zu ausgewählten wirtschaftlichen Eckdaten der Kultur- und Kreativwirtschaft 2013 (Kurzfassung)*. Verfügbar unter http://www.kultur-kreativ-wirtschaft.de/KuK/Redaktion/PDF/monitoring-wirtschaftliche-eckdaten-kuk-2013,property=pdf,bereich=kuk,sprache=de,rwb=true.pdf [20.08.2015]

Diller, C. (1991). *Weiche Standortfaktoren. Zur Entwicklung eines kommunalen Handlungsfeldes: das Beispiel Nürnberg*. Berlin.

The Economist (2013). *Stockholm's start-up syndrome*. Verfügbar unter http://www.economist.com/blogs/babbage/2013/02/babbage-february-20th-2013 [20.08.2015]

Ettlich, A. (2003). *Medienstadt Berlin. Die Standortwahl der Medienbranche und ihre räumliche Entwicklung in Berlin*. Marburg: Tectum.

Fahrun, J. (2013). Morgenpost. *Unternehmensberater entdecken neues Potenzial in Berlin.* Verfügbar unter http://www.morgenpost.de/berlin-aktuell/startups/article119381412/ Unternehmensberater-entdecken-neues-Potenzial-in-Berlin.html [20.08.2015]

Fossati, S., Raduly, M., Selmer, W.K., Theilig, A. & Wünsche, A. (2008). *Kreativwirtschaft Berlin – ein Kommunikationsprojekt für die Berliner Wirtschaftsgespräche e. V. Ein Diplomprojekt im Studiengang Gesellschafts- und Wirtschaftskommunikation an der Universität der Künste, Berlin.* Berlin.

Götz, T. (2006). *Stadt und Sound. Das Beispiel Bristol.* Münster: Lit.

Grabow, B., Henckel, D. & Hollbach-Grömig, B. (1995). *Weiche Standortfaktoren.* Stuttgart [u. a.]: Kohlhammer.

Greater London Authority (Hrsg.). (2002). *Creativity – London's Core Business.* London.

Grimm, A. (2005). *Innovation in Clustern – Cluster durch Innovation? HipHop und Hamburger Schule – Innovation und Clusterevolution in der Popmusikwirtschaft am Beispiel Hamburgs.* Jena: Selbstverlag Friedrich-Schiller-Universität.

Heinrichs, W., Klein, A. & Bendixen, P. (1999). *Wüstenrot Stiftung: Kultur- und Stadtentwicklung: kulturelle Potentiale als Image- und Standortfaktoren in Mittelstädten.* Ludwigsburg.

Ickrath, H. P. (1992). *Standortwahl der „neuen technologieorientierten Unternehmen (NTU)".* Eine empirische Untersuchung zum Einfluß von speziellen Agglomerationsvorteilen auf die Standortwahl der NTU, dargestellt an ausgewählten Großstädten in der Bundesrepublik Deutschland.* Münster [u. a.]: Lit-Verlag.

IHK Berlin, Medienboard Berlin-Brandenburg GmbH, Ministerium für Wirtschaft und Europaangelegenheiten Brandenburg, Senatskanzlei – Kulturelle Angelegenheiten & Senatsverwaltung für Wirtschaft, Technologie und Frauen/ Landesinitiative Projekt Zukunft (2011). *Kultur- und Kreativwirtschaftsindex Berlin-Brandenburg 2011. Wirtschaftliche Stimmung und Standortbewertung.* Verfügbar unter https://www.berlin.de/ sen/kultur/_assets/kulturpolitik/kki_2011_endbericht_2011_12_12.pdf [20.08.2015]

IHK Berlin, IHK Potsdam, Cluster IKT, Medien und Kreativwirtschaft, Land Brandenburg & Land Berlin (2015). *Kultur- und Kreativwirtschaftsindex Berlin-Brandenburg 2015. Stimmungslage, Standortbewertung und die Entwicklung seit 2011.* Verfügbar unter https:// www.berlin.de/projektzukunft/uploads/tx_news/KKI_BB_2015__1_.pdf [20.08.2015]

Johansson, O. (2010). Beyond ABBA: The Globalization of Swedish Popular Music. *FOCUS on Geography 53/4,* 134–141.

Knell, J. & Oakley, K. (2007). *London's Creative Economy: An Accidental Success? The Work Foundation.* Verfügbar unter http://www.theworkfoundation.com/downloadpublication/ report/63_63_creative_london.pdf [10.05.2016]

Lamberth, J. (2013). *Towards a more globally attractive Stockholm. A SWOT analysis 2013.* Verfügbar unter http://www.mynewsdesk.com/stockholmbusinessregion/documents/ swot-analysis-towards-a-more-globally-attractive-stockholm-26470 [10.05.2016]

Malik, O. (2011). *Why Berlin is poised to be Europe's new tech hub.* Verfügbar unter http:// gigaom.com/2011/12/27/why-berlin-is-poised-to-be-europes-new-tech-hub/ [20.08.2015]

McKenzie, H. (2012). *Why tiny Stockholm has the most stunning startup ecosystem since Tel Aviv.* Verfügbar unter http://pandodaily.com/2012/11/20/why-tiny-stockholm-has-the-most-stunning-startup-ecosystem-since-tel-aviv [20.08.2015]

Medienboard Berlin-Brandenburg GmbH & media.net berlinbranchenburg e. V. (2013). *medien.barometer berlinbrandenburg 2012/13. Eine repräsentative Untersuchung zur Entwicklung von Medien- und IKT-Branchen in Berlin-Brandenburg.* Berlin.

Mundelius, M. (2008). *The Reliance of Berlin's Creative Industries on Milieus. An Organisational and Spatial Analysis* (Dissertation). Saarbrücken: VDM Verlag.

Mundelius, M. & Hertzsch, W. (2005). Berlin – Da steckt Musik drin. *Wochenbericht DIW 14*, 229–235.

Mundelius, M. & Hertzsch, W. (2005). *Networks in Berlin's Music Industry – A Spatial Analysis First Draft (work in Progress)*, 45th ERSA Conference: Land Use and Water Management in a Sustainable Network Society, Vrije Universiteit Amsterdam, 23.-27.8.2005.

Portnoff, L. & Nielsén, T. (2013). *Music Industry in Figures – 2011*. Stockholm: Musiksverige & Tillväxtverket. Verfügbar unter http://www.tillvaxtverket.se/download/18.32e88512143a83807395b3/1443039908671/Summary%2BMusic%2BIndustry%2Bin%2BFigures.pdf [10.05.2016]

Power, D. (Hrsg.). (2003). *Behind the Music. Profiting from Sound: A Systems Approach to the Dynamics of the Nordic Music Industry. Final Report*. Oslo: STEP Centre for Innovation Research.

PRS for Music (2011). *Adding up the UK music industry 2011*. Verfügbar unter http://www.prsformusic.com/aboutus/corporateresources/reportsandpublications/addinguptheindustry2011/Documents/Economic%20Insight%2011%20Dec.pdf [20.08.2015]

Reich, M. P. (2013). *Kultur- und Kreativwirtschaft in Deutschland. Hype oder Zukunftschance der Stadtentwicklung?*. Wiesbaden: Springer.

S., L. (2013). *Standing out without showing it*. The Economist. Verfügbar unter http://www.economist.com/blogs/schumpeter/2013/05/start-ups-sweden [20.08.2015]

Sailer, U. & Papenheim, D. (2007). Kreative Unternehmen, Clusterinitiativen und Wirtschaftsentwicklung. Theoretische Diskurse und empirische Befunde aus Offenbach am Main. *Geographische Zeitschrift 95/3*, 115–137.

Salmen, T. (2007). *Kultur als Wirtschafts- und Standortfaktor. Ein Ansatz für die regionale Wirtschaftsförderung*. Marburg: Tectum Verlag.

Scharenberg, A. & Bader, I. (Hrsg.). (2005). *Der Sound der Stadt. Musikindustrie und Subkultur in Berlin*. Münster: Westfäl. Dampfboot.

Scott, A. J. (2000). *The Cultural Economy of Cities. Essays on the Geography of Image-producing Industries*. London [u. a.]: Sage.

Senatsverwaltung für Wirtschaft, Technologie und Forschung (2015). *Cluster IKT, Medien und Kreativwirtschaft*. Verfügbar unter http://www.berlin.de/sen/wirtschaft/wirtschaft-und-technologie/innovation-und-qualifikation/cluster/ikt-medien-und-kreativwirtschaft/artikel.104155.php [20.08.2015]

Senatsverwaltung für Wirtschaft, Technologie und Frauen, Der Regierende Bürgermeister von Berlin, Senatskanzlei – Kulturelle Angelegenheiten & Senatsverwaltung für Stadtentwicklung (Hrsg.). (2008). *Kulturwirtschaft in Berlin: Entwicklungen und Potenziale*. Berlin.

Thießen, F., Cernavin, O., Führ, M. & Kaltenbach, M. (Hrsg.). (2005). *Weiche Standortfaktoren. Erfolgsfaktoren regionaler Wirtschaftsentwicklung*. Berlin: Duncker & Humblot.

VUT – Verband unabhängiger Musikunternehmen e. V. et al. (2015). *Die Vermessung der Musikwirtschaft: Verbände planen Studie zur transparenten Erfassung des Gesamtmarkts*. Verfügbar unter http://www.vut.de/no_cache/presse/pressemitteilungen/artikel/details/die_vermessung_der_musikwirtschaft_verbaende_planen_studie_zur_transparenten_erfassung_des_gesamtma/ [20.08.2015]

Popförderung in der Stadt
Das Musicboard Berlin

4

Martin Lücke und Anita Jóri

Zusammenfassung

Die Förderung von Musik gehört in Deutschland zu den zentralen Aufgaben von Kommunen, doch beschränkt sich diese oftmals auf die klassische Musik. Das 2013 gegründete Musicboard in Berlin ist (noch) eine einzigartige Förderinstitution, da sie ausschließlich den Popmusikbereich durch verschiedene Programme unterstützt. In dem Beitrag wird neben der Entwicklung der Popmusikförderung in Deutschland vor allem das vielschichtige Förderinstrumentarium des Musicboard qualitativ und quantitativ betrachtet. Eine Fallstudie des Musicboard-Stipendiaten Goner verdeutlicht, wo Anspruch und Wirklichkeit der Förderungen auseinanderklaffen.

Schlüsselbegriffe

Musicboard, Berlin, Popmusikförderung, Musikförderung, Stipendium

4.1 Einleitung

Die Finanzierung von Kunst und Kultur ist – nicht erst heute – in Zeiten knapper Kassen ein zum Teil unüberwindliches Problem, dem sich sowohl Kunstschaffende als auch Institutionen aller kultureller Genres zu stellen haben. Dabei existieren – neben Eintrittsgeldern, Merchandising etc. – ganz unterschiedliche Formen der (Kultur-)Finanzierung, wobei die Förderung der sogenannten öffentlichen Hand durch Bund, Länder und Gemeinden den vom finanziellen Umfang her größten

© Springer Fachmedien Wiesbaden GmbH, ein Teil von Springer Nature 2019
L. Grünewald-Schukalla et al. (Hrsg.), *Musik und Stadt*, Jahrbuch für Musikwirtschafts- und Musikkulturforschung, https://doi.org/10.1007/978-3-658-23773-8_4

55

Teil ausmacht. Ca. 10 Mrd. Euro werden jährlich – zum großen Teil – aus Steuer-
geldern in das facettenreiche deutsche Kultursystem investiert, doch muss dabei
allerdings genauer betrachtet werden, in welche kulturellen Felder und in welche
Institutionen diese Subventionen letztlich fließen. Denn in erster Linie profitieren
die vielen kommunalen und Landesinstitutionen – aber auch die wenigen Einrichtungen des Bundes – wie Orchester, Musik- und Sprechtheater, Museen, Archive
etc., oftmals unter dem Begriff Hochkultur subsumiert. Zur staatlichen Förderung
treten noch weitere traditionelle private Finanzierungsoptionen wie Sponsoring,
Fundraising oder Stiftungsgelder.

Tab. 1   Private und öffentliche Kulturfinanzierung in Deutschland 2010 in Euro
(Harzer, 2013, S. 56)

Art der Förderung	öffentliche Förderung	private Zuwendungen		
		Sponsoring	Fundraising	Stiftungen
	9,5 Mrd.	326,8 Mio.	29 Mio.	133-160 Mio.

Populäre Unterhaltungs- oder andere Formen von Massenkultur bleiben von diesen
Arten der Förderung (ausgenommen: Sponsoring) oftmals ausgeschlossen, wobei
jedoch die Ausnahme die Regel bestätigt.

Genau um eine dieser (positiven und seltenen) Ausnahmen soll es im folgenden
Beitrag gehen, der sich mit dem 2013 in Berlin gegründeten Musicboard auseinandersetzt, eine Institution des Landes Berlin, die gezielt die (in Berlin ansässige)
Popmusik bzw. -kultur und deren Protagonisten fördern soll. Die Stadt Berlin ist
hierfür ein ideales Experimentierlaboratorium, denn in seiner Art ist das Musicboard (bisher) einzigartig in Deutschland, und ebenso außergewöhnlich ist die Stadt
Berlin als aufstrebender und faszinierender Kulturstandort für Kunstschaffende
aus der ganzen Welt.

> „Die Stadt Berlin als Anziehungspunkt für Kulturschaffende und Kreative gewinnt
> auch international immer mehr an Bedeutung. In Berlin leben und arbeiten schät-
> zungsweise 5.000 bildende Künstlerinnen und Künstler, 1.200 Schriftstellerinnen
> und Schriftsteller, 1.500 Pop-/Rock- und Weltmusik-Gruppen, 500 Jazzmusiker, 103
> professionelle Orchester und Musikensembles, 1.500 Chöre, 300 Theatergruppen
> und 1.000 Tänzerinnen und Tänzer bzw. Choreografen für zeitgenössischen Tanz."
> (Kulturförderpunkt Berlin, 2015)

Berlin ist aber nicht nur ein Magnet für Kunstschaffende jeglicher Couleur – und
Nationalität –, sondern auch Ort national und international gerühmter Kulturin-

stitutionen wie u. a. die drei Opernbühnen der Stadt, die Berliner Philharmoniker oder die Museumsinsel. 1,8 Prozent seines gesamten Etats investiert das Land Berlin in die Kultur, im Doppelhaushalt 2014/2015 waren dies 775 Mio. Euro, 379 Mio. Euro für das Jahr 2014 und noch einmal 17 Mio. Euro mehr für das Jahr 2015.

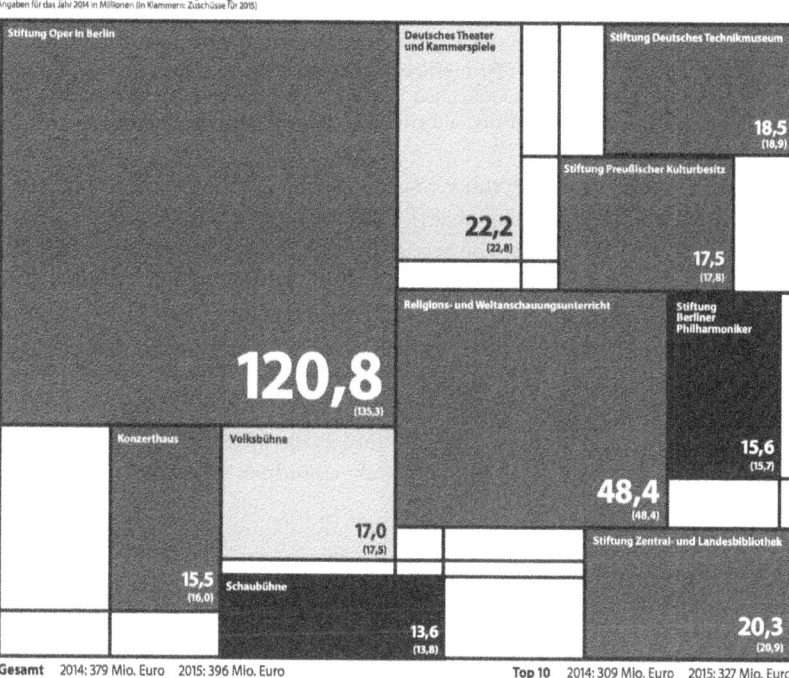

Die zehn größten Zuschussempfänger im Berliner Kulturetat 2014/2015
Angaben für das Jahr 2014 in Millionen (in Klammern: Zuschüsse für 2015)

Stiftung Oper in Berlin

Deutsches Theater und Kammerspiele

Stiftung Deutsches Technikmuseum

18,5
(18,9)

Stiftung Preußischer Kulturbesitz

22,2
(22,8)

17,5
(17,8)

Religions- und Weltanschauungsunterricht

Stiftung Berliner Philharmoniker

120,8
(135,3)

Konzerthaus   Volksbühne

15,6
(15,7)

48,4
(48,4)

17,0
(17,5)

Stiftung Zentral- und Landesbibliothek

15,5
(16,0)   Schaubühne

13,6
(13,8)

20,3
(20,9)

Gesamt   2014: 379 Mio. Euro   2015: 396 Mio. Euro   **Top 10**   2014: 309 Mio. Euro   2015: 327 Mio. Euro

Abb. 1   Zuschussempfänger in Berlin 2014/2015 (Kirschner, 2013)

Deutlich wird aber: Mehr als drei Viertel des Kulturetats geht an nur zehn Einrichtungen (davon knapp 152 Mio. Euro an allseits bekannte und auf internationalem Niveau agierende Musikinstitutionen der sogenannten Hochkultur), für den Rest und die freie Szene aller künstlerischer Bereiche bleibt dabei nicht mehr viel übrig. Der neue Kulturdoppelhaushalt des Landes Berlin für die Jahre 2016/2017, der erste, an dem der 2014 überraschend berufene Kulturstaatssekretär Tim Renner mitgewirkt hat, brachte nun aktuell einige Neuerungen, die auch seitens der Medien mit großem Wohlwollen betrachtet worden sind, denn 495 Mio. Euro 2016 und 508 Mio. Euro 2017 stellen eine deutliche Steigerung des Kulturetats dar, der neben den bereits angesprochenen Institutionen auch der freien Szene in stärkerem Maße zu Gute kommen soll.

> „Nichtsdestotrotz hat Tim Renner mit diesem Entwurf das zentrale Versprechen einge-löst, mit dem der ehemalige Musikmanager vor etwas mehr als einem Jahr angetreten ist: die Künstler der freien Szene – etwa 30.000 sollen in Berlin Schätzungen zufolge leben und arbeiten – zu stärken. Die Maler, Tänzer, Schauspieler oder Musiker, die keine festen Engagements an staatlichen oder städtischen Häusern haben, erhielten bislang, etwa über Projektförderungen, etwas über zehn Millionen Euro jedes Jahr. Diese Summe soll sich im kommenden Jahr um 7,5 Millionen auf dann knapp 18 Millionen Euro erhöhen und 2017 auf etwa 20 Millionen." (Krupp, 2015)

In diesen Summen des für Berlin verabschiedeten Kulturetats versteckt befindet sich eben auch die (bislang) einmalige (Förder-)Institution, das Musicboard Berlin. Der folgende Text samt Fallstudie beschäftigt sich daher schwerpunktmäßig mit den Fragen: Welchen Stellenwert innerhalb der Förderlandschaft in Berlin bzw. innerhalb der Popkulturförderung in Deutschland nimmt das Musicboard ein, wie arbeitet es mit seinen (noch begrenzten) Mitteln, wer bzw. was genau wird unterstützt und welche Möglichkeiten bieten sich durch die Existenz des Music-board den in Berlin lebenden frei arbeitenden (Pop-)Künstler_innen. Zuvor wird ein (kurzer) Überblick über die Popmusikförderung in Deutschland gegeben, um das Musicboard in diese Entwicklung korrekt einordnen zu können.

4.2   Popmusikförderung in Deutschland – eine Skizze

Populäre Musik befindet sich von Beginn an im sich stetig wandelnden Span-nungsfeld von Kunst und Kommerz. Ein Großteil der (weltweit) gespielten und verkauften Musik entstammt diesen (hier nicht näher spezifiziertem) Genres, die in den letzten knapp 60 Jahren vielfältigen Veränderungen und Weiterentwicklun-gen unterworfen waren. Populäre Musik mit seinen Unterteilungen in Pop, Rock, Schlager, Hip-Hop, Dance etc. ist aber nicht nur ein facettenreiches, verschiedenen Zielgruppen ansprechendes Kultur-, sondern auch ein bedeutendes Wirtschafts-gut, das in den letzten knapp 100 Jahren einen ganzen Wirtschaftsbereich hat neu entstehen lassen. Ohne hier auf weitere Details einzugehen muss aber festgehalten werden, dass die Musikwirtschaft, und dabei vor allem die produzierende und distribuierende Musikindustrie, in den letzten knapp 17 Jahren weltweit massive Umsatzrückgänge verbuchen musste – vor allem zum Leidwesen der kreativ arbeitenden Kunstschaffenden. Massiv sinkende Umsätze führen fast zwangsläufig zum Ruf nach einer (staatlichen) Förderung des Wirtschaftsgutes, zur Verbesserung von Rahmenbedingungen, wenn es sich am freien Markt nicht mehr ohne Probleme finanzieren lässt. Schließlich wird auch die klassische Musik, wie schon gesehen, mit ihren Institutionen Orchester und Musiktheater mit hohen finanziellen Mitteln von staatlicher Seite (vor allem durch Länder und Kommunen) unterstützt, ohne die ein Betrieb (durch die politisch gewünschte geringe Höhe der Eintrittsgelder) nicht kostendeckend möglich wäre. Doch schon 2001 hieß es als Antwort auf eine Große Anfrage u. a. von Norbert Lammert (CDU) an die damalige Bundesregierung zum Thema Bestandsaufnahme und Perspektiven der Pop- und Rockmusik in Deutschland:

> „[…] eine bloße Übertragung der Fördermodelle aus der sogenannten E-Musik auf die Bereiche des Rock und Pop erscheint wegen der unterschiedlichen künstlerischen Wirkungsweisen, Zugangsbedingungen usw. nicht angebracht" (Bundesregierung, 2001, S. 3).

Somit ist die Kulturförderung für populäre Musik von jeher in seinen Grundsätzen projektorientiert aufgezogen und bezieht sich dabei größtenteils auf Initiativen denn auf feste Institutionen. Allerdings ist das Thema Pop- bzw. Rockförderung in Deutschland nicht erst mit der Ende der 1990er Jahre aufgekommenen viel diskutierten (Umsatz-)Krise der Musikindustrie virulent geworden. So kann der Beginn der professionellen Förderung von populärer Musik mit Entstehung der ersten (lokalen, meist kommunalen) Musikinitiativen und Rockbüros ab Mitte der 1980er Jahren festgemacht werden, mit jeweils ganz unterschiedlichen, der jeweiligen Situation geschuldeten Förderansätzen und -schwerpunkten. Als inzwischen bewährte bzw. noch existierende Positivbeispiele dafür können exemplarisch genannt werden:

* RockCity Hamburg e. V., gegründet 1987
* Rock.Büro SÜD, gegründet 1989
* John Lennon Talent Award, seit 1991
* Popbüro Region Stuttgart, gegründet 2005

Auch legten die einzelnen Bundesländer bereits ab Ende der 1970er Jahre unterschiedlich ausgestattete Förderprogramme für populäre Musik auf. Prominentestes Beispiel für den Erfolg solcher Programme ist die 1996 ins Leben gerufene Rockstiftung Baden-Württemberg, die schließlich 2003 in die in Mannheim neu gegründete Popakademie aufging. Auch das Land Berlin beteiligte sich als eines der ersten Bundesländer frühzeitig an Förderprogrammen für populäre Musik:

„Bereits 1979 wurde in Berlin die Notwendigkeit der Förderung von Rockmusik erkannt. Unter dem Motto ‚Kultur für alle' ging es darum, auch andere als die traditionellen kulturellen Bereiche zu fördern. Dabei erfolgte von Anfang an die Zuordnung der Rock- und Popmusik zur Förderung ‚freier Gruppenarbeit'. Begonnen wurde 1979 mit einem Etat von ca. 300.000 DM für die Rockmusikförderung." (Müller & Mischke, 2001, S. 4)

Bundesweite Förderprogramme für populäre Musikströmungen waren, auch aufgrund der föderalen Struktur der Bundesrepublik Deutschland mit ihrem Grundsatz „Kultur ist Ländersache", lange Zeit nicht existent. Dies änderte sich erst – und ist bis heute einmalig – mit der Initiierung der Initiative Musik Ende 2007 (Initiative Musik, 2009, S. 31). Getragen vom Deutschen Musikrat sowie der GVL wird die als gGmbH agierende Initiative Musik mit Sitz in Berlin finanziell unterstützt durch das Amt des Beauftragten für Kultur und Medien (2 Mio. Euro jährlich) sowie der GVL und der GEMA (jeweils 150.000 Euro). Inzwischen sind 28 (Nachwuchs-)Förderrunden mit mehr als 700 unterstützen Einzelkünstlern und Bands aus den Bereichen Rock, Pop und Jazz bereits abgeschlossen.

Ohne auf alle existierenden Fördermöglichkeiten und -details eingehen zu können, müssen generell bei der Förderung von Popmusik verschiedene Elemente und damit Zielsetzungen unterschieden werden, die durch die bereits existierenden Programme (in Teilen) umgesetzt werden, denn Förderung ist nicht nur die bloße und ausschließliche Weiterreichung von finanziellen Mitteln. Dazu gehören auch:

1. Qualifizierung (Musikschulen, Managementseminare und Ausbildungsmöglichkeiten etc.)
2. Produktion (Tonstudios, Übungsräume etc.)
3. Präsentation (Kulturprogramme, Konzertagenturen etc.)
4. Rezeption (Erlebnisorte für Live Musik, Zielgruppenansprache etc.)
5. Rahmenbedingungen (Image von Städten / Regionen, politisches und soziales Klima) (Woog, o. J., S. 13)

Bei der weitergehenden Betrachtung der konkreten Popmusikförderung durch das Musicboard in Berlin werden die hier von Woog aufgeführten Förderaspekte auf ihre tatsächliche Umsetzung durch die dort initiierten Programme hin untersucht.

4.3   Popmusikförderung in Berlin: Das Musicboard

Berlin verfügt über eine bunte und vielschichtige popkulturelle Szene, die sich schon in den 1970er sowohl im Ost- als auch im Westteil der Stadt explosionsartig ausbreitete. Die ganze Stadt, insbesondere ihr Westteil und der besonderen historisch-politischen Bedeutung im geteilten Deutschland, bot auch soziopolitisch und ökonomisch den Freiraum für kreativ Agierende. Doch das aus der Nachwendezeit stammende Image „arm, aber sexy" (Klaus Wowereit) hat sich seitdem stark verändert: Populäre Musik wird immer mehr als attraktives kulturelles und somit auch wirtschaftliches Gut für die Stadt entdeckt (Birke, 2014). Auch nach Berlin kommende internationale und nationale Künstler_innen und Akteur_innen der Musikszene geben sich nicht mehr mit dem prekär-bohème-Image zufrieden, sondern erwarten sich von der wachsenden Popularität der Hauptstadt als eine der Kultur- und Kunstmetropolen Europas entsprechende Möglichkeiten für ihre Karrieren.

Um die Berliner (Popmusik)Szene gezielt zu fördern, gründeten sich seit der Jahrtausendwende verschiedene Organisationen: die Club Commission (2000), die Label-Commission (2002), die Berlin Music Commission (2007), das Weiterbildungs- und Vernetzungsprojekt all2gethernow (2009) sowie der Interessenverband Dach Musik (2012). Außerdem verstärkte die von verschiedensten Initiativen 2011 initiierte Kampagne MUSIK 2020 BERLIN das Netzwerk der Szeneakteur_innen und weiterer Interessengruppen. Die Kampagne formulierte ein Positionspapier, das von 400 Berliner Musikunternehmen unterschrieben wurde (BMC et al., 2011). Die dortige Forderung nach einem eigenständigen Musicboard wurde nach der Landtagswahl 2011 von der neuen SPD-CDU Landesregierung schließlich umgesetzt (Birke, 2014).

Insgesamt dauerte die Konzipierung des Musicboards vier Jahre: Die Kesselhaus-Macher Katja Lucker und Sören Birke arbeiteten von Beginn an an der Idee und Umsetzung des Musicboards. 2012 bestätigte die zuständige Senatskanzlei die folgenden Zielen für das Musicboard (Birke, 2014):

• Die Unterstützung von Popmusikerinnen und -musiker
• Die Verbesserung der Berliner Musikinfrastruktur
• Den Standort Berlin für Popmusik stärken

Zur Erreichung der (langfristig angesetzten) Ziele wurde die Musicboard Berlin GmbH ins Leben gerufen. Der Berliner Senat richtete Anfang 2013 das Musicboard unter Leitung der Ende 2012 berufenen (ersten) Musikbeauftragten Katja Lucker ein. Das Budget kommt zu 100 Prozent vom Land Berlin als Gesellschafter, das dem Musicboard im ersten Jahr des Bestehens 2013 eine Mio. Euro als Jahresbudget zuwies. 2014 stieg das Budget auf 1,5 Mio. Euro, 2015 sogar auf 1,7 Mio. Euro, wovon jedoch seit 2014 jährlich 250.000 Euro für die Finanzierung des Musikwirtschaftnetzwerks Berlin Music Commission (BMC) festgelegt wurden. Zuvor verfügte die Stadt über kein konkretes Fördersystem in Form von Residenzen oder Stipendien speziell für den Popkulturbereich. Wie Katja Lucker (2014) resümierte, hatte die Politik endlich bemerkt, dass die Pop(musik)kultur in Berlin dringend ein eigenes Förderungssystem benötigt, um das darin verborgene hohe (künstlerische und wirtschaftliche) Potential für die Stadt langfristig nutzen zu können: „Popkultur ist immer auch noch eine Jugendbewegung und hat eine große identitätsstiftende Kraft." (Lucker, 2014, S. 50)

Die Hauptaufgabe des Musicboards ist es, die Popmusikszene der Stadt zu unterstützen und ihr kulturelles und wirtschaftliches Potential zu stärken. Die Förderschwerpunkte werden jedes Jahr gemeinsam mit dem Beirat evaluiert und dabei stetig weiterentwickelt. Hierbei fördert das Musicboard innovative Projekte, vernetzt Agierende und schafft Rahmenbedingungen, die kreatives (popmusikalisches) Arbeiten ermöglichen. Es fördert oder vermittelt unterschiedliche Kooperationsprojekte mit der Berliner Musikbranche und unterstützt lokale Kunstschaffende mit unterschiedlichen Stipendien. Weitergehendes Ziel des Musicboards ist es, den Diskurs zur Popkultur in Berlin auf allen Ebenen (Politik, Wirtschaft, Gesellschaft) lebendig zu halten.

Aber was heißt Popmusik bzw. Popkultur für das Musicboard? „Für uns geht es um alle Genres der populären Musik." (Lucker, 2014, S. 53) Das Spektrum ist daher zwar sehr breit, doch Förderungen außerhalb der Popmusik, etwa für Klassik, Neue Musik oder Jazz werden nicht vergeben.

Das kleine Team des Musicboards setzt sucht sich neben Katja Lucker zusammen aus einer/m Assistent_in/Büroleiter_in, einer/m Projektmanager_in für die Antragsteller_innen und Abrechnungen sowie aus zwei Mitarbeiter_innen für die Finanzadministration zusammen. „Das Team sollte in den nächsten Jahren unbedingt vergrößert sein", hob Katja Lucker im Interview hervor.

Der Beirat der Musicboard Berlin GmbH spielt eine wichtige Rolle für das Funktionieren der Einrichtung: Er berät Katja Lucker und das Musicboard bei inhaltlichen Weichenstellungen sowie bei der Evaluierung und Schwerpunktsetzung der jährlichen Förderprogramme. „Ihre Expertisen reichen in alle Segmente der Musikbranche und ermöglichen so eine enge und konstruktive Zusammenarbeit mit den Macher_innen der Berliner Popkultur." (Musicboard, 2015b) Darüber hinaus werden im Rahmen der sogenannten Kamingespräche regelmäßig Gäste zu thematischen Beratungen hinzugeladen, um das Profil des Musicboards stetig zu schärfen und neue Aspekte in den Arbeitsauftrag der Einrichtung zu integrieren.

Aktuell (2015) verfügt das Musicboard über vier Hauptförderprogramme: 1) Karrieresprungbrett Berlin, 2) Pop im Kiez, 3) Supportförderung für Bands und Künstler_Innen, 4) Stipendien & Residenzen, wobei es sich stets um „Call for Concepts" handelt, um die sich Interessierte bewerben müssen.

1. Das Programm ‚Karrieresprungbrett Berlin' richtet sich an Berliner Akteure und Akteurinnen der Popmusikbranche (Musicboard, 2014b). Es werden Projekte gefördert, die Nachwuchsmusikschaffende unterstützen oder Professionalisierungsangebote für Agierende der Musikwirtschaft anbieten.
2. ‚Pop im Kiez' fördert Maßnahmen für ein positives Miteinander von Live-Musik und Nachbarschaft. Dies ist vor allem für Berlin zentral, da sich die Musik- und Clubszene in den letzten Jahren zu einem wichtigen (touristischen) Wirtschaftsfaktor entwickelt hat. Die mehr als 300 Clubs beschäftigten (Stand: 2011) über 10.000 Personen und erwirtschafteten einen Umsatz von 185 Mio. Euro (Wünsch et al., 2014, S. 4). Doch sind im sich verdichtenden und dicht besiedelten Zentrum Berlins Konflikte zwischen Anwohnern, Clubs und Feiernden vorprogrammiert, weshalb sich das Programm ‚Pop im Kiez' gezielt diesen Problemen annimmt, um den Wirtschaftsfaktor Clubkultur zu schützen und zu erhalten.
3. Die ‚Supportförderung für Bands und Künstler_innen' bietet finanzielle Unterstützung bei nationalen oder internationalen Auftritten als Support einer bereits bekannten Band. Das Musicboard gewährt während des Tourneezeitraums Zuwendungen von bis zu 500 Euro pro Künstler_in bzw. Bandmitglied.
4. Die ‚Stipendien & Residenzen' werden an in Berlin lebende Popkünstler_innen vergeben, die sich mit einem zeitlich begrenzten musikalischen Vorhaben künstlerisch weiterentwickeln oder professionalisieren möchten (Musicboard, 2014b). Die Förderung ist auf drei bis maximal sechs Monate begrenzt. Die Stipendien werden durch eine unabhängige Jury aus Berliner Popexpert_innen ausgewählt. 2015 bspw. setzte sie sich zusammen aus: Anne Haffmans (Musik- und Labelmanagerin, Domino Records), Charlotte Goltermann (Musikberaterin, Musikmanagerin), Heiko Hoffmann (Chefredaktur Groove), Jans Balzer (Popexperte, Berliner Zeitung) sowie Katja Lucker. Anhand dieser Auswahl zeigt sich, dass bei der Auswahl der Jurymitglieder auf ein breites Kompetenzspektrum geachtet wird, um einen großen Entscheidungsspielraum zu schaffen.

Eine besondere Form der Förderung durch das Musicboard sind Residenzen. Als erste Residenz wurde jährlich ein Stipendium für die Villa Aurora in Los Angeles für einen dreimonatigen Arbeitsaufenthalt gewährt. Das Musicboard übernimmt die Kosten des Flugs, der Unterkunft, steuert den Lebensunterhalt bei und vergibt weitere Projektgelder. 2015 wurde erstmals ein zweiwöchiges Stipendium bei der A.M.I. (Aide au Musiques Innovatrices) in Marseille vergeben.

Führt man abschließend die Programme des Musicboards mit den bereits genannten grundlegenden Möglichkeiten der (Pop)Musikförderung zusammen (Woog, o. J., S. 13) so wird deutlich, dass der Aspekt der Qualifizierung durch die Programme Stipendien & Residenzen sowie das Karrieresprungbrett umfassend abgedeckt wird. Die Verbesserung der Rahmenbedingungen für die Popmusik-kultur steht vor allem bei ›Pop im Kiez‹ im Fokus und Präsentation ist Kern der Supportförderung. Hingegen werden (zumindest bislang) die Fördermöglichkeiten Produktion als auch Rezeption nicht direkt durch das Musicboard als Programme verfolgt, können aber im Kern Bestandteil von einzelnen geförderten Projekten im Karrieresprungbrett oder Pop im Kiez sein.

4.4   Projektanalyse

Um die bisherige Arbeit des Musicboards zu analysieren, haben die Autorin und der Autor zwei Methoden gewählt: Zum einen wurde ein qualitatives Leitfaden-interview mit Katja Lucker, der Leiterin des Musicboards, geführt, zum anderen wurden die beiden online verfügbare Jahresberichte der Jahre 2013 (Musicboard, 2014a) und 2014 (Musicboard, 2015a) analysiert sowie die ersten frei verfügbaren Zahlen zum Förderzeitraum 2015 integriert.

Zunächst ein Blick auf die Budgetverteilung. 2013 (Abb. 2) förderte das Mu-sicboard mit dem größten Teil seines Budgets (72 %) das Programm ‚Karrieres-prungbrett‘. Innerhalb dieses Programms wurden 22 Projekte mit ca. 500.000 Euro unterstützt. Dem Programm ‚Pop im Kiez‘ wurde mit ca. 105.000 Euro 16 % des Gesamtbudgets zugewiesen, womit sechs Projekte gefördert werden konnten. Wichtig dabei ist, dass beide genannten Programme in den Förderrichtlinien (in der Regel) eine Mindestprojektgröße von 10.000 Euro vorsehen, wodurch (finanziell sehr) kleine Projekte keine Unterstützung beantragen können. Darüber hinaus haben zwölf glückliche Kunstschaffende insgesamt ca. 72.000 Euro (12 % des Budgets) als Stipendium erhalten, durchschnittlich 6.000 Euro pro Projekt.

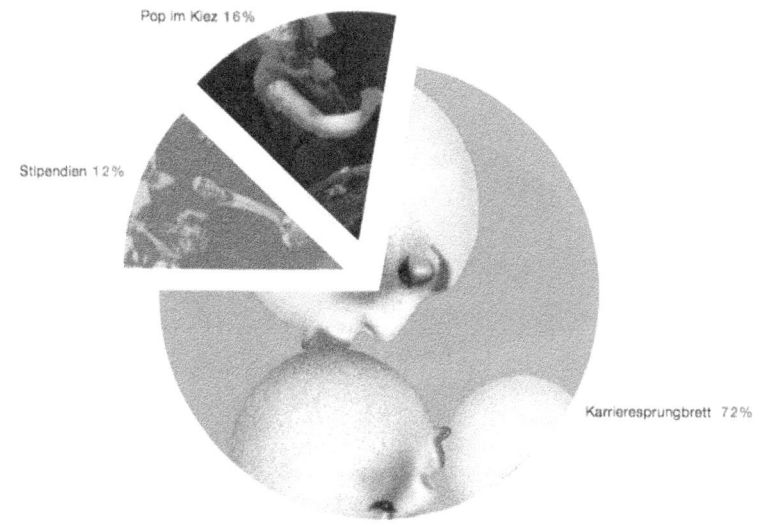

Musicboard Förderung 2013

Abb. 2   Musicboard Förderung 2013 (Musicboard, 2014a, S. 12)

Im Jahr 2014 (Abb. 3) erhöhte sich das Budget auf 1,5 Mio. Euro, ein Wachstum
von 50 % im Vergleich zum Vorjahr, wovon dem ‚Karrieresprungbrett' ca. 519.000
Euro (48 % des Budgets) für 30 Projekte zur Verfügung standen. Das Programm
‚Pop im Kiez' förderte acht Projekte mit ca. 151.000 Euro (14 % des Budgets).
15 Kunstschaffende erhielten Stipendien (insgesamt ca. 106.000 Euro, ca. 7.000
durchschnittlich pro Projekt, 8 % des Budgets). Wie bereits erwähnt erhält auch die
BMC seit 2014 einen Teil ihres Budgets aus dem Topf des Musicboards. Die 250.000
Euro der BMC machen allein 22 % des Jahresbudgets aus. Außerdem sind 8 % des
Budgets (91.184 Euro) in das Programm ‚Labelförderung' geflossen. Zwar liegen
für das Jahr 2015 abschließend noch nicht alle Zahlen vor, jedoch wurden bereits
Ende April die neuen Stipendien und Residenzen vergeben. Allein dafür wurden
131.400 Euro bewilligt, eine Steigerung der zur Verfügung stehenden Summe von
mehr als 100 % im Vergleich zum Jahr 2013. Mit dieser höheren Förderung wurden
22 Kunstschaffende und Bands bedacht (durchschnittlich knapp unter 6.000 Euro
pro Förderung). In den zwei Förderrunden des Jahres 2015 erhielten Projekte für
‚Pop im Kiez' insgesamt 130.000 Euro und das Karrieresprungbrett mit seinen
insgesamt 31 Projekten wurde mit 390.500 Euro bedacht. Hinzu kamen erstmals

257.000 Euro für zwölf Projekte des neuen Programms Festivalförderung, das sich insbesondere der Nachwuchsarbeit verschrieben hat.

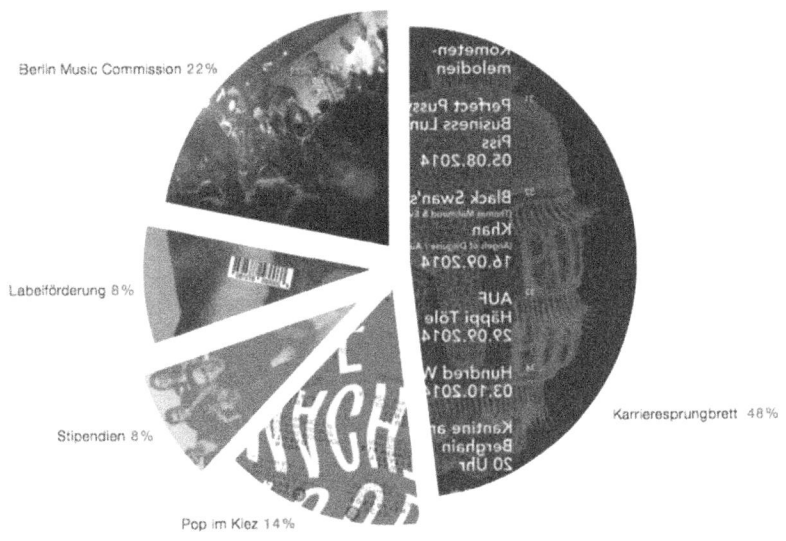

Musicboard Förderung 2014

Abb. 3 Musicboard Förderung 2014 (Musicboard, 2015a, S. 13)

Anhand dieser Zahlen lässt sich klar erkennen, dass das Hauptförderinstrument des Musicboards die finanzielle Unterstützung ist, obwohl Kunstschaffende und Projekte auch dank des bereits vorhandenen und sich stetig erweiternden Netzwerks unterstützt werden und bspw. Roundtables helfen, den Diskurs aktiv zu halten. In unserem Interview erläuterte Katja Lucker die zentrale Stellung und die Wichtigkeit der monetären Förderung als Instrument des Musicboards: „Geld ist natürlich immer gut. In der Hochkultur ist es ganz selbstverständlich: die Kunstschaffenden bekommen Stipendien um ihre Werk fertigzubekommen. In der Musik gibt es nur in der Klassik oder im Jazz. Es ist eigentlich immer unsere Forderung gewesen, zu sagen: das muss so in der Populärkultur gleichwertig betrachtet werden. Die Kunstschaffenden finden die Förderung natürlich auch gut, wenn sie z. B. von diesem Geld ihre neue Platte machen können. Wir bekommen immer sehr gutes Feedback von ihr dafür." Die Kunstschaffenden werden am

Ende des Förderungszeitraums dazu angehalten, einen Bericht über das geförderte Projekt zu verfassen. Laut Katja Lucker ist diese Art des Feedbacks auch bei den geförderten Musiker_innen gerne gesehen, da sie so den Verlauf und die erhofft positiven Ergebnisse des Projekts besser vermitteln können. Wir haben auch ein Interview mit einem Musicboard-Stipendiaten aus dem Förderjahr 2014 geführt, der erläuterte genau das Gleiche erläuterte: „In unserer Gesellschaft ist es so, dass nicht alles auf Geld basiert, aber eine Menge. Wenn man viel als Künstler arbeitet und dann so ein Stipendium bekommt, ist es natürlich ein Erfolgserlebnis. Es bring ihm ein bisschen mehr Selbstvertrauen und wenn man viel arbeitet, dann hat man mehr Zeit, um sich auf eigene Sachen zu konzentrieren.“

In Abb. 4 wird der Anstieg der indirekt geförderten Künstler_innen und Veranstaltungen als Vergleich der Förderzeiträume 2013 und 2014 dokumentiert:

Indirekt geförderte Künstler_innen und Veranstaltungen 2013 und 2014

	2013	2014
Künstler_innen*	155	368
Veranstaltungen**	35	88

* Auftritte bei Veranstaltungen, Teilnahme an TV/Radio Produktionen, Workshops
** ausgenommen Radio/TV Produktionen

Abb. 4   Indirekt geförderte Künstler_innen und Veranstaltungen 2013 und 2014 (Musicboard, 2015a, S. 15)

Im Vergleich zu 2013 wurden 2014 mehr als doppelt so viele Künstler_innen und Veranstaltungen indirekt durch das Musicboard gefördert, indem sie die Möglichkeit erhielten, bei spezifischen Veranstaltungen aufzutreten, an Workshops teilzunehmen etc. Wenn wir diese Zahlen mit dem Gesamtbudget (2013: 1 Mio. und 2014: 1,5 Mio.) in Verhältnis setzen, zeigt sich, dass, obwohl das Gesamtbudget um 50 % stieg (wovon wiederum die Hälfte als Finanzierung der BMC abgezogen werden muss), ein Anstieg der indirekt geförderten Künstler_innen und Veranstaltungen um über 100 % erreicht werden konnte, die zusätzlichen Gelder des Musicboards also überproportional mehr indirekte Förderempfänger fanden.

Anders sah es bei den Stipendien aus (Abb. 5):

Stipendien 2013 und 2014

	2013	2014
Anzahl Künstler_innen*	12	15
davon internationaler Herkunft	8	7

* Bands und Duos als ein/e Künstler_in gezählt

Abb. 5   Stipendien 2013 und 2014 (Musicboard, 2015a, S. 14)

Die nur leichte Erhöhung von 12 auf 15 Stipendien entspricht in etwa dem prozentualen, Anstiegs der frei verfügbaren Mittel des Gesamtbudgets für das Jahr 2014. Im Jahr 2015 konnte das Musicboard sogar 22 Stipendien vergeben, im Vergleich zum Jahr 2013 fast eine Verdopplung, was die Einzigartigkeit dieses Förderinstruments für Berlin noch einmal deutlich unterstreicht. Seit 2013 wird zudem eine dreimonatige Künstlerresidenz in der Villa Aurora in Los Angeles vergeben, um vor Ort – alleine oder gemeinsam mit Kunstschaffenden anderer Richtungen – kreative Projekte zu entwickeln und sich dadurch künstlerisch weiterzuentwickeln, um die neu geschaffenen Eindrücke in die weitere Arbeit der Stipendiaten zu integrieren. Eine weitere Residenz wurde 2015 erstmals für die A.M.I. (Aide au Musiques Innovatrices) in Marseille vergeben, ein Zeichen dafür, welche Bedeutung diesem speziellen Förderinstrument zugeschrieben wird.

Aber welche Arten von Projekten wurden in den bislang drei Förderrunden unterstützt? Aus welchen Feldern der Popmusikkultur stammen die Kunstschaffenden? Wir haben dafür auch hinter die Zahlen geschaut und die Projektbeschreibungen der geförderten Projekte analysiert. Für die Auswertung der Projektbeschreibungen haben wir ein entsprechendes Codierungssystem entwickelt, mithilfe dessen Kategorien erstellt werden, denen die Projekte einzeln zugeordnet werden konnten:

1. In welchem Musikgenre bewegt sich das Projekt bzw. bewegen sich die Künstler_innen? Codes: Elektronische Musik, Indie, Electro-Pop, Hip Hop etc.
2. Art des Projekts? Codes: Festival, Podiumsdiskussion, Konzert, Nachwuchsprogramm, Workshop, Clubnacht, Gender-Debatte etc.
3. Spezifische Frage bei Events: Wie hoch ist die Besucherzahl? Codes: genaue Zahlen.
4. Spezifische Frage bei Stipendien: Haben die Künstler_innen internationalen oder nationalen Herkunft? Codes: international oder national. Ihr Geschlecht? Codes: weiblich oder männlich.

Nach Codierung aller geförderten Projekte und Stipendien der Jahre 2013 bis 2015 möchten wir folgende auffallenden Ergebnisse herausheben:

1) Die größte Zahl geförderter Projekte und Künstler_innen umfasst die Musikgenres Elektronische Musik und Indie/Rock/Alternative – ganz im Sinne des Ansatzes des Musicboards; einige geförderte Events (z. B. Festivals) verbinden allerdings ganz unterschiedliche Genres miteinander. Darüber hinaus werden auch Projekte, die die Musikwirtschaft betreffen, unterstützt, wie z. B. das *Music Ambassador* Projekt der Berlin Music Commission, um die Berliner Musikwirtschaftslandschaft gezielt im Ausland vertreten zu können. Interessanterweise wurde im Jahr 2013 kein spezifisches Projekt im Bereich Hip-Hop gefördert – obwohl dieses Genre künstlerisch und wirtschaftlich große Bedeutung innerhalb der Musikkultur in Berlin und darüber hinaus besitzt; 2014 wurde allerdings das Hip-Hop-Projekt ‚Swag Jam' innerhalb des Förderprogramms Karrieresprungbrett unterstützt, 2015 wurde im Rahmen der neuen Festivalförderung das *Female Focus* Festival unterstützt, wo das Genre Hip-Hop mit einem zweiten Förderschwerpunkt des Musicboards (Gender) verknüpft werden konnte.

Dass die größte Zahl der geförderten Projekte im Bereich der Elektronischen Musik liegt, ist keine große Überraschung für die Analyse des Standorts Berlin. Die Stadt ist berühmt für ihr pulsierendes Clubleben in der Szene der Elektronischen (Tanz-)Musik. In Berlin ist diese Szene nicht nur kulturell, sondern auch aus den Perspektiven der Musikwirtschaft wichtig. Laut der Studie Projekt Zukunft Berlin (2014, S. 7) sind die Unternehmen vornehmlich in den Genres Pop (53,5 %) und Indie/Alternative (48,8 %) sowie in elektronischer Musik mit 46,5 % aktiv. Berlin ist außerdem berühmt für die zahlreichen Auswahlmöglichkeiten an verschiedenen Veranstaltungsangeboten im Bereich der Elektronischen Musik (insb. EDM). Die wirtschaftliche Bedeutung der Szene wurde schon in der 2007 erschienenen *Studie über das wirtschaftliche Potenzial der Club- und Veranstalterszene in Berlin* des Projekts Zukunft Berlin hervorgehoben.

Betrachten wir nun im Weiteren das Förderprogramm ‚Pop im Kiez', so wird deutlich, dass viele Projekte mit der lokalen Clubkultur bzw. Hilfe für den Bestand eines Clubs zu tun haben. In Berlin haben diese in den letzten Jahren des Öfteren Probleme mit ihren Nachbarn, insbesondere aufgrund von Lärmschutz oder Müllproblemen. Zur Verbesserung dieses Umfelds fördert das Musicboard hierfür konkret Projekte, die versuchen sollen, die nachbarschaftlichen Beziehungen zwischen Clubs und Anwohnern zu verbessern bzw. hierzu Hilfestellungen geben. Beispiele für diese Projektform sind ‚Geht's noch?' (Musicboard, 2014a: 16) oder ›Pop im Kiez – Toolbox‹ (Musicboard, 2014a, S. 17; Musicboard, 2015a, S. 44). Um überhaupt einen Überblick über die Berliner Musik-, Szene- und Clubkultur zu erhalten, wurde das Clubkataster gefördert. Damit dieser Ansatz aber nicht nur punktuell bleibt, wird das Clubkataster fortgeführt und bietet dadurch einen Überblick über den Wandel dieser speziellen Kultur. Letztlich handelt es sich bei allen genannten Projekten um eine Sicherungsmaßnahme der bestehenden Clubkultur nicht nur aus kreativ-künstlerischen Gründen, sondern eben auch aus wirtschaftlichen.

2) Die Art der geförderten Projekte sind hauptsächlich Festivals und Talks/Podiums-diskussionen/Workshops (oft auch in Kombination) – seltener Austauschprogramme (u. a. *Music Ambassador*). Ein wichtiger Fokus einiger Events ist die Newcomer- oder Nachwuchshilfe, mit der talentierte, aber noch nicht bekannte Künstler_Innen gefördert werden. 2013 wurde das Projekt ‚Newcomer Rent-A-Recordcompany' gefördert (Musicboard, 2014a, S. 9), eine Möglichkeit für Newcomer-Bands, ihre Musik zu veröffentlichen mithilfe eines flexiblen Kosten- und Rechteverhältnisses zu veröffentlichen. 2014 wurde das Vernetzungsprojekt ‚Support – Newcomer treffen Headliner' (Musicboard, 2015a, S. 19) sowie die Radiosendung ‚Welcome to Berlin' von Berlin Community Radio (Musicboard, 2015a, S. 35) unterstützt. Darüber hinaus richtet sich auch die erstmals 2015 eingerichtete Festivalförderung gezielt an den Nachwuchs.

Durch diese Projektunterstützungen und Programme möchte das Musicboard die Kunstschaffenden stärker in den Fokus stellen, wie Katja Lucker uns im Interview berichtete: „In Zukunft möchten wir die Künstler_innen noch mehr in den Mittelpunkt rücken. Viele reden über die Krise, Labels, Content usw. Aber der/die Künstler_in ist gerade komplett raus aus dem Fokus. Dabei geht es nur mit den Künstler_innen, ohne sie geht es natürlich nicht und du kannst über nichts reden. Diese Leute arbeiten und wir kümmern uns darum, dass sie dafür auch bezahlt werden."

Ein anderes hervorstechendes Thema der unterstützen Events ist die Genderde-batte. 2013 hat das Musicboard das Event PERSPECTIVES vom Netzwerk female:-pressure unterstützt (Musicboard, 2014a, S. 10) und 2014 die Veranstaltungs- und Radiosendereihe Expatriarch Generations (Musicboard, 2015a, S. 25) sowie die Veranstaltungsreihe MINT 2014 und das Event Rock'n'Rolli mit dem Fokus auf Frauen in der Musikbranche. Katja Lucker fasst diesen Fokus folgend zusammen: „Wir möchten mehr Frauen auf Festivals spielen sehen. Wir fördern z. B. bei den Stipendien *fifty-fifty* – die Hälfte sind Frauen. Alle Themen rund um Genderpolitik sind uns wichtig. So fördern wir nochmals (auch im Jahr 2015) das Festival von female:pressure und andere Veranstaltungen wie Female Focus oder supporten Themen wie Queer in der Musik, weil diese Themen einfach Relevanz haben."

3) Die Größe (in Bezug auf die Besucher) der geförderten Events ist sehr heterogen, sodass keine eindeutigen Tendenzen bei der Auswahl durch das Musicboard festgestellt werden können: So finden sich unter den geförderten Projekten sowohl kleinere Veranstaltungen mit nur wenigen Teilnehmern [z. B. das Listen Up! Festival 2013 (Musicboard, 2014a, S. 7)] als auch größere Festivals mit Tausenden von Besuchern [z. B. Berlin Atonal (Musicboard, 2014a, S. 5; Musicboard, 2015a, S. 24)]. Dies ist ein Zeichen dafür, dass nicht nur etablierte und besucherstarke – und damit öffentlichkeitswirksame – Veranstaltungen eine Chance auf Förderung haben, sondern auch unbekannte Organisator_innen Möglichkeiten erhalten (können), inhaltlich innovative Events aller Art zu verwirklichen.

4) Die Stipendiat_innen des Musicboards kommen aus Deutschland und aus anderen Teilen der Welt. Abbildung 5 illustriert die Daten zu internationalen und nationalen Kunstschaffenden. In 2013 kamen mehr Stipendiat_innen aus internationalen Zusammenhängen: von den insgesamt zwölf Stipendiat_innen wurden acht internationale Kunstschaffende gefördert. 2014 hat sich dieses Verhältnis umgekehrt: von 15 Stipendiat_innen stammen sieben geförderte Künstler_innen nicht aus Deutschland. Auch 2015 erhielten mehrheitlich aus Deutschland stammende Kunstschaffende ein Stipendium des Musicboards. Diese Zahlen passen zur Tatsache, dass Berlin bekannt ist für seine internationale Kunst- und Musikszene, weshalb es auch nicht verwunderlich ist, dass sich vergleichsweise viele internationale Kunstschaffende auf eine Förderung bewerben und diese erhalten.

Betrachtet man ausschließlich die internationalen Kunstschaffende, die durch ein Stipendium oder eine Residenz Förderung erhielten, stammen diese bislang aus folgenden Nationen:

Tab. 2 Anzahl der geförderten internationalen Kunstschaffende 2013, 2014, 2015 für Stipendien und Residenzen nach Herkunftsländern / -kontinenten (Eigene Darstellung)

USA	4	Europa	8	Russland	1	Großbritannien	1
Kanada	2	Nordamerika	6	Südafrika	1		
Norwegen	2	Südamerika	1	Iran	1		
Polen	1	Asien	1	Kolumbien	1		
Schweden	1	Afrika	1	Australien	1		
Italien	1	Ozeanien	1	Ukraine	1		

In Bezug auf das Geschlecht der geförderten Stipendiat_innen gibt es, anders als es der ausdrückliche Wunsch des Musicboards ist, einen derzeit deutlichen Überhang bei männlichen Künstlern. Nur etwas mehr als ein Drittel der Geförderten waren bislang Frauen. Allerdings müssten für eine genaue Einordnung dieser Zahlen alle eingegangenen Bewerbungen gesichtet werden, schließlich könnte bereits hier ein deutlicher Bewerbungsüberhang an Männern vorhanden sein. Zudem vergibt das Musicboard seine Stipendien durch eine Jury, die im Idealfall nicht nach Geschlecht, sondern nach Qualität, Kreativität, Innovativität etc. der Kunstschaffende schauen.

4.5   Fallstudie: Musicboard-Stipendiat ‚Goner'

Martin Claudius Maischein (aktueller Künstlername: ‚Goner') ist Musiker und Tontechniker aus Berlin. Ursprünglich stammt er aus Frankfurt am Main, wo er schon Anfang der 1990er Jahre in der lokalen elektronischen Musikszene aktiv war. Zusammen mit Freunden gründete er verschiedene Musiklabels (Neon, Sport und Gone) und veröffentlicht seit dieser Zeit unter verschiedenen Pseudonymen Musik, etwa in den Genres Breakcore (als Heinrich at Hart auf dem Label Position Chrome) oder Electrofunk-Dub mit Detroit-Einflüssen (als Ritalin War Dance auf SPB und als Bolder auf Editions Mego) (Musicboard, 2015a, S. 74).

Maischein erhielt 2014 eines der begehrten Musicboard Stipendien. Geplant war (laut Antrag) eine Kooperation mit einer Cellistin (Nathalie Hörhold-Ponneau) und einem Schlagzeuger (Colin Hacklander). Das Ziel des Projekts wurde in der Projektbeschreibung als „die Entwicklung eines neuen Liveprogramms, das gescriptete musikalische Ereignisse mit Improvisierten verbindet, was sich auch in der visuellen Darstellung wiederfindet" beschrieben (zitiert aus der unveröffentlichten Projektbeschreibung, die uns Maischein freundlicherweise zur Verfügung gestellt hat). Die Förderung durch das Stipendium sollte die folgenden Projektkomponenten abdecken: Studioarbeit, die Entwicklung eines visuellen Konzepts, die Durchführung einer Liveshow, die Entwicklung und Realisierung der Workstation, die Integration des Max/MSP-Instruments ‚Loopstation/Arranger' sowie die Bezahlung der Gastmusiker. Die Planung berücksichtigte die Integration eines ganzen Teams, um für die verschiedenen Projektkomponenten das nötige Fachwissen einzubringen.

Der Zeitraum des Stipendiums betrug fünf Monate, vom 1.7.2014 bis zum 30.11.2014. Als Projektziel wurde festgelegt, die produzierte Musik in einem Studio aufzunehmen.

Wir haben ein Interview mit Martin Maischein geführt, in dem er erklärte: „Das Stipendium war mir wichtig, um mir Zeit nehmen zu können und mit

Freunden und Musiker ein Projekt zu entwickeln, was ich schon langer machen wollte." Dieses Ziel – die Schaffung eines Möglichkeitsraums – könnte man als das übergeordnete Ziel der Kunstschaffende-Förderung des Musicboards bezeichnen: Den Kunstschaffende die Möglichkeit zu geben, sich für einen festgelegten auf ihre (kreative) Arbeit fokussieren zu können, ohne weitere Arbeiten zum Lebensunterhalt durchführen zu müssen.

Wie uns Martin Maischein erzählte, erhielt er die positive Antwort seitens des Musicboards sehr schnell, in fünf bis sechs Wochen nach seiner Bewerbung. Wir haben den Musiker auch gefragt, ob er über die Zeit des Stipendiums hinweg die im Projektantrag genannten Ziele alle erreichen konnte. Laut Maischein konnten diese aber nur teilweise erreicht werden, so kam es etwa nicht zu den geplanten Aufnahmen der Ergebnisse im Studio. Doch, und dies spricht für die Nachhaltigkeit dieses konkreten geförderten Projekts, läuft die Kooperation zwischen den Musiker_innen noch bis heute, über den Förderzeitraum hinaus. Es entspricht natürlich der Realität, wenn Kunstschaffende ihr geplantes Projekt nicht zu 100 % beenden können, da es, insbesondere bei größeren Kooperationen, schwierig sein kann, den Verlauf des Projekts und die Zusammenarbeit der Beteiligten bis ins Detail vorauszuplanen. So hatten etwa Martin Maischein und seine Gruppe Probleme mit dem allgemeinen Zeitmanagement, weil die Teilnehmenden gleichzeitig verschiedene Projekte bewältigen mussten und manchmal die Terminierung für die konkrete Zusammenarbeit im Rahmen des Musicboard-Stipendiums schwer zu finden war. Auch das Projekt selbst hat sich im Verlauf der Förderung stark verändert, weshalb schließlich nur ungefähr die Hälfte der geplanten Projektelemente umgesetzt werden konnten. Das Stipendium kam trotzdem vielen Kunstschaffende zugute, nicht nur dem ausgewählten Stipendiaten selbst, sondern allen Projektbeteiligtem – genau auf diesen Punkt macht das Musicboard auch immer wieder aufmerksam, dass zahlreiche Kunstschaffende zumindest indirekt gefördert werden. Ohne die finanzielle Förderung des Musicboards wäre das Projekt in dieser Form nicht entstanden.

Martin Maischein berichtete über positive Erfahrung mit der Beratung durch das Musicboard: Bei Fragen oder der Suche nach Hilfestellung ist er stets auf offene Ohren gestoßen.

Die Frage ist natürlich, ob das Musicboard mit (nur) 3,5 fest angestellten Mitarbeiter_innen tatsächlich die tiefgehende Beratung anbieten kann, die all die – direkt und indirekt – geförderten Kunstschaffenden in solch einem Projektprozess benötigen würden. Wenn wir uns die Anzahl der Stipendiat_innen und der geförderten Projekte anschauen – im Jahr 2014 haben sie 368 Kunstschaffende (inkl. jener, die auf den geförderten Veranstaltungen aufgetreten sind) und 88 Veranstaltungen unterstützt (Abb. 4) –, können wir ein umfassendes Coaching bei dieser geringen Personalstärke nicht erwarten. Zudem haben die Mitarbeiter_innen auch noch andere Aufgaben, die über die Beratung hinaus gehen. Es wäre daher für die Zukunft sinnvoll, ein (sich um das Musicboard frei gruppierendes) Team aufzubauen, das sich ausschließlich mit der konkreten Beratung der Kunstschaffenden in verschiedenen künstlerischen und administrativen Bereichen beschäftigt.

Nach Abschluss des Projekts war Martin Maischein nicht verpflichtet, eine Zusammenfassung seiner konkreten Umsetzung oder einen Bericht über den Förderzeitraum zu erstellen oder Feedback über die Projektergebnisse zu geben. Allerdings erläuterte Katja Lucker im Interview, dass das Musicboard stets die Entwicklung der Stipendiat_innen über obligatorische Abschlussberichte, die in der Regel allerdings ohne Nachfrage erstellt würden, nachverfolgt. Mit einem größeren Team könnte das Musicboard sicher eine strukturierte Evaluation der Förderergebnisse realisieren.

4.6   Fazit

Das Musicboard befindet sich (schon oder auch erst) im dritten Jahr seines Bestehens – und ist (trotzdem) noch neu und einmalig gleichermaßen innerhalb der inzwischen jahrzehntelangen Förderlandschaft für (populäre) Musik. Neue Institutionen benötigen Zeit, sich zu finden, ihren Platz innerhalb vorhandener Strukturen zu festigen, um eigene nachhaltige Akzente zu setzen – dies zeigt sich u. a. in einer stetigen Ausweitung der Förderprogramme. So werden sowohl innerhalb eines Programms neue Aspekte eingefügt (z. B. neue Residenz in Marseille) als auch gänzlich neue (Supportförderung) ins Leben gerufen. Doch diese Zeit muss ihnen gegeben werden, meistens seitens der Geldgeber. Dies scheint in Berlin (derzeit) der Fall zu sein, allein die Budgetsteigerung von 70 Prozent auf 1,7 Mio. Euro innerhalb von drei Jahren ist dafür ein deutliches Zeichen. Hinzu kommt: Wer die Leiterin des Musicboards, Katja Lucker, einmal über einen längeren Zeitraum in ihrem Tun beobachtet, erhält schnell einen Eindruck, dass dieser beschrittene Weg des Musicboards vor allem durch zahlreiche persönliche Gespräche, Podien etc. langsam und stetig erarbeitet werden muss – ein zeitintensives Unterfangen, das aber in dieser Form unabdingbar zu sein scheint.

Dass in Berlin der Bedarf für individuelle, kuratorische Förderungen nach Art des Musicboards vorhanden sind, zeigen allein die Zahlen für die zweite Förderrunde des Jahres 2015. Im Rahmen des Programms Karrieresprungbretts förderte das Musicboard im zweiten Halbjahr zwar nur neun Projekte mit einem Volumen von knapp über 90.000 Euro – was genau den Förderrichtlinien entspricht, dass Projekte mindestens 10.000 Euro kosten sollten. Gleichzeitig sind aber 49 Projekte mit einem

Gesamtvolumen von 1,162 Mio. Euro eingereicht worden. Ähnlich sieht es beim Projekttopf Pop im Kiez aus. Hier wurden drei Projekte mit 18.000 Euro unterstützt – beworben hatten sich allerdings 13 Konzepte mit einem Volumen von 212.000 Euro. Deutlich wird hierbei, wie groß das Potential an (popkulturellen) Ideen in Berlin ist und wie viele Initiatoren auf der Suche sind nach freien Geldmitteln sind.

Bei der Analyse der bislang geförderten Projekte und Kunstschaffenden des Musicboards ist deutlich geworden, dass derzeit kein eindeutiger Fördertrend zu erkennen ist, sei es bzgl. der Musikrichtung noch der Veranstaltungsart. Es ist hingegen erkennbar, dass sich diese neue Institution nicht festlegen will, was gefördert wird, sondern ein breites Abbild innovativer Projekte und künstlerischer Ausrichtungen bieten möchte. Gleichzeitig ist es ein deutlicher Beleg für die derzeitige popkulturelle Vielfalt der Stadt Berlin, die hierbei zum Ausdruck kommt. Es wird letztlich ein längerer Blick in die Zukunft zeigen, ob sich innerhalb der verschiedenen Förderprogramme, die sich ja an unterschiedliche Adressaten richten, Tendenzen ergeben, derzeit sind diese nicht sichtbar.

Das Musicboard ist in seiner jetzigen Form definitiv ein Modellprojekt, das sich in dieser konkreten Ausprägung auf andere Städte übertragen ließe, wenn sich Geldgeber finden lassen, die eine grundlegende Finanzierung bieten. Natürlich ist die derzeitige finanzielle Ausstattung des Musicboards in Berlin mit seinen ca. 1,7 Mio. Euro (2015) im Vergleich zur Hochkultur mit seinen zig Millionen Euro gering, aber ein Anfang ist gemacht, um der Förderung der Popkultur eine zentrale, institutionalisierte Anlaufstelle zu geben. Ein Ziel muss sein, dass die geförderten Projekte und/oder Künstler als Aushängeschilder für das Musicboard und damit für die Stadt als Geldgeber fungieren können, dass sie eine Außenwirkung erzielen, um die Relevanz der Popkulturförderung sichtbar zu machen. Dies ist sicherlich ein Weg, der Jahre, Jahrzehnte dauern wird, dem sich andere (größere und kleinere) Städte anschließen müssen, um breite Anerkennung zu finden. Berlin mit seiner ausgeprägten Musiktradition aller Genres ist hierfür sicherlich ein wunderbares Experimentierfeld, um solche Institutionen in der Praxis zu erproben und weiterhin zu schärfen, um nicht nur als reines Förderinstrument zu gelten, sondern ein Mittler zwischen Kunst, Staat und Gesellschaft zu fungieren. Es wird daher sicherlich von großem Interesse sein, die Arbeit des Musicboards weiter zu begleiten und zu evaluieren, um langfristige und damit nachhaltige Erkenntnisse gewinnen zu können.

Literatur

Binas-Preisendörfer, S. (2015). „Und wie halten sie es mit der Hochkultur?" Anmerkungen zur Ernennung von Tim Renner zum Kulturstaatssekretär in Berlin. *kulturpolitische Mitteilungen* 148, S. 40–45.

BMC et al. (2011). *Musik 2020 Berlin. Kampagne zur Entwicklung des Musikstandortes Berlin*. Verfügbar unter http://www.berlin-music-commission.de/files/kampagnenpapier_msuik_2020_berlin.pdf [31.07.2015]

Birke, S. (2014). *Musicboard und Pop in der 24-Stunden-Stadt*. In U. Breitenborn, T. Düllo & S. Birke, (Hrsg.). *Gravitationsfeld Pop. Was kann Pop? Was will Popkulturwirtschaft? Konstellationen in Berlin und anderswo* (S. 221–225). Bielefeld: transcript.

Bundesregierung (2001). *Bestandsaufnahme und Perspektiven der Rock- und Popmusik. Drucksache 14/6993*. Verfügbar unter http://dip21.bundestag.de/dip21/btd/14/069/1406993.pdf [17.07.2015]

Fröhlich, B. (2008). *Nachwuchsförderung von Rock- und Popmusik in Deutschland. Perspektiven der Förderung unter der Berücksichtigung niederländischer Konzepte*. Saarbrücken: Verlag Dr. Müller.

Initiative Musik (2009). *Plan! Pop 09*. Berlin. Verfügbar unter http://miz.org/dokumente/JRP_001_PLANPop09_Dokumentation.pdf [17.07.2015]

Harzer, A. (2013). *Erfolgsfaktoren im Crowdfunding*. Illmenau: Universitätsverlag Illmenau.

Heinze, D. (2015). Soll populäre Musik gefördert werden? *kulturpolitische Mitteilungen* 148, S. 27–29.

James, P (2014). Der Teufel, das Weihwasser und die Geschichte der Popförderung. In U. Breitenborn, T. Düllo & S. Birke, (Hrsg.). *Gravitationsfeld Pop. Was kann Pop? Was will Popkulturwirtschaft? Konstellationen in Berlin und anderswo* (S. 143–156). Bielefeld: transcript.

Jóri, A., Lücke, M. & Wickström, D.-E. (2015). The higher education of musicians and music industry workers in Germany. *International Journal for Music Business Research* 1. S. 55–88.

Junold, A. (2014). Reich aber sexy? Pop und tradierte Finanzierungsstrukturen der Kulturpolitik. In U. Breitenborn, T. Düllo & S. Birke, (Hrsg.). *Gravitationsfeld Pop. Was kann Pop? Was will Popkulturwirtschaft? Konstellationen in Berlin und anderswo* (S. 89–102). Bielefeld: transcript.

Keßler, I. (2015). Kulturwirtschaftlich und im steten Dialog mit der Branche: Die Initiative Musik fördert Rock, Pop und Jazz in Deutschland. In Institut für Kulturpolitik der Kulturpolitischen Gesellschaft (Hrsg.) *Jahrbuch für Kulturpolitik 2014, Bd. 14 – Neue Kulturförderung* (S. 209–214). Essen: Klartext.

Kirschner, S. (15.8.2013). Ein Drittel von Berlins Kulturetat fließt allein in die Opern. *Berliner Morgenpost*. Verfügbar unter http://www.morgenpost.de/kultur/berlin-kultur/article119040767/Ein-Drittel-von-Berlins-Kulturetat-fliesst-allein-in-die-Opern.html [16.07.2015]

Klein, A. et al. (2012). *Der Kulturinfarkt. Von allem zu viel und überall das Gleiche*. München: Knaus.

Krupp, K. (7.7.2015). Berlins freie Szene wird gestärkt. *Berliner Zeitung*. Verfügbar unter http://www.berliner-zeitung.de/kultur/kulturhaushalt-berlins-freie-szene-wird-gestaerkt,10809150,31146180.html [16.07.2015]

Kulturförderpunkt Berlin (2015). *Berliner Kulturförderung*. Verfügbar unter http://www.kulturfoerderpunkt-berlin.de/foerderprogramme/berliner-kulturfoerderung/ [13.8.2015]

Kühn, J.-M. (2011). Arbeiten in der Berliner Techno-Szene: Skizze der Theorie einer Szenewirtschaft elektronischer Tanzmusik. *Journal der Jugendkulturen* 17. S. 52–59.

Limper, J. & Lücke, M. (2013). *Management in der Musikwirtschaft*. Stuttgart: Kohlhammer.

Lucker, K. (2014). Von Goldeseln, Residenzen und Kamingesprächen. Das Musicboard Berlin. In U. Breitenborn, T. Düllo & S. Birke, (Hrsg.). *Gravitationsfeld Pop. Was kann Pop? Was will Popkulturwirtschaft? Konstellationen in Berlin und anderswo* (S. 49–60). Bielefeld: transcript.

Lücke, M. (2015). Crowdfunding. Neue Finanzierungsform für kulturelle Projekte oder Medienhype? *Zeitschrift für Kulturmanagement* 1. S. 75–93.

Martin, J. (2013). *Interview mit Sören Birke. Gründung des Musicboards*. Verfügbar unter http://www.kesselhaus.net/www/musicboard-interviewsoerenbirke [01.08.2015]

Müller, L. & Mischke, J. (2001). Rockmusik im föderalen System der Bundesrepublik Deutschland. Förderkonzepte und Fördermöglichkeiten. Förderpraxis: Die Situation der Förderung in den Ländern. *Popscriptum* 6. Verfügbar unter http://www2.hu-berlin.de/fpm/popscrip/themen/pst06/pst06_03_2.pdf [17.07.2015]

Musicboard (2014a). *Bericht Musicboard 2013*. Verfügbar unter http://www.musicboard-berlin.de/wp-content/uploads/2014/01/bericht_projekte_2013.pdf [10.08.2015]

Musicboard (2014b). *Popguide. Ein Handbuch für Berlins Popnachwuchs. Von Ausbildungsberuf bis Zuschussförderung*. Verfügbar unter http://www.musicboard-berlin.de/wp-content/uploads/2014/01/Musicboard_Popguide_25032014.pdf [11.08.2015]

Musicboard (2015a). *Bericht Musicboard 2014*. Verfügbar unter http://www.musicboard-berlin.de/wp-content/uploads/2014/12/MBB_Jahresbericht14_web.pdf [10.08.2015]

Musicboard (2015b). *Beirat*. Verfügbar unter http://www.musicboard-berlin.de/ueber-uns/beirat/ [02.08.2015]

Projekt Zukunft Berlin (2014). *Analyse der wichtigsten Auslandsmärkte für Musikunternehmen aus Berlin 2013. Im Rahmen der Landesinitiative Projekt Zukunft*. Verfügbar unter http://www.berlin.de/projektzukunft/uploads/tx_news/PZU_Auslandsmaerkte_Musikwirtschaft_WEB_FINAL_01.pdf [16.08.2015]

Ringe, C. (2008). *Glaubhaftes Sponsoring: Ansatz einer Theorie zur Glaubwürdigkeit im Popsponsoring. In* C. Baumgarth et al. (Hrsg.). *Impulse für die Markenforschung und Markenführung* (S. 21–35). Wiesbaden: Gabler.

Schlögl, A. (2009). *Mehrwert Musik. Musikwirtschaft und Stadtentwicklung in Berlin und Wien*. Berlin: VS Research.

Statistik Berlin-Brandenburg (2014a). *Einwohnerregisterstatistik Berlin – 31.12.2014* Verfügbar unter https://www.statistik-berlin-brandenburg.de/statis/login.do?guest=guest&db=E-WRBEE [18.08.2015]

Statistik Berlin-Brandenburg (2014b). *Gebiet und Bevölkerung. In Statistisches Jahrbuch Berlin 2014*. Verfügbar unter https://www.statistik-berlin-brandenburg.de/produkte/Jahrbuch/jb2014/JB_201401_BE.pdf [18.08.2015]

Woog, P (o. J.). *Popmusikförderung in Deutschland – Eine Übersicht*. Verfügbar unter http://www.miz.org/dokumente/woog_popmusikfoerderung.pdf [17.07.2015]

Wünsch, U. et al. (2014). *Forschungsbericht: Musik erleben – Konflikte kennen – Probleme lösen*. Verfügbar unter http://www.hdpk.de/fileadmin/data-hdpk/pdfs/Forschung/Forschungsbericht_hdpk_Pop_im_Kiez_2013.pdf [31.07.2015]

American Opera through American Content

5

Die amerikanische Metropole in der gegenwärtig florierenden Suche nach einer „Great American Opera"

Frédéric Döhl

Zusammenfassung

In der amerikanischen Gegenwartsoper ist seit Ende des Kalten Kriegs ein signifikanter Anstieg der Uraufführungszahlen zu beobachten. Von Universitäts- und Provinzbühnen bis zu den prestige- und finanzstärksten Häusern in Chicago, Houston, New York und San Francisco werden im großen Stil Kompositionsaufträge vergeben. Diese Zunahme steht regelmäßig im Kontext der überkommenen Suche nach einer eigenständigen »Great American Opera«. Der Beitrag beschreibt zunächst diese ästhetische Agenda sowie den diagnostizierten aktuellen Aufschwung (1), um dann nach den Strategien zu Fragen, die angelegt werden, um eine dezidiert ‚amerikanische' Oper zu fördern (2). Dabei wird sichtbar, dass der Amerikabezug weit weniger über musikalische Standards als vielmehr über die Stoffe der Plots zu verankern versucht wird. Im Blick hierauf fragt der Beitrag sodann nach der Rolle der charakteristischen, weltweit bekannten amerikanischen Landschaften urbaner Metropolen wie New York oder San Francisco in der eingeschlagenen Suche nach einer spezifisch amerikanischen Identität in der Gegenwartsoper (3).

Schlüsselbegriffe

American Opera, Great American Opera, zeitgenössische Oper, USA.

© Springer Fachmedien Wiesbaden GmbH, ein Teil von Springer Nature 2019
L. Grünewald-Schukalla et al. (Hrsg.), *Musik und Stadt*, Jahrbuch für Musikwirtschafts- und Musikkulturforschung, https://doi.org/10.1007/978-3-658-23773-8_5

5.1   Einführung in die amerikanische Opernlandschaft

Die Suche nach der „Great American Opera", d. h. nach einer bedeutenden, eigenständigen amerikanischen Oper, ist bereits Jahrzehnte alt (Dizikes, 1993; Kirk, 2001; Grout/Williams 2003, S. 729–786; Kirk, 2005, S. 197–208; Goehr, 2011; Griffel, 2013, S. xx-xxvi; Döhl/Herzfeld 2016). 1925 brach etwa Benjamin Morris Steigman unter diesem Lemma in der führenden Fachzeitschrift *Music & Letters* eine Lanze für die heimische Produktion und nannte Werke wie Horatio Parkers *Mona* (1912) oder Reginald de Kovens *Rip van Winkle* (1919) als erste, seiner Ansicht nach beachtenswerte Versuche, eine „Great American Opera" zu kreieren (Steigman, 1925). Steigman formulierte keineswegs eine Einzelposition. Die Suche nach der „Great American Opera" war ein heiß diskutiertes Thema in Kreisen amerikanischer Musik in den Jahren um und nach dem Ersten Weltkrieg (Shapiro, 1994, S. 235, 237). Und sie trat seitdem immer wieder in den Vordergrund der Aufmerksamkeit (Döhl/Herzfeld, 2016).

Wie so oft, war auch in diesem Fall die Musik unter den Künsten nicht die erste, eine Entwicklung anzustoßen. Schon 1868, kurz nach Ende des amerikanischen Bürgerkriegs (1861–1865), hatte John William De Forest im ältesten, wöchentlich erscheinenden Magazin der USA, *The Nation*, die Aufmerksamkeit auf eine analoge kulturpolitische Mission gelenkt und ihr den Namen „Great American Novel" verpasst (De Forrest, 1868). Der Name blieb haften. Die damit verbundene Agenda hat in der Folge in der Literatur, Literaturkritik und Literaturwissenschaft eine viel diskutierte, weithin umstrittene Geschichte durchlebt (Buell, 2014, S. 1–19). Dem ungeachtet sind weder das Konzept noch die Sehnsucht nach Anerkennung, die mit ihm verbunden sind, verschwunden (Buell, 2014, S. 3f.).

Für die Oper, so zeigt sich, gilt dieser Befund erst recht. Letztlich hat man es mit einem Emanzipationsdiskurs zu tun, in der Literatur wie der Oper (Midgette, 2006). Und es kann nicht überraschen, dass beide Bewegungen ihren Ausgang in einschneidenden Kriegs- und Nachkriegsphasen nahmen, welche das nationale Selbstverständnis fundamental veränderten und Kulturschaffende aller Couleur involvierten.

Freilich ist die amerikanische Literatur im Verlauf des 20. Jahrhunderts unbestreitbar in großer Breite international satisfaktionsfähig geworden ist. Man denke als plakativsten Hinweis nur an die vielen Amerikaner, denen der Nobelpreis für Literatur zugesprochen wurde. Darunter finden sich so schillernde Namen wie Sinclair Lewis (1930), Eugene O'Neill (1936), T. S. Elliot (1948), William Faulkner (1949), Ernest Hemingway (1954), John Steinbeck (1962) und Toni Morrison (1993), denen man auch in der Geschichte der amerikanischen Oper als Lieferant von Stoffen wiederbegegnet, zum Teil häufiger wie im Fall von O'Neill (vgl. z. B.

Louis Gruenbergs *The Emperor Jones*, 1933; Marvin David Levys *Mourning Beco-mes Electra*, 1967) und Steinbeck (vgl. z. B. Carlisle Floyds *Of Mice and Men*, 1969; Frank Lewins *Burning Bright*, 1993; Ricky Ian Gordons *The Grapes of Wrath*, 2007), zum Teil sogar unter eigener Mitarbeit wie bei Toni Morrisons Libretto zu Richard Danielpours *Margaret Garner* (2005) auf Basis ihres Romans *Beloved* (1987).

Die amerikanische Oper, so scheint es auf den ersten Blick, hat diesen Weg noch nicht geschafft. Nur wenige Werke drängen sich als Teil eines allseits bekannten Kanons geschweige denn des alltäglichen Repertoires der Bühnen auf, allzumal außerhalb der USA. Die Komponisten selbst einiger der dort meistgespielten Opern wie Gian Carlo Menottis *Amahl and the Night Visitors* (1951), Carlisle Flo-yds *Susannah* (1956), Douglas Moores *The Ballad of Baby Doe* (1956) oder Mark Adamos *Little Women* (1998) sagen in Europa nur Experten etwas.[1] Gegen die allseits bekannten Namen wie George Gershwin, Leonard Bernstein und Stephen Sondheim, deren Stücke regelmäßig auch in Opernhäusern gegeben werden, sieht man vielfach eingewandt, dass diese Arbeiten irgendwo in der Grauzone zwischen Oper und anderen Formen gerade populären Musiktheaters changieren, also allenfalls mit viel gutem Willen überhaupt als Opern gelten können. Wie immer man das auch im Einzelfall bewerten will – und dies sind für die Beschäftigung mit Musiktheater oft sehr instruktive Problemlagen[2] –, spätestens, wenn man in die maßgebende Datenbank *Operabase* schaut und sieht, dass die Amerikaner Philip Glass, Jake Heggie und John Adams seit vielen Jahren die Spitzenplätze in der Liste der meistaufgeführten zeitgenössischen Opernkomponisten weltweit anführen, beginnt man aufzuhorchen (Operabase, 2017). Schielt man weiter auf die Uraufführungen, die über die Dachorganisation *Opera America* erfasst sind, stößt man auf den Nachweis von mehr als 700 neuen Opern in den vergangenen gut 25 Jahren (Opera America, 2017b). Irgendetwas scheint in Bewegung zu sein

---

1   Vgl. die Liste der seit 1991 meistgespielten amerikanischen Opern (Opera America 2017a). Die genannten vier Opern gehören in dieser Liste zu den zehn meistgespielten.

2   Die Frage, ob Gershwins *Porgy und Bess* Oper oder »Book Musical« sei, hat für den Bereich des Musiktheaters z. B. erhebliche praktische Konsequenzen und stellt kein rein akademisches Problem dar. So verändert sich die Klangästhetik von Gershwins Partitur völlig, je nachdem, ob sie von Broadway- oder von Opernstimmen gesungen wird. Auch die Frage, was das Werk ist – die Partitur, mit der Gershwin in den Produk-tionsprozess ging (was die Opernsicht wäre, die dazu tendiert, alle späteren Änderungen zurückzunehmen) oder die Partitur, die am Endes des Musical-typischen Proben- und Try-Out-Prozess stand und mit erheblichen Änderungen und Streichungen einherging –, wird entlang dieser Grenze gezogen. Selbiges gilt für die Frage, ob die Partitur in der durchgesungenen Version aufzuführen ist oder in der Broadway-Fassung, die viele Text- und Rezitativteile enthält.

in der amerikanischen Oper, ohne dass es bisher das kulturelle Allgemeinwissen erreicht zu haben scheint.

Der vermeintlich bescheidene Status amerikanischer Opern in Kanon und Repertoire als Marker kultureller Emanzipation mag eine Rolle gespielt haben in dem auffallenden Anstieg neuer, dezidiert als amerikanisch gemeinter und verstandener Opern nach dem Ende des Kalten Kriegs in den Jahren 1989–1991. Just zu dieser Zeit begannen auch die großen amerikanischen Häuser wie New York, San Francisco und Houston, verstärkt oder nach Jahren der Abstinenz überhaupt wieder Kompositionsaufträge zu vergeben (Kirk, 2001, S. 359ff., 389; Taruskin, 2003, S. 109; Taruskin, 2010, S. 515).[3] Vorausgegangen war eine Verdopplung der Opernkompanien während der 1980er Jahre, was gleichfalls ein Einflussfaktor gewesen sein dürfte (Heilbrun, 2001, S. 64). „And there are more opera companies than ever before to produce them", wie Anne Midgette (2007, S. 81) resümiert.

Seit Beginn der 1990er Jahre sind so im Durchschnitt um die 25 erstmals produzierte ‚(nord)amerikanische Opern‘[4] jährlich zu verzeichnen (Opera America, 2017b) – was etwa einer Verdreifachung zu den Zahlen entspricht, die nach Ende des Booms der 1950er und, in schon geringerem Maße, 1960er Jahre zu verzeichnen waren (Dizikes, 1993, S. 485ff.; Kirk, 2001, S. 253ff.; Hutchins-Viroux, 2004; Wilk, 2006). Die 1990er Jahre sahen alleine nach den von OPERA AMERICA veröffentlichten Zahlen 183 Uraufführungen, die 2000er Jahre 300 Premieren und die 2010er Jahre bislang (Stand Mai 2017) 230 Erstdarbietungen (Opera America 2017b). „We're in a boom", wie Philip Glass (zitiert nach Midgette, 2006), einer der im großen Stil dazu beiträgt, 2006 feststellt. Die 1980er Jahre hatten zum Vergleich 78 einheimische neue Opern auf den Bühnen gesehen (Opera America, 2017b).[5] Und zwischen 1900 und 1920, also über den doppelten Vergleichszeitraum hinweg, wurden nur etwa 50 Opern amerikanischer Komponisten als uraufgeführt dokumentiert (Ziegel, 2011, S. viii).[6] Die gegenwärtige Tendenz ist also signifikant. Und immer noch steigend. „With the start of the new millennium, more operas by Americans are being commissioned, produced, recorded and published than ever before", wie Elise K. Kirk (2005, S. 208) konstatiert.

---

3   Die Houston Grand Opera war in diesem Sektor zuvor schon aktiver gewesen.

4   Die für diese Aussagen herangezogenen Statistiken von Opera America beziehen Kanada mit ein, das als Opernmarkt aber eine vergleichsweise geringe Rolle spielt (Opera America 2017b).

5   Vgl. zur amerikanischen Opernproduktion zwischen 1960 und 1990 Kornick, 1991; Borroff, 1992; Kirk, 2001, S. 253–384; Kirk, 2005, S. 197–208; Schoell, 2006, S. 194–217; Griffel, 2013, S. xx-xxvi.

6   Vgl. dort auch zu den Schwierigkeiten exakte Daten für diese Zeit zu ermitteln. Ziegel geht von ‚mindestens 55‘ Opern aus.

Ein erstaunlicher Befund, schon weil die Finanzierung von Opern in Nordamerika regelmäßig primär privat über steuerbegünstigte Spenden, Sponsoringgelder und mit durch Darbietungen erwirtschaftete Erlöse funktioniert (meist über 90 %), während sie hierzulande meist größtenteils (nicht selten 70–80 %) aus öffentlichen Mitteln erfolgt (Pierce, 2000; Mulcahy, 2003; Höhne, Schmidt & Wittmann, 2005; Payne, 2005; Agid & Tarondeau, 2010, S. 156–180; Fraser & Fraser, 2014, S. 393–402; Fryer 2014). Teile der amerikanischen Kulturinstitutionen wie die New York City Opera wurden zwar durch die Finanzkrise ab 2007 zur Aufgabe gezwungen (Fryer, 2014, S. 8). Der Zahl der alljährlichen Uraufführungen scheint diese Krise des Systems aber nichts angehabt haben zu können. Es wäre eine lohnenswerte Aufgabe für sich, einmal der Frage nachzugehen, wer eigentlich hinter diesem anhalten Förderengagement steckt und was die Geldgeber motiviert (Taruskin, 2003, S. 110). Neue Opern sind gerade an großen Häusern nicht selten Millioneninvestments, wenn man die Gesamtkosten von Autorenhonorar bis Bühnenbild betrachtet. Entsprechend entstehen viele der genannten neuen amerikanischen Opern aber auch für kleine Aufführungszusammenhänge, etwa Nachwuchsprogramme, Workshopproduktionen und Konservatorien mit vergleichsweise kleinen Besetzungen (Midgette, 2007, S. 89).[7]

Eine bemerkenswerte Entwicklung ist all dies dennoch. Und sie ist es auch, weil zur selben Zeit die Bedeutung klassischer Musik in Medien wie Tonträgermarkt signifikant rückläufig war, mit einer anhaltenden Verlagerung der Angebote in Richtung Crossover (Taruskin, 2003, S. 109; Kramer, 2007a, S. 1; Carboni, 2011). Zahlen sind hier jedoch nur ein Symptom für einen generell zu beobachtenden Bedeutungsverlust der klassischen Musik, wie ihn Alex Ross treffend beschrieben hat:

> "This has been a book about the fate of composition in the twentieth century. The temptation is strong to see the overall trajectory as one of steep decline. From 1900 to 2000, the art experienced what can only be described as a fall from great height. At the beginning of the century, composers were cynosures on the world stage, their premieres mobbed by curiosity seekers, their transatlantic progress chronicled by telegraphic bulletins, their deathbed scenes described in exquisite detail. [...] A hundred years on, contemporary classical composers have largely vanished from the radar screen of mainstream culture." (Ross 2007a, S. 560)

Die Populärmusik hat, wie Tim Blanning (2008, insb. S. 5) eindrucksvoll herausgearbeitet hat, auch in Sachen sozialen und kulturellen Kapitals zur klassischen Musik aufgeschlossen, um Bourdieus Begriffe zu verwenden (Bourdieu, 1983).

---

7   Das war schon beim ersten großen Boom der 1950er Jahre so, vgl. Kirk 2005, S. 203.

Dem ungeachtet sehen wir in den USA im großen Stil privates Kapital über Operninstitutionen in neue Werk investiert. Die USA sind heute gemäß der maßgebenden Datenbank Operabase nach Aufführungen der Markt mit den drittmeisten Opernaufführungen jährlich (1811 Aufführungen in der Saison 2013/14), hinter Deutschland (7565) und Russland (1920) (Operabase, 2015 – in der Saison 2016/17 waren die Zahlen dieser drei Länder mit 1657, 6795 bzw. 1490 insgesamt etwas niedriger, Operabase, 2017). New York zählt zu den zehn Städten mit den meisten Operndarbietungen (9. in der Saison 2013/14 mit 337 Performances und 2016/17 mit 284) (Operabase, 2015, 2017). Die New Yorker Metropolitan Opera gehört zu den Leitfiguren im Bemühen, neue Verwertungswege wie durch die Übertragung von Opern in Kinos zu eröffnen (Fraser & Fraser, 2014, S. 399). Nicht unzutreffend resümiert Ken Wlaschin (2006) angesichts dessen:

> "American Opera is in a period of rapid growth and is currently the most important opera in the world. Never has there been a larger or more receptive audience for opera, and never have so many new operas been composed." (S. 1)

Die Uraufführungszahlen sind erst recht ein beachtlicher Ausdruck von Nachhaltigkeit, weil das Gros dieser Werke seine Erstproduktion nicht überlebt, allenfalls sind einige wenige Folgeinszenierungen zu verzeichnen, Blockbuster selten (Garrett, 2013, S. 225). Stücke, die wie Mark Adamos *Little Women* (1998) oder André Previns *A Streetcar Named Desire* (1998) zeitnah Dutzende von Wiederaufnahmen erleben, sind verglichen mit der Masse von hunderten neuen Werken rar. Doch ist dies kein amerikanisches Phänomen, sondern charakteristisch für die zeitgenössische Oper überhaupt. Auch für den größten Opernmarkt der Welt, Deutschland, finden sich per 2014 nur ganz am Ende der 30 meistgespielten Opern überhaupt zwei Werke aus dem – früheren – 20. Jahrhundert: Richard Strauss' *Ariadne auf Naxos* (1912) und Kurt Weills *Aufstieg und Fall der Stadt Mahagonny* (1930) (Deutsches Musikinformationszentrum MIZ 2014). Und auch über erfolgreiche Einzelfälle hinaus sind die amerikanischen Bemühungen von auffallender Wirkung gekennzeichnet, so etwa wenn wie erwähnt die Amerikaner Philip Glass, Jake Heggie und John Adams inzwischen die Liste der meistaufgeführten zeitgenössischen Opernkomponisten mit anführen – weltweit (Operabase, 2017). Auch wenn man dabei beachten muss, dass Glass und Adams signifikante Erfolge mit *Einstein on the Beach* (1976) und *Nixon in China* (1987) schon vor hiesigem Trend in den 1970er und 1980er Jahren feiern konnten, profitieren sie doch von der veränderten Nachfrage, zu der sie umgekehrt auch selbst mit immer neuen, dezidiert Amerika-bezogenen Werken wie *The Death of Klinghoffer* (1991), *The Voyage* (1992), *Doctor Atomic* (2005) oder *The Perfect American* (2011) beitragen. Insgesamt pendelt der Anteil zeitgenössischer Opern des 20. und 21. Jahrhunderts am Programm der amerikanischen Opernkompanien immerhin stabil zwischen 15 % und 20 % – bei 400 Jahren Operngeschichte, die zur Aufführung bereitstehen, kein unangemessener Wert (Heilbrun, 2001, S. 64).

5.2 Die Suche nach dem ‚Amerikanischen'

Aber wenn es heißt, 700 Uraufführungen ‚amerikanischer Opern' in 25 Jahren, was heißt das eigentlich? Ist doch schon, was ein Stück Musiktheater zu einer ‚amerikanischen Oper' macht, in jeder Hinsicht unterbestimmt (Midgette, 2007, S. 81). Man denke nur an John Cages provokante, in Frankfurt, London bzw. Amsterdam uraufgeführte Antiopern *Europera I-V* (1987–1991). Ein Unternehmen, das Amerikas vielleicht einflussreichster Kunstmusikkomponist des 20. Jahrhunderts mit den vielsagenden Worten einleitete: „For two hundred years the Europeans have been sending us their operas. Now I'm sending them back" (zitiert nach Gutkin 2014, S. 6). Doch selbst in solchen Positionen schwingt unverkennbar noch mit, ‚amerikanische Oper' als etwas Eigenes zu verstehen. Nur was ist dieses ‚Eigene'? Was macht eine Oper zu einer ‚amerikanischen'?

Die Frage ist genauso notorisch schwer zu beantworten wie sie mit anhaltender Leidenschaft aufgeworfen wird. Das gilt selbst noch für den wenigstens aus heutiger Sicht unangefochtenen Inbegriff einer amerikanischen Oper,[8] George Gershwins *Porgy and Bess* (1935), worauf Christopher Reynolds in seiner Analyse der substanziellen strukturellen Abhängigkeiten Gershwins von Alban Bergs *Wozzeck* (1925) hingewiesen hat (Reynolds, 2007). Am Ende des Tages bleibt das ganze amerikanische Subgenre der Operngattung in seinen Grenzen unklar. Wichtige Opern der 1990er Jahre wie John Coriglianos *The Ghosts of Versailles* (uraufgeführt am 19. Dezember 1991 an der New Yorker Metropolitan Opera) und Conrad Susas *The Dangerous Liaisons* (uraufgeführt am 10. September 1994 an der San Francisco Opera) spielen z. B. im Frankreich des 18. Jahrhunderts, sind aber von Amerikanern verfasst und von maßgeblichen amerikanischen Institutionen in Auftrag gegeben und aus der Taufe gehoben worden. Die anzulegenden Kriterien erscheinen folglich unpräzise und umstritten, letztlich nur Annäherungen möglich. Wenig überraschend ist daher im Gros der Einzelfälle wie bei Gershwins *Porgy and Bess*, aber auch Coriglianos

---

8 Vgl. zum Streit, ob *Porgy and Bess* überhaupt als Oper zu qualifizieren ist, Hamm, 1987; Alpert, 1990, S. 101–102, 114–116, 292–293, 323; Block, 1993; Forte, 1999; Kirk, 2001, S. 206–214; Allen, 2004; Pollack, 2006, S. 592–608; Reynolds, 2007; Latham, 2008, S. 95–138.

The Ghosts of Versailles oder Susas *The Dangerous Liaisons*, die entsprechende Einordnung aus diesem oder jenem Grund reklamier- bzw. anfechtbar.

Wie soll es auch anders sein? Die Grenzen ‚des Amerikanischen' selbst sind offenkundig fließend wie umgekehrt zwar nicht endlos, aber doch ziemlich viel davon umfasst sein kann. Schaut man genau hin, verschwimmt sogar schon, was eine hinreichende und notwendige Bedingung ist, um von einer Oper zu sprechen. Nicht wenige tun es z. b. Stephen Sondheim gleich und machen die Zuordnung zu allererst vom Aufführungszusammenhang und -ort abhängig:

> "For me, an opera is something that is performed in an opera house in front of an opera audience. The ambience, along with the audience's expectations, is what flavors the evening. When *Porgy and Bess* was performed on Broadway, it was a musical; when it was performed at Glyndebourne and Covent Garden, it was an opera. […] Opera is defined by the eye and ear of the beholder." (Sondheim 2010, S. 332)[9]

Für andere ist ausschlaggebend, ob klassische Sänger die Darbietung singen (Midgette, 2007, S. 88). Nicht wenige meiden den Begriff gleich ganz, gerade in den USA, und weichen auf neutralerer Ausdrücke wie „music theater" aus (Midgette, 2007, S. 28). Wenig verwunderlich ist daher auch unsicher, was als amerikanische Musik zu gelten hat und was nicht – ganz zu schweigen von amerikanischer Oper.

Man könnte letzteres z. B. über den Geburtsort des Komponisten zu bestimmen versuchen. Oder dieses biographische Kriterium modifizieren und auf Lebensmittelpunkt oder Selbstverständnis des Komponisten abstellen, was etwa Immigranten gestattet, als ‚amerikanische Komponisten' aufgefasst zu werden. Aber genauso gut könnte man die Biographie des Librettisten oder des Regisseurs oder der Sänger in den Mittelpunkt rücken (Midgette, 2007, S. 82). Man könnte anstatt auf die Biographie auch auf ein ästhetisches Moment verweisen, das einem als charakteristisch amerikanisch erscheint, wie es David Nicholls zu Beginn seiner *Cambridge History of American Music* mit dem Merkmal „diversity" (Nicholls, 1998, S. xiii) unternimmt, wie es Daniel Herwitz mit dem „principle of amalgamation" (Herwitz 2006, S. 397) vorschlägt oder wie es Virgil Thomson im Blick auf einen von ihm ausgemachten „special approach to rhythm" (Thomson, 2002, S. 169) getan hat. Man könnte auf bestimmte Aspekte hinweisen, die dem amerikanischen Englisch zu eigen sind und sich in den Opern wiederfinden, wie es Robert Ashley betont (zitiert in Sabatini, 2005, S. 47), oder sich auf bestimmte Eigenheiten der amerikanischen Operngesangsschule konzentrieren, wie es Anne Midgette unternimmt (Midgette, 2007). Alternativ ließe sich möglicherweise regional argumentieren, z. B. unter

---

9 Vgl. auch Stephen Sondheims Aussagen in Banfield, 1994, S. 287f.; Secrest, 1998, S. 388; Horowitz, 2010, S. 125–153.

Verweis auf das Staatsgebiet der USA als abgegrenzter Lokalität von Musikleben, wie es Charles Hiroshi Garrett zu Beginn des *Grove Dictionary of American Music* tut (Garrett, 2013, S. vii). Oder auf die Adressaten einer Musik rekurrieren, wie es Linda und Michael Hutcheon im Blick auf die amerikanische Oper als „composed by Americans for Americans" (Hutcheon & Hutcheon, 2014, S. 179) vorschlagen. Nicht zu vergessen, könnte man schließlich mit Lawrence Kramer reklamieren, sind im Falle von Musiktheater die Stoffe der Geschichten, die erzählt werden (Kramer, 2007b, S. 67). Einen Schritt weitergehend könnte man dann mit Lydia Goehrs Zusammenfassung der 1930 vorherrschenden Auffassung sagen, als amerikanische Oper können Oper gelten, gemacht „by Americans, for Americans, on American themes" (Goehr, 2011, S. 258).

Das Definitionsrad ließe sich noch eine Weile weiterdrehen, Karten wie Hollywood, Broadway oder Jazz spielen, zu einem unanfechtbaren Standard käme man nicht. Glücklicherweise, möchte man sagen. Dies freilich ist aber auch nicht Anliegen des vorliegenden Beitrags. Und für die hiesige Fragestellung auch gar nicht erforderlich. Dieser ist nämlich an jenen Opern gelegen, die in den vergangenen 25 Jahren als Teil des skizzierten Booms entstanden sind und die sich innerhalb dieses Pools an Werken dezidiert *als amerikanische* Opern verstehen und inszenieren. Das sind nicht wenige. Eben deswegen ist auch die Frage danach zu stellen, was hier als amerikanische Oper verstanden wird, nicht bloß akademisch oder gar müßig, nur weil man an dieser Stelle – sinnvollerweise – zu keiner endgültigen Diagnose oder Definition gelangen kann. Nur weil das nicht allgemeinverbindlich geht, heißt nämlich nicht, dass es nicht versucht würde.

Die für nordamerikanische Oper maßgebliche Dachorganisation *Opera America* definiert den Zugang einer Oper zu ihren Verzeichnissen einerseits weiter (dauerhafter Aufenthalt des Komponisten oder Librettisten in Nordamerika genügt), andererseits enger (Mitgliedsinstitutionen müssen beteiligt sein):

> "The *Directory* is open to opera/music-theater works written by a composer and/or librettist who is a citizen or permanent resident of North America. The work must be published, workshopped or produced by an OPERA AMERICA individual or organizational member." (Opera America 2017b)

Ken Wlaschin (2006) verfolgt einen vergleichbaren Maßstab in seiner *Encyclopedia of American Opera*:

> "What makes an opera American? For purposes of this book, an American opera is written in English by an American-born composer or by a foreign-born composer living and working in the United States." (S. 2)

Hieraus lassen sich zwei Kriterien ableiten: Wenigstens permanenter Aufenthaltsort und Wirkungskreis von Komponist und Librettist in den USA und Englisch – oder genauer: Amerikanisch[10] – als Sprache des Werks. Diese beiden Kriterien sieht man in besagtem Werkpool mit auffallender Konstanz erfüllt. Mit Goehr kommt aber eben ein drittes Merkmal ins Spiel – und dies erweist sich als bestimmend: amerikanische Themen und Stoffe. Dies gesagt, interessieren im Folgenden also jene Unternehmungen, die sich *als amerikanische* Opern verstehen und inszenieren – und zwar nicht über die Beschaffenheit ihrer Musik oder die Rahmenbedingungen ihrer Entstehung (Auftraggeber, Uraufführungsort etc.) oder die Biographik ihrer Schöpfer, sondern über den Inhalt ihrer Erzählungen. Betrachtet man die knapp 700 Werke, die von OPERA AMERICA seit 1990 als neue (nord)amerikanische Opern aufgelistet werden, so stellt man nämlich fest, dass ein auffallend großer Teil der Stücke diesem Schlüsselkriterium folgt – und dies meistens schon über den Werktitel als Charakteristikum ausstellt.

Die uraufgeführten Opern tangieren natürlich nicht alle dezidiert das Thema Amerika. Auffallend wenige Werke widmen sich zwar z. B. mythischen, antiken oder futuristischen Stoffen. Aber es gibt durchaus verschiedene andere, nicht zwingend amerikaspezifische Subtrends, etwa hin zu spirituellen Themen (Taruskin, 2003, S. 110). Dass nicht alles auf das Thema Amerika zuläuft, kann schon der Zahl der Werke und beteiligten Künstler, aber auch der auftraggebenden und uraufführenden Institutionen von kleinen Provinzbühnen und Universitätsensembles bis zur New Yorker Met wegen nicht verwundern, viel zu groß und heterogen ist diese Gruppe. Man mag natürlich auch diese Stücke nach einem oder mehreren der anderen vorgenannten Einordnungskriterien als amerikanische Oper auffassen. Das ist nicht der interessante Punkt.

Der liegt woanders: Der enorme Zuwachs an Produktion geht dem ungeachtet nämlich in doch signifikant vielen Fällen einher mit einem Blick nach innen, und dies eben nicht nur in der Auswahl der Autoren, sondern eben auch derjenigen der verarbeiteten Erzählungen. „The opera tells the story of America by retelling one of America's stories" (Kramer, 2007b, S. 67), so könnte man mit Lawrence Kramer sagen. Hierin folgt die aktuelle Situation ganz der Haltung, die amerikanische Komponisten wie Robert Ashley im Bemühen um Abgrenzung und Eigenständigkeit

---

10 Das ist ein wichtiger Punkt, wie etwa der amerikanische Opernkomponist Robert Ashley betont: „The simple fact is that American English does not fit European, traditional, operatic models of melody and rhythm. American English is distinguished by an infinitely subtle variety of melodic and rhythmic stresses on its consonants' fricatives, sibilants, plosives, etcetera. The vowels in American English cannot bear the weight of the kind of melodic stresses – durations and embellishment – that are used in, say, Italian opera. It makes them sound stupid." Robert Ashley, zitiert nach Sabatini, 2005, S. 55f.

von der europäischen Oper stark machen: „European music is about its structure and American music is about our history" (zitiert nach Sabatini, 2005, S. 47).

Hört man sich durch dieses junge Opernrepertoire, wird deutlich, dass der Amerikabezug in der Gegenwart viel stärker auf diesen Ebenen zu lokalisieren ist als etwa in den Partituren. Ein Idiom, das unzweifelhaft für Amerika oder gar amerikanische Oper steht, gibt es nicht, so wie es der Jazz in den 1920er Jahren zu werden schien. Immer wieder stellen sich durchaus entsprechende Assoziationen ein, neben Jazz etwa zu Broadwaystandards, sinfonischer Musik, wie man sie aus Hollywoodfilmen kennt, weißer wie schwarzer Folklore oder amerikanischer Populärmusik etwa der Tin Pan Alley. Es gibt jedoch auch zahlreiche Opern dieses Repertoires, für die solche Assoziationen keine Rolle spielen, sich z. B. auf dodekaphone, serielle oder minimalistische Verfahren konzentrieren. Auch tragen solche vermeintlich amerikanischen Idiome bei genauer Analyse ohne den Kontext der Erzählung den Amerikaverweis alleine nicht. Die musikalischen Merkmale, die z. B. im prominenten Fall von André Previns *A Streetcar Named Desire* (1998) weithin Hollywoodvergleiche provoziert haben, ließen sich auch ohne weiteres in einer bestimmten Tradition gemäßigter Moderne von Kunstmusik verorten, für die Namen wie Ralph Vaughan Williams, Richard Strauss, William Walton oder Benjamin Britten stehen, Komponisten, für die Filmmusik gar nicht oder nur gelegentlich Teil des Wirkungsfeldes war, die aber zum Kern von Previns Vorlieben als Dirigent gehören (Döhl, 2012, S. 92–98, 223–255).

Während die amerikanische Karte zu spielen also offenkundig keiner bestimmten Art von Musik bedarf, scheint der Bedarf auffallend groß zu sein, auf der Ebene des Stoffes eine Verortung und Verankerung vorzunehmen. „‚American opera' very much wants to be ‚American'", wie Anne Midgette (2007, S. 82) anmerkt. Und der Inhalt der Opernerzählung ist das bevorzugte Mittel, dies zu erreichen – oder es wenigstens zu versuchen.

Der Grund, hiernach zu streben, scheint wohl nicht bloß in einem Verlangen nach kultureller Emanzipation und Anerkennung in einer Königsgattung ernster Kunst zu liegen. In den USA auch amerikanische Geschichten für Amerikaner zu erzählen, wird vor allem auch als Mittel dafür gesehen, eine Identifikation mit dem eigenen Tun zu ermöglichen, namentlich von Seiten des Publikums. Das ist ein Weg, den man in Ländern wie Deutschland, Frankreich und Italien dieser Tage nicht in gleicher Weise beschritten sieht (Midgette, 2007, S. 83). Man hat es mit einem Trend zu tun, den man durchaus als „American phenomenon" (Harold C. Schonberg, zitiert nach Kirk, 2001, S. 283) bezeichnen kann.

5.3   Die amerikanische Stadt als Identifikationspunkt und Couleur Locale

Innerhalb dieser Bemühungen der amerikanischen Gegenwartsoper interessiert nun im Folgenden für jene Fälle, die dies versuchen zu tun, die Frage nach der Rolle der amerikanischen Stadt als Identifikationspunkt und Couleur Locale.

Die Frage hiernach drängt sich schon deswegen auf, da der urbane Raum amerikanischer Metropolen seit anderthalb Jahrhunderten in In- wie Ausland als charakteristische Landschaft der USA wahrgenommen wird. Das gilt namentlich für die Hochhauskulissen der großen Metropolen wie New York (Busà, 2010), omnipräsent gerade auch in Populärkultur und visuellen Medien, wie Neil Campbell und Alasdair Kean (2012) angemerkt haben:

> "A popular contemporary perception of America is as a vast city recreated from half-remembered fragments of films, television dramas, popular music, and a thousand advertising images. Quite simply, American cities appear to be all around us. This is only one aspect of how we imagine America, but it is, for many of us, the most attractive, engaging and threatening aspect of the country." (S. 188)

Will man also etwas als typisch amerikanisch erscheinen lassen, so wäre der Weg über allseits bekannte urbane Räume der USA ein ziemlich naheliegender. Aber spielt die signifikante urbane Landschaft der amerikanischen Metropole in diesen Erzählungen eine herausgehobene Rolle?

Die angesichts der zutreffenden Analyse von Campbell und Kean überraschende Antwort lautet: eigentlich nicht, allenfalls in Ausnahmen und selbst dann eher am Rande. „,American opera' very much wants to be ,American'" (Midgette, 2007, S. 82) – aber bislang nicht, indem die Spezifik amerikanischer Urbanität in den Mittelpunkt gerügt wird. Nur eine Ausnahme setzt plakativ auf eine urbane Referenz, um den Amerikabezug zu sichern: *Central Park* (1999) – eine Verbindung von drei Einaktern der Komponisten Michael Torke, Deborah Drattell bzw. Robert Beaser und der Librettisten Wendy Wasserstein, A.R. Gurney bzw. Terrence McNally, geschrieben für das Glimmerglass Festival, die alle auf New Yorks bekanntesten öffentlichen Park im Herzen Manhattans als Begegnungsort rekurrieren (Kirk, 2001, S. 384, 389). Ansonsten Fehlanzeige, obwohl einige der bedeutendsten und finanzstärksten Opernhäuser der USA mit Städten wie Chicago, Los Angeles, New York, San Francisco oder Washington in mehreren der weltweit bekanntesten urbanen Landschaften überhaupt liegen.

Eine Reihe von Opern stellen den Amerikabezug schon ganz plakativ her, in dem sie die Auseinandersetzung mit Ereignissen amerikanischer Geschichte – Soldatenopern waren z. B. zuletzt auffallend in Mode – oder die Beschäftigung mit prominenten Protagonisten derselben verhandeln. Das ist ein Vorgehen, das man bereits seit den 1970er Jahren immer wieder prominent realisiert findet. Man denke für letzteres z. B. an Philip Glass' *Einstein on the Beach* (1976), Anthony Davis' *X, or The Life and Times of Malcom X* (1986) oder John Adams' *Nixon in China* (1987), später dann an Ezra Ladermans *Marilyn* (1993), Stewart Wallaces *Harvey Milk* (1995), Michael Daughertys *Jackie O* (1997), John Adams' *Doctor Atomic* (2005, über Robert Oppenheimer), Kirke Mechems *John Brown* (2008) oder Daniel Schnyders *Charlie Parker's Yardbird* (2015).

Aber dies sind personen- oder ereignisgebundene Erzählungen. Im Blick auf die Frage nach der Rolle der Urbanität springt ein anderes Erzählfeld ins Auge: Die Adaption von Vorlagen aus dem Bereich des amerikanischen Romans oder Theaters, die wiederum amerikanische Geschichten erzählen. Urbanität, soweit sie als Setting eine Rolle spielt, könnte auf diesem Weg wenigstens indirekt in den Vordergrund treten, so der sich aufdrängende Verdacht.

Dieser Pool an Werken ist der für die Frage nach der Rolle der Metropolen vielleicht interessanteste Subtrend innerhalb der amerikanischen Gegenwartsoper. Er ist charakterisiert durch ein spezifisches Adaptionsmodell: Opern auf Basis bekannter amerikanischer Romane oder Theaterstücke, die zwischenzeitlich gleichfalls bekannte Filmfassungen in Hollywood erfahren haben. Dieser Trend einer „operafication of American literature" (Anonymous, 2006) ist so auffällig und nachhaltig, dass Alex Ross im *New Yorker* zurecht von einem Subgenre eigener Art gesprochen hat, einem „book-club genre", wie er es nennt: „[...] American opera composers have been playing it safe these days, glomming on to one classic book or play after another, preferably one that Hollywood turned into an equally classic movie [...]" (Ross, 2007b). Oder um mit Lawrence Kramer (2007b) zu ergänzen:

"The list keeps growing: [...], all of which compete with classic films as well as classic texts. As movies do, opera in America today often stakes its artistic claims on the reproduction of an older literary work. With opera in particular, the work comes more often than not from the national canon." (S. 67)

Voran gingen in den 1990er Jahren die ganz großen Häuser in Chicago, Houston, New York und San Francisco, teils mit vollen, teils mit zunächst kleiner inszenierten Workshopproduktionen, darunter:

- William Bolcoms *McTeague* (uraufgeführt in Chicago am 3. November 1992 [Lyric Opera Produktion]), basierend auf der Erzählung von Frank Norris (1899) mit einer legendären Stummfilmadaption von Regisseur Erich von Stroheim (*Greed*, 1924);

- Mark Adamos *Little Women* (uraufgeführt in Houston am 13. März 1998 [Houston Grand Opera Produktion]), basierend auf der Erzählung von Louisa May Alcott (in zwei Bänden 1868 und 1869 erschienen) mit einer Verfilmung von Regisseur Mervyn LeRoy (1949) mit Elizabeth Taylor und Janet Leigh in den Hauptrollen;[11]
- André Previns *A Streetcar Named Desire* (uraufgeführt in San Francisco am 19. September 1998 [San Francisco Opera Produktion]), basierend auf dem Theaterstück von Tennessee Williams (1947) mit einer Verfilmung von Regisseur Elia Kazan (1951) mit Marlon Brando und Vivien Leigh in den Hauptrollen (Drehbuch: Tennessee Williams, Soundtrack: Alex North, nominiert Academy Award für „Beste Musik");
- William Bolcoms *A View from the Bridge* (uraufgeführt in Chicago am 9. Oktober 1999 [Lyric Opera Produktion]), basierend auf dem Theaterstück von Arthur Miller (1955, Miller verfasste selbst das Libretto), das Hauptvorlage des französisch-italienischen Filmklassikers *Rocco e i suoi fratelli* (*Rocco and His Brothers*, 1960) von Regisseur Luchino Visconti mit Alain Delon in der Hauptrolle (Soundtrack: Nino Rota);[12]
- John Harbisons *The Great Gatsby* (uraufgeführt in New York am 20. Dezember 1999 [Metropolitan Opera Produktion]), basierend auf der Erzählung von F. Scott Fitzgerald (1925) mit einer Verfilmung von Regisseur Francis Ford Coppola (1974) mit Mia Farrow und Robert Redford in den Hauptrollen (Soundtrack: Nelson Riddle, Gewinner Academy Award für „Beste Musik");[13]
- Carlisle Floyds *Cold Sassy Tree* (uraufgeführt in Houston am 14. April 2000 [Houston Grand Opera Produktion]), basierend auf der Erzählung von Olive Ann Burns (1984) mit einer Verfilmung von Regisseur Joan Tewkesbury (1989) mit Faye Dunaway, Richard Widmark und Neil Patrick Harris in den Hauptrollen;
- Jake Heggies *Dead Man Walking* (uraufgeführt in San Francisco am 7. Oktober 2000 [San Francisco Opera Produktion]), basierend auf dem Sachbuch von Helen Prejean (1993) mit einer Verfilmung von Regisseur Tim Robbins (1995) mit Susan Sarandon und Sean Penn in den Hauptrollen;

---

11 Das ist die bekannteste Filmfassung. Verschiedene andere existieren, z. B. eine von Regisseur Gillian Armstrong (1994) mit Susan Sarandon und Winona Ryder in den Hauptrollen.

12 Visconti hat zur selben Zeit auch die Bühnenfassung in Italien inszeniert, vgl. Marino 2013, S. 195f.

13 Das ist die bekannteste Filmfassung. Eine zweite, gleichfalls erfolgreiche Adaption wurde erst jüngst im Jahr 2013 von Regisseur Baz Luhrmann mit Leonardo DiCaprio und Tobey Maguire in Hauptrollen produziert.

- Scott Eyerlys *The House of the Seven Gables* (uraufgeführt in New York am 6. Dezember 2000), basierend auf der Erzählung von Nathaniel Hawthorne (1851) mit einer Verfilmung von Regisseur Joe May (1940) mit George Sanders in der Hauptrolle.

Nach einer kurzen Pause folgten zahlreiche weitere Beispiele, in denen dasselbe spezifische dreistufige Adaptionsmodells wieder aufgegriffen wurde, darunter:

- Paula Kimpers *The Bridge of San Louis Rey* (uraufgeführt in New York am 16. März 2003), basierend auf der Erzählung von Thornton Wilder (1927) mit einer Verfilmung von Regisseur Rowland V. Lee (1944) mit Lynn Bari in der Hauptrolle (Soundtrack: Dimitri Tiomkin, nominiert Academy Award für „Beste Musik");
- Richard Danielpours *Margaret Garner* (uraufgeführt in Detroit am 7. Mai 2005), basierend auf der Erzählung *Beloved* von Toni Morrison (1987, Morrison verfasste selbst das Libretto) mit einer Verfilmung von Regisseur Jonathan Demme (1998), mit Oprah Winfrey und Dani Glover in den Hauptrollen;
- Tobias Pickers *An American Tragedy* (uraufgeführt in New York am 2. Dezember 2005 [Metropolitan Opera Produktion]), basierend auf der Erzählung von Theodore Dreiser (1925), die Hauptvorlage des Klassikers *A Place in the Sun* (1951) von Regisseur George Stevens mit Elizabeth Taylor und Montgomery Clift Hauptrollen (Soundtrack: Franz Waxman, Gewinner Academy Award für „Beste Musik");
- Ned Rorems *Our Town* (uraufgeführt in Bloomington/IN am 2. Februar 2006), basierend auf dem Theaterstück von Thornton Wilder (1938) mit einer Verfilmung von Regisseur Sam Wood (1940) mit William Holden und Martha Scott in den Hauptrollen (Soundtrack: Aaron Copland, nominiert Academy Award für „Beste Musik");
- Lowell Liebermanns *Miss Lonelyhearts* (uraufgeführt in New York am 26. April 2006), basierend auf der Erzählung von Nathanael West (1933) mit einer Verfilmung von Regisseur Vincent J. Donehue (1958) mit Montgomery Clift in der Hauptrolle;
- Ricky Ian Gordons *The Grapes of Wrath* (uraufgeführt in Saint Paul/MI am 10. Februar 2007), basierend auf der Erzählung von John Steinbeck (1939) mit einer Verfilmung von Regisseur John Ford (1940) mit Henry Fonda in der Hauptrolle;
- Robert Aldriges *Elmer Gantry* (uraufgeführt in Nashville/TN am 16. November 2007), basierend auf der Erzählung von Sinclair Lewis (1926) mit einer Verfilmung von Regisseur Richard Brooks (1960) mit Burt Lancaster und Jean Simmons in den Hauptrollen (Soundtrack: André Previn, nominiert Academy Award für „Beste Musik");

- Lori Laitmans *The Scarlet Letter* (uraufgeführt in Conway/AR am 6. November 2008), basierend auf der Erzählung von Nathaniel Hawthorne (1850) mit einer Verfilmung von Regisseur Roland Joffé (1995) mit Demi Moore, Gary Oldman, und Robert Duvall in den Hauptrollen;[14]
- Phillip Martins *Tom Sawyer* (uraufgeführt in Hartford/CT am 16. April 2010), basierend auf der Erzählung von Mark Twain (1876) mit einer Verfilmung von Regisseur Norman Taurog (1938);[15]
- Jake Heggies *Moby-Dick* (uraufgeführt in Dallas am 30. April 2010), basierend auf der Erzählung von Hermann Melville (1851) mit einer Verfilmung von Regisseur John Huston (1956) mit Gregory Peck in der Hauptrolle;
- Margaret Garwoods *The Scarlet Letter* (uraufgeführt in Philadelphia am 19. November 2010), basierend auf der Erzählung von Nathaniel Hawthorne (1850) mit einer Verfilmung von Regisseur Roland Joffé (1995) mit Demi Moore, Gary Oldman, und Robert Duvall in den Hauptrollen;[16]
- Charles Wuorinens *Brokeback Mountain* (uraufgeführt in Madrid am 28. Januar 2014), basierend auf der Kurzgeschichte von Annie Proulx (1997, Proulx verfasste selbst das Libretto) mit einer Verfilmung von Regisseur Ang Lee (2005) mit Heather Ledger und Jake Gyllenhaal in den Hauptrollen (Soundtrack: Gustavo Santaolalla, Gewinner Academy Award für „Beste Musik“);
- Jennifer Higdons *Cold Mountain* (uraufgeführt in Santa Fe/NM am 1. August 2015), basierend auf der Erzählung von Charles Frazier (1997) mit einer Verfilmung von Regisseur Anthony Minghella (2003) mit Nicole Kidman und Jude Law in den Hauptrollen (Soundtrack: Gabriel Yared, nominiert Academy Award für „Beste Musik“);
- Paul Moravecs *The Shining* (Uraufführung angekündigt in Minneapolis/MI für den 7. Mai 2016), basierend auf der Erzählung von Stephen King (1977) mit einer Verfilmung von Regisseur Stanley Kubrick (1980) mit Jack Nicholson in der Hauptrolle;
- Robert Aldridges *Sister Carrie* (uraufgeführt in Milwaukee/WI am 7. Oktober 2016) basierend auf der Erzählung von Theodore Dreiser (1900) mit einer Ver-

---

14 Es gibt auch eine interessante Filmfassung von Regisseur Wim Wenders mit Senta Berger in der Hauptrolle (1973).

15 Das ist die bekannteste Filmfassung, die erste in Farbe. Zahlreiche andere existieren. Vgl. nur die Auflistung unter https://en.wikipedia.org/wiki/The_Adventures_of_Tom_Sawyer (Abruf am 17. Mai 2017).

16 Es gibt auch eine interessante Filmfassung von Regisseur Wim Wenders mit Senta Berger in der Hauptrolle (1973).

filmung als *Carrie* von Regisseur William Wyler (1952) mit Jennifer Jones und Laurence Olivier in den Hauptrollen;

- Jake Heggies *It's a Wonderful Life* (uraufgeführt in Houston/TX am 2. Dezember 2016), basierend auf der Kurzgeschichte *The Greatest Gift* von Philip Van Doren Stern (1943) mit einer Verfilmung als *It's a Wonderful Life* von Regisseur Frank Capra (1946) mit James Stewart in der Hauptrolle;
- Craig Bohmlers *Riders of the Purple Sage* (uraufgeführt in Phoenix/AZ am 25. Februar 2017), basierend auf der Erzählung von Zane Grey (1912) mit einer Vielzahl Verfilmungen (1918, 1925, 1931, 1941, 1996).
- Nico Muhlys *Marnie* (uraufgeführt am 18. Oktober 2018 in London [English National Opera], US-Premiere am 19. Oktober 2018 in New York [Metropolitan Opera]), basierend auf der Erzählung von Winston Graham (1961) mit einer Verfilmung von Alfred Hitchcock (1964) mit Tippi Hedren und Sean Connery in den Hauptrollen.

Einige weitere Opern folgen demselben dreistufigen Adaptionsmodell, orientieren sich aber an englischen Vorlagen, weswegen sie für eine Auseinandersetzung mit diesem spezifischen Adaptionsmodell (Döhl 2013; Döhl, 2018), weniger aber natürlich für die Frage nach dem Amerikanischen von Interesse sind und an dieser Stelle daher außen vor bleiben können. Hierzu zählen z. B.:

- Jake Heggies *The End of the Affair* (uraufgeführt in Houston am 4. März 2004 [Houston Grand Opera Produktion]), basierend auf der Erzählung von Graham Greene (1951) mit einer Verfilmung von Regisseur Neil Jordan (1999) mit Julianne Moore und Ralph Fiennes in den Hauptrollen (Soundtrack: Michael Nyman);
- Stephen Schwartzs *Séance on a Wet Afternoon* (uraufgeführt in Santa Barbara/CA am 26. September 2008), basierend auf der Erzählung von Mark McShane (1961) mit einer Verfilmung von Regisseur Bryan Forbes (1964) mit Kim Stanley und Richard Attenborough in den Hauptrollen;
- André Previns *Brief Encounter* (uraufgeführt in Houston am 1. Mai 2009 [Houston Grand Opera Produktion]), basierend auf dem Theaterstück *Still Life* von Noël Coward (1936) mit einer Verfilmung von Regisseur David Lean (1945) mit Celia Johnson und Trevor Howard in den Hauptrollen (Drehbuch: Noël Coward (uncredited), Anthony Havelock-Allan, David Lean, und Ronald Neame: Soundtrack: Sergej Rachmaninow).

Blickt man auf diesen Pool an Werken, fällt in Kenntnis der Vorlagen schon beim ersten Schwung der 1990er Jahre auf, dass für den Amerikabezug der urbane

Handlungsort ein untergeordneter Faktor ist oder – in der klaren Mehrheit der Fälle – ein solcher überhaupt keine Rolle spielt.

McTeague spielt zwar partiell in San Francisco, der dramatische Höhepunkt ist jedoch in der kalifornischen Wüste des Death Valley angesiedelt. *Little Women* entfaltet sich in der Idylle Neuenglands. New Orleans dient in *A Streetcar Named Desire* vor allem als symbolische, viel weniger als realistische Kulisse; der ‚alte Süden‘ als Raum sozialer Normen ist ungleich wichtiger als der konkrete Handlungsort. *A View from the Bridge* immerhin spielt im Arbeitermilieu der New Yorker Docks in Brooklyn und enthält auch Arien mit Metropolenbezug wie *New York Lights*, verhandelt aber primär Fragen von Sexualität und Immigration. In *The Great Gatsby* wird New York nur gelegentlich thematisiert und aufgesucht, das Drama spielt aber eigentlich am Wasser in Long Island und auf dem Weg nach New York; die eigentlichen Sehnsuchtsorte sind ohnehin Liebe und Reichtum. *Dead Man Walking* schließlich spielt in einem Staatsgefängnis im Nirgendwo Louisianas, *The House of the Seven Gables* in Salem, Massachusetts.

Diese geringe Bedeutung der urbanen Landschaft amerikanischer Metropolen setzt sich in den späteren Werken dieses Subgenres der amerikanischen Gegenwartsoper fort. Meist spielen die Stücke gleich ganz in charakteristischen nichtstädtischen Landschaften Amerikas wie Neuengland, dem mittleren Westen, den Rocky Mountains oder dem Nordatlantik, so in *Our Town*, *The Grapes of Wrath*, *Elmer Gantry*, *The Scarlet Letter*, *Tom Sawyer*, *Moby-Dick* und *Brokeback Mountain*. *An American Tragedy* streift zwar Chicago, die entscheidenden Handlungsorte sind jedoch Kansas City und die Fantasiekleinstadt Lycurgus im Bundesstaat New York. Einzig Wests *Miss Lonelyhearts* konzentriert sich auf die Spezifik der Auswirkungen der ‚Great Depression‘ auf die Großstädter New Yorks, korrespondierend zu Steinbecks *The Grapes of Wrath* im Blick auf dieselben gesellschaftlichen Verwerfungen im Kontext der Landwirtschaft des mittleren Westens.

Wenn Kramer (2007b) resümiert,

"The ambition of these works depends in no small part on the specifically national illustriousness of the names Fitzgerald, Williams, Miller, Norris, Alcott, James, Poe, Hawthorne, Dreiser, and Steinbeck. [...] At this moment in its history, American opera is often the village storyteller writ large" (S. 67),

trifft er durch die Verwendung des Wortes „village" also im Vorbeigehen der Nagel auf den Kopf: Die amerikanische Gegenwartsoper arbeitet sich zu Beginn des 21. Jahrhunderts an derselben Agenda ab, die der erste Nobelpreisträger der USA, Sinclair Lewis, schon 1930 in seiner Preisrede im Blick auf die Literatur diagnostizierte:

"[...] it does illustrate the fact that in America most of us – not readers alone but even writers – are still afraid of any literature which is not a glorification of everything American, a glorification of our faults as well as our virtues."

Aber dieses Abarbeiten erfolgt ohne sonderliches Interesse an Urbanität und urbanem Raum und damit einer der charakteristischsten amerikanischen Landschaften überhaupt. Die mit Nostalgie[17] überzogene Kleinstadtidylle ist ungleich wichtiger als Bühne, auf der dann typische amerikanische Antihelden inszeniert werden. Damit freilich schließt sich wieder der Kreis von der aktuellen Suche nach der „Great American Opera" zu ihrem Vorbild, der Suche nach der „Great American Novel". Denn wie Kramer (2007b) unter Verweis auf Richard Chase anmerkt, ist eben auch dies das Charakteristikum des Vorbilds dieses Operntrends: „Its [„Great American Novel"] leading figures are the singular, exceptional hero who both embodies and is crushed by the essence of American identity [...]" (S. 75, Bezugspunkt ist Chase 1957).

Literatur

Anonymous (2017). A Nathanael West Novel Gets Its Turn on the Opera Stage. *The New York Times* (26. April 2006). Verfügbar unter http://www.nytimes.com/2006/04/28/arts/music/28juil.html?_r=0 [17. Mai 2017]

Agid, P./Tarondeau, J.-C. (2010). *The Management of Opera. An International Comparative Study*, London: Palgrave Macmillan.

Allen, R. (2004). An American Folk Opera? Triangulating Folkness, Blackness, and Americaness in Gershwin and Heyward's *Porgy and Bess. Journal of American Folklore* 117/465 (2004), S. 243–261.

Alpert, H. (1990). *The Life and Times of Porgy and Bess. The Story of an American Classic*, New York: Alfred A. Knopf.

Banfield, S. (1994). *Sondheim's Broadway Musicals*, Ann Arbor/MI: University of Michigan Press.

Blanning, T. (2008). *The Triumph of Music. Composers, Musicians, and Their Audiences, 1700 to the Present*, London: Penguin.

Block, G. (1993). The Broadway Canon from *Show Boat* to *West Side Story* and the European Operatic Ideal. *The Journal of Musicology* 11/4 (1993), S. 525–544.

---

17 Vgl. Kramer, 2007b, S. 78f.: „[...], the aesthetic of reproduction in American opera carries a strong charge of nostalgia: not so much for an earlier time as for a grandeur of personality, linked to a sense of shared national identity, that has largely vanished from the public sphere."

Borroff, E. (1992). *American Operas: A Checklist*, Warren/MI: Harmonie Park Press.

Bourdieu, P. (1883) Ökonomisches, kulturelles Kapital, soziales Kapital. In R. Kreckel (Hrsg.), *Soziale Ungleichheiten* (S. 183–198). Göttingen: Schwartz.

Buell, L. (2014). *The Dream of the Great American Novel*. Cambridge/MA: The Belknap Press of Harvard University Press.

Busà, A. (2010). New York City, New York. In R. Hutchison (Eds.), *Encyclopedia of Urban Studies* (S. 556–562). Thousand Oaks/CA: Sage.

Campbell, N./Kean, A. (2012). The American City: 'The Old Knot of Contrariety'. In dies. (Eds.), *American Cultural Studies. An Introduction to American Culture* (S. 188–215). New York: Routledge³

Chase, R. (1957). *The American Novel and Its Tradition*. Garden City/NJ: Doubleday.

De Forrest, J. W (1868). The Great American Novel. *The Nation* 6 (January 9, 1868), S. 27–29.

Deutsches Musikinformationszentrum MIZ (Hrsg.). (2014): *Opern mit den meisten Aufführungen in Deutschland*. Verfügbar unter http://www.miz.org/intern/uploads/statistik22.pdf [17. August 2015].

Dizikes, J. (1993). *Opera in America. A Cultural History*. New Haven/CT: Yale University Press.

Döhl, F. (2012). *André Previn. Musikalische Vielseitigkeit und ästhetische Erfahrung*. Stuttgart: Franz Steiner Verlag.

Döhl, F. (2013). *Brief Encounter*: Zu David Leans Film (1945) und André Previns Oper (2009). *Archiv für Musikwissenschaft* 70/4 (2013), S. 311–332.

Döhl, F./Herzfeld, G. (Hrsg.) (2016). *In Search for the Great American Opera*, Münster: Waxman.

Döhl, F. (2019, in Vorbereitung). *Die Rückkehr der 'Great American Opera'. Opernadaptionen aus Literatur, Theater und Film, 1998-2015*. Berlin: Neofelis Verlag.

Forte, A. (1999). Reflections Upon the Gershwin-Berg Connection. *The Musical Quarterly* 83/2 (1999), S. 150–168.

Fraser, P./Fraser, I. (2014). Creating the Opera Habit. Marketing and the Experience of Opera. In D. O'Reilly/R. Rentschler/T. Kirchner (Eds.). *The Routledge Companion to Arts Marketing* (S. 393–402). New York: Routledge.

Fryer, P. (2014). The Business of Opera: Opera, Advertising and the Return to Popular Culture. In ders. (Eds.). *Opera in the Media Age: Essays on Art, Technology and Popular Culture*. Jefferson/NC: McFarland.

Garrett, C. H. (2013). Preface. In ders. (Eds.), *The Grove Dictionary of American Music* (S. vii-x). New York: Oxford University Press.

Garrett, C. H. (2013) American Opera in the Video and Digital Age. In ders. (Eds.), *The Grove Dictionary of American Music* (S. 225–228). New York: Oxford University Press.

Goehr, L. (2011). *Amerikamüde/Europamüde*. The Actuality of American Opera. In ders. (Eds.), *Elective Affinities. Musical Essays on the History of Aesthetic Theory* (S. 257–305). New York: Columbia University Press. (Vorfassung: L. Goehr (2006). *Amerikamüde/Europamüde*: The Very Idea of American Opera. *The Opera Quarterly* 22/3-4 (2006), S. 398–432).

Griffel, M. R. (2013). *Operas in English: A Dictionary*, Lanham/MD: Scarecrow Press.

Gutkin, D. (2014). "Meanwhile, Let's Go Back in Time": Allegory, Actuality, and History in Robert Ashley's Television Opera Trilogy. *The Opera Quarterly* 30/1, S. 5–48.

Hamm, C. (1987). The Theatre Guild Production of *Porgy and Bess*. *Journal of the American Musicological Society* 40/3, S. 495–532.

Heilbrun, J. (2001). Empirical Evidence of a Decline in Repertory Diversity among American Opera Companies 1991/92 to 1997/98. *Journal of Cultural Economics* 25, S. 63–72.

Herwitz, D. (2006). Opera in the Americas/American Opera: An Introduction. *The Opera Quarterly* 22/3-4, S. 395–397.

Höhne, S./Schmidt, R.-P./Wittmann, O. (2005). „Zwischen Kunst und Kommerz" – Fallstudien zur Institution Oper in den USA: Repertoire, Struktur, Finanzierung aktuelle Entwicklungen. In S. Höhne (Hrsg.), *„Amerika, Du hast es besser?" Kulturpolitik und Kulturförderung in kontrastiver Perspektive* Leipzig (S. 159–204). Leipziger Universitätsverlag.

Horowitz, M. E. (^{2}2010). *Sondheim on Music. Minor Details and Major Decisions*, Landham/MD: Scarecrow Press.

Hutcheon, L./Hutcheon, M. (2014). The Inward Turn: American Opera Revisits America's Past. *Canadian Review of American Studies* 44/2, S. 178–193.

Hutchins-Viroux, R. (2004). The American Opera Boom of the 1950s and 1960s: History and Stylistic Analysis. *LISA: Littératures, histoire des Idées, Images et Sociétés du monde Anglophone* 2/3, S. 145–163.

Kirk, E. K. (^{4}2003). *American Opera*, Champaign/IL: University of Illinois Press 2001; Donald Jay Grout/Hermine Weigel Williams: "Opera in the United States". In D. J. Grout/H. Weigel Williams (Eds.), *A Short History of Opera* (S. 729–786). New York: Columbia University Press.

Kirk, E. K. (2005). American Opera: Innovation and Tradition. In M. Cooke (Eds.) *The Cambridge Companion to Twentieth-Century Opera* (S. 197–208). Cambridge: Cambridge University Press.

Kornick, R. H. (1991). *Recent American Opera: A Production Guide*. New York: Columbia University Press.

Kramer, L. (2007). *Why Classical Music Still Matters*, Berkeley/CA.

Kramer, L. (2007). The Great American Opera: *Klinghoffer, Streetcar*, and the Exception. *The Opera Quarterly* 23/1, S. 66–80.

Latham, E. D. (2008). The Multi-Movement 'Anstieg' or Initial Ascent: George Gershwin's 'Folk Opera' *Porgy and Bess* (1935). In ders. (Eds.), *Tonality as Drama. Closure and Interruption in Four Twentieth-Century American Operas* (S. 95–138). Denton/TX: University of North Texas Press.

Lewis, S. (1930). Nobel Lecture, December 12, 1930. Verfügbar unter: http://www.nobelprize.org/nobel_prizes/literature/laureates/1930/lewis-lecture.html [17. Mai 2017].

Marino, S. (2013). A View from the Bridge. In E. Brater (Eds.), *A Student Handbook to The Plays of Arthur Miller* (S. 157–204). London/New York, hier S. 195f. In 1962, the play was also adapted directly to a French-Italian movie called *Vu du po*.

Midgette, Anne (2006). In Search for the Next Great American Opera. *The New York Times*. Verfügbar unter http://www.nytimes.com/2006/03/19/arts/music/19midg.html?page-wanted=all& r=0 [17. Mai 2017].

Midgette, A. (2007). The Voice of American Opera. *The Opera Quarterly* 23/1, S. 81–95.

Mulcahy, K. V. (2003). Entrepreneurship or Cultural Darwinism? Privatization and American Cultural Patronage. *The Journal of Arts Management, Law, and Society* 33/3, S. 165–184.

Nicholls, D. (1998): Editor's Preface. In ders. (Eds.), *The Cambridge History of American Music* (S. xiii-xv). Cambridge: Cambridge University Press.

Opera America (Eds.). *North American Works Dictionary*. Verfügbar unter http://www.operaamerica.org/Applications/nawd/index.aspx [17. Mai 2017].

Opera America (Eds.): *North American Works Dictionary*, http://www.operaamerica.org/ Applications/nawd/timeLine.aspx [17. Mai 2017].

Operabase (Eds.): *Statistics*. Verfügbar unter http://operabase.com/top.cgi?lang=de [17. Mai 2017].

Payne, N. (2005). Opera in the Market Place. In M. Cooke (Eds.), *The Cambridge Companion to Twentieth-Century Opera* (S. 306–320). Cambridge: Cambridge University Press

Pierce, J. L. (2000). Programmatic Risk-Taking by American Opera Companies. *Journal of Cultural Economics* 24, S. 45–63.

Pollack, H. (2006). The First Productions of Porgy and Bess. In ders., *George Gershwin. His Life and Work* (S. 592–608). Berkeley/CA

Reynolds, C. (2007). *Porgy and Bess: 'An American Wozzeck'. Journal of the Society for American Music* 1, S. 1–28.

Ross, A. (2007). *The Rest is Noise. Listening to the Twentieth Century*, New York: Picador.

Ross, A. (2007). Agit-Opera. *Mahagonny* and *The Grapes of Wrath. The New Yorker*. Verfügbar unter http://www.newyorker.com/magazine/2007/03/05/agit-opera [17. Mai 2017].

Sabatini, A. J. (2005). Robert Ashley: Defining American Opera. *PAJ – A Journal of Performance and Art* 27/2, S. 45–60.

Schoell, W. (2006). *A Passionate Art in Transition. The Opera of the Twentieth Century*. Jefferson/NC: McFarland.

Secrest, M. (1998). *Stephen Sondheim. A Life*. New York: Delta.

Shapiro, M. M. (1994). A Strange Case: Louis Gruenberg's Forgotten 'Great American' Opera – *The Emperor Jones*. In J. L. DiGaetani/J. P. Sirefman (Eds.), *Opera and the Golden West: The Past, Present, and Future of Opera in the U.S.A.* (S. 233–243). Cranbury/NJ: Associated University Presses.

Sondheim, S. (2010). *Finishing the Hat*, New York: Alfred A. Knopf.

Steigman, B. M. (1925). The Great American Opera. *Music & Letters* 6/4, S. 359–367.

Taruskin, R. (2003). Sacred Entertainments. *Cambridge Opera Journal* 15/2, S. 109–126.

Taruskin, R. (2010). *Music in the Late Twentieth-Century*, New York: Oxford University Press.

Thomson, V. (Autor); Kostelanetz, R. (Hrgs.). (2000). *Virgil Thomson. A Reader. Selected Writings 1924-1984*. New York: Routledge.

Wilk, R. M. (2006). *Vox Populi: Popularization and Americanization of Opera in America, 1933-1966*. Dissertation New York University, New York.

Wlaschin, K. (2006). *Encyclopedia of American Opera*. Jefferson/NC: McFarland.

Ziegel, A. B. (2011). *Making America Operatic: Six Composer's Attempts at an American Opera, 1910-1918*. Dissertation University of Illinois, Urbana-Champaign/IL. Verfügbar unter https://www.ideals.illinois.edu/bitstream/handle/2142/24066/Ziegel_Aaron.pdf [17. Mai 2017].

Thematische Beiträge

Anmerkungen zum Rechtsstreit über Musik-Sampling

6

„Kraftwerk (Ralf Hütter) vs. Moses Pelham" – und zur Frage nach rassismuskritischer, semiotischer Demokratie

Johannes S. Ismaiel-Wendt

Zusammenfassung

Der Artikel zielt auf eine rassismuskritische Lesart der Argumentationsstrukturen und der juristischen Dispositionen in Rechtsstreitigkeiten über Musik-Sampling. Vor dem Hintergrund einer Klage, die vor dem Bundesverfassungsgericht von einem Mitglied der Gruppe Kraftwerk eingereicht wurde, reflektiert der Beitrag Strategien der Erfindung imaginärer Traditionslinien in Populärer Musik sowie reaktionäre Charakterisierungen und Diffamierungen von Musikstilen und -praktiken. Plädiert wird für ein Engagement und eine Rechtslage, die gesellschaftlich größtmögliche kulturelle und künstlerische Beteiligung erlaubt.

Schlüsselbegriffe

Urheberrecht, Kolonialismus, Stil- und Genre-Kategorisierung, Beteiligung

© Springer Fachmedien Wiesbaden GmbH, ein Teil von Springer Nature 2019
L. Grünewald-Schukalla et al. (Hrsg.), *Musik und Stadt*, Jahrbuch für Musikwirtschafts-
und Musikkulturforschung, https://doi.org/10.1007/978-3-658-23773-8_6

6.1   Einleitung

„Ich hab' gepennt in der Schule. Die Klasse hat gelacht.
Dann bin ich aufgewacht. Ich hab' die Nacht im Studio verbracht.
Kennst Du die Pracht einer Platte, die sich dreht,
wenn auf dieser Platte Dein Name steht?"
(Rödelheim Hartreim Projekt: *Ich bin*, MCA Records 1996)

Diese Zeilen des ca. 20 Jahre alten Rap-Textes vom Rödelheim Hartreim Projekt, bei dem Moses Pelham Mitglied war, erscheinen hochaktuell, seit der Sampling-Rechtsstreit zwischen Moses Pelham und Ralf Hütter von der Gruppe Kraftwerk 2015 vor dem Bundesverfassungsgericht ausgetragen wird.[1] Deutlich hörbar hat der Pop- und Hip-Hop-Produzent Moses P aus dem Kraftwerk-Stück *Metall auf Metall* (Kraftwerk 1977) eine kurze Sequenz kopiert, geloopt und u. a. damit einen neuen Track für die Rapperin Schwester S gebastelt. Das Problem, mit dem sich die Richter_innen in höchster Instanz in Deutschland nun beschäftigen müssen, liegt in der Frage, ob Pelham die „Pracht einer Platte, die sich dreht, wenn auf dieser Platte [sein] Name steht" und eben nicht „Kraftwerk", auch zuzustehen ist. Genauer: Ob diese Form und Vorgehensweise des Samplings erlaubt sein soll.

Der vorliegende Beitrag zielt nicht auf eine juristische Bewertung des Falls (eher auf eine Bewertung des Juristischen in diesem Fall), sondern interessiert sich für die gesamten oben zitierten Rap-Zeilen. Der Reim verweist zum einen auf die (situative) Nichtpartizipation an institutionalisierter Bildung des lyrischen Ich: „Ich hab' gepennt in der Schule. Die Klasse hat gelacht." Zum anderen zeigt sich, welch enorme Bedeutung andere kulturelle Gestaltungs- und Beitragsmöglichkeiten für Subjekte haben können. Das meint hier „semiotische Demokratie": die kulturelle oder auch künstlerische Kodierung der Umwelt unter größtmöglicher Beteiligung, die nicht nur Institutionen und sich als Eliten Imaginierenden vorbehalten ist (Becker 2004). Der Terminus ist übernommen aus den Cultural Studies (u. a. geprägt von John Fiske oder David Morley).

> "John Fiske, coined the term ‚semiotic democracy' to describe a world where audiences freely and widely engage in the use of cultural symbols in response to the forces of media. A semiotic democracy enables the audience, to a varying degree, to ‚resist', ‚subvert', and ‚recode' certain cultural symbols to express meanings that are different

---

1   Bei Veröffentlichung dieses Artikels in diesem Jahrbuch, hat das Gericht bereits in dem Rechtsstreit entschieden. Die Perspektive, die in diesem Beitrag verfolgt wird, bleibt - so oder so - relevant.

from the ones intended by their creators, thereby empowering consumers, rather than producers." (Katial 2006, S. 489f.)[2]

Die Anmerkungen zu diesem Rechtsstreit über Musiksampling und zu semiotischer Demokratie sollen durch eine rassismussensible Perspektive geleitet sein. Voranstellen möchte ich, dass diese Perspektive Pelham oder Hütter nicht – möglicher- und unsinnigerweise gar aufgrund ihrer Hautfarbe – als Repräsentanten Schwarzer oder Weißer (Musik-)Kulturen positioniert. Es meint ebenso wenig, dass bestimmte musikalische oder kompositorische Strategien als Schwarze oder Weiße zu verstehen sind. Ziel ist eine sensibilisierte Lesart von Argumentationsstrukturen, die in solchen Rechtsfällen virulent werden, weil sie auch rassistisch konstituierte Felder betreffen, in denen es um Kodierungs- und Aneignungsmacht, Archive, erfundene Traditionen, Kanonisierung, Technologie und Anerkennung von Kulturtechniken geht.

6.2 „Ich bin der *Musikant* mit *Taschenrechner in der Hand"* (Kraftwerk 1981)

Vor dem Gerichtssaal, in dem der von Ralf Hütter und Moses Pelham vorgebrachte Fall verhandelt wird, halten Journalisten Mikrofone und Kameras vor Hütter. In seinem auf Nachrichtensendern übermittelten Statement empört sich das Kraftwerk-Mitglied: „Man stellt sein ganzes Leben in den Dienst dieser Kunst und dieser Arbeit und jemand anders greift durch Knopfdruck und irgendwie heraus und, und [sic!] macht da etwas anderes mit." (Kehlbach 2015) Die Zeitungen, die über die Auseinandersetzung berichten, zitieren Hütter, der erwartet hätte, dass Pelham danach fragt, ob er das Sample benutzen dürfe. Das siebte biblische Gebot („Du sollst nicht stehlen") soll von Hütter in der Verhandlung zitiert worden sein, gedruckt steht es in fast jedem journalistischen Artikel zu den Verhandlungen (ebd.). Pelham reagiert mit zwei Sätzen, die immer wieder zitiert werden: Sein Vorgehen hielt er „für üblich und *rechtens"* (ebd.). „Hip-Hop ist ohne Sampling nicht möglich, darum stehe ich heute hier. Ich halte das für mein gutes Recht. Es gibt keine Kunst im luftleeren Raum, es geht immer um die Auseinandersetzung mit anderer Kunst" (ebd.).

---

2 Diesem Verständnis oder dieser Lesart von „semiotic democracy" wird oft entgegengehalten, dass sie die Möglichkeiten des „Empowerment" romantisiere. Im Fall von Sampling zeigt sich jedoch eindeutig die Handlungsfähigkeit der Nutzer_innen. Musikmedien werden nicht nur konsumiert, sondern mit ihnen wird aktiv neu produziert.

Einschub zum Urheberrecht, so es denn in diesem Fall überhaupt darum geht: Der Hinweis darauf, dass die Kraftwerk-Mitglieder mit viel technischem und ökonomischem Aufwand sowie mit viel kreativem Einsatz ihre Musik verwirklichten, ist irreführend beziehungsweise versteht Urheberrechtsideen falsch. Das Urheberrecht war noch nie ein Arbeitsschutzgesetz, das Ausbeutung der Arbeitenden oder prekären Lebenssituationen von Künstler_innen vorbeugen sollte. Die gegenteilige Anwendung zeichnet sich eher ab. Die Idee des Schutzes von geistigem Eigentum oder Produktionsideen, die sich um die dazu umgesetzte Arbeit und die Arbeit verrichtenden Menschen nicht schert, regelten schon Systeme wie die Sklaverei.

Adam Haupt (2014, S. 179ff.) skizziert in seinem Artikel Interrogating Piracy. Race, Colonialism and Ownership aus dem Jahr 2014 nicht nur eine Geschichte der Verwobenheit zwischen Gender, Class, Race, Diskriminierung, europäischem Imperialismus und Gesetzgebungen von geistigem Eigentum seit John Locke. Sein Artikel zeigt auch, dass postkolonial und feministisch informierte Kritiken an diesen Regelungen spätestens seit den 1970er Jahren ausgereift vorliegen. Ganz simpel formuliert besagen diese, dass z. B. durch Zuweisung von Reproduktionstätigkeiten und Enteignung systematisch verhindert wurde und wird, dass Frauen und People of Color in gleicher Weise wie Weiße Männer an der Entwicklung von geistigem Eigentum und am Erfindertum teilnehmen können. Und doch bleiben die vielen in den letzten Jahrzehnten geführten Urheberrechtsdebatten und -verhandlungen schlicht Copyright-zentristisch (Lobato, 2014, S. 130) – um sich selbst und diese veralteten Regelungen kreisend.

Weißes Herrschaftsdenken ist im Urheberrecht verankert und dieses Recht ist gleichzeitig konstitutiv für dieses Denken. Die heutige Tatsache, dass inzwischen Schwarze Produzenten und Musiker als „Hip Hop Mogul[e]" (Schur, 2015, S. 82.) (z. B. Dr. Dre, Jay Z) bezeichnet werden können, die auf Grundlage von erworbenen Copyrights über riesige Archive phonographischen Materials herrschen, ist in diesem Sinne als „Entgleitung" zu verstehen. Sie bleibt in derselben Logik der rassistisch konstituierten Eigentumssysteme verhaftet.

Die einen Anwälte kämpfen für die Freiheit einer (Sampling-)Kunst, die anderen dafür, dass ihre Mandanten selbst bestimmen können, ob und welcher Teil ihrer Musik für gewerbliche Wiederverwendungen ausgeschlachtet werden darf. Aufschlussreich an den Aussagen Hütters ist vor allem der konservative Gestus, der ihnen innewohnt. Die Abwertung des ‚Knopfdrückens' (etwas, das Hütter selbst aus früheren Jahren kennen dürfte) und der Anspruch, gefragt werden zu wollen, sind typische und altbekannte Strategien des Vorwurfs, andere pflegten eine ‚Unkultur'.

Dass diese Haltung keine naive, sondern eine strategische Hütters ist, vermag der folgende längere Auszug eines Interviews zu verdeutlichen, das der Musiker 2009 dem Groove Magazin gab:

> *„Vor allem durch ‚Trans Europa Express' wurdet ihr 1977 auch bei Club-DJs sehr beliebt. Wie habt ihr das erlebt?*
> Als wir Ende der Siebziger in New York zu Besuch waren, nahm uns das Dance-Department unserer Plattenfirma mit in illegale Clubs. Wir tanzten da, und plötzlich spielte der DJ, das war **Afrika Bambaataa**, ‚Trans Europa Express' und ‚Metall Auf Metall'. Doch die Stücke waren nicht zehn, sondern zwanzig Minuten lang! Ich dachte noch: ‚Komisch, die Stücke sind doch gar nicht so lang.' Aber dann fand ich heraus, dass er zwei Acetate derselben Platte benutzte und sie ineinander mischte. Wir fanden das fantastisch. Wir selbst haben unsere Musik im Studio manchmal stundenlang gespielt. Dass die Stücke schließlich eine bestimmte Länge hatten, lag nur an der Spielzeit, die man auf Vinyl pressen konnte.
>
> *Bambaataa samplete euch später auch für seine einflussreiche Single ‚Planet Rock'. Eurer eigenen Idee von Musik war aber vermutlich Detroit-Techno näher, für dessen Produzenten ebenfalls das Erschaffen neuer Sounds im Vordergrund stand. Empfandet ihr das auch so?*
> Wir haben das sehr stark so empfunden. Wir haben diese Musik aus Detroit, als wir sie zum ersten Mal hörten, sofort verstanden. Das war wie eine Traumhochzeit (lacht). **Das waren Brüder im Geiste.** Das gab uns auch viel Energie für unsere eigene Arbeit. Du kannst dir ja vorstellen, dass es, als wir anfingen, nur einen kleinen Kreis von Eingeschworenen gab. Unsere Musik wurde zu Beginn ja nicht im Radio gespielt. Wir fühlten uns als Außenseiter." (Hoffmann, 2009 [Italics und Hervorhebungen im Original])

In Bezug auf das vorangestellte Zitat sei nicht weiter berücksichtigt, dass das mehrfache Abspielen und Mixen gerade des Stücks *Metall auf Metall* von Hütter als „fantastisch" erlebt wird und das Wort „Energie" auch mit u. a. monetären Anreizen sowie Anhäufung symbolischen Kapitals für Kraftwerk-Mitglieder gleichzusetzen ist. Als Hütter dieses Interview gab, hatte er schon Klage gegen Pelham erhoben. Der Paragraph soll verdeutlichen, wie wohlkalkuliert (Hütter) Kraftwerk in Genealogien und musikkulturellen Traditionen platziert (wird). Wahrscheinlich werden der DJ und Gründer der Zulu Nation, Afrika Bambaataa, sowie die ersten Detroiter Techno DJs, People of Color, Kraftwerk nicht danach gefragt haben, ob sie diese Platten, ohne Kraftwerk zu nennen, drehen lassen dürfen. Und Hütter wird nicht danach gefragt haben, ob sie ihn auch als „Brother" ansehen. Die Attitüden und Lagen der Musiker scheinen sich doch sehr von denen der Kraftwerk-Mitglieder zu unterscheiden. Bambaataa und das Geschehen in den ersten Detroiter Techno-Clubs gelten in der (Pop-)Musikgeschichtsschreibung inzwischen als höchst relevant, und zwar wegen, es sei hier einmal so bezeichnet, des bewussten Schwarzen (und Schwulen)

„semiotischen Ungehorsams" (Katial, 2006) / Un-gehör-sams (Ismaiel-Wendt, 2011, S. 221) und weil die Akteure als Wegbereiter exakt wegen der musikalischen Spieltechniken wahrgenommen werden, die nach Wunsch Hütters als Diebstahl verhandelt werden sollen.

Dass die strategische Einschreibung Kraftwerks in kulturelle Kanone mitverhandelt wird, ist in einer weiteren Situation zu erkennen. Auf Spiegel-Online wird Folgendes aus der Gerichtsverhandlung am 25. November 2015 berichtet:

> „Als Verfassungsrichter Andreas Paulus ganz grundsätzlich fragte, ob die Forderung von Lizenzgebühren für Sampling nicht ‚die Beatles des 21. Jahrhunderts im Keim ersticken' würde, bat Kraftwerk-Mitglied Hütter noch einmal ums Wort: ‚Die Beatles-Generation zeichnet sich dadurch aus, dass sie ihre eigene Musik geschrieben hat'." (Hip, 2015)

Auch hier sei nicht weiter ausgearbeitet, dass die Antwort Hütters falsch ist, denn die Beatles spielten auch in der Phase, in der sie international berühmt wurden, noch Songs anderer Musiker_innen nach (Walsh, 2014, S. 32ff.). Interessant an dieser Passage ist, dass in dem Augenblick, in dem die Idee aufkommt, samplingbasiert arbeitende Musiker_innen mit den in den (Weißen) Popkanon aufgenommenen und diesen anführenden Beatles zu vergleichen, wird mit dem Argument des Musikselbstschreibens gekontert. Zum einen wird Kraftwerk als die Band, die ihre Musik in mühevoller Arbeit selbst kreierte, so indirekt in den Beatles-Traditionskontext gehievt und samplingbasiert arbeitende Akteure werden ausgeschlossen. Zum anderen ist aufschlussreich, dass die Hegemonie des Schreibens, auf welche die elitären Weißen Ideen schon seit Jahrhunderten basieren (Weheliye, 2005, S. 25), im Kontext von Musik (wieder) so gewichtig wird.

6.3   Wer im Glashaus sitzt …[3]

Kraftwerk wird in kulturellen und sonischen Gedächtnissen gerade erinnert, weil das von der Band eingespielte Material gemixt, gesampelt und von Knopfdrücker_innen wiederverwertet wurde. Die von Hütter zum Ausdruck gebrachte Dankbarkeit gegenüber Bambaataa und den Detroiter Techno DJs ist unbedingt ernst zu nehmen und kann nicht hoch genug bewertet werden. Ohne diese ungefragten und auch kommerziell interessierten Aneignungen würde ich persönlich Kraftwerk

---

3   *Glashaus* ist auch der Name eines Bandprojekts, das von Moses Pelham produziert wird und für welches er die Songtexte schreibt.

beispielsweise vornehmlich als einen Act erinnern, der in der ZDF-Hitparade von Dieter-Thomas Heck Ende der 1970er Jahre angesagt wurde. Das Besondere an populärer Musik ist, dass sie achronistisch zu funktionieren vermag. Das Diktat der erzählerischen Reihenfolgen entlang eines festen Zeitstrangs ist im Track-Modus aufgehoben. Der Breakbeat- und Electronic-Dance-Music-Forscher Kodwo Eschun erklärt in einem bereits 1999 veröffentlichten Interview:

> „Breakbeat hat verschiedene retroaktive Kapitel geöffnet. Auf ähnliche Weise bedeutet der Zusammenbruch der langgehegten Vorstellung, Kraftwerk seien der Ursprungsort von Techno, daß Leute viel freier zwischen 70ern und 90ern rumhüpfen können, sich zum Beispiel zwischen Krautrock und Herbie Hancock bewegen können: Es gibt da eine gewisse Offenheit in der Musik." (Eshun 1999, S. A223)

Kraftwerk steht wahrscheinlich mindestens so sehr in der Tradition des Samplings wie in der der Beatles. Um den Argumentationsweg noch einmal plakativ in einer durchaus auch möglichen Denkweise nachzuzeichnen: Erst kommt Sampling und dann kommt Kraftwerk. Das Kraftwerk-Stück *Metall auf Metall* basiert selbst auf einer Samplingtechnik, da es nach Aussage Hütters aus vorproduzierten Tonbandstücken zusammengesetzt wurde. Wird die Frage danach, von wem das Material aufgenommen wurde, einen Moment ignoriert, zeigen sich viele Ähnlichkeiten in den Produktionsverfahren Kraftwerks und Pelhams.

Dieser exemplarische Argumentationsweg soll nachfolgend zu sehr viel grundsätzlicheren und allgemeineren Schlussfolgerungen führen. Worauf zielen überhaupt Behauptungen der prinzipiellen Unterschiedlichkeit der musikalischen Produktions-, Aufschreibe- oder Phonographieverfahren? Wer führt diese wann und mit welcher Motivation an?

Eine gänzlich andere Argumentation, die, wie oben aufgezeigt, den strategischen Essentialismus erkennt, lässt sich durch die ungemein schlüssige Überführung der Juristin Olufunmilayo Arewa stützen. Arewa (2006, S. 579) hinterfragt in ihrer Studie Anwendungsweisen von musikalischen Genre-Kategorisierungen vor Gericht. Wenn im Zusammenhang mit Copyright Laws immer wieder insistiert und zugeschrieben werde, dass vor allem Hip-Hop die Musik sei, die sich durch den direkten Bezug und Verweis auf andere Musik auszeichne, passiere Folgendes: Die Behauptung der grundsatzlichen Andersheit von Hip-Hop führe dazu, andere Musikformen eben auch leichter in ihrer Gesamtheit als etwas anderes imaginieren zu können und Traditionslinien zu erfinden. Eine „sacralization" (ebd., S. 588) der Musik und des Geschmacks der als Eliten Imaginierten finde statt. Die moralisierende Zitation des siebten Gebots im vor dem Bundesgerichtshof verhandelten Fall wird von mir in diesem Zusammenhang gelesen. Das unmarkierte Hip-Hop-Andere wird nach Arewa homogenisiert und eine Binarität wird beziehungsweise Dichotomien werden so erzeugt (ebd., S. 579). Die strategische Wahl der sprachlichen Markierungen vor und von Gerichten ist von besonderer Bedeutung:

"The characterization of hip hop borrowings as theft forms the basis for a negative view of hip hop as a genre that effectively isolates hip hop borrowing from other types of borrowing in music. Terminology can be of critical importance. Terminology used to describe hip hop borrowings is often taken from the setting of tangible, physical goods and applied in the context of intangible cultural products such as music. [...] Further, defining sampling as theft or appropriation immediately indicates, prior to any discussion, that something illegal, illegitimate or, at best, inappropriate has occurred." (ebd., S. 581)

Die faktische Heterogenität und Bezugnahmen aller Musiken werden verschleiert, epochale Historisierungen wie ‚Klassik', ‚Europäische Kunstmusik' werden konstruiert. Plötzlich erscheint Kraftwerk in einer (Weißen) Traditionslinie mit den Beatles und gehört einer Generation an, die sich scheinbar dadurch auszeichnet, dass sie ihre eigene Musik schreibt. Es ist infolge dieser von Ignoranz getragenen Inszenierungen nicht verwunderlich, dass an vielen Stellen wieder Vokabular funkelt, das auch kolonial anmutet: Es wird leicht, zum Beispiel Kraftwerk in ihrer abgegrenzten Traditionslinie als „Musikpioniere" (Hip, 2015) erscheinen zu lassen. Da, wo sie hingingen, war vorher anscheinend *Terra nullis*. In Zeiten, in denen für viele in Deutschland wieder die Besinnung auf eine eigene Geschichte, einen Kanon und eigene Werte besondere Konjunktur hat, stellt sich ein wohliges ‚Wir-Gefühl' damit ebenso leicht ein. Der Journalist Michael Pilz (2015) schreibt im Zusammenhang mit dem Rechtsstreit Kraftwerk vs. Pelham in *Die Welt* dann auch: „[...] ‚Trans Europa Express' von Kraftwerk. Einem Meisterwerk der Popmusikgeschichte, ohne das wir alle ärmer wären". Wen „wir" nun einschließt beziehungsweise ausschließt, bleibt offen.

Selbstverständlich sind in Hip-Hop oder Electronic Dance Music andere Semantiken fundamental als in der Musik Kraftwerks oder der Beatles. Und aus dieser essenzialisierenden Geschichtsschreibung heraus werden auch Narrative vorgestellt, in denen beispielsweise Bambaataa als Pionier imaginiert wird. Ich möchte jedoch im Kontext der Sampling-Rechtsstreitigkeiten für einen strategischen Anti-Essenzialismus plädieren. In Anbetracht von Veränderungsstrategien ist es für das (situativ) Marginalisierte allzu müßig zu versuchen, Anerkennung zu finden, indem Praktiken als gleichwertig zu denen der Etablierten dargestellt werden. Diese Tendenz ist beispielsweise deutlich zu erkennen, wenn DJs fordern, dass ihre mühselige Arbeit der Samplesuche (‚Diggin in the Crates') und die kreative Leistung der Neukontextualisierung anerkannt werden (Schur, 2015, S. 86).

Das Pochen Pelhams auf die Erhaltungsmöglichkeiten einer ‚Kunstform‘ ist aus Sicht seiner Anwälte, die innerhalb und mit der Gesetzgebung überzeugen müssen, sinnvoll. Über diese Rahmung hinaus gedacht, ist diese Haltung – ein Reflex auf Diffamierungen als Unkultur – jedoch kontraproduktiv, da sie obskure Kategorisierungen und Logiken reproduziert. Eine romantische Verklärung der grundsätzlich widerständigen Appropriation durch Sampling kann ein im breiten Popgeschäft erfolgreicher Produzent wie Pelham darüber hinaus wahrscheinlich ohnehin nicht überzeugend vermitteln. Alle, auch die längst Etablierten, rangeln in diesem Streit gleichsam um ein ‚Underground-Image‘ – siehe Hütters Erzählung im oben zitierten Groove-Interview. Werden die Fragen, ob Sampling erlaubt oder verboten oder was als Kunstform anerkannt werden sollte, geflissentlich ignoriert, wird vielleicht offenbar, dass sich hinter dem Musik-Sampling-Streit eine viel größere Widersprüchlichkeit auftut: Grundsätzlich und gesetzlich wird geistiges Eigentum von sich als Eliten Identifizierten geschützt, während „der freie Austausch und die lebendige Erneuerung von Wissen und Kultur unter größtmöglicher Beteiligung" (Becker, 2004) verbaut ist. Einmal angenommen, dass jede_r mit ein paar Mal Knopfdrücken Musik machen könnte und jemand das als eine Möglichkeit des kulturellen Ausdrucks erlebt und platzieren möchte, wären diese breiten Partizipationsmöglichkeiten nicht ein erstrebenswertes Ziel in einer Demokratie? Wie wäre es, möglichst viele Menschen dahin zu führen, nicht nur passiv ausgebildet zu werden, sondern sich an der Pracht eines – so oder so – selbstgemachten Musikstücks zu erfreuen. Dieser Vorschlag ist weit von einem machtfreien Digitale-Demokratie-Irrglauben entfernt, aber fordert, dass jede Möglichkeit zur Partizipation an kultureller Kodierung und Rekodierung ausgeschöpft können werden muss.

(Kulturelle) Bildungseinrichtungen und auch Technologien versagen ohnehin noch allzu oft, wenn es um die Aufhebung und überhaupt um das Erkennen von semiotischer Repression und Barrieren geht, die in Systemen entstehen, die von Kategoriengrenzen wie Gender, Race, Disability oder Class durchzogen sind. Gleichzeitig werden in übertriebenem und unverhältnismäßigem Maße Regelungen gesucht und Ressourcen aufgebra(u)cht, um Urheberrechte zu schützen und zu privatisieren, die nur immer wieder neue Barrieren, z. B. in der Musikvermittlung und -produktion, aufstellen (Ellis & Kent, 2010, S. 135). Von oben herab genehmigtes Sampling zur nichtkommerziellen Nutzung stellt keinesfalls eine Lösung dar. Solch ein Vorschlag kann nicht anders interpretiert werden, als dass Eliten und Konzerne Pfründe weiter für sich gesichert wissen wollen und niemandem sonst auch Zugang zu diesem finanziellen Prachterleben bieten wollen.

Literatur

Arewa, O. B. (2006). From J. C. Bach to Hip Hop: Musical Borrowing, Copyright and Cultural Context. *North Carolina Law Review* 84, 547–645. Verfügbar unter http://ssrn. com/abstract=633241. [29.11.2015].

Becker, K. (2004). Terror, Freiheit und Semiotische Politik. Kulturrisse. *Zeitschrift für radikaldemokratische Kulturpolitik* 3. Verfügbar unter http://kulturrisse.at/ausgaben/032004/ kulturpolitiken/terror-freiheit-und-semiotische-politik. [08.12.2015].

Ellis, K. & Kent, M. (2010). *Disability and New Media*. New York: Taylor & Francis.

Eshun, K. (1999). *Heller als die Sonne: Abenteuer in der Sonic Fiction*. Berlin: ID-Verlag.

Haupt, A. (2014). Interrogating Piracy. Race, Colonialism and Ownership. In: L. Eckstein & A. Schwarz (Eds.), *Postcolonial Piracy Media Distribution and Cultural Production in the Global South, London* (S. 179–192). New York: Boomsbury.

Hip, D. (2015, 25. November). Musik-Sampling vor dem Bundesverfassungsgericht: Wenn der Rechtsanwalt mit dem Rapper im Studio sitzt. *Spiegel-Online Kultur*. Verfügbar unter http://www.spiegel.de/kultur/musik/bundesverfassungsgericht-moses-pelham-gegen-kraftwerk-a-1064607.html. [29.11.2015].

Hoffman, H. (2009). Kraftwerk „Das hatte etwas von einem mechanischen Ballett". *Groove* November/Dezember 2009, 121. Verfügbar unter http://www.groove.de/2012/04/18/ feature-kraftwerk-groove-121/. [29.11.2015].

Ismaiel-Wendt, J. S. (2011*). tracks'n'treks. Populäre Musik und Postkoloniale Analyse*, Münster: Unrast.

Katial, S. K. (2006). Semiotic Disobidience. *Washington University Law Review* 84/3, 489–571. Verfügbar unter http://openscholarship.wustl.edu/cgi/viewcontent.cgi?article=1180&context=law_lawreview. [8.12.2015].

Kehlbach, C. (2015, 25. November). Bundesgerichtshof verhandelt über umstrittenes ‚Sampling'. *tageschau.de*. Verfügbar unter http://www.tagesschau.de/inland/sampling-verfassungsgericht-101.html. [29.11.2015].

Kraftwerk (1977). *Metall auf Metall*. Trans Europa Express. KlingKlang/EMI.

Kraftwerk (1981). *Taschenrechner*. Computerwelt. KlingKlang/EMI/Capitol Records.

Lobato, R. (2014). The Paradoxes of Piracy. In: L. Eckstein & A. Schwarz (Hrsg.), *Postcolonial Piracy Media Distribution and Cultural Production in the Global South* (S. 121–134). London, New York: Boomsbury.

Pilz, M. (2015, 25. November): Moses P. gegen Kraftwerk. Warum beide Recht haben. *Die Welt*. Verfügbar unter http://www.welt.de/kultur/pop/article149271545/Moses-P-gegen-Kraftwerk-warum-beide-recht-haben.html. [29.11.2015].

Schur, R. (2015). Copyright outlaws and hip hop moguls. Intellectual property law and the development of hip hop music. In: C. Malone & G. Martinez Jr. (Eds.), *The Organic Globalizer: Hip Hop, Political Development, and Movement Culture* (S. 79–98). New York: Bloombury.

Wald, E. (2014). Forbidden Sounds: Exploring the Silences of Music History. In: D. Helms & Thomas Phleps (Hrsg.), *Geschichte wird gemacht. Zur Historiographie Populärer Musik* (S. 25–39). Bielefeld: transcript.

Weheliye, A. G. (2005). *Phonographies. Grooves in sonic Afro-modernity*, Durham: Duke Univ. Press.

Vom Dancefloor nach SoundCloud

7

Der digital turn der Technoszene und die Produktivität der daraus resultierenden Distinktionen

Dennis Mathei

Zusammenfassung

Dieser Artikel behandelt den digital turn, den die Technoszene sowie andere Szenen elektronischer Tanzmusik vollzogen haben. Der digitale Wandel umfasst dabei sämtliche Bereiche, von der Aufführung, über die Distribution bis hin zu der Produktion, und hat eine vormals analoge und exklusivitätsgetriebene Musikszene grundlegend verändert. Vormals in sich greifende Distributions- wie Konsekrationssysteme wurden marginalisiert und räumten den Platz für neue Kanäle der Popularisierung, Distribution und Konsekration im Bereich der Social Media, an denen neue Mitbestimmende einen großen Anteil haben. Gleichzeitig wuchs die Nachfrage nach neuen, ungehörten Tracks, da das Archiv des Techno durch Onlineverkaufsportale geöffnet wurde. Dementsprechend blieb der digital turn nicht folgenlos für die Distinktion in der Technoszene, welche bereits vor dem Wandel ausgeprägt war. Der digital turn und das Erscheinen des massenproduktionsorientierten Stils elektronischer Tanzmusik namens „EDM" haben die Distinktion und damit auch distinktive Produktionen in der Technoszene erhöht, was als Schutzreflex zumindest von gewissen Teilen der Szene vor einem erneuten Sell-Out gedeutet werden kann.

Schlüsselbegriffe

Musikszene, Techno, Medien, Musikwirtschaft, Wandel, Distinktion

7.1   Einleitung

Die Clubkultur hat seit dem Jahr 2008 einen signifikanten ‚digital turn' erlebt, der sich sowohl auf Seiten der Distributions-, als auch auf Seiten der Produktions-, resp. Aufführungsmedien vollzog. Dabei wurden Technologien vorrangig für die Clubkultur entwickelt, sodass der digitale Wandel der Technoszene über die Dynamiken in der generellen Medieninfrastruktur hinausgeht. Die Social Media sind nicht nur Vertriebs-, sondern auch Kommunikations- und Promotionkanäle, die von DJs, Labels und Produzierenden gleichermaßen intensiv genutzt werden. *Facebook*, *SoundCloud* oder *YouTube* sind zu wichtigen Promotionwerkzeugen, Sendern und Distributoren von Technolabels, -musiker_innen und -partys über die Szene hinaus geworden und haben die alten Kanäle – wie beispielsweise Werbung in Szenepresse – zum Teil ersetzt. Bei der Verbreitung der Güter und Mythen der Technoszene sind Social Media ebenfalls signifikant. Durch die Netzwerklogik der Social Media werden jedoch auch regelmäßige wie unregelmäßige Szenepartizipant_innen (Hitzler und Niederbacher, 2010, S.23), Fans wie Gelegenheitshörer_innen zu viralen Verbreitern der Musik. Dieses Zusammenspiel hat zu neuen Formen der Popularisierung vor allem unbekannter oder ungesignter Produzent_innen und DJs auf der Basis von Social Media geführt. Die Abstimmungen über neue Karrieren werden nicht mehr exklusiv bekannten DJs und anderen obligatorischen Instanzen überlassen, sondern zahlreichen Leute inner- und außerhalb der Szene. Dies wirft zwangsläufig Fragen nach den Implikationen solcher Entwicklungen für die Technoszene auf, wenn Außenstehende zu ‚Mitbestimmer_innen' werden. Denn unabhängige Popmusikszenen wie die Technoszene sind kulturelle Formationen, in denen Distinktionen ausgeprägt sind und Distinktionsgebilde wie ‚Mainstream', ‚breite Masse' und ‚Underground' produktiv gemacht und zur Grundlage von Produktionen werden.

Parallel zum digital turn vollzog sich eine weitere Entwicklung in Bezug auf elektronische Tanzmusik und die Clubkultur. Einerseits erscheinen gewisse Arten elektronischer Tanzmusik immer häufiger in den Charts, die unter dem Namen EDM (Electronic Dance Music) zusammengefasst werden. Hinsichtlich der Klangfarbe wären einige Stücke in einem House/Techno-Partyrahmen vorstellbar, andere wiederum nicht. Um EDM herum hat sich eine kommerzielle Festivalkultur entwickelt, die sich in diversen Aspekten von Festivals oder Open Airs und der Ideologie der Technoszene unterscheidet. Dies weckt in der Technoszene allerdings Erinnerungen an den Sell-Out der 1990er Jahre, in denen kommerzieller Techno und vor allem andere kommerzielle Stile elektronischer Tanzmusik unter dem Namen ‚Techno' vermarktet wurden. Andererseits sind die Clubkultur und Berlin als Technostadt im Fokus des Interesses der Wissenschaft (Vgl. u. a. Hitzler und Pfadenhauer, 2001;

Volkwein, 2003, Kemper, 2004; Vogt, 2005; Schwanhäußer, 2010; Butler, 2012; Mathei, 2012, Bürkner & Lange, 2014; Kühn, 2014), des Pop- (Vgl. Rapp, 2009; Denk & Von Thülen, 2012) oder Boulevardjournalismus angekommen. Die Leitfragen des Beitrags sind daher:

Wie hat der digital turn die Technoszene und deren Distinktionen verändert? Wie werden die durch den digital turn ausgelösten Distinktionen produktiv gemacht, auch um sich ggf. vor einem erneuten Sell-Out zu schützen?

Auf der Basis empirischer Daten, die im Rahmen eines Dissertationsprojekts erhoben wurden, Theorien und Modellen von Bourdieu (1987 und 1993), Thornton (1997) und Hitzler (2010) sowie Williams (2005) werden die gegenwärtigen Veränderungen in der Technoszene vorgestellt und diskutiert. Die Empirie setzt sich aus leitfadengestützten Interviews mit Akteur_innen (DJs, Produzent_innen Labelbesitzer_innen, Veranstalter_innen, Distributor_innen, Partizipant_innen) der Technoszene (Rhein-Ruhr, Berlin) sowie (auto-)ethnographischen teilnehmenden Beobachtungen (Vgl. Knoblauch, 2002; Kühn, 2011) zusammen, die der Autor als Techno/House-DJ und als Besucher durchgeführt hat.

Das erste Kapitel beschreibt die Situation der Technoszene vor dem digital turn und stellt die Bedeutung der Distinktion heraus. Im Anschluss werden anhand des Vergleichs mit der Situation von 2014 die Auswirkungen des digital turn auf die Technoszene und ihre Distinktionen thematisiert. Zur Klärung des digital turn wird nicht auf die Definition von Westera (2013) zurückgegriffen, da dieser in der Technoszene durch zusätzliche medienspezifische Dynamiken beeinflusst wurde.

7.2   Die Technoszene vor dem digital turn

Im Jahr 2004 unterschied sich die Situation in der lokalen wie nationalen Technoszene (Bennett 2004) in vielen Punkten von der heutigen. Die Vinyl-Maxi war das bestimmende Auflegformat gefolgt von der CD. Dementsprechend waren Plattenspieler, vor allem Technics MKII, der Standard als Auflegdispositive, während sich CD-Player daneben allmählich etablierten. Die DJs waren die Hautabnehmer der Musik, sodass sie die Auswahl auf dem Dancefloor und die entsprechenden Charts bestimmt haben; DJ-Größen veröffentlichen regelmäßig eigene Charts in Szenemagazinen.

Auf Seiten der Labels wurden bei erfolgreichen Stücken bis zu 20.000 Einheiten an Maxis gepresst und verkauft. Folglich konnten Labelmacher_innen wie Musiker_innen allein vom Musikverkauf ihren Lebensunterhalt bestreiten. Vertriebe für Techno wie *Kompakt* oder *Diamonds and Pearls* wurden von Szeneakteur_innen gegründet und verbreiteten die Musik unabhängig von Majorvertrieben. Der Onlinevertrieb konzentrierte sich auf Vinyl-Maxis und -Alben. War eine Single ausverkauft, blieb nur die Hoffnung auf eine Wiederveröffentlichung oder die Platte im Gebrauchthandel zu erstehen. Dadurch grenzten sich DJs in ihrer Plattenauswahl durch exklusive Tracks, die nur sie besaßen, voneinander ab, woraus sich bei einigen Stücken in früheren Zeiten eine Clublebensdauer von mehreren Jahren ergab. Dies wurde noch durch fehlende Vertriebskanäle abseits des Dancefloors begünstigt. Abgesehen von CD-Kompilationen erfolgreicher Stücke oder offiziell veröffentlichten DJ-Mixen gab es wenige formelle Möglichkeiten für die Fans, ihre Musik außerhalb der Clubs zu hören. Stattdessen dominierten szenetypische informelle Verfahren wie Kassettenaufnahmen von DJ-Sets, die im Rundfunk übertragen oder von DJs privat erstellt wurden. Die Plattenläden und die Tanzflächen waren zu dieser Zeit die vorrangigen Orte, wo die Musik gehört, zelebriert, bewertet und mit Sinn aufgeladen wurde.

Produktion sowie Aufführung von Technotracks war vorrangig an MIDI-gestützte Hardware gebunden. DAW-Software[1] fand vor allem im Studio Verwendung und selten im Konzert.

Die Promotion der Musik und der Musiker_innen war Aufgabe der Labels, die oft auf professionelle Agenturen zurückgriffen. Zu den obligatorischen Werbekanälen zählten Szenepresse, Flyer, Poster, Radio oder in manchen Fällen Musikvideos. Daneben existierte mit der HR Clubnight ein Fernsehformat, welches die DJ-Performance in den Mittelpunkt stellte (Mathei, 2012, S. 113). Als Informationsquellen für die Technoszene dienten spezielle Magazine, die von Szeneakteuren wie *Sascha Kösch* (*De:Bug*) betrieben wurden.

7.2.1   Die Szene und die Distinktionen

Szenen organisieren sich zentralistisch um einen Szenekern herum. Die Organisationselite und die aktiven Partizipant_innen oder regelmäßigen Szenegänger_innen drängen in Richtung des Kerns, während sich die unregelmäßigen Partizipierenden je nach Grad der Involvierung in Richtung Szenekern oder -rand bewegen. Szenen sind eine Ausprägung „posttraditionaler Vergemeinschaftung" (Hitzler, 2008), die Außenstehenden den Einstieg ermöglicht aufgrund des labilen Wir-Gefühls, welches von temporärer Natur ist und sich in der Inszenierung sowie in der Szeneaktivität

---

1   Digital Audio Workstation-Software (DAW) bezeichnet Computerprogramme, welche Aufnahme, Produktion, Abmischung und Mastering in sich vereinen. Bekannte Programme sind Ableton, Cubase, Logic oder Pro Tools.

der Partizipant_innen realisiert (Hitzler & Niederbacher, 2010, S. 23f.). Die Szene besteht aus Organisationseliten, die untereinander ein Elitennetzwerk bilden und selber Teil eines Netzwerks aus agierenden und partizipierenden Szenebeteiligten sind. Zwischen der Organisationselite und den aktiv Teilnehmenden sind die sozialen Barrieren niedrig bis nicht existent. In vielen Fällen sind sie untereinander befreundet und verbringen außerhalb des Clublebens ihre Freizeit miteinander. Des Weiteren ist es oftmals schwierig zwischen Organisationselite und den aktiven Partizipierenden zu unterscheiden, da Zweitgenannte häufig in Aktivitäten eingebunden werden – z. B. Kasse, Getränkeverkauf, Promotion, Dekoration etc. – oder selber Aktivitäten wie DJing oder illegalen Partys nachgehen. Beide Akteursgruppen teilen dementsprechend ein gemeinsames Kommunikationsnetzwerk, Geschmackvorstellungen und ein Regelwerk. Dieses Regelwerk weist Parallelen zum „kulturellen Kapital" Bourdieus auf, welches Sarah Thornton (1997) „als Kern eines Distinktionssystems, in welchem die kulturellen Hierarchien mit den sozialen zusammenfallen"(S. 10) beschrieb. Die kulturellen Geschmackspräferenzen werden nach Bourdieus (1987) Definition durch die jeweilige Position im Klassensystem bestimmt und diese sind wiederum ein Kennzeichen der entsprechenden Klasse (S. 405f.). In Erweiterung dieses Konzepts formulierte Sarah Thornton (1997) das „subkulturelle Kapital"(S. 98f.).

> "Subcultural capital is the linchpin of an alternative hierarchy in which the axes of age, gender, sexuality and race are all employed in order to keep the determinations of class, income and occupation at bay. Interestingly, the social logic of subcultural capital reveals itself most clearly by what it dislikes and by what it emphatically isn't." (Thornton, 1997, S. 105)

Das subkulturelle Kapital entspringt dem Renommee der Szenegänger_innen. Dieses entsteht durch Langlebigkeit eines Projekts, Grad des Szenebezugs, Beteiligungsgrad, Dauer der Szenezugehörigkeit, Regeleinhaltung, Erfolg ohne kommerzielle Anbiederung, Konsekration durch die Szene sowie der Menge an Szenekommunikation. Des Weiteren stellt es ein Spezialwissen dar, welches eine Person nur durch aktive Teilnahme in der Szene und Auseinandersetzung mit ihren Gütern sowie Regeln erhält und dadurch subkulturelles Kapital akkumuliert. Das subkulturelle Kapital ist ein Mittel der Distinktion oder eine alternative soziale Hierarchie, in der Distinktionsgebilde wie der ‚Mainstream' oder die ‚breite Masse' und der ‚Underground' für die Produktionen in der Szene konstituierend sind (Thornton, 1997; Kühn, 2013, S. 169), da die Abgrenzung zu anderen Akteur_innen eine Grundlage eigener Produktionen ist. Da die jeweiligen Organisationseliten und ihre Netzwerke ein gemeinsames subkulturelles Kapital teilen, besitzen sie ähnliche Erwartungen aufgrund eines gemeinsamen Erlebens und Regelwissens. Das Regelwerk der Technoszene besteht aus ästhetischen, ökonomischen, sozialen und Szenefaktoren. Für das Regelwerk auf dem Dancefloor konnten folgende Punkte in den untersuchten Szenemilieus, die eher dem ‚Underground' zuzuordnen sind, identifiziert werden:

1. Regelkonforme Tracks
2. Neuheit oder Unbekanntheit der Tracks
3. Offenheit
4. Friedliches und freundliches Publikum
5. Gemeinsames Zelebrieren

Die Punkte drei bis fünf bilden eine Konstante innerhalb der Technoszene wie die Arbeiten von Werner (2001) sowie Schwanhäußer (2010), die ihren Fokus stärker auf Open Air-Szenen rückt, nahelegen. Sie sind aber auch ein wirkungsmächtiges Narrativ, denn die Technoszene ist von distinktiven Handlungen durchzogen. Ein Verstoß gegen Punkt eins äußert sich in einem gemeinsamen Ablehnen von zu erfolgreichem und kommerziell ausgerichtetem Techno oder szenenferner Musik durch die Szeneakteur_innen, sei es durch Sanktion auf dem Dancefloor oder in Form negativer Kommunikation und Reputation. Auf sozialer Seite werden kommerzielle Praktiken oder Verstöße gegen die Punkte drei bis fünf des Regelwerks geahndet.

Kommerzieller Erfolg geht oftmals mit dem „subcultural kiss of death"(Thornton, 1997, S. 6) einher. Dieser tritt ein, wenn stilistische und soziale Schlüsselelemente einer Szene bedroht sind oder aufgegeben werden. Eine potentielle Gefahr wie konstituierende Formation, da die Szene oder deren Underground erst in der Opposition entsteht, sind die Verbreitung der Musik oder Berichte über die Szene in Boulevardpresse, Radio und Fernsehen (Thornton, 1997, S. 90). So wird paradoxerweise ein Produzent, der die ästhetischen Regeln nicht verletzt hat, dennoch sanktioniert, da dieser auch ein szenefernes Publikum erreicht, welches wiederum in die Szene eintreten könnte oder eintritt.

> *„Ich will ja nicht, dass meine Sachen in den Charts sind. Für Wankelmut [Vgl. Kapitel 3.1.2] zum Beispiel ist das, glaube ich, Pech. Also ich kenn' den ganz gut. Jetzt ist der mit dem einen Track in acht Ländern auf Platz 1 und wird jetzt gut Geld verdienen. [...] [A]ber die Auftritte werden halt in Dorfdiskos, Prolldiskos und Kirmestanzclubs sein und nicht in den Undergroundclubs, weil die so was scheiße finden." (Akteur Berlin 2: Produzent, DJ, Labelbetreiber)*

Aufgrund des geringeren bis nicht vorhandenen subkulturellen Kapitals des szenefernen Publikums, wird dieses als potentielle Gefahr für das Regelwerk der Technoszene angesehen. Das gemeinsame Erleben würde gestört, was eine Verletzung der latenten Sinnstrukturen der Szene darstellt. Dementsprechend bemühen sich Veranstalter, Produzenten und DJs gleichermaßen, die Balance zwischen ökonomischem und Szenehandeln zu wahren, d. h. die neuen ‚Mitbestimmer_innen‘ werden zum Teil ausgeschlossen. Neben expliziten Produktionen für die Szene, z. B. in Form illegaler Veranstaltungen, Liebhaberprojekte oder limitierter Veröffentlichungen in Sonderformaten sollte der kommerzielle Bogen nicht überspannt werden.

> *„Auf jeden Fall war immer ein Problem, diesen Spagat zwischen Popularität und Underground zu halten. Einerseits muss man halt bei gewissen Veranstaltungen auch ein paar Euro an den Start bringen und auch eine gewisse Anzahl an Personen zur Party kriegen. Und da gab es dann natürlich auch immer mal wieder Kritik, dass es zu voll ist, bzw. dass einfach von meiner Seite aus bewusst die Party gefährdet wird, indem man relativ populäre Sachen oder zu populäre Sachen macht, die dann halt wieder Idioten anziehen.“ (Akteur Ruhr 4: Veranstalter)*

Durch Eintritt eines szenefernen Publikums laufen die Regeln Gefahr, aufgeweicht zu werden. Die Distinktion der Kernszene gegenüber Außenstehenden, welche die Regeln nicht achten, ist trotz der Offenheit und des gemeinsamen Zelebrierens deutlich ausgeprägt. Veranstalter_innen meiden für manche Partys öffentliche oder auch private Werbung auf Facebook und setzen auf E-Mail oder SMS, um das Publikum im Vorfeld zu selektieren und diesem etwas Besonderes zu bieten. Des Weiteren wird die Zusammensetzung des Publikums durch die Türpolitik gesteuert, um eine familiäre Atmosphäre zu gewährleisten (Kühn, 2013, S. 180) und zur Vergewisserung der Szenezugehörigkeit des Publikums beizutragen (Hitzler & Niederbacher 2010, S. 17).

Abseits der Distinktion gegenüber Außenstehenden sind die Distinktionen innerhalb der Technoszene ebenfalls signifikant und verlaufen entlang der Grenzen Szene-Kommerz, bildungsferner-bildungsintensiver Milieus (Thornton, 1997, S. 101; Kühn, 2013, S. 179f.) und stilistischer Variationen. Daher ist die Szene ein fluides, uneinheitliches Gebilde, welches sich aus zahlreichen Subszenen zusammensetzt, die auf Netzwerken von Gruppen aufbauen (Hitzler & Niederbacher, 2010, S. 20). Diese Netzwerke verfügen über divergierende Geschmackspräferenzen sowie Diskurspositionen, die die Basis für subkulturelle wie ökonomische Handlungen sind. Die Netzwerke streiten unter Mithilfe ihrer Produktionen um die Deutungshoheit in Bezug auf das Regelwerk und lokalen Einfluss von Techno. Die Ablehnung der DJs kann anhand des Publikums erfolgen, welches diese/r anspricht. Musikalische Gründe scheinen weniger signifikant zu sein.

Des Weiteren hat sich die Technoszene in den letzten Jahren in Stilvariationen aufgespalten. In diesem Fall entspringen die Distinktionen den ästhetischen Vorlieben der jeweiligen Subszene. Exemplarisch können hier Berghain[2]- vs. Bar25-Sound (Vgl. Mischer & Yuriko, 2012; Various 2012), monoton-toolig vs. auskomponiert-melodisch oder Deep/Tech House vs. Techno genannt werden.

„Irgendwann stand mal auf einem Flyer drauf, was für Musik an diesem Abend dort läuft, und da stand dann ‚Melodic Techno'. Das fand ich sehr abwegig. Nicht das Techno nicht melodisch sein kann, sondern ich fand diese Beschreibung so absurd: Melodic Techno. Da wusste ich nicht so richtig, was ich mir darunter vorstellen sollte und ich glaube, es war auch nichts für Leute, die gerne Techno hören, sondern eher für Leute, die überhaupt gar keine elektronische Musik hören und sagen: ‚Ah, das ist jetzt nicht nur Disch-Disch-Disch-Disch, sondern das ist auch Musik, die mehr umfasst als, ich sag mal, nur den stupiden Techno'." (Akteur Ruhr 7: Partizipantin)

„Diese melodischen Techno-Typen finde ich echt cool. Also die Leute, die ich bis jetzt gesehen habe, die auf diese Musik abgehen, das sind alles ziemlich coole Leute eigentlich. [...] Also Kölner Techno ist im Großen melodisch und in Berlin der Techno ist das nicht." (Akteur Ruhr 5: DJ, Produzent)

7.3   Die Technoszene nach dem digital turn

2014 präsentierte sich die Technoszene in vielen Belangen in gewandelter Form, da Distribution, Produktion und Praxis digitalisiert wurden. Den ersten großen Einschlag stellte der Aufstieg von *Beatport* und anderer Onlinestores für elektronische Musik wie *Juno Download, DJTunes, Trackitdown, DJShop, Tracksource* oder *Whatpeopleplay* ab dem Jahr 2008 dar. Dies ging einher mit der Aufhebung der Endlichkeit von Techno durch nicht-physische, digitale Musikformate. In Folge dieser Entwicklungen entstanden einerseits unzählige Digital-Labels, andererseits sahen sich etablierte Labels gezwungen, ihr Geschäft um den Verkauf von Files zu erweitern. Parallel dazu geriet der Tonträgermarkt der Technoszene gegen 2008 in eine Rezession (Steer, 2008; Wellinger & Gottfried, 2012, S. 14), der eine Marktsättigung vorausgegangen war. Im Vergleich zur Majorindustrie sowie

---

2   Dieser steht besonders für Veröffentlichungen des Labels *Ostgut Ton.*

anderer Indie-Segmente erfolgte die Rezession deutlich später und wurde neben der Marktsättigung vom digital turn ausgelöst.

> „Wir [der Vertrieb] hatten ja steigende Monatsgewinne von 2000 bis ins Jahr 2008 meines Wissens. Also das waren so 2006 bis 2008 die goldenen Jahre, wo einfach auch alles wahnsinnig gut verkaufte. [...] Danach ist auch jeder auf den Zug aufgesprungen und dann hast du teilweise Vertriebe gehabt, die in einer Woche 40 Releases hatten und irgendwann geht so was nicht mehr. Und irgendwann denkst du auch als Technoliebhaber und Kunde: Ich habe jetzt irgendwie 2.000 Platten zu Hause, die neue macht auch nur noch Bumm-Bumm. Und irgendwann kommst du an eine Grenze, wo du denkst: es verliert so ein bisschen an Wichtigkeit, wenn das so zugemüllt wird. Das war auch, glaube ich, das Jahr, wo Beatport allmählich sehr stark wurde und da hat man schon gesehen, dass viele jetzt auch aus mitunter finanziellen Gründen sagen: Bevor ich mir jetzt eine Maxi kaufe, kaufe ich mir lieber acht Digitalreleases. Ab da ging es mit dem physischen Bereich definitiv bergab." (Akteur Rhein 5: Techno-Vertrieb-Mitarbeiter, Labelbetreiber, Ex-DJ)

Die Entwicklung der Onlinestores für elektronische Tanzmusik ist in den meisten Fällen wie beispielsweise bei *Beatport* oder *DJTunes* auf Szeneakteure zurückzuführen, die die Bedeutung des Digitalmarkts für die Clubkultur frühzeitig erkannten und eigene Portale abseits der namhaften wie *ITunes* oder *Amazon* etablierten. Der Digitalmarkt gewann für Techno zunehmend an Bedeutung, zumal in den letzten Jahren alte analoge Stücke digital wiederveröffentlicht und dem Markt wieder zugänglich gemacht wurden. Auf diese Weise wurden die Onlinestores zu Archiven elektronischer Tanzmusik.

Durch das Erscheinen der Onlinestores wurde Techno für externe Investoren attraktiv, was aber gleichzeitig die Gefahr der erneuten Kommerzialisierung erhöhte. *SFX Entertainment* des Medienunternehmers *Robert F. X. Sillerman* übernahm die Hauptanteile u.a. an *Beatport* (Gottfried, 2013), dem Festival *Tomorrowland* (Mason, 2013) sowie den Veranstalter *I-Motion* (Wieder, 2013), der u.a. *Ruhr in Love*, *Mayday* und *Nature One* durchführt; der MP3-Mitentwickler *Karlheinz Brandenburg* und die *Beteiligungsmanagement Thüringen GmbH* (Hüsing, 2008) sind Investoren des Onlinestores *DJTunes*, welches zuvor bereits ein Investment durch *High-Tech Gründerfonds* erhielt (Deutsche Startups, o.J.). Mit dem Eintritt der Investmentfirmen haben sich allerdings die Machtverhältnisse im Technodigitalmarkt zu Ungunsten der Musikschaffenden und -vertreibenden verschoben, die in einem Abhängigkeitsverhältnis vor allem zu Beatport stehen.

„Die [Beatport] haben immense Möglichkeiten, da auch ihre Macht auszuspielen. Wenn von heute auf morgen die Beatport-Verkäufe wegbrechen würden, dann hätte man schon ein Problem. Und wenn Beatport jetzt daherkommen würde und sagt: ‚Ich hätte gerne statt 40 % der Einnahmen jetzt 50 % oder 60 % und jeder, der nicht zustimmt, fliegt raus.' Also dann glaube ich schon, dass das Viele trotzdem mitmachen würden und da wäre ja natürlich auch sehr viel Macht im Spiel, die da benutzt wird." (Akteur Rhein 5: Techno-Vertrieb-Mitarbeiter, Labelbetreiber, Ex-DJ)

Eine andere Folge des wachsenden Digitalmarkts, welcher durch die vereinfachte digitale Musikproduktion zusätzlich angetrieben wird, besteht in der monetären Entwertung des Singleformats. Zwar werden im Verhältnis genauso viele oder gar mehr als zu vor analoge und digitale Einheiten verkauft, aber aufgrund des niedrigen Preises für eine MP3 fallen die Margen der Tonträgerverkäufe insgesamt geringer aus. Die Kosten für eine MP3 liegen bei *Beatport* zwischen 1,30 € und 2,30 € im Vergleich zu einer 12"-Maxi, die in der Regel zwischen 6 € und 12 € veräußert werden. Von dem Umsatz der Digitalverkäufe behält *Beatport* einen Anteil von derzeit 40 %. Im Schallplattenverkauf fallen größere Produktionskosten aufgrund der Erstellung einer Pressvorlage und der Pressung an, die sich bei Misserfolg oder nur geringen Verkaufszahlen nicht amortisieren. Bei Erfolg generiert Vinyl auf lange Sicht jedoch mehr Umsatz als MP3 aufgrund der Einzelstückpreise. Die Kosten für Nachpressungen sind wegen der existierenden Pressvorlage niedriger und es besteht ein Angebots-Nachfrageprinzip, was eine genauere Planung ermöglicht. Darüber hinaus geben die Vertriebe durch Press & Distribution-Deals bessere Konditionen an die Labels weiter, die aus niedrigeren Stückkosten pro Platte aufgrund eines größeren Auftragsvolumens an die Presswerke resultieren (Vgl. Tschmuck, 2013). Die meisten Singles werden heutzutage in Form digitaler Formate gekauft, während in der Regel zwischen 300 und 1.500 Einheiten einer Vinyl-Maxi gepresst werden. Allerdings sind die Margen von solchen Kleinstauflagen extrem niedrig, sodass laut eines Interviewpartners (Akteur Berlin 2) die Einnahmen für Musikschaffende und Label pro Vinylsingle einer dreihunderter Auflage zusammen bei 30 € liegen. Dies ist auf die vergleichsweise hohen Produktionskosten von Kleinstauflagen zurückzuführen, die sich erst spät amortisieren, wenn sie dies überhaupt tun.

Es kann aber auch eine andere Entwicklung festgestellt werden, die mit der Stärkung des Albumformats einhergeht, welches in den letzten Jahren einen Bedeutungszuwachs erfuhr. Auf diese Weise konnten die Labels die Umsatzeinbußen aus dem Singleverkauf ausgleichen. Dennoch ist es nach Interviewaussagen von Musiker_innen und Betreiber_innen analoger und/oder digitaler Labels schwieriger geworden, den Lebensunterhalt mit dem Musikverkauf zu bestreiten (Goldmann,

2011; Wellinger & Gottfried, 2012, S. 14) aufgrund geringerer Margen und größerer digitaler Konkurrenz.

> *„Es ist halt einfach nicht mehr schön, ein Label zu haben, weil es ja profitlos ist. Das ist eigentlich mehr Zweck. Zweck deine eigenen Sachen zu veröffentlichen oder Sachen, die du gut findest. Davon profitiert man ja auch, wenn man die Musik jetzt nicht gemacht hat, wenn man sie veröffentlicht."* (Akteur Berlin 2 Produzent, DJ, Labelbetreiber)

Einerseits sind die Akteur_innen auf Einnahmen aus dem Livemarkt angewiesen, sei es für den Lebensunterhalt oder als Mittel zur Querfinanzierung von Labelaktivitäten inklusive Gehälter der Angestellten. Andererseits haben sich die Akteur_innen zusätzliche finanzielle Standbeine in Form von Bookingagenturen, eigenen Partys, Clubs sowie Verlagen aufgebaut. Diese und andere Tätigkeiten werden oftmals transdisziplinär betrieben, d. h. eine Person übernimmt mehrere Aufgaben. Wiederum betreiben manche Akteur_innen ihr Label als ein im Idealfall sich selbstfinanzierendes Hobby. Im Zuge des digital turns stellten diverse Vertriebe online (*Web-Records.com*[3]) wie offline (*Neuton Schallplatten* [Steer, 2008], *Intergroove* [Gabric, 2014], *Pinnacle* [Ruopp, 2008]) und in Folge dessen auch Plattenläden ihre Aktivitäten ein.

Die zweite Einflussgröße für den digital turn der Technoszene besteht im Aufkommen digitaler DJ- und Aufführungstechnologien. Das DJ-Handwerk wurde hierbei zu einem Simulacrum der Simulation im Sinne Baudrillards (1982) oder erfuhr eine „Remediation" nach Bolter und Grusin (2000), denn es handelt sich um eine Transformation einer analogen Praktik in einen digitalen Rahmen bei gleichzeitiger Loslösung von der Tonquelle. Bei digitalen DJ-Technologien werden keine physischen Medien sondern Files abgespielt. Dies erfolgt über eine Schnittstelle, die zwischen Laptop und dem entsprechenden Auflegdispositiv wie *Traktor* von Native Instruments oder *Scratch* von Serato geschaltet wird. Zur Steuerung können wahlweise Plattenspieler mit Timecode-Platten, CD-Player oder kompakte Mixing-Einheiten genutzt werden. Anstelle eines Tonträgers bearbeiten Digital-DJs ein Steuerungssignal, welches vom Computer in Klang übersetzt wird. Daher ist es bei Timecode-Platten von keinerlei Bedeutung, an welcher Stelle des digitalen Vinyls, welches aus zahlreichen Endlosschleifen besteht, die Nadel aufgesetzt wird, da der jeweilige Track immer erst vom Anfang oder vorher festgelegter Cue-Points gestartet wird. Erst danach kann das Stück nach DJ-Manier bearbeitet werden. Di-

---

3 Die Mitteilung über die Einstellung von *Web-Records* wurde über die Homepage bekannt gegeben. http://www.web-records.com/.

gitale Auflegdispositive haben den Zugang zum DJing immens erleichtert aufgrund ihrer eingebauten Loop- und Synchronisationsfunktion. Auf diese Weise können Anfänger bereits nach kurzer Zeit potentiell ein Set aufnehmen und Auftritte absolvieren. Daneben bieten die digitale Auflegtechnologien Musikschaffenden die Möglichkeit, das DJ-Handwerk innovativ zu erweitern, wie es *Magda* auf She's a Dancing Machine präsentiert. Für diese Mix-CD griff sie auf 72 Stücke zurück, die entweder komplett gespielt oder als Sample über einen anderen Track gelegt wurden. Daraus resultiert ein Mix, der Ähnlichkeiten zu den Arbeiten von Mashup[4]-Produzent_innen aufweist.

Neben der DJ-Praxis erfuhren auch die Produktions- sowie Aufführungstechnologien der Clubkultur eine Digitalisierung. Der Laptop und insbesondere das Musikprogramm *Ableton* nehmen in dieser Entwicklung eine besondere Stellung ein, da in diesem Arrangements in Echtzeit live umgesetzt werden können. In Folge dieser Entwicklung wurde einerseits der Live-Markt mit Newcomer_innen übersättigt, was neben der Technologie der wachsenden Bedeutung dieses Sektors geschuldet ist, in dem noch Umsätze erzielt werden können. Andererseits haben die im Sinne des Wortes ‚leichten' Technologien einen Beitrag zum Entstehen der eintägigen Open Airs (Lange, 2012; Busse, 2014) geleistet, da sie im Gegensatz zu Vinyl und Plattenspielern leichter im Transport, schneller aufgebaut und komfortabel in der Live-Situation sind.

An dritter Stelle haben Social Media den Zugang zur Musik und Szene Techno erleichtert. Insbesondere YouTube übernimmt dabei zusätzlich eine Archivfunktion. Dadurch ist Techno öffentlicher und in mancher Hinsicht populärer geworden. Dies ist natürlich auch dem Berlin-Hype geschuldet. Berlin hat sich zum derzeitig wichtigsten Ort für Techno entwickelt. Dies zeigt sich an einer hohen Dichte an Clubs sowie (zugezogenen) Labels und Musiker_innen. Daneben ist Berlin eine wichtige Destination für den paneuropäischen Clubtourismus (Rapp, 2009). Unabhängig von dem Berlin-Hype haben die neuen Verbreitungskanäle einen großen Einfluss auf den Wandel in der Technoszene ausgeübt. Profi- wie Amateur-DJs, internationale wie lokale DJ-Größen laden regelmäßig ihre Clubsets auf *Sound-Cloud, Mixcloud, YouTube* hoch oder nehmen speziell für diese Kanäle welche auf. Dadurch hat der digital turn einen große Einfluss auf DJ-Bookings ausgeübt, da Newcomer_innen potentiell eher entdeckt werden können. YouTube-Channel wie *Boiler Room* präsentieren und archivieren Sets von Stars sowie Newcomer_innen der elektronischen Tanzmusik. Dabei wird die Performance des DJs entgegen der ursprünglichen Technoideologie, die das Startum ablehnte (Büsser, 2004, S. 191),

---

4   Im Mashup werden mehrere Quellen oft aus unterschiedlichen Genres miteinander verbunden. Mashups sind in der Regel illegale Remixformen. Vgl. Girl Talk 2010.

in den Fokus gerückt und somit der Konsekration und der Aura des DJs zuspielt. Dies scheint symptomatisch für die derzeitige Musikkultur zu sein, in welcher der DJ das Äquivalent zum Popstar wurde, was sich anhand der Gagen von Techno-DJs (Waltz, 2014) oder internationaler DJ-Größen wie *Tiesto* oder *David Guetta* zeigt (Smits, 2015).

Social Media und vor allem Facebook haben darüber hinaus die Akteur_innen und Partizipant_innen der Technoszene enger zusammengeführt, als es vor dem digital turn der Fall war. Die Fans können einerseits bequem die Aktivitäten der DJs und Produzent_innen verfolgen und andererseits mit diesen in Kontakt treten.

> *„Als das erste für mich wichtige Netzwerk aufkam, MySpace, wird sich noch jeder dran erinnern können, habe ich eine[m] Künstler, den ich damals sehr geschätzt habe, Alex Cortex, [...] eine[n] ganz langen Brief geschrieben, was die Musik für mich bedeutet, dass ich mir jede Maxi von ihm gekauft habe und habe ihm halt mein ganzes Lob ausgesprochen. Und fünf Minuten später habe ich eine Rückantwort von ihm bekommen. In der hat er sich ausdrücklich bedankt und wie viel ihm so ein Feedback bedeutet. Ich war in erster Linie baff, dass mir einer so schnell antwortet."* (Akteur Ruhr 6: DJ, Veranstalter, Partizipant)

Dabei handelt es sich nicht um ein einseitiges Verhältnis, denn diverse interviewte Akteur_innen hoben die Bedeutung der Kommunikation mit den Fans hervor.

> *„Aber ich finde, das ist sehr, sehr wichtig, dass du den Bezug zu den Leuten hast. Also ich habe eine sehr starke Bindung zu denen. Ich helfe den Leuten auch, wenn die irgendwelche Fragen haben oder [...] ich höre mir das an und gebe mein Feedback ab."* (Akteur Ruhr 5: DJ, Produzent.)

Manche DJs und Produzent_innen posten über ihre *Facebook*-Profile private Fotos wie Akteur Ruhr 5 oder lassen die Fans am Tourleben teilhaben wie Akteur Rhein 2 (Produzent).

Der einfachere Zugang zu Techno durch Social Media hat zu einer Internationalisierung der Technoszene beigetragen, im Zuge dessen vormals nicht belieferte Ländermärkte die Musik entdecken konnten. Dies befördert einerseits DJs und Produzenten wie *Arjun Vagale* aus Indien in den internationalen Technomarkt, andererseits öffnen sich die Ländermärkte für Auftritte internationaler DJs. Des Weiteren können bestehende Beziehungen unter den Akteur_innen gefestigt und zu Netzwerken ausgebaut werden aufgrund regelmäßiger Kommunikation über Social Media.

„*Und jetzt ist man über das Internet mit allen verbunden. Das ist zwar nicht mehr so real, aber ich glaube, man bildet sich fast schon ein, das wäre real. Es hat ja auch schöne Seiten. Ich habe so viele Leute im Ausland kennengelernt, da ist es gar nicht anders möglich, als so zu kommunizieren. Man bleibt so im Kontakt und im Gespräch und das heißt, mit jemand, bei dem ich vor drei Jahren in Lissabon gespielt habe, komme ich immer noch gut klar. Früher hat man sich leider einfach drei Jahre nicht gesehen und hat sich vergessen. Und das heißt, der kriegt auch immer noch meine Musik und das, was ich mache, mit und hat das auf dem Schirm. Und wenn sich das so multipliziert mit mehreren Menschen, dann wird das natürlich auch alles immer größer. Und es ist halt einfach gut. Die Leute hören es. Sie kriegen es viel mehr zu hören, weil es die auch kostenlos im Internet gibt; YouTube, SoundCloud. Das heißt, auch sozial Schwächere, was ja die Meisten, 90 % auf dem Erdball [sind]. Oder in Indien kannst du ja auch Tracks für sieben Cent kaufen auf Beatport; also in Entwicklungsländern. Ich habe ja auch schon in solchen Ländern gespielt. Oder [Labelmitbetreiber, Produzent/DJ] war neulich in Sri Lanka, Kenia und Palästina und so weiter. Also kommst du auch an ganz andere Klientel ran. Dann findet das einer gut, erzählt das all seinen Freunden und dann finden die das alle gut; das ist so ein Multiplikator.*“ (Akteur Berlin 2: Produzent, DJ, Labelbetreiber)

Die Internationalisierung der Technoszene durch Social Media scheint dabei ein generelles Phänomen derzeitiger Indie-Szenen zu sein, wie die Ausführungen von Steve Albini (2014) in seiner Key Note bei der Face the Music 2014 Tagung nahelegen. Die Onlineplattformen sind darüber hinaus wichtige Promotionkanäle, auf die alle Produzierenden zurückgreifen. Labels, Veranstalter_innen, DJs und Produzent_innen informieren via *Facebook* über Releasedates, Tourdaten, Aktivitäten und Veranstaltungen. Einige Akteur_innen produzieren Musikvideos zu ihren Veröffentlichungen und laden diese bei *YouTube* oder *Vimeo* hoch. Andere kündigen anstehende Veröffentlichungen mit daraus entnommenen Samples auf *SoundCloud* an. Als Konsequenz davon haben vor allem kleine Labels ihre Werbeaktivitäten komplett in das Internet verlagert, sodass nur noch wenige Plattenfirmen Anzeigen in Szenemagazinen schalten. Der Werbeeinnahmenverlust der Szenepresse geht einher mit einem Relevanzverlust. Dies führte wiederum zur Einstellung von Szenemagazinen wie *Raveline* und *De:Bug* (Kösch, 2014). Im Zuge dieser Entwicklungen gewannen Webseiten wie *Resident Advisor* (http://www.residentadvisor.net) und Blogs wie *Berlin Mitte Institut* (http://www.berlin-mitte-institut.de/) oder *Technoarm* (http://www.technoarm.de/) an Bedeutung.

Mit der Verlagerung der Werbung auf Social Media geht eine Entwicklung einher, derer sich die Akteur_innen bedienen: Fanpromotion. Diese Art der Promotion wird durch die Fans initiiert und nutzt die Netzwerklogik der Social Media. Technostücke werden mit einem Standbild oder selbstproduziertem Videos auf YouTube hochgeladen und teilweise mit einem Link zu einem Musicstore versehen, wo der Track gekauft werden kann. Manche Fans verbreiten die Musik illegal als Stream über ihr *SoundCloud*-Profil oder als Posting auf *Facebook*. Über die letztgenannte Plattform bewerben und bewerten die Fans auch die Musikschaffenden und Veranstaltungen. Dadurch werden diverse unterschiedliche Akteursarten wie regelmäßige und unregelmäßige Partizipierende, Außenstehende und Organisationselite, Fans und Gelegenheitshörer_innen zu viralen Verbreitern der Musik und anderer Güter der Technoszene. Auf diese Weise sind die Onlineplattformen die neuen Orte der Zusammenkunft neben dem Dancefloor geworden. Sie sind die Orte, wo Profis und Amateur_innen, etablierte Musiker_innen und Newcomer_innen, Akteur_innen und Partizipant_innen miteinander abseits der Clubs kommunizieren. Sie sind die Orte, wo die Musik abseits der Tanzflächen gehört wird und haben Techno einem größeren Publikum inner- wie außerhalb der Technoszene zugänglich gemacht. Der digital turn hat ein vormals in sich greifendes Bewertungssystem aus Plattenhändler_innen, DJ-Größen, Fachpresse sowie Verkaufszahlen durcheinandergewirbelt und zum Erscheinen neuer ‚Mitbestimmer_innen‘ geführt. Diese beteiligen sich nun ebenso an der Konsekration und kommerziellen wie symbolischen Bewertung von als auch Kommunikation über Techno abseits des Dancefloors.

7.3.1   Neue Wege der Popularisierung und neue Mitbestimmer_nnen

Im Folgenden wird sich den neuen Wegen der Popularisierung von Technoproduzenten und dem Einfluss der neuen ‚Mitbestimmer_innen‘ in diesem Prozess gewidmet. Es werden die Routen nachgezeichnet, wie DJs und Produzenten durch die Nutzung von Social Media entdeckt und zum Teil popularisiert wurden. Zur Klärung dieses Prozesses erfolgt erneut ein historischer Rückblick. Im Jahr 2004 brauchten Stücke einen längeren Zeitraum als heutzutage, um Hits inner- und außerhalb der Technoszene zu werden. Denn es mussten zuerst genügend DJs den Track kaufen und spielen, damit das Stück eine Position in den Szene- und Verkaufscharts erhalten konnte und somit hör- und sichtbar wurde. Jedoch war eine größere Vorhersehbarkeit bei einigen Stücken gegeben, sobald diese von namhaften DJs wie *Sven Väth* oder *Ricardo Villalobos* gespielt oder in deren Charts veröffentlicht wurden. Des Weiteren griffen auch im Techno ähnliche Regeln hinsichtlich der Bekanntheit von Musiker_innen und dem daraus resultierenden Erfolg. Dies hat sich in manchen Punkten gewandelt, sodass heutzutage Labels schneller sehr erfolgreich sein, danach jedoch umso schneller an Bedeutung verlieren können (Waltz, 2014).

> *„Es ist heutzutage kaum noch möglich zu sagen, warum eine Veröffentlichung läuft oder nicht. Es sei denn, es ist ein Hit, auf den sich wirklich alle einigen können.“ (Akteur Rhein 1: Produzent, DJ, Labelbetreiber)*

Für diese Prozesse leisten die Partizipant_innen der Technoszene einen großen Beitrag. Zwar haben diese schon immer Anteil an der Bewertung der Musik gehabt, insbesondere durch Einstellen des Tanzes oder Verlassen der Tanzfläche im Club. In gewisser Hinsicht ist dies aber eine Abstimmung zweiten Grades, da die Tänzer_innen erst im Nachhinein auf den Kauf des DJs reagieren. Heutzutage bewerten die Partizipant_innen die Musik aus erster Hand durch Aufrufe, Downloads und eigene Käufe. Dies geschieht bspw. auf herkömmlichem Weg, indem der DJ nach einem Stück gefragt oder ein Track per Musikerkennungs-Apps wie *Shazam* identifiziert wird. Dies hat die Nachfrage beim DJ überflüssig und ein vormals eher exklusives Wissen der Allgemeinheit zugänglich gemacht.

Nach dem Clubbesuch können sich die Tanzenden umgehend mit *YouTube* oder *SoundCloud* den Track anhören. Sie können das Stück in einem Onlineshop erwerben, denn der Preis für eine digitale Veröffentlichung stellt keine finanzielle Hürde dar. Zwar verfügt eine Maxi zu 8€ meist über zwei bis drei Tracks, aber selbst dann ist der digitale Kauf immer noch günstiger, da drei MP3s zusammen ca. 6€ kosten. Wenn allerdings nur ein einzelner Track einer Maxi digital für ca. 2€ erworben wird, fällt der Unterschied noch deutlicher aus. Durch das Aufrufen über eine Onlineplattform oder den Kauf in einem Onlinestore beteiligen sich die neuen Mitbestimmenden und auch DJ-Anfänger_innen an der Bewertung von Techno. Darüber hinaus tragen sie auch zur Verbreitung der Musik und damit der potentiellen Gefahr der Kommerzialisierung bei. Aus passiver Sicht durch das reine Hören, aus aktiver Sicht durch das Teilen von Liedern und Musikvideos über das eigene Profil. Bei *YouTube*-Uploads werden oft zusätzlich Links zu Onlinestores beigefügt.

Einzelne Technotracks erreichen eine sehr große Öffentlichkeit, was in der analogen Zeit nicht möglich war. An dieser Stelle wirkt die Archivlogik zusätzlich auf die Verbreitung der Musik und Erhöhung der Reichweite ein. Sets und Hits der Technoszene erreichen binnen kurzer Zeit via Social Media eine Klickzahl von mehreren Millionen. Im Juni 2014 verzeichnete bspw. der Track Gemini von *Marek Hemmann*, welcher 2009 veröffentlicht wurde und in der Technoszene erfolgreich war, annähernd vier Millionen Aufrufe via *YouTube* und dem offiziellen *SoundCloud*-Profil. Dies bildet jedoch nur einen kleinen Bereich ab, denn neben den Dancefloors und anderen Onlineplattformen werden weiterhin über Filesharing-portale[5] wie BitTorrents (bspw. *UTorrent*) oder Filehostingportale[6] wie Sharehoster (bspw. *Megaupload*) Stücke verfügbar gemacht, wie es diverse Musiker und La-belmacher in den Interviews beklagten. In beiden Fällen werden Daten wie MP3s abseits des offiziellen Verkaufs von Privatpersonen unentgeltlich zum Download zur Verfügung gestellt. Bei Hosting geschieht dies zentral, bei Sharing dezentral. Anders als bei Fanpromotion in Social Media gehen einige der interviewten Akteure rechtlich gegen die Verfügbarmachung ihrer Musik auf Sharingseiten vor. Solche Hörerzahlen und Reichweiten sind für Technoverhältnisse immens. Dadurch haben sich gleichzeitig die Wege vervielfältigt und die Geschwindigkeit erhöht, mit der DJs und Produzent_innen bekannt werden.

Anhand der Musiker *Lars Leonhard*, *Wankelmut* und *Alle Farben* werden nun die neuen Verbreitungslogiken im Techno vorgestellt, die bei Veröffentlichungen der letztgenannten bis in die internationalen Charts führten. Zwar gelangten zuvor bereits (Acid-)House- und Technostücke in die internationalen Charts, die Wege dorthin haben sich jedoch gewandelt.

7.3.1.1 Lars Leonhard

Der Düsseldorfer Produzent *Lars Leonhard* ist hinsichtlich anderer Technomusi-ker_innen ein Ausnahmefall, da er sich nicht als Szenegänger definiert und keine Konzerte spielt. Besonders unter diesen Voraussetzungen ist seine Kollaboration mit der *NASA* bemerkenswert. Diese Kooperation war aus *Lars Leonhards* Sicht dem Zufall geschuldet. Während eines Gewitters machte er Aufnahmen davon mit einem mobilen Aufnahmegerät, die er im Anschluss mit „ein paar Sounds und ein bisschen Geplänkel" versah und daraus das Stück Thunderbolt produzierte. Dieses lud er danach auf seinem Profil bei *SoundCloud* hoch und bot es als freien Download an. Der Track wurde im Nachhinein heruntergeladen und über *YouTube* zusammen mit einem Standbild wieder online zur Verfügung gestellt:

> „Und irgendwann bekam ich über meine Facebook-Like-Seite eine Nachricht, so ähnlich wie: ,Hallo, ich bin bei YouTube [auf Dich] aufmerksam geworden, kann ich dein Lied für mein Video benutzen?', und ich dachte erst: ,Ah, für sein Urlaubsvideo oder so.' Dann habe ich so ein bisschen weiter gelesen und

---

5   Beim Filesharing werden Daten zwischen den Nutzern einer entsprechenden Plattform geteilt und weitergegeben.

6   Filehostingportale stellen ganzen Dateien als Download zur Verfügung.

ganz unten stand dann irgendwie so Scott-Blablabla@nasa.gov. Ich denke
so: Ey, was ist das denn für eine geile Emailadresse? Den Rest habe ich dann
natürlich mal oben in den Browser rein geschmissen, nasa.gov, und landete
dann immer wieder auf der offiziellen NASA-Webseite. Und ich denke so: Das
ist ja krass. Klar habe ich ihm das natürlich sofort erlaubt, [...] und daraus
entwickelte sich dann jetzt mittlerweile das dritte Video und die sind, glaube
ich, total happy, dass sie jemanden haben, der so geile Musik macht und seit-
dem arbeiten wir zusammen."

7.3.1.2 Wankelmut

Im Fall des Berliner DJs und Produzenten *Jacob Dilßner*, besser bekannt als *Wan-kelmut*, führten die neuen Wege der Popularisierung im Jahr 2012 in die inter-nationalen Charts mit seinem Stück One day/ Reckoning song, welches in den Ländern Belgien, Griechenland, Italien, Niederlande, Österreich, Polen, Schweiz und Slowakei Platz 1 erreichte.

Der Erfolg des Stücks mag zum einen seiner kompositorischen Ausrichtung geschuldet sein, die Gesang, eine Gitarre und eine Songstruktur aufweist. Diese stammen von *Asaf Avidan*, denn bei *Wankelmuts* Stück handelt es sich um ei-nen Edit. Ein Edit bezeichnet einen nicht geklärten Remix, bei dem nur auf das gesamte Stück und nicht einzelne Spuren zurückgegriffen werden kann. Dieser war in erster Linie als Abschlusstrack für die Sets von *Wankelmut* gedacht. Zum anderen resultiert der Erfolg des Stücks aus spezifischen ästhetischen wie kultu-rellen Entwicklungen innerhalb der Technoszene, die One day/ Reckoning song symptomatisch erscheinen lässt und im Zusammenhang mit Open Airs und dem Bar25-Sound steht. Beide Ausprägungen bevorzugen eine House/Technostilistik, die analoge Instrumente sowie Gesang beinhaltet und ein langsameres Tempo zwischen 110 – 125bpm aufweist.

Nachdem *Wankelmut* im Winter 2011 One day[7] auf seinem *SoundCloud*-Profil hochlud, wurde es via *YouTube* schnell zu einem Hit, der die Aufmerksamkeit des Labels *Four Music* erlangte. Die Plattenfirma veröffentlichte im Anschluss den Track, der direkt in die Charts einstieg. Mit One day/ Reckoning song schuf *Wankelmut* die Blaupause für einige erfolgreiche Stücke wie *Alle Farben* She moves (Far away), *Lilly Wood and the Prick* Prayer in C (*Robin Schulz* Remix) oder *Lost Frequencies* Are you with me, die untereinander Parallelen in punkto Strukturaufbau und Gestaltung aufweisen.

---

7   Der Track musste umbenannt werden, um die Urheberschaft *Asaf Avidans* zu verdeut-
    lichen. Zuerst hieß er nur One day.

Zwar gelangten House- und Technotracks ohne große Label im Hintergrund schon öfters in die Charts, dennoch ist dies eher ungewöhnlich, da die wenigen Technohits, die sich in den Szene- und *Media Control*-Charts behaupten konnten, deutlich mehr Zeit brauchten. Bspw. wurde der Track From: Disco To: Disco von *Whirlpool Productions* 1996 veröffentlicht und war 1997 in Italien auf Platz 1. *Wamdue Project* brachten King of my Castle 1997 heraus, der erst 1999 in die deutschen und englischen Charts einstieg. Der Gewinner des Dance Award 2005 Rocker von *Alter Ego* wurde am 8. März 2004 veröffentlicht und erreichte im Dezember 2004 die englischen und im Februar 2005 die deutschen Charts. Wiederum benötigte der Track 3 Tage wach von *Lützenkirchen*, der über YouTube mit einem Video beworben wurde, im Jahr 2008 nur zwei Monate für seinen Charteinstieg (Vgl. Wellinger & Gottfried, 2012; Waltz, 2014). Ein Track musste also erst eine gewisse Inkubationszeit innerhalb der Szene aufweisen, bis dieser die Szene verließ. Dementsprechend waren die Partizipant_innen erst ab dem Zeitpunkt der Veröffentlichung als CD involviert. Außerdem fungierten die klassischen Distributionskanäle für Musik wie das Radio als Ausschlussmechanismen, die erfolgreiche Szenestücke ignorierten, somit nicht zugänglich machten. Heutzutage lernen die Konsument_innen außerhalb der Technoszene einen Track über die sozialen Netzwerke kennen und durch die Netzwerklogik erhalten sie nicht nur Informationen über die Musik, sondern auch über den Geschmack ihres Freundeskreises. Dies stellt ein Mittel zur Minderung der inhärenten Unsicherheit von Kulturgütern dar, die aus ihrem Erlebnis- und Informationsgutstatus resultiert. Kulturgüter sind riskante Güter, da sich Gefallen und Nutzen erst während des Konsums zeigen. Die Freunde helfen im Vorhinein, Unsicherheiten in Bezug auf das Musikobjekt abzubauen (Vgl. Farchy, 2005, S. 194).

7.3.1.3 Alle Farben

Die neuen Wege der Popularisierung inner- wie außerhalb der Technoszene betreffen aber nicht nur die Produzent_innen, sondern auch die DJs. Auf diese Weise erlangte der Berliner DJ und Produzent *Frans Zimmer* alias *Alle Farben* Bekanntheit. Zuerst gelang es ihm, in Berlin lokale Popularität zu erreichen. Mittels Kommunikation per *Facebook*, Eigen- und Fan-Promotion entwickelte sich *Alle Farben* innerhalb von drei Jahren vom Szenetipp hin zu einem international gebuchten DJ. Bereits 2012 legte er deutschlandweit auf und spielte vor 30.000 Leuten. Dies ging einher mit Artikeln über *Alle Farben* außerhalb der Szenepresse, was zu einem Aufmerksamkeitsschub außerhalb der Technoszene führte. Gleichzeitig zu seinen DJ-Auftritten veröffentlichte *Alle Farben* bereits Housetracks, die eine Pop-orientierte Ausrichtung aufwiesen, wie etwa Danse, welches auf einem Sample aus dem Allegro Moderato (Tanz der vier kleinen Schwäne) des 2. Akts aus Schwanensee, Op. 20 basiert. Seit dem Jahr 2014 ist er wiederkehrend mit Stücken in den Charts vertreten gewesen, die einen Crossover aus Song und Houseästhetik verfolgen, wie She moves (Far away).

Vor dem digital turn war dieser Zeitraum größer, außer ein DJ/Produzent erhielt massiven Zuspruch von namhaften DJs und der Szenepresse (Waltz, 2014).

> „Früher war das ein bisschen berechenbarer. Früher haben die großen DJs deine Musik gespielt. Da hat Sven Väth gesagt: ,Geil! Super!'. Der hat Stücke von mir teilweise dreimal am Abend gespielt; kriege ich immer noch Bookings in Frankfurt deswegen." (Akteur Rhein 6: DJ, Produzent, Labelbetreiber)

7.3.2   Der Aufstieg von EDM und der Unterschied zu Techno

Der Aufstieg von EDM begann etwa im Jahr 2009 mit Veröffentlichungen u. a. von *David Guetta* und *Deadmau5*, wobei besonders die Stücke des Erstgenannten oft und lange in den Charts waren, wie bspw. When love takes over (Billboard 2009; Bundesverband Musikindustrie 2009; Official Charts UK Company 2009), Sexy Bitch (Billboard 2009, 2010; Bundesverband Musikindustrie 2009, 2010; Official Charts UK Company 2009, 2010), Club can't handle me (Billboard 2010; Official Charts UK Company 2010) oder Titanium (Bundesverband Musikindustrie 2011; Billboard 2012; Official Charts UK Company 2012) sowie das Album One love (Bundesverband Musikindustrie 2010).

Die Bezeichnung EDM steht für Electronic Dance Music. Davor existierte bereits das Genre Dance, welches als Vorläufer von EDM zu betrachten ist, und sich in den 1990er Jahren aus Eurodance, Happy Hardcore und Trance heraus entwickelte (Mathei 2012, S. 180). Gewisse stilistische und klangfarbliche Elemente von Dance wie mehrere Breakdowns innerhalb eines Tracks, Trommelwirbel, Gesang und sustainlastige Synthesizersounds können in EDM-Tracks identifiziert werden. Wie Dance umfasst EDM eine lose Sammlung elektronischer Tanzmusikstile, die sich an (Hard) Trance, Dubstep, (Vocal) House oder Electro House orientieren (Vgl. Mathei 2012). Dementsprechend bereitet die stilistische Einordnung von EDM Schwierigkeiten. Zwar teilen manche dieser Stile gewisse Elemente mit Techno wie das rhythmische Gerüst, in den Punkten Struktur, Instrumentierung und Tempo divergieren sie jedoch. EDM-Stücke orientieren sich einerseits an Songschemata mit abwechselnden Teilen, resp. einem Strophe-Refrain-Prinzip. Anderseits stellen wiederkehrende Breakdowns (Mathei 2012, S. 69) und Drops wichtige Stilmittel dar, ebenso wie Gesang. Das Tempo weist im Vergleich zu Techno eine deutlich größere Bandbreite auf. Ein weiterer Unterschied besteht in den EDM veröffentlichenden Labels, die Majors, Major-Sublabels oder Minors sind. Eine andere Besonderheit von EDM sind die großen kommerziellen Festivals, die sich vor allem in den USA um diese Musik herum gebildet haben.

Techno dagegen entstand früher je nach Definition und Sichtweise entweder 1983/1984 oder 1986[8]. Typisch für Techno ist ein rhythmisches Gerüst, welches sich aus On-, Off- und Backbeat zusammensetzt. Die Stücke im Techno werden als Tracks bezeichnet, was ihrer repetitiven Struktur geschuldet ist, die auf übliche Songstrukturen zugunsten eines Crescendoprinzips verzichtet. Je nach Stück ist das Crescendoprinzip mehr oder weniger stark ausgeprägt. Dabei haben manche Stücke sog. Tools, die monotone Repetition zum Stilprinzip erhoben. Breakdowns sind Stilmittel im Techno, jedoch werden sie im Vergleich zum EDM weniger inflationär genutzt. Techno ist weitestgehend eine Instrumentalmusik, die sich dem Gesang nicht grundsätzlich verschließt, aber eher in geringen Mengen goutiert. In den letzten Jahren hat Techno eine Verlangsamung erfahren und sich in einigen Bereichen mit House vermischt, sodass die ohnehin schwierige Trennung beider Stile noch mal komplizierter wurde. Folglich weisen Technostücke derzeit eine Tempogestaltung zwischen 100 to 130 bpm auf (Mathei, 2012, S. 62). Techno ist eine Musik, die von Indie-Labels vertrieben wird und sich an ein Szene- bzw. Spezialpublikum (DJs) richtet.

7.3.3 Der digital turn und die Produktivität der daraus resultierenden Distinktionen

In den vorherigen Kapiteln wurde der durch den digital turn ausgelöste Wandel der Technoszene beschrieben. Hieran anschließend wird dessen Auswirkung auf die Distinktionen sowie distinktiven Handlungen analysiert, welche die Produktionen stimulieren.

Aufgrund der digitalen Auflegdispositive gab es einen Zuwachs an DJs, die neben den neuen ‚Mitbestimmer_innen‘ auch die Charts durch ihren Kauf prägen. Dieser Wandel, der sich in den Technohits und EDM manifestiert, hat die Musikauswahl auf den Dancefloors nur für kurze Zeit beeinflusst, aber nicht auf Dauer. Zwar wurden mit dem Charterfolg von *Wankelmut* und *Klangkarussel* zwischen 2012 und 2013 vermehrt Tracks mit analogen Instrumenten und Gesang in den Clubs gespielt, dies war aber einerseits eine Entwicklung innerhalb der Technoszene, die bereits früher u. a. mit Stücken wie Heater von *Samin*, Blausche Moschee von *Die Vögel* oder The Smiling Shaman von *Mollono.Bass* einsetzte und im Zusammenhang mit

---

8   Zwischen 1982 und 1984 forcierte der DJ *Talla 2XLC* den Terminus in Deutschland, während 1986 als Geburtsjahr für den Stil Detroit Techno gilt. Vgl. Mathei 2012, S. 28–34.

den Open Airs und der *Bar 25* steht. Andererseits beförderten diese Entwicklung die Distinktionen in der Technoszene. Einige Interviewpartner aus Köln äußerten sich abfällig über diese Ausprägung, die wahlweise als Trompeten- oder Zigeunertechno bezeichnet wurde. Gleichzeitig wurde gegen DJs, die solch einen oder anderweitig populären Sound vertraten, distinktiv vorgegangen.

EDM erfährt eine ähnliche Ablehnung durch die Akteur_innen, sodass dessen Aufstieg und die Technohits die Dancefloor-Politik von Techno nicht berührt, sondern zu Distinktionen geführt haben. Dies hat mehrere Gründe.

Der erste Aspekt ist aufführungspraktischer Natur, denn EDM-Stücke und Technotracks sind miteinander teilweise unzureichend mixbar, da die Tempounterschiede zu groß sind. Sie lassen sich zwar mixen, allerdings zum klanglichen Nachteil von einem der Stücke. Zwar existieren Genre-Remixe, die ein EDM-Stück an Technokonventionen anpassen und umgekehrt. Solche Remixe sind allerdings in Technoclubs selten zu hören. Denn sie und EDM-Stücke generell erfahren an zweiter Stelle eine geteilte Ablehnung durch Veranstalter_innen, DJs, Produzent_innen und Publikum. Die gemeinsame Bewertung resultiert aus Homologien zwischen den agierenden und partizipierenden Szenebeteiligten, die untereinander kommunizieren und ähnliche Geschmackspräferenzen wie Erwartungen teilen. Dementsprechend stellen die Szenemitglieder gewisse Anforderungen an die Musik und die Clubnacht.

> *„Wenn man sagt, ich möchte in der Technoszene anerkannt sein, und dass mich alle respektieren und ich möchte nicht anecken, dann darf man natürlich gewisse Sachen nicht machen. Dann sollte man nicht David Guetta im Club spielen, also man sollte keine genrefremde Musik spielen, nicht zu sehr, weil das wollen die Leute nicht. Die kommen in den Club, zahlen irgendwie Geld und wollen Techno hören"* (Akteur Rhein 6: DJ, Produzent, Labelbetreiber).

Auf Seiten der Produzenten und DJs ist die EDM-Distinktion ebenfalls ausgeprägt, sodass diese als Mehrheitshaltung unter den Akteur_innen die Szene durchzieht. Oliver Koletzki:

> „EDM-DJs arbeiten mit den simpelsten Mitteln. Ihre Musik besteht nur aus Breaks, alles konzentriert sich auf die Drops. Am meisten stört mich der Zirkus drum herum: Tortenschlachten, Konfettibomben, Pyrotechnik. Die amerikanischen Musikunternehmen haben vor ein paar Jahren entdeckt, dass sich mit solchen Raves viel Geld verdienen lässt, sie ziehen die Events groß auf. Es geht aber nicht um die Musik. Ich empfinde es als Frechheit, wenn sich so was Electronic Dance Music nennt." (Ruzicka, 2015)

Sollten die Erwartungen der Szene unterlaufen werden, wird dies als dritter Punkt durch Publikum wie Veranstalter_innen gleichermaßen sanktioniert. Ein Veranstalter (Akteur Ruhr 4) äußerte sich auf die Frage hinsichtlich seiner Reaktion auf DJs, die bei seiner Party EDM spielen, wie folgt:

> „Gab es, gab es, gab es. Da bin ich entweder schon im Set hingegangen und habe gesagt: ‚Bah, sorry, Füße still, geht ja gar nicht', oder ich habe es einfach mit Würde ertragen und danach gesagt: ‚Sorry, nie wieder oder anderer Sound!'"

Ein anderer Aspekt abseits der Sanktion besteht im Austausch der DJs untereinander, welcher im weiteren Verlauf seine Kreise zieht und Akteur_innen wie Partizipant_innen in die Kommunikation einführt, da dies auch öffentlich via Facebook ausgetragen wird. Dies betrifft einerseits handwerkliche Faktoren, andererseits die Musikauswahl der DJs, wenn diese zu populär ausfällt oder sich aus den *Beatport*-Charts[9] zusammensetzt.

Die augenscheinlichsten Distinktionen bestehen zwischen der Szene- und Ökonomieausrichtung, die der Logik des kulturellen Felds der Technoszene entspringen. Nach Pierre Bourdieu (1993) ist das Feld der kulturellen Produktion dem Feld der Ökonomie untergeordnet, welches wiederum Teil des Feldes der Macht ist. Das Feld der kulturellen Produktion ist unterteilt in die Bereiche der Massenproduktion und eingeschränkten Produktion (S. 39). Auf die Technoszenen angewandt besteht diese aus einem Szene- und einem Ökonomiepol. Die Übergänge zwischen beiden Bereichen sind fließend und ihren Extremen gegenüber verhalten sie sich oppositionell. In Relation ist die Technoszene deutlicher der eingeschränkten Produktion und dem l'art pour l'art- oder Szeneprinzip verhaftet, während EDM der Massenproduktion und dem ökonomischen Prinzip verpflichtet ist. Zum wesentlichen Merkmal des Feldes der kulturellen Produktion zählt, dass die ökonomische Logik umgekehrt wird (Bourdieu, 1993, S. 39). Der Grad der Umkehrung wird durch den Grad an Unabhängigkeit eines Feldes eingeschränkter Produktion bestimmt. Der brotlose Künstler genießt in gewissen Bereichen das höchste Ansehen, während der kommerziell erfolgreiche abgelehnt wird.

Die Szeneakteur_innen orientieren sich und ihre Produktionen anhand ihrer Position entweder stärker am Szene- oder am Ökonomiepol, resp. Under- oder Overground. Entscheidend für die Position im Feld ist der Anteil des symbolisch-kulturellen sowie ökonomischen Kapitals der Akteur_innen. Der Dualismus des Feldes zeigt sich darüber hinaus im Oszillieren der Akteur_innen, die einerseits gewissen ökonomischen Praktiken folgen müssen, wenn sie wirtschaftlich bestehen wollen,

---

9 Der Musicstore *Beatport* präsentiert zu jedem Genre elektronischer Tanzmusik sowie zu jedem/r Musiker_in und Label entsprechende Charts der erfolgreichsten Stücke. Des Weiteren werden die Charts von namhaften DJs aufgeführt.

andererseits Szenepraktiken nachgehen. Gleichzeitig werden die eigene Position im Feld und die der Position entsprechenden sozio-ästhetischen Homologien der agierenden und partizipierenden Szenebeteiligten zur Weltanschauungs- sowie Distinktionsgrundlage (Bourdieu, 1993, S. 44f.). Dabei werden dieselben stilistischen Kategorien sowohl zur Affirmation als auch Negation produktiv gemacht. Dies hängt lediglich von der Position im Feld ab. Ein Fan des *Fusion*[10] oder *Garbicz Festivals*[11], welche zum Szenepol tendieren, wird den Festivals *Nature One* oder *Tomorrowland*[12] am Pol der Massenproduktion eher kritisch gegenüberstehen und umgekehrt. Diese Dichotomie, wie sie Bernd Sponheuer (1987) in Bezug auf den Beethoven-Rossini-Streit feststellen konnte, bildet eine Konstante in der Musikkultur und bereits im 19. Jahrhundert wurde aus den Distinktionen ökonomisches Kapital geschlagen, auch wenn deren Struktur sich im Vergleich zu heute unterschied. Es scheint daher ein generelles Phänomen von Musikszenen zu sein, auf der Basis sozio-ästhetischer Distinktionen zu wirtschaften, sei es extern gegen den vermeintlichen Mainstream oder intern gegen Stilvariationen. Die zugrundeliegende Empirie wird dabei durch Arbeiten Kühns (2011b und 2013) zu Techno und im Speziellen seiner Konzeption der Szenewirtschaft gestützt. Abseits der Clubkultur stellten Moore (2007) in Bezug auf Punkrock, Strachan (2007) in punkto englischer und Andersson (2011) hinsichtlich schwedischer Indielabels ebenfalls die wirtschaftliche Bedeutung von Distinktionen für Musikszenen fest.

Die aus den Distinktionen resultierenden Wettkämpfe werden mitunter hart ausgefochten. Dies gilt in erster Linie für den Livemarkt der Technoszene, äußert sich aber auch in Lästereien von DJs und Labelbetreiber_innen. Die Wettkämpfe sind in manchen Punkten mit Sabotage und Rufschädigung gleichzusetzen. In einigen Fällen wurde entweder „prophylaktisch" (Akteur Ruhr 4: Veranstalter)

---

10 Das *Fusion Festival* wird vom *Kulturkosmos e. V.* in Lärz organisiert und auf einem ehemaligen Militärflughafen, der im Besitz der Betreiber ist, veranstaltet. Auf mehr als 20 Bühnen treten DJs und Bands aus zahlreichen Genres auf. Der Fokus der *Fusion* liegt aber auf House/Techno. Die 55.000 Festivaltickets werden mittlerweile per Losverfahren verteilt. Trotz der Größe des Festivals hält es an unkommerziellen und DIY-Prinzipien fest. Fotos und Berichterstattungen von dem Festival sind nicht erwünscht. Vgl. Schwanhäußer 2010, S. 209f.

11 Das *Garbicz Festival* wird von dem Berliner Partykollektiv *Bachstelzen* organisiert und in Polen durchgeführt. Die Macher stehen dem *Fusion Festival* nahe und sind dem links-alternativen Milieu zuzuordnen. Das Festival wird in DIY-Manier umgesetzt. Vgl. www.hainweh.de. Vgl. www.bachstelzen.de.

12 *Nature One* (Deutschland) und *Tomorrowland* (Belgien) sind zwei kommerziell ausgerichtete Festivals für diverse Subgenres elektronischer Tanzmusik Sie präsentieren vorrangig erfolgreiche DJ-Größen der Clubmusik, die in den Charts vertreten sind. Das *Tomorrowland* erreichte 2014 an zwei Wochenenden eine Besucherzahl von 360.000.

oder während einer Party die Polizei durch andere Veranstalter_innen alarmiert, um die Veranstaltung zu beenden und sowohl Kosten-, als auch Reputationsschäden zu erzeugen. In anderen Fällen interagieren Netzwerke oder Teilszenen wie der „organisierte Underground" (Akteur Berlin 5: DJ, Produzent, Veranstalter) via Social Media mit dem Ziel, bereits im Vorhinein eine schlechte Reputation zu erzeugen. Dieser Schaden wirkt sich auf Veranstalter wie auf den Club aus.

„Der [Club] hat ein großes Opening gemacht und für die ersten Monate fett DJs gebucht, aber dadurch, dass der Typ, der den Laden gemacht hat, davor wohl in irgendwelchen Westberliner Asidiskos irgendwie am Start war, gab es da ein totales Bashing. [...]; [die Leute] haben das Ding echt so runter geritten, dass der Typ von Anfang an keine Chance hatte, null. Ich bin zu dem Typ hingekommen, weil ich für die erste [Partyname] eine Location gesucht habe und irgendwie über ein paar Ecken halt gehört hatte, [...], da gibt es irgendwie jemanden. [...] Und ich bin da erst über den [X] drauf gekommen. Der hat mir das gesagt, dass das einen schlechten Ruf hat. Dann habe ich das ein bisschen nachverfolgt und mir gedacht: Okay, wenn ich da was mache, habe ich den ganzen organisierten Underground schon komplett verschreckt." (Akteur Berlin 5: DJ, Produzent, Veranstalter)

Die Sanktionierung von Regelverstößen innerhalb der Szene erfolgt auch im Nachhinein oft über Social Media-Gruppen, in denen agierenden und partizipierenden Szenebeteiligten vernetzt sind. In dem Beispiel von Abb. 1 wurden am Tag nach einer abgebrochenen Party via Facebook die Sanktionen kommuniziert. Dabei wurde der Abbruch der Veranstaltung durch die Freunde und Gäste eines Newcomer-DJs erzwungen. Diese zeigten ein ‚Feierverhalten‘, welches sich in rücksichtsloser Vereinnahmung der Tanzfläche, mehrmals versuchtem Alkoholdiebstahl und der Beschädigung eines Feuerlöschers bei Verlassen des Clubs äußerte.

15. Dezember 2013

Unabhängig davon, ob der Feuerlöscher gestern Nacht durch einen Technischen Defekt oder einen schwachsinnigen Menschen, der die ▇▇▇ in weihnachtlicher Schnee-Optik erstrahlen lassen wollte ausgelöst wurde, werden wir bei der ▇▇▇▇▇▇ von nun an eine veränderte Einlasspolitik verfolgen.

Wir möchten mit Euch entspannte Abende genießen, mit guter Musik, freundlichen Menschen und einer Atmosphäre, in der Kommunikation nicht nur möglich sondern erwünscht ist.
Leider ist es nun mal so, dass an einem solchen Abend die Anwesenheit von 20 Idioten die Stimmung von 200 netten Gästen, komplett zerstören kann. Wir werden nicht noch mal zulassen, dass die Stimmung aller Anwesenden unter ein paar Leuten, die ein vollkommen anderes Verständnis von "feiern" haben, leidet.

-Jeder der meint, um 12 Uhr schon so besoffen oder anderweitig "verballert" im Club erscheinen zu müssen, dass er für seine Mitmenschen zur Belästigung wird, kann sich den Weg zu uns von nun an sparen.

-Wir freuen uns über ausgelassen tanzende Leute und Jeder sollte sich so bewegen und feiern können, wie er möchte. Aber auch hier ist die Grenze überschritten, wenn Dein Umfeld sich durch Dich gestört fühlt.

Eigentlich könnte man zusammenfassend sagen: Nehmt Rücksicht aufeinander und wir werden noch viele schöne Nächt zusammen verbringen.
— mit ▇▇▇▇▇▇ und 10 weiteren Personen

Gefällt mir nicht mehr   Kommentieren   Teilen   👍 68 💬 16

Abb. 1   Facebook-Post nach Partyabbruch (Cichy, 2013)

Dazu wurden u. a. folgende Kommentare hinterlassen: „na endlich, word!", „leider nötig! Thumbs up", „Sehr gut. Entspannt feiern ohne dumme Atzen…" oder „Ich drück kein Auge mehr zu!" (Türsteher).

Die Vernetzung der Szenebeteiligten über Social Media hat einen Zuwachs an Distinktionen bewirkt. Durch die netzwerkgestützte Kommunikation werden Regelverstöße eher geahndet und die Boykottaufrufe oder Sanktionen viral verbreitet. So postete bspw. der Produzent *Ten Walls* einen homophoben Kommentar über Facebook, was nicht nur einen gewaltigen Reputationsschaden, sondern auch finanziellen Schaden nach sich zog, da ihn zahlreiche Festivals, auf denen *Ten Walls* hätte spielen sollen, ausluden (Funk, 2015; Unicomb, 2015).

Dieser Distinktionszuwachs durch Social Media betrifft auch Subszenen und deren Netzwerke. Diese konstituieren sich durch ästhetische und soziale Homologien zwischen den Subszeneakteur_innen und lassen in Folge Subregelwerke entstehen, die durch die Position innerhalb der Technoszene definiert werden. Eine Verletzung der Subregelwerke wird in den jeweiligen Netzwerken kommuniziert und entsprechend sanktioniert. Mediale Aspekte, welche die Auflegdispositive betreffen, können dabei auf lokaler Ebene bereits zu Distinktionen führen. In diesem Zusammenhang erscheint eine andere durch den digital turn ausgelöste distinktive Entwicklung innerhalb der Szene und unter den Akteur_innen bemerkenswert, die den in Szenen durchaus vorherrschenden Konservatismus offenlegt. Im Rahmen der Feldforschung konnten Distinktionen innerhalb von lokalen Technoszenen festgestellt werden, die entlang der Grenze der analogen und der digitalen Technokultur verlaufen. Besonders Vinyl erfährt in diesen Diskursen eine besondere Konsekration.

> *„[W]as ich noch positiver finde, da es rar geworden ist [Vinyl aufzulegen], umso wertvoller ist es jetzt geworden. Also wenn ich irgendwo ein Set hochlade, dann heißt es nicht mehr DJ-Set, sondern Vinyl-DJ-Set. [...] Aber für mich ist immer noch ein richtiger DJ, der mit Vinyl spielt. [...] Ich will auch keinem in die Wäsche pissen oder so, aber für mich muss ein Techno-DJ mit Vinyl kommen. Und mich begeistert das immer wieder, wenn jemand mit Vinyl spielt, denn das zu machen, ist wahre Kunst." (Akteur Ruhr 5: DJ, Produzent)*

Der Zuwachs an digital auflegenden DJs hat zu distinktiven Diskursen über das Handwerk, die mediale Repräsentation von DJs oder Unterstützung der Tonträgerkultur von Techno geführt. Vinyl-DJs beklagen auf der einen Seite das fehlende Handwerk und Posertum der Digital-DJs sowie die Klangqualität der MP3s im Vergleich zum warmen Sound des Vinyls (Bartmanski und Woodward 2015). Digital-DJs auf der anderen Seite werfen den Vinyl-DJs Stagnation und unzeitgemäßes Auflegen vor. Die Distinktionen zwischen Digital und Vinyl resultieren zum einen aus den Homologien der jeweiligen Netzwerke, zum anderen aus Zwistigkeiten unter den DJs im Club. Denn die Koexistenz unterschiedlicher Auflegdispositive führt im Clubbetrieb zu Situationen, bei denen bspw. das technische Setup während des Sets eines anderen DJs aufgebaut wird, was häufig Beeinträchtigungen nach sich zieht, eingeforderte Auflegdispositive nicht vorhanden sind oder mangelhaft aufgebaut wurden.

Trotz der Zunahme digitaler Auflegpraktiken konnten im Rahmen der teilnehmenden Beobachtung distinktive Gegenbewegungen identifiziert werden. Dies zeigte sich einerseits an einem Netzwerk junger DJs, die ausschließlich mit Vinyl auflegen und teilweise eigene analoge Mischpulte im Club nutzen, andererseits an der Rückkehr ehemaliger DJs, die wieder verstärkt in der Ruhrregion mit Vinyl auflegen. Die Distinktionen innerhalb lokaler Szenen haben darüber hinaus zu einem Aufkommen sowohl von Vinyl only-, als auch High Definition-Partys geführt. Das *Berghain* ernannte den März 2011 zum *Monat des Vinyls* und leistete einen Beitrag zur Konsekration des Mediums, welches entsprechend beworben wurde (Berghain 2011). Abseits von Berlin konnten auch im Rhein-Ruhrraum wie etwa bei *Donner & Doria #14 Vinyl only-Edition* in der *Rotunde* Bochum am 17. Januar 2015 identifiziert werden (Germany Events 2015). Während das Vinyl only-Konzept selbsterklärend ist, basieren High Definition-Partys auf der Bereitstellung einer hochwertigen Beschallungsanlage (bspw. *Funktion One*), die explizit beworben wird. Beiden Partykonzepten ist in gleichem Maße ein Fetischcharakter inhärent, welcher die sozialen und medialen Distinktionen innerhalb von Szenen vorantreibt und gleichzeitig monetarisiert wird. Dies unterstreicht die Bedeutung von Medien als Produktionsmitteln von Musikkulturen (Winter 2013), Distinktionen sowie Individuationen, die wiederum die Grundlage ökonomischen und szeneninternen Handelns sind.

7.4   Fazit

Technische Medien, die als gewöhnliche Kanäle kapitalistischer Konsumption eingeführt wurden, haben in Musikszenen immer wieder eine Umnutzung erfahren. Aus Williams' Perspektive stellen sie Mittel alternativer Ausdrucks- und Handlungsmöglichkeiten dar, die bis zur autonomen Produktion reichen können (Williams, 2005, S. 56). Exemplarisch können an dieser Stelle die Roland TB 303, Whitelabels, Piratensender oder Tape-Labels genannt werden. Die TB 303 schuf durch eine Umnutzung die Basis für Acid House (Mathei, 2012, S. 24; Großmann, 2013), während Piratensender die Stile Jungle und Drum & Bass in London verbreiteten (Belle-Fortune, 2004, S. 60ff.). Whitelabels oder Dub Plates waren jahrelang die Medien, die Reputation produzierten (Belle-Fortune, 2004, S. 45ff.). Trotz des digitalen Zeitalters feiern Tape-Labels in eine Renaissance (Wilpert, 2010). In Bezug auf die Medienentwicklung der Technoszene können ebenfalls Umnutzungen, alternative Handlungsmuster, aber auch Konflikte festgestellt werden. Über Jahre hinweg setzte die Technoszene distinktiv auf Vinyl, obwohl das Medium in anderen Bereichen eine Marginalisierung, resp. komplettes Verschwinden erfuhr. Auf Grundlage eigener distinktiver Presse, Szenemedien wie Flyer und Kommunikationsnetzwerke schuf die Technoszene bereits vor dem Aufkommen von Social Media alternative Ausdrucksmöglichkeiten, die aber durch Social Media und den digital turn einen Wandel durchlebten.

Dementsprechend wird an *Beatport*, *Facebook* und *YouTube* einerseits das Potenzial von Medien als Produktionsmitteln für Musikszenen ersichtlich, da durch den digital turn Ausdrucks- und Handlungsmöglichkeiten für viele Akteur_innen geschaffen wurden. Andererseits setzt deren Machthandeln die Szenen unter Aushandlungsdruck, da durch externe Akteur_innen die Logiken der Szenewirtschaft (Kühn, 2011b, 2013; Bürkner & Lange, 2014) sowie das Regelwerk bedroht werden und zu einem Zuwachs vom Distinktionen, resp. distinktiven Produktionen führen. Dabei wurde insbesondere Beatport von Akteuren der Technoszene gegründet und war zu Beginn ein Phänomen autonomer Produktion. Spätestens nach der Übernahme dieses Music Stores durch *SFX Entertainment* wurde *Beatport* Teil der Massenproduktion, was Erinnerungen an die vormalige Kommerzialisierung der Technoszene wachruft. Der Kauf von *Beatport* durch *SFX Entertainment* ging einher mit der Übernahme ökonomischer Logiken und Machtlogiken, die sich zum einen an der Entlassung von 20 Mitarbeitern (Carnegy, 2014), zum anderen dem geplanten Verkauf von *Beatport* (Ingham, 2015) zeigen.

Des Weiteren nehmen durch den Wandel der medialen Infrastruktur von Techno heutzutage aktive wie unregelmäßige Partizipant_innen und szenefernes Publikum an der Bewertung der Musik Techno teil. Diese neuen ‚Mitbestimmer_innen‘ beeinflussen besonders die mediale Wahrnehmung und Verbreitung von Technotracks, welche in den Media Control-Charts enden können, jedoch nicht die Selektion auf den Dancefloors. Dasselbe gilt für das Regelwerk der Technoszene, welches ebenfalls durch die Veränderungen der Distributions- und Produktionsmedien unangetastet blieb. In gewisser Hinsicht scheint der digital turn das Regelwerk sogar verschärft zu haben, da die potenzielle Gefahr, durch szeneferne Partizipant_innen abermals unterwandert zu werden, durch die größere Sichtbarkeit der Szene im Internet gewachsen ist. Einen erneuten Sell-Out wie in den 90er Jahren (Vgl. Kemper, 2004, S. 52; Renner, 2004, S. 106f) wollen die Akteur_innen vermeiden. Folglich scheint der digital turn die bereits ausgeprägten Distinktionen innerhalb der Technoszene gesteigert zu haben. Denn die Grenzen verlaufen nunmehr nicht nur entlang der Bereiche Szene-Kommerz, sondern auch entlang medialer Grenzen wie Vinyl-MP3 oder analogen und digitalen Auflegen. Allerdings werden diese Grenzen produktiv gemacht, indem sie zur Grundlage distinktiver Produktionen sowohl gegenüber dem ‚Mainstream‘, als auch anderen Szeneakteur_innen und deren Produktionen werden.

Literatur

Albini, S. (2014). *Face the Music 2014: Key Note Address.* Verfügbar unter http://www. theguardian.com/music/2014/nov/17/steve-albinis-keynote-address-at-face-the-music-in-full. [21.07.2015].

Andersson, E. (2011). *Distinctions in cultural production – the case of the Swedish Indies.* Verfügbar unter https://www.inter-disciplinary.net/wp-content/uploads/2011/02/anderssonupaper.pdf. [23.07.2015].

Bartmanski, D., Woodward, I. (2015). The vinyl: The analogue medium in the age of digital reproduction. *Journal of Consumer Culture 15(1),* 3–27.

Baudrillard, J. (1982). *Der symbolische Tausch und der Tod.* München: Matthes & Seitz Verlag.

Belle-Fortune, B. (2004). *All Crews: Journeys through Jungle/ Drum & Bass Culture.* London: Vision Publishing.

Bennett, A. (2004). Consolidating the music scenes perspective. *Poetics 32,* 223–234.

Berghain (2011). *Monatsprogramm März 2011.* Verfügbar unter http://www.berghain.de/ event/188. [20.08.2015].

Billboard (2009). *Year End 2009. Hot Dance/ Club Songs.* Verfügbar unter http://www.billboard.com/charts/year-end/2009/hot-dance-club-play-songs. [20.01.2016].

Billboard (2010). *Year End Charts 2010. Hot 100 Songs.* Verfügbar unter http://www.billboard.com/charts/year-end/2010/hot-100-songs. [20.01.2016].

Billboard (2012). *Year End Charts 2012. Hot 100 Songs.* Verfügbar unter http://www.billboard.com/charts/year-end/2012/hot-100-songs. [20.01.2016].

Bolter, D. J. & Grusin, R. (2000). *Remediation: understanding new media.* Cambridge, Mass.: MIT Press.

Bourdieu, P. (1987). *Die feinen Unterschiede. Kritik der gesellschaftlichen Urteilskraft.* Frankfurt a. M.: Suhrkamp Verlag.

Bourdieu, P. (1993). *The Field of Cultural Production: essays on art and literature.* Columbia University Press.

Bundesverband Musikindustrie (2009). *Musikindustrie in Zahlen 2009.* Verfügbar unter http://www.musikindustrie.de/uploads/media/MiZ_2009_gesamt_01.pdf. [18.01.2016].

Bundesverband Musikindustrie (2010). *Musikindustrie in Zahlen 2010.* Verfügbar unter http://www.musikindustrie.de/uploads/media/Jahrbuch-BVMI-2011_01.pdf. [18.01.2016].

Bundesverband Musikindustrie (2011). *Musikindustrie in Zahlen 2012.* Verfügbar unter http://www.musikindustrie.de/uploads/media/Single-Charts-2011.pdf. [18.01.2016].

Busse, Christoph (2014). *Freiluftveranstaltungen der Techno-Szene im öffentlichen Raum der Stadt Halle (Saale).* Verfügbar unter http://berlin-mitte-institut.de/files/Freilufttanzveranstaltungen der Techno_Szene im öffentlichen Raum der Stadt Halle_Saale. pdf. [25. Januar 2016].

Butler, M. J. (Hrsg.) (2012). *Electronica, Dance and Club Music.* London: Ashgate.

Bürkner, H.J. & Lange, B. (2014). *Wertschöpfung in der Szenewirtschaft – Elektronische Clubmusikproduktion in Deutschland*. Verfügbar unter http://www.berlin-mitte-institut. de/wertschoepfung-szenewirtschaft-elektronische-clubmusikproduktion-deutschland. [28.08.2015].

Büsser, M. (2004). *On the Wild Side. Die wahre Geschichte der Popmusik*. Hamburg: Europäische Verlagsanstalt.

Carnegy, P. (2014). *Wie ein EDM-Großkonzern versucht, Elektro zu beherrschen*. Verfügbar unter http://noisey.vice.com/de/blog/wie-ein-edm-grosskonzern-versucht-elektro-zu-beherrschen. [03.07.2015].

Cichy, D. (2013). *Unabhängig davon, ob der Feuerlöscher Gestern Nacht durch einen Technischen Defekt oder einen schwachsinnigen Menschen [...]*. Verfügbar unter http://www. facebook.com/tasman.music. [04.05.2016].

Denk, F. & Thülen, S. von (2012). *Der Klang der Familie. Berlin, Techno und die Wende*. 3. Aufl.. Berlin: Suhrkamp Verlag.

Deutsche Startups (o.J.). *Verzeichnis von Investoren und deren Investitionen*. Verfügbar unter http://www.deutsche-startups.de/verzeichnisse/investors-a-z/high-tech-gruenderfonds/. [18.01.2016].

Farchy, J. (2005). Die Bedeutung von Informationen für die Nachfrage nach kulturellen Gütern. In V. Hediger, P. Vonderau (Hrsg.), *Demnächst in ihrem Kino. Grundlagen der Filmwerbung und Filmvermarktung* (S. 193–211). Marburg: Schüren Verlag.

Funk, V. (2015). *Das Karriereende von Ten Walls hat einen bitteren Nachgeschmack*. Verfügbar unter http://noisey.vice.com/alps/blog/das-karriereende-von-ten-walls-hat-einen-bitteren-nachgeschmack-974. [25.01.2016].

Gabric, M. (2014). *Intergroove Media meldet Insolvenz an*. Verfügbar unter http://www. musikmarkt.de/Aktuell/News/Intergroove-Media-meldet-Insolvenz-an. [15.01.2016].

Germany Events (2015). *Pressemitteilung Donner & Doria #14*. Verfügbar unter http://gvents. de/bochum-donner-amp-doria-14-vinyl-only-edition/135790. Zugegriffen: [27.01.2016].

Goldmann, S. (2011). *Musik in Zeiten des Web 2.0*. Verfügbar unter http://www.silo-magazin. de/?p=99. [19.12.2012].

Gottfried, G. (2013). *Beatport verkauft: SFX will am Dance-Boom partizipieren*. Verfügbar unter http://www.musikmarkt.de/Aktuell/News/Beatport-verkauft-SFX-will-am-Dance-Boom-partizipieren. [25. Januar 2016].

Großmann, R. (2013). 303, MPC, A/D: Popmusik und die Ästhetik digitaler Gestaltung. In M. S. Kleiner, T. Wilke (Hrsg.), *Performativität und Medialität Populärer Kulturen. Theorien, Ästhetiken, Praktiken* (S. 299–319). Wiesbaden: Springer.

Hesmondhalgh, D. (1998). The British dance music industry: a case study in independent cultural production, *British Journal of Sociology 49 (2)*, 234–251.

Hitzler, R. (2008). Brutstätten posttraditionaler Vergemeinschaftung: Über Jugendszenen. In Ders., A. Honer, M. Pfadenhauer (Hrsg.), *Posttraditionale Gemeinschaften. Theoretische und ethnografische Bestimmungen* (S. 55–72). Wiesbaden: VS Verlag für Sozialwissenschaften.

Hitzler, R. & Niederbacher, A. (2010). *Leben in Szenen. Formen juveniler Vergemeinschaftung heute*. 3. überarbeitete Fassung. Wiesbaden: VS Verlag für Sozialwissenschaften.

Hitzler, R. & Pfadenhauer, M. (2001). *Techno-Soziologie*. Opladen: Leske + Budrich.

Hüsing, A. (2008). *MP3-Erfinder investiert in DJTunes*. Verfügbar unter http://www.deutsche-startups.de/2008/11/19/mp3-erfinder-investiert-in-djtunes/. [25.01.2016].

Ingham, T. (2015). *Who Wants to Buy Beatport?* Verfügbar unter http://www.musicbusinessworldwide.com/who-wants-to-buy-beatport/. [25.01.2016].

Kemper, C. (2004). *Mapping Techno. Jugendliche Mentalitäten der 90er.* Frankfurt a. M.: Peter Lang Verlag.

Knoblauch, H. (2002). Fokussierte Ethnographie. *Sozialer Sinn 1,* 123–141.

Kösch, S. (2014). *De:Bug verabschiedet sich.* Verfügbar unter http://de-bug.de/blog/musik/debug-verabschiedet-sich. [12.11.2015].

Kühn, J.-M. (2011). Eine Frage der Methode: Fokussierte Ethnographie als Forschungsmethode am Beispiel der Untersuchung von Technomusik-Produzenten in Homerecording-Studios. *Studentisches Soziologie Magazin 1,* 52–63.

Kühn, J.-M. (2011b). *Die Szenewirtschaft elektronischer Tanzmusik – eine explorative Skizze.* Verfügbar unter http://www.berlin-mitte-institut.de/text-die-szenewirtschaft-elektronischer-tanzmusik-eine-explorative-skizze. [23.07.2015].

Kühn, J.-M. (2013). Underground und Kulturproduktion. Die Rolle von Distinktionen beim Veranstalten Berliner Techno-Partys. In B. Lange, H.-J. Bürkner, E. Schüßler (Hrsg.), *Akustisches Kapital. Wertschöpfung in der Musikwirtschaft* (S. 161–184). Bielefeld: transcript.

Lange, M. (2012). *Tanzen mit Taktik. Eine Analyse ausgewählter Open Airs in der Berliner Technoszene.* Verfügbar unter http://berlin-mitte-institut.de/files/marc_lange_2012_OpenAirs_Berlin.pdf. [14.11.2015]

Mason, K. (2013). *SFX Purchases 75 % Stake in ID&T, Announce U.S. Edition of Tomorrowland at Ultra.* Verfügbar unter http://www.billboard.com/biz/articles/news/1553846/sfx-purchases-75-stake-in-idt-announce-us-edition-of-tomorrowland-at-ultra. [15.03.2014]

Mathei, D. (2012). *„Oh my god – it's techno music!": Definition und Abgrenzung des Technostils unter Berücksichtigung historischer, stilistischer und soziologischer Aspekte.* Osnabrück: epos Verlag.

Mathei, D. (2018). Szeneproduktivität: Die Bedeutung kollektiver Produktion und Kreativität in Micro Indie-Szenen. In: H. Schwetter, H. Neubauer, D. Mathei (Hrsg.), *Die Produktivität von Musikkulturen.* Wiesbaden: Springer (in Vorbereitung).

Mischer, B. & Yuriko, N. (2012). *Bar 25 – Tage außerhalb der Zeit.* Movienet Film: 28409759.

Moore, R. (2007). Friends Don't Let Friends Listen to Corporate Rock: Punk as a Field of Cultural Production. *Journal of Contemporary Ethnography 36,* 438–474.

Official UK Charts Company (2009). *End of Year Singles Chart Top 100 – 2009.* Verfügbar unter http://www.officialcharts.com/charts/end-of-year-singles-chart/20090104/37501/. [26.01.2016].

Official UK Charts Company (2010). *End of Year Singles Chart Top 100 – 2010.* Verfügbar unter http://www.officialcharts.com/charts/end-of-year-singles-chart/20100110/37501/. [26.01.2016].

Official UK Charts Company (2012). *End of Year Singles Chart Top 100 – 2012.* Verfügbar unter http://www.officialcharts.com/charts/end-of-year-singles-chart/20120108/37501/. [26.01.2016].

Rapp, T. (2009). *Lost and Sound: Berlin, Techno und der Easyjetset.* Frankfurt a. M.: Suhrkamp.

Renner, T. (2004). *Kinder, der Tod ist gar nicht so schlimm!: Über die Zukunft der Musik- und Medienindustrie.* Frankfurt a. M.: Campus Verlag.

Ruopp, J. (2008). *UK-Vertrieb Pinnacle vor dem Aus.* Verfügbar unter http://www.musikmarkt.de/Aktuell/News/UK-Vertrieb-Pinnacle-vor-dem-Aus. [15.01.2016].

Ruzicka, M. (2015). *„Es geht bei Electronic Dance Music nicht um Musik".* Verfügbar unter http://www.welt.de/kultur/pop/article144987605/Es-geht-bei-Electronic-Dance-Music-nicht-um-Musik.html. [26.08.2015].

Schwanhäußer, A. (2010). *Kosmonauten des Underground. Ethnografie einer Berliner Szene.* Frankfurt a. M.: Campus Verlag.

Smits, H. W. (2015). *Dit zijn de gages van de top-dj's (die Duncan Stutterheim te duur vindt).* Verfügbar unter http://www.quotenet.nl/Nieuws/Dit-zijn-de-gages-van-de-top-dj-s-die-Duncan-Stutterheim-te-duur-vindt-144100. [17.05.2015].

Sponheuer, B. (1987). *Musik als Kunst und Nicht-Kunst: Untersuchungen zur Dichotomie „hoher" und „niederer" Musik im musikästhetischen Denken zwischen Kant und Hanslick.* Kassel: Bärenreiter.

Steer, T. (2008). *Vinyl-Verkäufe gehen zurück.* Verfügbar unter http://www.musikmarkt.de/Aktuell/News/Vinyl-Verkaeufe-gehen-zurueck. [15.01.2016].

Strachan, R. (2007). Micro-independent record labels in the UK. Discourse, DIY Cultural Production and the Music Industry. *European Journal of Cultural Studies 10,* 245–265.

Thornton, S. (1997). *Club cultures: music, media and subcultural capital.* Cambridge [u. a.]: Polity Press

Tschmuck, P. (2013). *Is Streaming the Next Big Thing? Die Künstlerinnen-Perspektive.* Verfügbar unter https://musikwirtschaftsforschung.wordpress.com/2013/10/02/is-streaming-the-next-big-thing-die-kunstlerinnen-perspektive/. [25.01.2016].

Unicomb, M. (2015). *Festivals cancel Ten Walls appearances.* Verfügbar unter http://www.residentadvisor.net/news.aspx?id=29942. [25.01.2016].

Vogt, S. (2005). *Clubräume – Freiräume. Musikalische Lebensentwürfe in den Jugendkulturen Berlins.* Kassel: Bärenreiter.

Volkwein, B. (2003). *What's Techno? That's Techno!* Osnabrück: epos Verlag.

Waltz, A. (2014). *Techno-Kapitalismus. So läuft der Tanz ums große Geld.* Verfügbar unter http://groove.de/2014/09/05/techno-kapitalismus-so-laeuft-der-tanz-ums-grosse-geld/. [08.12.2014].

Wellinger, R. & Gottfried, G. (2012). *Dance or Die!* Verfügbar unter www.musikmarkt.de/content/download/380871/7211942/version/2/file/Musikmarkt_Heft4012_10__16.pdf. [11.04.2015].

Werner, J. (2001). Die Club-Party. Eine Ethnographie der Berliner Techno-Szene. In R. Hitzler, M. Pfadenhauer (Hrsg.), *Techno-Soziologie* (S. 31–50). Opladen: Leske + Budrich.

Westera, W. (2013). *The Digital Turn. How the Internet Transforms Our Existence.* Bloomington: Authorhouse.

Wieder, S. (2013). *SFX übernimmt „Nature One"-Veranstalter i-Motion.* Verfügbar unter http://www.musikmarkt.de/Aktuell/News/SFX-uebernimmt-Nature-One-Veranstalter-i-Motion. [25.01.2016].

Williams, R. (2005 [1978]). Means of Communication as Means of Production. In Ders. (Hrsg.), *Culture and Materialism* (S. 50–63). London, New York: Verso.

Wilpert, C. (2010). Phantasievoll, aber unpraktisch. Fragmente zur Renaissance von Tapes und Tape-Labels. Ein Mixtape. *testcard Beiträge zur Popgeschichte 19, Blühende Nischen,* 72–77.

Winter, C. (2013). Die Entwicklung der Medien als „Ursachen" und als „Wesen" musikbezogener Wertschöpfung. In B. Lange, H.-J. Bürkner, E. Schüßler (Hrsg.), *Akustisches Kapital. Wertschöpfung in der Musikwirtschaft* (S. 321–347). Bielefeld: transcript.

Diskografie

Alle Farben (2012). *Danse*. Kallias: KAL001.
Alle Farben (2014). *She moves (Far away)* feat. Graham Candy. Synesthesia: SYN001.
Alter Ego (2004). *Rocker*. Klang Elektronik: KLANG 84 ltd.
Asaf Avidan (2012). *One day/ Reckoning song (Wankelmut Remix)*. Four Music: 88765410992.
David Guetta (2009). *When love takes over* feat. Kelly Rowland. Virgin: 509999640662 5.
David Guetta (2009b). *Sexy Bitch* feat. Akon. Virgin: 509993065592 8.
David Guetta (2009c). *One Love*. EMI: 509996853722.
David Guetta (2011). *Titanium* feat. Sia. EMI: 5099908389428.
Die Vögel (2009). *Blaue Moschee*. Pampa Records: PAMPA 001.
Flo Rida, David Guetta (2010). *Club can't handle me*. Atlantic: 075678899904.
Girl Talk (2010). *All Day*. Illegal Art: IA123.
Lars Leonhard (2013). *Thunderbolt*. https://www.youtube.com/watch?v=HFT7ATLQQx8 [28.08.2015]
Lilly Wood and the Prick (2014). *Prayer in C (Robin Schulz Remix)*. Tonspiel, Warner Music Central Europe: 5054196-2011-2-8.
Lost Frequencies (2015). *Are you with me*. Kontor Records: 1065064KON.
Lützenkirchen (2008). *3 Tage wach*. Stil Vor Talent: SVT 019.
Magda (2006). *She's a Dancing Machine*. M_nus: Minus 43 CD.
Marek Hemmann (2009). *Gemini*. Freude am Tanzen: FAT 042.
Mollono.Bass (2011). *The Smiling Shaman*. Acker Records: ACKER RECORDS 22–1.
Samin (2007). *Heater*. Get Physical Music: GPM074.
Various (2012). *Bar 25 – Tage außerhalb der Zeit*. Bar 25: Bar25-23CD
Wamdue Project (1999 [1997]). *King of my Castle*. Urban: 563 891–2.
Whirlpool Productions (1996). *From: Disco To: Disco*. Ladomat 2000: Ladomat 2044.

Popmusikalische Repräsentation

8

Eine explorative Studie zur qualitativen Diversität sowie räumlichen und zeitlichen Ausbreitung von Populärer Musik aus Deutschland

Hendrik Neubauer

Zusammenfassung

Durch den Export kann im Ausland eine Affinität zu bestimmten Titeln entstehen, beispielsweise zu Titeln der Populären Musik aus Deutschland. Eine solche Affinität kann mittels Strategie und Emergenz zum kommerziellen Erfolg und zur Popularität führen, sodass die Titel die Chance bekämen, in den Charts der Exportländer vertreten zu sein und durch ihre dortige Präsenz die Nation des Herkunftslandes, also Deutschland, repräsentieren zu können. Diskurse über das ‚Deutsche‘ in der Musik lassen sich für die theoretischen Vorüberlegungen zur popmusikalischen Repräsentation nutzbar machen. Die Studie geht der Frage nach, welche Stile sich in welchen Räumen zu welcher Zeit ausgebreitet haben. Dazu wird mit Mitteln der deskriptiven Statistik eine explorative Datenanalyse zu deutschen Titeln der Populären Musik durchgeführt. Für die Analyse werden Titel (Repräsentationsfälle) ausgewählt, die nach 1990 in den Ländercharts außerhalb Mitteleuropas, also außerhalb des deutschen Sprachraums, topplatziert waren ($N = 125$). Aus den Verteilungsübersichten werden folgende Hypothesen abgeleitet: 1. Populäre Musik aus Deutschland ist am häufigsten in europäischen Charts an der Spitze. 2. Maßgeblich beeinflusst von dem Titel Mambo No. 5 erfuhr die Populäre Musik aus Deutschland im Jahr 1999 besondere Aufmerksamkeit. 3. Transportmittel des ‚Deutschen‘ sind der elektronische Stil und der Rock/Pop-Stil.

Schlüsselbegriffe

Export, Populäre Musik, Deutschland, Repräsentation, Europa, Mambo No. 5, Elektronik, Rock/Pop

L. Grünewald-Schukalla et al. (Hrsg.), *Musik und Stadt*, Jahrbuch für Musikwirtschafts- und Musikkulturforschung, https://doi.org/10.1007/978-3-658-23773-8_8

8.1   Fragestellung, Ziel und Vorgehensweise

Die vorliegende Arbeit möchte einen basalen Beitrag zur popmusikalischen Re-
präsentation Deutschlands im Ausland leisten und geht der Frage nach, welche
Stile sich in welchen Räumen zu welcher Zeit ausgebreitet haben. Zunächst werden
Strategien des Exports von Populärer Musik aus Deutschland, insbesondere der
marktwirtschaftlich-politische Export und der demokratisch-politische Export,
beschrieben und Repräsentationen des ‚Deutschen' diskutiert (siehe Abschnitt 8.2).
Ziel ist die Erstellung von Verteilungsübersichten unter Rückgriff auf ausgewählte
Titel bzw. Repräsentationsfälle (siehe Abschnitte 8.3, 8.4) sowie die Formulierung
daraus abgeleiteter Hypothesen, die Hinweise darauf geben können, auf welcher
Grundlage (privative und universalistische) Zuschreibungen bezüglich Deutschland
am Beispiel deutscher Populärer Musik getroffen werden und an welchen Stellen
es bezüglich der kommerziellen Intention des marktwirtschaftlich-politischen
Exports und der gemeinnützigen Intention des demokratisch-politischen Exports
einen Entwicklungsbedarf geben könnte (siehe Abschnitt 8.5).

8.2   Repräsentation mittels popmusikalischem Erfolg

Populäre Musik (im Folgenden PM) kann allgemein als Teil des kulturellen Unter-
haltungs- und Erlebnisangebots in einer Gesellschaft angesehen werden. Verviel-
fältigungen von lokal produzierter PM verlassen auf unterschiedlichen Wegen die
Grenze der ‚Heimat'. So erreicht beispielsweise die PM aus Deutschland zahlreiche
Länder auf der Erde. Dort sind bestimmte Stücke und/oder Stückesammlungen
kommerziell erfolgreich. Dabei spielen Strategie und Emergenz dieses Globalisie-
rungs- und Transkulturalitätsprozesses eine gewichtige Rolle. Es ist davon auszugehen, dass lokal produzierte PM an der einen oder anderen Stelle von auswärtigen
Musikkulturen beeinflusst wird. Damit erscheint zwar im Zuge des kulturellen
Austauschprozesses die Grenzen zwischen dem Eigenen und dem Fremden zunehmend als überholt (Welsch 1995), doch bestimmte Erwartungen an das auswärtige
Musikstück (Qualitäten der Stilistik, Sprache etc.) und an die dazugehörige Gruppe/
den dazugehörigen Künstler[1] (z. B. Imagequalitäten) bleiben bestehen.

---

1   Es sind stets Personen männlichen und weiblichen Geschlechts gleichermaßen gemeint;
     aus Gründen der einfacheren Lesbarkeit wird im Folgenden nur die männliche Form
     verwendet.

8.2.1 Strategien des Exports von Populärer Musik aus Deutschland

Voraussetzung für eine sich bildende Affinität zu PM aus Deutschland ist der *Export*. Im Rahmen des Exports von PM aus Deutschland werden differierende Intentionen der Wirtschaft (Musikindustrie) und des Staates (Die Bundesregierung, Auswärtiges Amt (im Folgenden AA)) vermutet. Während auf Seiten der Musikwirtschaft kommerzielle Interessen überwiegen, führt der Staat gemeinnützige Absichten an. Durch die vom AA geförderten Musikprojekte soll „[…] Deutschland als innovative und vielfältige Kulturnation […]" präsentiert sowie „[…] zivilgesellschaftliche[…] Akteure im künstlerischen Bereich" vernetzt werden (Auswärtiges Amt 2013). Diese Aufgaben übernimmt das vom AA subventionierte Goethe-Institut, welches als Vereinszweck „[…] die Förderung der Kenntnis deutscher Sprache im Ausland, die Pflege der internationalen kulturellen Zusammenarbeit und die Vermittlung eines umfassenden Deutschlandbildes durch Informationen über das kulturelle, gesellschaftliche und politische Leben" angibt (Goethe-Institut, 2000, § 2 Abs. 1). Die Bundesregierung ergänzt diese Bestrebung durch die Betonung der Nachhaltigkeit:

> „Der Aspekt der Nachhaltigkeit spielt [...] im Rahmen der Auswärtigen Kultur- und Bildungspolitik eine besonders große Rolle. So haben Musikprojekte des Goethe-Instituts häufig einen modularen Charakter und laufen über größere Zeiträume. Gerade hier lassen sich längere und intensivere Wirkungen beobachten. Auch bei der Förderentscheidung zu punktuellen Projekten wie Konzerten, Tourneen etc. spielt der Aspekt der Nachhaltigkeit eine große Rolle." (Die Bundesregierung, 2011, S. 11)

Zudem konkretisiert sie die Spracharbeit des Goethe-Instituts, indem sie auf Projekte hinweist, in denen deutschsprachige PM eingesetzt würde (ebd., S. 15). Insgesamt würden die Projekte nachfrageorientiert realisiert (ebd., S. 10). Demnach kam es im Jahr 2010 zu folgender Fördermittelverteilung nach Sparten der PM: 40 % Jazz, 30 % Elektronische Musik, 25 % Rock/Pop, 5 % Diverses (ebd., S. 15). Des Weiteren unterhält der Staat unmittelbar Klangkörper, die zum Teil in ihren Konzerten im Ausland Stile der PM präsentieren: Dazu gehören die *Big Band der Bundeswehr* (Bundesministerium der Verteidigung, 2013), das *Bundespolizeiorchester Berlin* (Bundespolizei, 2013) und die Zollkapellen (Bundesministerium der Finanzen, 2013).

Mittlerweile verwenden Künstler und Gruppen der PM, die außerhalb des deutschen Sprachraums produzieren und wirken (insbesondere in osteuropäischen und skandinavischen Staaten), immer häufiger Deutsch als Songsprache (STERN, 2004). Ob dieser Erfolg allein dem Verdienst der Arbeit des Goethe-Instituts und der staatlichen Klangkörper zuzuschreiben ist, wird bezweifelt, denn die Reichweite der staatlichen Maßnahmen kann als eher gering eingeschätzt werden. Um ein Verständnis zu entwickeln, wie sich eine Affinität zu PM aus Deutschland zusammensetzt, bedarf es der Nennung weiterer Prämissen in Form von Verbreitungsausprägungen, bei denen Staat und Wirtschaft beteiligt sind: Digital (Komprimierungsdateien, Netzstreaming), physisch (Tonträger), elektromagnetisch (Rundfunk: Hörfunk und Fernsehen) und Live-Erleben (Konzert). Mit Hilfe dieser Formen kann PM breit gestreut, und die Stücke oder Stückesammlungen können global rezipiert werden. Erst durch öffentlich anerkannte Erfolge wird die entsprechende Leistung wahrgenommen (Borgstedt, 2008, S. 130). Allgemein werden Verkaufszahlen (Chartplatzierung, Goldene Schallplatte) und Labelranking als Indikatoren der Leistung bzw. des Erfolgs angeführt (ebd., S. 129f.). Für das Deutsche Musik-Exportbüro, einer Institution des Deutschen Rock & Pop Musikerverbandes zur Erhöhung des Bekanntheitsgrads deutscher Musiker und Steigerung des Tonträgerabsatzes im Ausland, ist der sogenannte ‚Popularitätsgrad' maßgebend, welcher sich aus dem Bekanntheitsgrad im Ausland, der Tonträgerpräsenz in ausländischen Tonträger-Warenhäusern und der Musikabspielhäufigkeit bei ausländischen Radiosendern zusammensetzt (Deutsches Musik-Exportbüro, 2013). Die Popularitätsgrade werden halbjährlich sortiert; es entsteht eine Liste, die sogenannte *Deutsche Auslandshitparade*, welche aus Interpreten deutschsprachiger PM besteht (ebd.). Im ersten Halbjahr 2013 führte Rammstein diese Rangliste an (ebd.).

8.2.2 Repräsentation des ‚Deutschen'

Mit dem Erfolg und der Popularität im Ausland eröffnet sich für bestimmte deutsche Popmusikgruppen die Möglichkeit, ihre Nation zu repräsentieren. Dabei kann die Repräsentation zwei Formen aufweisen: Die semiotische (Dinge stehen für andere Dinge) und die politische Repräsentation (Personen handeln für andere Personen) (Mitchell, 1994, S. 17f.). Beide Formen können bei der popmusikalischen Repräsentation auftreten:

1. Musikalische und außermusikalische Merkmale der Produktion – ob auditiv oder visuell – stehen für (nationale) Gegenstände, Ereignisse, Imaginationen oder Lebewesen;
2. Politiker handeln für ihr Volk, indem sie über die staatlichen Fachinstitutionen Musikproduktionen finanzieren und (nationale) Musiker/Musikgruppen für Konzerte ins Ausland entsenden (demokratisch-politischer Export) bzw. Vertreter der Musikwirtschaft handeln für die Gesellschafter, indem sie mittels der Wirtschaftsinstitutionen Musikproduktionen finanzieren und ihre (nationalen) Musiker/Musikgruppen für Konzerte ins Ausland entsenden (marktwirt-

schaftlich-politischer Export). Die Grundlage eines demokratisch-politischen Exports kann eine staatspolitische Entscheidung sein, öffentlich finanzierte Musikproduktionen im Ausland zur Aufführung zu bringen, vgl. z. b. die Musik der Gruppe Die Toten Hosen im Auftrag des Auswärtigen Amtes. Der Hintergrund eines marktwirtschaftlich-politischen Exports kann dagegen eine betriebspolitische Entscheidung sein, privat finanzierte Musikproduktionen im Ausland zur Aufführung zu bringen, vgl. z. b. die Musik der Gruppe Rammstein im Auftrag der Universal Music GmbH.

Bei mischfinanzierten Maßnahmen – also teils öffentlich, teils privat (Public-Private Partnership) – ergibt sich ein hybrider Export, der zum Teil demokratisch-politisch und zum Teil marktwirtschaftlich-politisch motiviert ist.

Eine Repräsentationsstruktur lässt sich durch die des Literaturwissenschaftlers W. J. Thomas Mitchell entwickelte Kommunikationsachse mit vier Relationsstellen, die durch zwei Linien verbunden sind (sein Beispiel: Stein – Farbklecks, Rezipient – Urheber), beschreiben (ebd., S. 18f.). Darauf bezugnehmend ergeben sich für die popmusikalische Repräsentation die Relationsstellen Gegenstände/Ereignisse/Imaginationen/Lebewesen/Volk/Gesellschafter – Musikalische Merkmale/außermusikalische Merkmale/Politiker/Vertreter der Musikwirtschaft und Rezipient – Urheber/Interpret.

Die popmusikalische Repräsentation dient vor allem der Vermittlung. Wünschenswert ist dabei, dass Intention/Realisation (Urheber/Interpret) und Erwartung/Wirkung (Rezipient) optimal aufeinander abgestimmt sind. Dennoch kommt es vor, dass unerwünschte Beziehungen entstehen. Mitchell weist kritisch darauf hin, dass die Repräsentation einen Bruch zwischen Intention und Realisation schaffen kann (ebd., S. 32). Ferner kann eine Diskrepanz zwischen Intention/Realisation und Wirkung auftreten. Wenn z. b. eine Gruppe einen bestimmten Musikstil karikieren möchte (Intention), und bei der Aufführung fehlt das entscheidende Instrument für die Klangerzeugung zur Darstellung des Stils (Realisation), kommt es zu einem Bruch zwischen Intention und Realisation. Falls das Instrument doch beschafft werden würde und somit eine Darstellung des Stils möglich wäre (Intention/Realisation), kann es ggf. dazu kommen, dass die Karikaturabsicht vom Publikum aus unterschiedlichen Grunden nicht verstanden werden könnte (Wirkung). Hier läge eine Diskrepanz zwischen Intention/Realisation und Wirkung vor. Weitere Störungen sind auf den Ebenen Erwartung – Wirkung und Intention/Realisation – Erwartung denkbar.

Insgesamt können populäre Musikformen ein kulturelles Terrain repräsentieren (Wicke, 2011, S. 1). Voraussetzung dafür wäre eine analytische Wahrnehmungskompetenz für die Zuordnung von PM zu den jeweiligen Herkunftsländern. Der

Musik- und Kulturwissenschaftler Hannes Gmelin fand in einer empirischen Studie heraus, dass Hörer aktuelle PM dem Entstehungsland zuordnen können (Gmelin, 2006, S. 12). Bezogen auf Deutschland kann dann diskutiert werden, was an deutscher Musik ‚deutsch' sei. Der Musikwissenschaftler Bernd Sponheuer fasst die Diskurse über das ‚Deutsche' in der Musik in die zwei Begriffsdimensionen privativ und universell, die in ihrer Verwendung in Relation gesetzt werden:

> „Der erste Begriff des ‚Deutschen' in der Musik fokussiert das spezifisch ‚Deutsche' in Abgrenzung zu allem ‚Nicht-Deutschen' und faßt es im Sinne von ‚Tiefsinn, Arbeit, Gründlichkeit'. Er trägt deutlich privaten Charakter, indem er allem ‚Nicht-Deutschen' die Eigenschaften abspricht, die er seinerseits als spezifisch ‚deutsch' in Anspruch nimmt. Die Leitworte ‚Tiefsinn, Arbeit, Gründlichkeit' lassen eine vielfache, jeweils epochenspezifisch variierende Diversifizierung auf unterschiedliche Bereiche des Musikalischen zu. Charakteristisch ist dabei die Neigung zu einem dualistischen, symmetrisch-dichotomischen Vorgehen, das dem ‚Deutschen' jeweils antithetisch das ‚Nicht-Deutsche' entgegensetzt. Es entsteht so eine Kette von binären Oppositionen, die strukturell-semantisch um eine Kernopposition kreisen, die abstrakt vielleicht am einfachsten durch den Gegensatz von ‚Geist' und ‚Sinnlichkeit' zu bezeichnen ist. [...] Der zweite Begriff des ‚Deutschen' in der Musik faßt dieses als das ‚Vermischte' [...], das Universelle, die große Synthese. Das ‚Deutsche' erscheint als umgreifende, Totalität realisierende Vereinigung des sonst Getrennten, zum Beispiel des Italienischen und Französischen, von Form und Ausdruck, Horizontale und Vertikale [...]. Der privative erste Begriff erweist sich [...] in letzter Instanz als der dominante, da er sowohl selbständig auftritt als auch in Kombination mit dem zweiten, während dieser, der universalistische, stets den erstgenannten miteinkalkuliert [Hervorhebungen im Original]." (Sponheuer, 2001, S. 128f.)

Sponheuer benennt dabei drei Verwendungsmöglichkeiten des privativen Begriffs: Der Begriff „[...] fungiert für sich stehend erstens entweder als positiver Ausdruck des ‚Deutschen' in der Musik oder zweitens [...] als negativer Ausdruck für das ‚Deutsche' in der Musik, und er fungiert drittens als integriertes Teilmoment des anderen, universalistisch geprägten Begriffs [Hervorhebungen im Original]" (ebd., S. 129). Er bezeichnet den universalistischen Begriff als das „[...] [labile] [...] Pendant [...]" des privativen Begriffs und verdeutlicht diese Eigenschaft anhand der Verwendung des universalistischen Begriffs: Der universalistische Begriff „[...] kann entweder in einem kosmopolitisch-universalistischen oder in einem national-hegemonialistischen Sinne verstanden werden; vielfach schwankt er unentschieden zwischen beiden hin und her. Die Orientierung am Universalen und Humanen als übernationaler Substanz [...] und das Schielen auf den hegemonialen Führungsanspruch der deutschen Musik [...] lassen sich kaum voneinander trennen." (ebd., S. 130)

Der Musikwissenschaftler Jan Hemming nimmt im Bereich der PM das Beispiel Rammstein auf und ist der Meinung, dass die Gruppe in der internationalen Wahrnehmung „[…] unverkennbar ‚deutsch' […]" sei [Hervorhebung im Original] (Hemming, 2006, S. 90). Es stellt sich die Frage, mit welchen Mitteln hier das ‚Deutsche' repräsentiert wird (Intention/Realisation), welches im Ausland als solches erkannt werden würde (Wirkung). Um einen Bezug zu Sponheuers Begriffsdimensionen und deren Verwendung herzustellen, ist es hilfreich, zunächst Aspekte der Entstehungsgeschichte der Gruppe Rammstein zu berücksichtigen. Teilwiese musizierten die späteren Mitglieder, die alle aus der Deutschen Demokratischen Republik (DDR) stammten, sowohl vor als auch nach der Deutschen Einheit miteinander, bevor sie sich 1994 im vereinigten Deutschland offiziell als Musikgruppe gegründet hatten. Diese musikkontextuelle Stelle erinnert an die universalistische Begriffsdimension: Die durch die Deutsche Einheit entstandene Synthese brachte eine musikkulturelle, -stilistische und -performative Vermischung hervor, die einen Einfluss auf das musikalische Schaffen Rammsteins hatte. Die Studioproduktionen und Aufführungen der Gruppe beinhalten satirisch-ironische Elemente, die sowohl auf kosmopolitisch-universalistische als auch auf national-hegemoniale Tendenzen hinweisen. Zudem werden die spezifisch deutschen Eigenschaften Tiefsinn, Arbeit, Gründlichkeit, ob Klischee oder nicht, in den Werken und Aufführungen der Gruppe in grotesker Manier verarbeitet. Zu den spezifisch deutschen Eigenschaften, mit denen Rammstein spielt, gehören auch die hart klingenden Konsonanten der deutschen Sprache (Kreye, 2009; Kaufmann, 2012). Weitere Mittel, die dazu dienen könnten, das ‚Deutsche' – in welcher künstlerischen Art und Weise und vor welchem kontextuellen Hintergrund auch immer – (wirkungsvoll) zu repräsentieren, sind denkbar. Hierbei sind insbesondere Mittel gemeint, die auf der visuellen Wahrnehmungsebene zum Tragen kommen können, wie z. B. in Musikvideos (Sontheimer, 2007) oder bei Konzerten von Rammstein. Neben dem Kulturellen können auf diesem Wege auch andere Dinge, Personen oder Eigenschaften repräsentiert werden, wie z. B. Geschlecht, Gewalt etc. (Brill, 2009; Elflein, 2014).

8.3   Methode

Bezogen auf die eingangs gestellte Frage, welche Stile sich in welchen Räumen zu welcher Zeit ausgebreitet haben, ist insbesondere die Verteilung der Repräsentation durch den Export von Interesse. Dazu wird mit Mitteln der deskriptiven Statistik eine explorative Analyse auf der Grundlage von Daten des marktwirtschaftlich-politischen Exports durchgeführt.

8.3.1   Stichprobe

Für die Analysen werden aus Deutschland stammende Titel (Repräsentationsfälle) ausgewählt, die außerhalb des deutschen Sprachraums bzw. Mitteleuropas besonders erfolgreich waren. Um die Stichprobengröße einzugrenzen, werden hierbei lediglich die Topplatzierungen (Nummer-eins-Platzierungen) in den jeweiligen Ländercharts berücksichtigt (siehe Liste in Wikipedia 2013) (Kritisch anzumerken ist hierbei, dass in der Regel nur solche Titel in den Charts vertreten sind, deren Verkaufszahlen von den Tonträgerhändlern an die Mediendienstleister, welche die Hitlisten erstellen, weitergegeben werden. Die Mediendienstleister sind also auf die freiwillige Weitergabe der Daten durch die Händler angewiesen). Dabei ist im Zuge der Ziehung die popmusikalische Repräsentation des wiedervereinigten Deutschlands von Interesse, um das Vermischte, welches sich auf den universalistischen Begriff des ‚Deutschen‘ in der Musik bezieht (Sponheuer 2001, S. 129), einzubeziehen. Deshalb konzentriert sich die Untersuchung auf die Repräsentationsfälle ab 1990 ($N = 125$) (siehe Tab. 1).

Tab. 1   Repräsentationsfälle ab 1990 (Wikipedia 2013)

Interpret	Titel	Räumliche Repräsentation: Land	Zeitliche Repräsentation: Jahr
Andrea Berg	My Danish Collection	Dänemark	2013
ATB	9pm (Till I Come)	Irland	1999
ATB	9pm (Till I Come)	Vereinigtes Königreich	1999
Ayo	Joyful	Polen	2007
Blümchen	Heut‘ ist mein Tag	Norwegen	1999
Captain Jack	Captain Jack	Niederlande	1996
Captain Jack	Drill Instructor	Niederlande	1996
Cascada	Miracle	Frankreich	2007
Cascada	Everytime We Touch	Irland	2006
Cascada	Everytime We Touch	Irland	2007
Cascada	Evacuate the Dancefloor	Niederlande	2009
Cascada	Everytime We Touch	Schweden	2006
Cascada	Evacuate the Dancefloor	Vereinigtes Königreich	2009
Crazy Frog	Axel F.	Vereinigtes Königreich	2005
Culture Beat	Mr. Vain	Australien	1993
Culture Beat	Mr. Vain	Belgien	1993
Culture Beat	Mr. Vain	Niederlande	1993
Culture Beat	Mr. Vain	Vereinigtes Königreich	1993

Interpret	Titel	Räumliche Repräsentation: Land	Zeitliche Repräsentation: Jahr
DJ Ötzi	Hey! Baby	Australien	2002
DJ Ötzi	Hey! Baby	Vereinigtes Königreich	2001
DJ Sammy & Yanou feat. Do	Heaven	Vereinigtes Königreich	2002
E-Rotic	Sex Affairs	Finnland	1995
Enigma	Sadness Pt. I	Belgien	1990
Enigma	Sadness Pt. I	Frankreich	1991
Enigma	MCMXC AD	Frankreich	1991
Enigma	Sadness Pt. I	Irland	1991
Enigma	Sadness Pt. I	Italien	1991
Enigma	The Cross of Changes	Neuseeland	1994
Enigma	Sadness Pt. I	Niederlande	1990
Enigma	Sadness Pt. I	Norwegen	1991
Enigma	Return to Innocence	Norwegen	1994
Enigma	Le roi est mort, vive le roi	Norwegen	1996
Enigma	Return to Innocence	Schweden	1994
Fool's Garden	Lemon Tree	Irland	1996
Fool's Garden	Lemon Tree	Norwegen	1996
Fool's Garden	Lemon Tree	Schweden	1996
Fragma	Toca's Miracle	Vereinigtes Königreich	2000
Lena	Satellite	Dänemark	2010
Lena	Satellite	Finnland	2010
Lena	Satellite	Georgien	2010
Lena	Satellite	Norwegen	2010
Lena	Satellite	Schweden	2010
Lou Bega	Mambo No. 5	Australien	1999
Lou Bega	Mambo No. 5	Belgien	1999
Lou Bega	Mambo No. 5	Finnland	1999
Lou Bega	A Little Bit Of Mambo	Finnland	1999
Lou Bega	Mambo No. 5	Frankreich	1999
Lou Bega	Mambo No. 5	Irland	1999
Lou Bega	Mambo No. 5	Italien	1999
Lou Bega	Mambo No. 5	Neuseeland	1999
Lou Bega	Mambo No. 5	Niederlande	1999
Lou Bega	Mambo No. 5	Norwegen	1999
Lou Bega	Mambo No. 5	Schweden	1999
Lou Bega	Mambo No. 5	Vereinigtes Königreich	1999
Mark'Oh	Tears Don't Lie	Belgien	1995

Interpret	Titel	Räumliche Repräsentation: Land	Zeitliche Repräsentation: Jahr
Mark'Oh	Tears Don't Lie	Schweden	1995
Marquess	Vayamos Compañeros	Tschechien	2007
Matthias Reim	Verdammt, ich lieb' Dich	Belgien	1990
Matthias Reim	Verdammt, ich lieb' Dich	Niederlande	1990
Milk & Sugar vs. Vaya Con Dios	Hey (Nah Neh Nah)	Tschechien	2011
Milli Vanilli	All or Nothing	Australien	1990
Milli Vanilli	All or Nothing	Neuseeland	1990
Modern Talking	Back For Good	Finnland	1998
Modern Talking	Back For Good	Norwegen	1998
Mr. President	We See The Same Sun	Finnland	1996
Mr. President	Coco Jambo	Schweden	1996
Nena feat. Kim Wilde	Anyplace, Anywhere, Anytime	Niederlande	2003
Oceana	Cry Cry	Griechenland	2010
Oceana	Endless Summer	Polen	2012
Oceana	Cry Cry	Rumänien	2009
Oceana	Cry Cry	Ungarn	2009
Rammstein	Liebe ist für alle da	Dänemark	2009
Rammstein	Benzin	Finnland	2005
Rammstein	Pussy	Finnland	2009
Rammstein	Reise, Reise	Finnland	2004
Rammstein	Rosenrot	Finnland	2005
Rammstein	Völkerball	Finnland	2007
Rammstein	Liebe ist für alle da	Finnland	2009
Rammstein	Liebe ist für alle da	Niederlande	2009
Rammstein	Liebe ist für alle da	Tschechien	2009
Reamonn	Tonight	Rumänien	2007
Sarah Connor	From Sarah With Love	Portugal	2002
Sash!	Encore Une Fois	Irland	1997
Sash! feat. Rodriguez	Ecuador	Belgien	1997
Schiller	I Feel You	Rumänien	2004
Schnappi	Schnappi das kleine Krokodil	Belgien	2005
Schnappi	Schnappi das kleine Krokodil	Niederlande	2005
Schnappi	Schnappi das kleine Krokodil	Norwegen	2005

Interpret	Titel	Räumliche Repräsentation: Land	Zeitliche Repräsentation: Jahr
Schnappi	Schnappi das kleine Krokodil	Schweden	2005
Scooter	Ramp! The Logical Song	Australien	2003
Scooter	How Much Is the Fish	Belgien	1998
Scooter	Fire	Finnland	1997
Scooter	The Age of Love	Finnland	1997
Scooter	No Time to Chill	Finnland	1998
Scooter	Ramp! The Logical Song	Irland	2002
Scooter	Ramp! The Logical Song	Norwegen	2002
Scooter	Jumping All Over the World	Vereinigtes Königreich	2008
Scorpions	Wind of Change	Belgien	1991
Scorpions	Wind of Change	Frankreich	1991
Scorpions	Sting in the Tail	Griechenland	2010
Scorpions	Wind of Change	Niederlande	1991
Scorpions	Wind of Change	Norwegen	1991
Scorpions	Wind of Change	Schweden	1991
Sin With Sebastian	Shut Up (And Sleep With Me)	Finnland	1995
SNAP!	Rhythm Is a Dancer	Belgien	1992
SNAP!	Rhythm Is a Dancer	Frankreich	1992
SNAP!	Rhythm Is a Dancer	Irland	1992
SNAP!	Rhythm Is a Dancer	Italien	1992
SNAP!	The Power	Niederlande	1990
SNAP!	Rhythm Is a Dancer	Niederlande	1992
SNAP!	The Power	Vereinigtes Königreich	1990
SNAP!	Rhythm Is a Dancer	Vereinigtes Königreich	1992
The Baseballs	Strike!	Belgien	2010
The Baseballs	Umbrella	Finnland	2009
The Baseballs	Strike!	Finnland	2009
The Baseballs	Strike!	Norwegen	2010
The Baseballs	Strike!	Schweden	2010
The Underdog Project & The Sunclub	Summer Jam 2003	Belgien	2003
The Underdog Project & The Sunclub	Summer Jam 2003	Niederlande	2003
Tokio Hotel	Scream	Portugal	2008

Interpret	Titel	Räumliche Repräsentation: Land	Zeitliche Repräsentation: Jahr
Tokio Hotel	Scream	Schweden	2007
Tomcraft	Loneliness	Vereinigtes Königreich	2003
U 96	Das Boot	Norwegen	1992
Ville Valo & Natalia Avelon	Summer Wine	Finnland	2007
Whirlpool Productions	From: Disco to: Disco	Italien	1997

8.3.2   Variablen

Die verschiedenen Präsenzarten begründen die Variablenbildung. So werden Variablen der räumlichen, zeitlichen und qualitativen Repräsentation unterschieden. Zu den Variablen der räumlichen Repräsentation zählen der Kontinent (*Raum_Kontinent*) und das Land (*Raum_Land*). Die Variablen der zeitlichen Repräsentation sind das Jahr (*Zeit_Jahr*) und die Dauer in Wochen (*Zeit_Dauer*). Zur qualitativen Repräsentation werden die Variablen *Art_Tonträger* (Tonträger), *Art_Sprache* (Textsprache) sowie *Art_Stil* (Stil der PM) gebildet.

Die stetige Ausdifferenzierung und Vermischung der Stile von PM bereitet der systematischen Typisierung enorme Schwierigkeiten. In jüngeren Publikationen werden verschiedene Aufteilungen der Sparten vorgeschlagen (z. B. Wicke, 2010, S. 1; Bundesverband Musikindustrie, 2015, S. 43). Die vorliegende Untersuchung beschränkt sich auf die Zuordnung zu den Hauptkategorien Rock/Pop, Volkstümliche Musik, Elektronik, Jazz, Hip Hop und Pop-Orchester, in denen die jeweiligen Unterkategorien (Subgenres) enthalten sind.

8.4   Explorative Datenanalyse

Im Zuge der ersten Datensichtung ist zu erkennen, dass in den Ländern außerhalb des deutschen Sprachraums die topplatzierten Singles und Alben des Interpreten Lou Bega am häufigsten vertreten sind. Den größten Einfluss auf diese Verteilung hat der Titel Mambo No. 5, der im Jahre 1999 außerhalb Mitteleuropas in 16 Ländern topplatziert war (AME-Media, 2015). Damit belegt er den vierten Platz der erfolgreichsten Singles aus Deutschland (Deutsche Welle, 2015). Bei diesem Titel handelt es sich um eine Bearbeitung des gleichnamigen Songs des Pérez Prado y su Orquesta, der 49 Jahre zuvor auf der B-Seite der Single Qué rico el mambo und auf der A-Seite der im gleichen Jahr erschienenen Single Mambo No. 5 erschienen war. Die modische Gestalt kann ein Mambo durch Swingelemente und einen Bläsersatz annehmen (Ziegenrücker & Wicke, 1989, S. 226), so wie es auch im Fall von Mambo No. 5 zu hören ist. Diese Mode bewies bereits damals, also 1950, internationale Anschlussfähigkeit. Umso mehr ist der internationale Erfolg der Bearbeitung, sei sie auch ein knappes halbes Jahrhundert später entstanden, keine große Überraschung. Der Hit von 1999 weist durch seine bestimmte Struktur und Bewegung im ersten Riff einen gängigen afrokubanischen Mambo-Rhythmus auf (Rösing, 2012, S. 265). Insgesamt entsprechen „Tempo, Mamborhythmus, Tonart und Harmonik (zwischen B und Es pendelnd) [...] der Vorlage, deren Riffs dem die Strophen abschließenden Gesangsrefrain jeweils in originaler Gestalt als instrumentale Begleitfigur unterlegt bzw. hinzugefügt wurden" (ebd., S. 266). Am Schluss des Stücks wird der typische Mambosound der 1950er Jahre hervorgehoben; lediglich der Anfang hält unter Einsatz von Technosounds den musikalischen Gegenwartsbezug aufrecht (ebd., S. 267).

Im Folgenden werden die Daten nach ihrer räumlichen, zeitlichen und qualitativen Repräsentation aufbereitet.

8.4.1   Räumliche Repräsentation

Die Titel mit jeweiliger Topplatzierung sind in Asien, Australien und Europa vertreten. Dabei sind die Titel am häufigsten in Europa repräsentiert. Finnland hat mit 19 Repräsentationsfällen die meisten Nummer-eins-Hits.

Wie die finnische Popularmusik in deutschsprachigen Ländern spürbar präsent ist (Huttunen, 2015), erfreut sich offensichtlich im Gegenzug auch die PM aus Deutschland in Finnland erheblicher Beliebtheit. Diese wechselseitige Anerkennung wird insbesondere durch das Engagement des Finnland-Instituts in Deutschland, welches als „[g]emeinnütziges Forum finnischer Kultur, Wissenschaft und Wirtschaft im deutschsprachigen Europa" auftritt (Finnland-Institut in Deutschland, 2015) und Mitglied der Kultur- und Wissenschaftsinstitute Finnlands ist, gestärkt. Was den deutschen Export angeht, so ist in Finnland die Gruppe Rammstein mit zwei Singles und vier Alben am häufigsten auf dem ersten Chartplatz zu finden (siehe Tab. 2), also eine Gruppe, die das ‚Deutsche' thematisiert (siehe Abschnitt 8.2.2). Rammstein ist die einzige deutsche Gruppe, die mit deutschen Liedtexten in Finnland topplatziert ist.

Tab. 2   Topplatzierte deutsche Interpreten in Finnland

Interpret	Titelhäufigkeit
E-Rotic	1
Lena	1
Lou Bega	2
Modern Talking	1
Mr. President	1
Rammstein	6
Scooter	3
Sin With Sebastian	1
The Baseballs	2
Ville Valo & Natalia Avelon	1

Unter den deutschen Titeln konnte sich an Finnlands Chartspitze am längsten das Album Strike! von der Gruppe The Baseballs halten (13 Wochen im Jahr 2009).

8.4.2   Zeitliche Repräsentation

Seit 1990 war jedes Jahr mindestens ein Titel aus Deutschland im nicht-deutschen Sprachraum topplatziert (Stand: 16.8.2013). 1999 war das Jahr mit den meisten Nummer-eins-Titeln. Einen maßgeblichen Anteil daran hatte Lou Begas Mambo No. 5 (siehe oben). Im Jahr 1999 gab es auch hinsichtlich der aufsummierten zeitlichen Dauer der Repräsentation von deutschen Titeln außerhalb Mitteleuropas einen Spitzenwert zu verzeichnen (85 Wochen) (siehe Abb. 1). Den größten Anteil an dem zweithöchsten Wert, der im Jahr 2009 zu verzeichnen ist (41 Wochen) (siehe ebd.), hatte neben dem Album Strike! der Gruppe The Baseballs die Single Cry Cry von Oceana.

Insgesamt nimmt Finnland mit 72 Präsenzwochen den Spitzenplatz ein (siehe Tab. 3). Dort ist also die PM aus Deutschland nicht nur am häufigsten (siehe Abschnitt 8.4.1), sondern auch am nachhaltigsten an der Chartspitze vertreten.

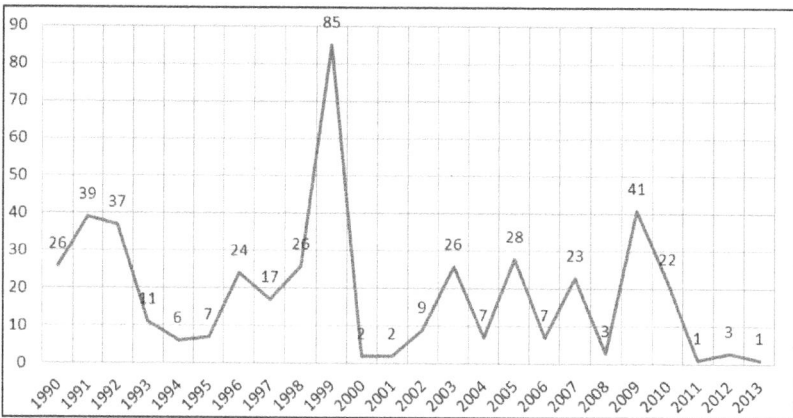

Abb. 1   Zeitliche Repräsentation nach aufsummierter Dauer (Wochen) von deutschen
Titeln mit Topplatzierung pro Jahr

Tab. 3   Zeitliche Repräsentation nach aufsummierter Dauer (Wochen) von deutschen
Titeln mit Topplatzierung je Land

Räumliche Repräsentation: Land	Zeitliche Repräsentation: Dauer in Wochen
Australien	21
Belgien	51
Dänemark	3
Finnland	72
Frankreich	43
Georgien	1
Griechenland	11
Irland	30
Italien	19
Neuseeland	9
Niederlande	50
Norwegen	45
Polen	6
Portugal	3
Rumänien	21
Schweden	33
Tschechien	3
Ungarn	3
Vereinigtes Königreich	29

Die durchschnittliche Repräsentationsdauer eines deutschen Poptitels außerhalb Mitteleuropas, die neben der aufsummierten Dauer eine weitere Komponente der Nachhaltigkeit darstellt, ist in Rumänien am höchsten (sieben Wochen).

Wie bereits oben angeführt, sind die deutschen Titel mit Topplatzierung am häufigsten in Europa vertreten (siehe Abschnitt 8.4.1). Wird eine Aufteilung des Kontinents vorgenommen, die sich hier als vier Regionen (Osteuropa: U. a. Polen, Tschechien, Ungarn; Westeuropa: U. a. Belgien, Frankreich, Irland, Niederlande, Vereinigtes Königreich; Südeuropa: U. a. Griechenland, Italien, Portugal, Rumänien; Nordeuropa: U. a. Dänemark, Finnland, Norwegen, Schweden) ausdrückt, ist zu beobachten, dass in den überwiegenden Regionen (West-, Süd- und Nordeuropa) die durchschnittliche Repräsentationsdauer von topplatzierten Titeln mit elektronischem Stil höher ist als die Dauer von Titeln mit einem Rock/Pop-Stil. Damit ist der elektronische Stil bezogen auf seine internationale Anschlussfähigkeit nachhaltiger als der Rock/Pop-Stil.

8.4.3   Qualitative Repräsentation

An der Spitze der Charts sind lediglich die Stile Rock/Pop (64-mal) und Elektronik (61-mal) vertreten. Die qualitative Diversität von topplatzierten Titeln der PM aus Deutschland im Ausland kann demnach als eher gering eingeschätzt werden. Dafür können im nicht-deutschsprachigen Raum aufgrund ihrer Erfolge die beiden Stile als das ‚Deutsche‘ im Bewusstsein bleiben. Des Weiteren ist zu beobachten, dass bei beiden Stilrichtungen jeweils die Repräsentation durch Singles überwiegt (Rock/Pop-Single: 45-mal; Rock/Pop-Album: 19-mal; Elektronik-Single: 53-mal; Elektronik-Album: achtmal). Den größten Anteil an den Nummer-eins-Tonträgern hat die Elektronik-Single. Dabei sind die Gruppen Enigma und Snap! mit jeweils acht Titeln am erfolgreichsten.

Am häufigsten war Englisch die Textsprache der topplatzierten Titel (97-mal: 77,6 %). Seit 1990 war lediglich 18-mal (14,4 %) ein deutschsprachiger Titel im nicht-deutschsprachigen Ausland ein Nummer-eins-Hit (siehe Tab. 4).

Tab. 4   Repräsentation der Textsprache der topplatzierten Populären Musik aus Deutschland im nicht-deutschsprachigen Ausland

Textsprache	Titelhäufigkeit (absolut)	Titelhäufigkeit (relativ)
deutsch	18	14,4 %
englisch	97	77,6 %
französisch	8	6,4 %
spanisch	2	1,6 %

In lediglich sieben nicht-deutschsprachigen Ländern waren deutschsprachige Titel topplatziert. Dabei handelt es sich um direkte Nachbarn Deutschlands (Belgien, Dänemark, Niederlande, Tschechien) und um nordeuropäische Länder (Dänemark, Finnland, Norwegen, Schweden). Damit konnte eine deutschsprachige Topplatzierung in drei von vier hier relevanten europäischen Regionen (Nordeuropa, Westeuropa, Osteuropa) erzielt werden. Lediglich in Südeuropa fehlt eine Topplatzierung mit einem deutschen Liedtext. Der erfolgreichste Interpret deutschsprachiger Titel ist mit acht Repräsentationsfällen die Gruppe Rammstein. Dabei kam am besten das Album Liebe ist für alle da aus dem Jahr 2009 an, welches in Dänemark, Finnland, Tschechien und den Niederlanden die Nummer eins war.

8.5 Schlussfolgerung

Der im deutschsprachigen Ausland sehr erfolgreiche Song Mambo No. 5 von Lou Bega (1999) ist durch afrokubanische, also nicht-deutsche bzw. fremde, musikalische Merkmale geprägt. Hier ist die internationale Anschlussfähigkeit durch die teilweise Nutzung eines bereits in der Vergangenheit erfolgreichen Songs zu erklären. An dieser Stelle führte eine eklektizistische Kette zum Erfolg: Die modische Gestalt des Mambos von 1950 kam durch die Berücksichtigung von Swingelementen und einem Bläsersatz zustande; im Mambo von 1999 wurde diese Mode zum Teil mit Technosounds in einen Zusammenhang gebracht, um einen Gegenwartsbezug herzustellen.

Eine andere Art der Vermischung tritt in der Musik von Rammstein auf. In ihrer Musik verarbeitet die Gruppe spezifisch deutsche (Außensichts-)Merkmale, die im Zusammenhang mit dem gesamten Musikstück eine Nähe zur privativen Begriffsdimension des ‚Deutschen' in der Musik entwickeln. Vor dem Hintergrund der Ost-/West-Geschichte Rammsteins führen die Produktionen zu synthetischen Originalen, die das vereinte Deutschland, also das Deutschland der Gegenwart, repräsentieren. Insgesamt ist die Gruppe der erfolgreichste deutsche popmusikalische Export.

8.5.1 Hypothesen

Beide Vermischungstypen, die auf das Universalistische verweisen, kennzeichnen das ‚Deutsche' in der Musik. Aus der Datenexploration zur räumlichen, zeitlichen und qualitativen Repräsentation von topplatzierten Titeln der PM aus Deutschland im nicht-deutschsprachigen Ausland werden die folgenden Hypothesen abgeleitet, die Hinweise darauf geben können, auf welcher Grundlage Zuschreibungen bezüglich Deutschland getroffen werden und an welchen Stellen es bezüglich der kommerziellen Intention des marktwirtschaftlich-politischen Exports und der gemeinnützigen Intention des demokratisch-politischen Exports einen Entwicklungsbedarf geben könnte:

- Hypothese 1 (Raum): PM aus Deutschland ist am häufigsten in europäischen Charts an der Spitze. Besonders erfolgreich ist sie in Finnland. Dort wird Deutschland insbesondere mit Gruppen wie Rammstein oder The Baseballs verbunden.
- Hypothese 2 (Zeit): Maßgeblich beeinflusst von dem Titel Mambo No. 5 erfuhr die PM aus Deutschland im Jahr 1999 besondere Aufmerksamkeit. Nachhaltig ist der Erfolg deutscher PM vor allen Dingen in Finnland und Rumänien. Der elektronische Stil ist bezogen auf seine internationale Anschlussfähigkeit nachhaltiger als der Rock/Pop-Stil.
- Hypothese 3 (Qualität): Transportmittel des ‚Deutschen' sind der elektronische Stil und der Rock/Pop-Stil. Der typisch deutsche Nummer-eins-Tonträger ist die Elektronik-Single, mit der insbesondere die Gruppen Enigma und Snap! verbunden werden. Dabei ist Englisch die erfolgreichste Textsprache. Deutschsprachige Titel dagegen konnten sich nur in einigen deutschen Nachbarländern und nordeuropäischen Ländern an der Chartspitze behaupten. An dieser Stelle ist der erfolgreichste Titel das Rammstein-Album Liebe ist für alle da.

Finnland zeigt, wie erfolgreich Rammstein und The Baseballs außerhalb Mitteleuropas sein können. Durch eine verstärkte mediale Präsenz dieser Gruppen in weiteren Ländern lässt sich die Repräsentation des ‚Deutschen' räumlich erweitern. *Ein nachhaltiger Erfolg stellt sich insbesondere bei der elektronischen PM aus Deutschland ein. An dieser Stelle kann in Zukunft die elektronische Musik einen höheren Stellenwert des demokratisch-politischen Exports einnehmen, um die zeitliche Expansion der Repräsentation zu fördern.* Generell sollte die Nachhaltigkeit nicht nur ein Ziel des Staates (siehe Abschnitt 8.2.1), sondern auch ein Ziel der Musikwirtschaft sein. Die qualitative Diversität ist mit der elektronischen und Rock/Pop-Repräsentation recht klein. Insbesondere bei der volkstümlichen Musik, beim Jazz, Hip Hop und bei den Pop-Orchestern besteht ein Entwicklungsbedarf. Im Gegensatz zu englischsprachigen Titeln sind die deutschsprachigen Werke der PM aus Deutschland wenig verbreitet. In Europa ist diese Unterrepräsentanz besonders im Süden auffällig.

8.5.2   Ausblick

Im Zuge der zukünftigen Hypothesenprüfungen sollte die Stichprobe erweitert werden, insofern, dass zu den topplatzierten Titeln zusätzliche Titel erfasst werden, die als weitere Repräsentationsfälle gezählt werden können (z. B. Top-Ten-Titel, von Streamingportalen und Rundfunksendungen hervorgegangene Titel mit großer Reichweite, Titel von Live-Konzerten etc.).[2] Dabei sollte berücksichtigt werden, dass ggf. nur bestimmte Interpreten/Titel von bestimmten Labels den Chartzugang erhalten. In diesem Zusammenhang kann insbesondere untersucht werden, welche unabhängigen Variablen Charterfolge hinreichend erklären.

Darüber hinaus kann in folgenden Arbeiten der Frage nachgegangen werden, wie sich die Beziehungen zwischen Intention/Realisation und Erwartung/Wirkung im Rahmen der Repräsentationstätigkeit erfolgreicher deutscher Popmusikgruppen und -künstler verhalten. Zudem kann ein Vergleich von Titelpräsenzen im deutschen und nicht-deutschen Sprachraum nach Dauer, Stil und Textsprache sinnvoll sein.

Zudem soll die vorliegende Studie eine Grundlage für qualitative Untersuchungen bieten. Denn die Frage bleibt zunächst offen, was das ‚Deutsche‘, das exportiert wird, überhaupt ist. Es kann beispielsweise die Frage gestellt werden, ob PM aus Deutschland typische, vielleicht sogar originale und unverwechselbare Merkmale aufweist, und wenn ja, wie diese zu beschreiben sind.

Literatur

Academic Rights Press (2012). *ACO – Academic Charts Online. Music Data & Analysis.* Verfügbar unter London. http://www.academiccharts.com/index. [28.10.2013].
AME-Media (2015). *Lou Bega Chart Rankings.* Übach-Palenberg. Verfügbar unter http://www.lou-bega.com/chartranking/. [02.08.2015].
Auswärtiges Amt (2013). *Musik, Theater, Tanz – Programmarbeit gefördert durch das Auswärtige Amt.* Berlin. Verfügbar unter http://www.auswaertiges-amt.de/sid_B971D-66F1971EAAEC7EDA01C2EE1AC07/DE/Aussenpolitik/KulturDialog/Kulturprogramme/MusikTheaterTanz_node.html. [24.07.2013].

---

2   Als zukünftige Quelle könnte sich dabei beispielsweise die im Aufbau befindliche Datenbank ‚ACO – Academic Charts Online‘ (Academic Rights Press 2012) als brauchbar erweisen. Sie erfasst die Charts aus sechs nicht-deutschsprachigen (USA, UK, Canada, Spain, Australia, Mexico) und drei deutschsprachigen Ländern (Switzerland, Austria, Germany) (Stand: 28.10.2013).

Borgstedt, S. (2008). *Der Musik-Star. Vergleichende Imageanalysen von Alfred Brendel, Stefanie Hertel und Robbie Williams*. Bielefeld: transcript (Studien zur Popularmusik).

Brill, D. (2009). Von Soundschlachten und Schlachtensounds. Männlichkeit, ‚Whiteness‘ und Gewalt in Musiksubkulturen. In *humboldt-spektrum* (2-3), S. 130–136.

Bundesministerium der Finanzen (2013). Zollkapellen. Zoll. Bonn. Verfügbar unter http://www.zoll.de/DE/Der-Zoll/Zollkapellen/zollkapellen_node.html. [29.07.2013].

Bundesministerium der Verteidigung (2013). Bigband der Bundeswehr. Bundeswehr. Berlin. Verfügbar unter http://www.militaermusik.bundeswehr.de/portal/a/milmus/musikkor/musikkor1/bigband [29.07.2013].

Bundespolizei (2013). Bundespolizeiorchester Berlin. Bundespolizei. Potsdam. Verfügbar unter http://www.bundespolizei.de/DE/06Die-Bundespolizei/Organisation/BPOLP/Orchester/Berlin/berlin_node.html. [29.07.2013].

Bundesverband Musikindustrie (2015). *Musikindustrie in Zahlen 2014*. Berlin. Verfügbar unter http://www.musikindustrie.de/fileadmin/piclib/publikationen/BVMI-2014-Jahrbuch-ePaper.pdf. [21.01.2016].

Deutsches Musik-Exportbüro (2013). *Deutsche Auslandshitparade 1. Halbjahr 2013*. Berlin. Verfügbar unter http://www.imh-deutschland.de/musik/index.php?rubrik=0009. [25.07.2013].

Deutsche Welle (2015). *PopXport Ranking: Die 10 erfolgreichsten Single-Hits aus Deutschland*. Deutsche Welle. Bonn. Verfügbar unter http://www.dw.com/de/popxport-ranking-die-10-erfolgreichsten-single-hits-aus-deutschland-2015-06-12/e-18470161-9801. [02.08.2015].

Die Bundesregierung (2011). *Antwort der Bundesregierung auf die Große Anfrage der Abgeordneten Siegmund Ehrmann, Martin Dörmann, Petra Ernstberger, weiterer Abgeordneter und der Fraktion der SPD – Drucksache 17/4901 –. Musikförderung durch den Bund*. Hrsg. v. Deutscher Bundestag. Berlin (Drucksache 17/7222). Verfügbar unter http://dipbt.bundestag.de/dip21/btd/17/072/1707222.pdf. [27.07.2013].

Elflein, D. (2014). Allein gegen den Rest der Welt – Repräsentationen von Männlichkeiten im Deutschrock bei Westernhagen und den Böhsen Onkelz. In D. Helms & T. Phleps (Hrsg.), *Typisch Deutsch. (Eigen-)Sichten auf populäre Musik in diesem unseren Land*. Bielefeld: transcript (Beiträge zur Popularmusikforschung, 41), S. 101–126.

Finnland-Institut in Deutschland (2015). Finnland-Institut. Finnland-Institut in Deutschland. Berlin. Verfügbar unter http://finnland-institut.de/. [09.08.2015].

Gmelin, H. (2006). *Nationalität in populärer Musik. Popmusik heute – Ausdruck kultureller Identität oder Produkt einer globalisierten Wirtschaft?* Hamburg: Lit (Populäre Musik und Jazz in der Forschung, 12).

Goethe-Institut (2000). Satzung des Goethe-Instituts. Verfügbar unter https://www.goethe.de/mmo/priv/1223959-STANDARD.pdf. [24.07.2013].

Hemming, J. (2006). Was darf Provokation? In M. Fuchs-Gamböck & T. Schatz (Hrsg.), *Spiel mit dem Feuer. Das inoffizielle Rammstein-Buch* (S. 88–91). Königswinter: Heel.

Huttunen, M. (2015). *Gattungen und Instrumente – Pop und Rock*. Finnland-Institut in Deutschland. Berlin (Finnland – Kleine Großmacht der Musik? Zur Geschichte der finnisch-deutschen Musikbeziehungen). Verfügbar unter http://finnland-institut.de/musikbeziehungen/pop_rock.html. [09.08.2015].

Kaufmann, C. (2012). *Rammstein-Phänomen im Ausland?* 18.8.2012. Verfügbar unter http://www.solinger-tageblatt.de/Home/Karl/Rammstein-Phaenomen-im-Ausland-8c898eef-0905-4c80-8de3-c7e6ffbfce8b-ds. [25.07.2013].

Kreye, A. (2009). *Deutsches Theater.* Verfügbar unter http://blogs.sueddeutsche.de/feuilletonist/2009/11/20/rammstein/. [27.07.2013].

Mitchell, W. J. T. (1994). Repräsentation. In C. L. Hart Nibbrig (Hrsg.), *Was heisst ,Darstellen'?* (S. 17–33). Frankfurt am Main: Suhrkamp (Edition Suhrkamp, 1696).

Rösing, H. (2012). Forensische Popmusik-Analyse. In D. Helms & T. Phleps (Hrsg.), *Black Box Pop. Analysen populärer Musik* (S. 257–277). Bielefeld: transcript (Beiträge zur Popularmusikforschung, 38).

Sontheimer, R. (2007). *Die mediale Inszenierung von Körpern und Emotionen als kosmo-politisches Ereignis in den Videos von Rammstein.* Diplomarbeit. Ludwig-Maximilians-Universität München, München. Institut für Soziologie. Verfügbar unter http://www.social-science-for-life.de/mediapool/66/662124/data/Diplomarbeit_R.S.pdf. [03.08.2013].

Sponheuer, B. (2001). Über das ,Deutsche' in der Musik. Versuch einer idealtypischen Rekonstruktion. In H. Danuser & H. Münkler (Hrsg.), *Deutsche Meister, böse Geister? Nationale Selbstfindung in der Musik* (S. 123–150). Schliengen: Edition Argus.

STERN (2004). *Pop auf Deutsch wird im Ausland immer beliebter.* Verfügbar unter http://www.stern.de/kultur/musik/musik-pop-auf-deutsch-wird-im-ausland-immer-beliebter-519344.html. [07.07.2013].

Welsch, W. (1995). Transkulturalität. In *Zeitschrift für Kulturaustausch 45 (1)*, S. 39–44. Verfügbar unter http://www.forum-interkultur.net/uploads/tx_textdb/28.pdf. [24.07.2013].

Wicke, P. (2010). *Genres, Stile und musikalische Strömungen populärer Musik in Deutschland.* Deutscher Musikrat. Bonn. Verfügbar unter http://www.miz.org/static_de/themenportale/einfuehrungstexte_pdf/04_JazzRockPop/wicke_genres.pdf., Zugegriffen: zuletzt aktualisiert am 01.12.2011. [07.07.2013].

Wicke, P. (2011). *Populäre Musik.* Deutscher Musikrat. Bonn. Verfügbar unter http://www.miz.org/static_de/themenportale/einfuehrungstexte_pdf/04_JazzRockPop/wicke_populaere.pdf. [25.07.2013].

Wikipedia (2013). *Liste der deutschen Nummer-eins-Hits im Ausland.* Verfügbar unter http://de.wikipedia.org/w/index.php?oldid=118774386. [17.07.2013].

Ziegenrücker, W. & Wicke, P. (1989): *Sachlexikon Popularmusik.* 2., erw. Aufl. Mainz, München: Schott; Piper (Serie Musik Piper-Schott).

Der subjektive Wert der Pop-Festivals
Mediale Chancen und Herausforderungen von Event-Strategien

9

Lorenz Grünewald-Schukalla, Bastian Schulz
und Carsten Winter

Zusammenfassung

Der Beitrag erarbeitet und begründet neue digital-mediale Chancen und Herausforderungen für Pop-Festival-Strategien in einem gesättigten Veranstaltungsmarkt. Er zeigt, warum es immer wichtiger wird, Voraussetzungen dafür zu schaffen, das Festivalbesucher individuelle Festival-Erfahrungen mit ihren digitalen Netzwerkmedien dokumentieren, teilen, verarbeiten, modifizieren und natürlich kritisieren, liken, posten oder selbst ko-kreieren können. Die Art und der Grad ihrer Beteiligung sowie auch der der beteiligten (Musik-) Künstler_innen bei der Ko-Kreation von Festival-Werten entscheidet immer häufiger über den Erfolg von Festivals. Dieser Erfolg basiert zunehmend auf einer zugleich unmittelbaren Erfahrung vor Ort sowie im selben Moment ihrer medialen Verarbeitung im Raum der (Daten-)Ströme.

Schlüsselbegriffe

Musikfestivals, Festivalstrategien, Veranstaltungsmarkt, Eventmanagement, Medienmanagement, Raum der Ströme

© Springer Fachmedien Wiesbaden GmbH, ein Teil von Springer Nature 2019
L. Grünewald-Schukalla et al. (Hrsg.), *Musik und Stadt*, Jahrbuch für Musikwirtschafts-
und Musikkulturforschung, https://doi.org/10.1007/978-3-658-23773-8_9

9.1 Einleitung: Neue mediale Chancen für Pop-Festivals?

„Hunderttausende strömen zu den Festivals", titelt die *FAZ* (o. V., 2012). Die Rede ist von Umsatzrekorden im deutschen Veranstaltungsmarkt und davon, dass Festivals diese Entwicklung treiben. Die *Mitteldeutsche Zeitung* spricht vom „Boom der Festivals" (Könau, 2015). Im Programm der Fernsehsender finden sich immer mehr Festivalinhalte. *ARTE, 3Sat, ZDF-Kultur* oder *ARD* zeigen Konzertmitschnitte, führen Interviews und strahlen Live-Streams aus. Der Grund für diese neue Relevanz der Festivals wird häufig im Strukturwandel der Musikwirtschaft und den neuen Möglichkeiten des Umgangs mit Musik durch digitale Netzwerkmedien gesehen. Der dahinterliegende Gedanke lässt sich anschaulich anhand einer Passage aus dem *Berliner Tagesspiegel* illustrieren, in der Carsten Schumacher, Chefredakteur des Magazins *Festivalguide*, folgendermaßen zitiert wird:

> „Der Trend zum Festival ist parallel zum Niedergang der Plattenindustrie Ende der 90er entstanden, …. Heute, wo man sich das Lebenswerk eines Künstlers in Minuten auf die Festplatte ziehen könne, gewinne das Event, das Konzert immer mehr an Bedeutung. Das Erlebnis, eine Band auf einem Festival zu sehen, das kann man nicht runterladen." (Mielke, 2012, o. S.)

Aber was macht die große ‚Bedeutung' von Pop-Festivals aus? Gibt es wirklich einen ‚Boom'? Und wie ließe sich dies Phänomen im Kontext der Entwicklung der Musikkultur verstehen, die immer eine Entwicklung ihrer Medien war? Wie ließe sich also die Bedeutung von Festivals im Kontext neuer digitaler Netzwerkmedien erklären, die Musik beinahe immer und überall verfügbar machen? Der Beitrag zeigt, dass wir erfolgreiche Festivals tatsächlich recht gut *erklären* können, wenn wir neue mediale Chancen und Herausforderungen von Festivals *verstehen*. Wir arbeiten dazu im zweiten Kapitel heraus, warum innovative Netzwerkmedien-Strategien für Festivals wichtig werden: Anders als der öffentliche Festival-Diskurs nahelegt, sehen wir keine Belege für einen Boom von Festivals an sich. Vielmehr stechen in einem gesättigten Festival-Markt einige Pop-Festivals heraus, die offenbar *wertvollere* Erfahrungen ermöglichen und in der Folge besonders erfolgreich bzw. erfolgreicher sind als andere Festivals. In diesem Kontext erläutert Kapitel drei, wie und warum wir Pop-Festivals als eine besondere Erfahrungsmöglichkeit verstehen, die aufgrund der Entwicklung von neuen digitalen Netzwerkmedien für ihre Besucher immer individueller und für sie wertvoller werden kann: Die neuen Netzwerkmedien ermöglichen es ihnen, auf umfangreichere Weise als zuvor an der Produktion der Festivals selbst wie auch an der medialen Produktion ihrer Festivalerfahrung beteiligt zu werden sowie an der Verteilung und der Organisation und Orientierung ihrer Wahrnehmung und damit auch der Wahrnehmung des Festivals. Denn die

Nutzung digitaler Netzwerkmedien erlaubt eine neue Verbundenheit – eine Konnektivität – mit Festivals, die in dieser Form vor dem Netzwerkmedien-Zeitalter unmöglich war, in dem sich in der Folge neue spezifische strategische Herausforderungen von Pop-Festivals ergeben. Diese werden vorgestellt, bevor Kapitel vier das methodische Vorgehen erläutert und die Strategien des *Fusion Festivals*, des *Immergut Festivals*, des *MS Dockville* und des *Hurricane Festival* veranschaulicht, die als Cases die empirische Basis für unsere Argumentation bilden. Kapitel fünf erläutert die Ergebnisse thesenartig als mediale Chancen von Pop-Festivals und erklärt, warum wir eine Zunahme der Bedeutung dieser Pop-Festivals erleben, seit wir sie immer losgelöster von Raum und Zeit erfahren, hören, streamen, kritisieren, liken, teilen, verteilen und nicht nur über den Erwerb von Tickets ko-finanzieren können. Pop-Festivals sind nicht nur aufgrund der gebuchten Acts erfolgreich, sondern wenn sie ihren Besuchern besondere mediale Möglichkeiten eröffnen, zu einem wertvollen Teil ihrer Erzählung ihres Lebens zu werden.

9.2   Gesättigte Märkte als Herausforderung für Festivals

Ein Wermutstropfen gleich zu Anfang: Den Boom der Festivals gibt es nicht. Erst 2013 wurden etablierte Festivals wie *Omas Teich* oder das *BootBooHook* aufgrund schlechter Ticketverkaufszahlen abgesagt. 2014 traf es das *Greenville Festival* und das *Legacy Open Air*. Die Umsatz- und Besucherzahlen des deutschen Veranstaltungsmarktes belegen kein großes Wachstum: Die GfK führt für 2013 rund 24,3 Millionen Besucher von Musikveranstaltungen in Deutschland an (BdV, 2014). Dies deutet nicht auf einen allgemeinen Veranstaltungsboom hin, sondern auf einen mehr oder weniger stabilen Markt (vgl. Abb. 1). Schaut man sogar konkreter auf Festivals, büßen diese im Wettbewerb aller Musik-Veranstaltungen zwischen 2007 und 2013 sogar zwei Prozent ihrer Umsätze ein (BdV, 2014).[1] Die Freude der Presse über das Wachstum der Festivals ist vor allem auf das positive Ergebnis im Jahr 2011 zurückzuführen, das sich nicht fortgesetzt hat. Die Verluste am Tonträgermarkt lassen den Markt für Musikveranstaltungen lediglich stärker *erscheinen* (vgl. Abb. 1):

---

1   Lagen die Umsätze der Festivals 2007 noch bei 407 Mio. Euro, sinkt die Zahl für 2013 auf nur 337 Mio. Euro. Dabei sind Klassik- und Jazz-Festivals einbezogen. Pop-Festivals (inkl. Hip-Hop, Reggae und Techno) erzielten mit 225,8 Mio. Euro Umsatz den größten Anteil am deutschen Festivalmarkt (67 Prozent, vgl. MIZ 2014).

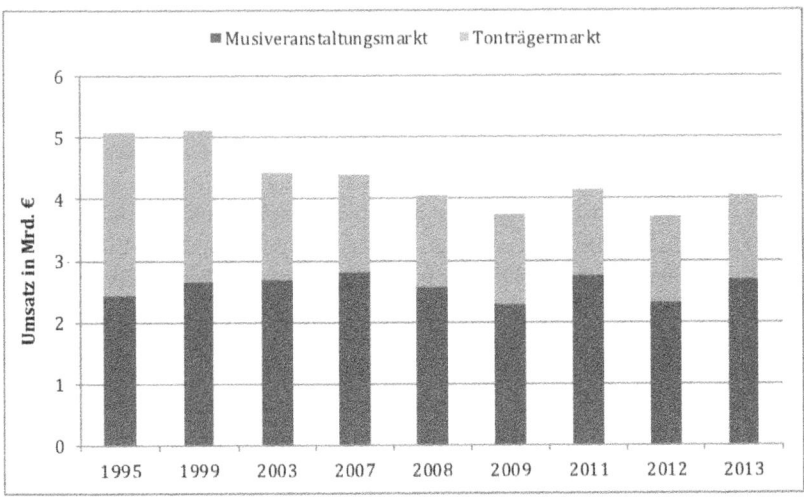

Abb. 1   Umsatzentwicklung des deutschen Musikveranstaltungs- und Tonträgermarkts
im Vergleich (Glashoff, MIZ 2014)[2]

Alle Zahlen deuten auf einen gesättigten Festivalmarkt hin. Diese Situation übt
Druck auf die Festivalbetreiber aus. Denn im Kontext schwindender Erlöse aus
dem Recorded-Bereich steigen Gagenforderungen der Künstler_innen. Das hat die
Kostenstrukturen der Festivals verändert (Hofman, 2012a, 2012b). Trotzdem steigt
in den letzten Jahrzehnten die *Zahl* der Festivals. Gab es 1983 in Deutschland nur
ca. 30 größere Pop-Festivals, stieg diese Zahl in den folgenden zehn Jahren auf über
180 an (Graf, 1995, S. 245). Nach einem kurzen Einbruch Anfang der 1990er Jahre
erholte sich die Zahl schnell. Für 2011 verzeichnete das MIZ „rund 480 regelmäßig
stattfindende Veranstaltungen", wozu jedoch auch Festivals anderer Musikrichtungen gezählt werden (2011). Nach eigener Zählung gab es im Jahr 2014 über 450
Pop-Festivals in Deutschland.[3] Ein internationaler Vergleich zeigt dabei, dass sich
2014 vier der größten deutschen Festivals unter den 20 weltweit umsatzstärksten

2   Gesamtumsatz aus dem Verkauf von Tonträgern inkl. Musikvideos, ohne Umsätze aus
    Aboservices, webfinanzierten Streaming-Services, sonstigem Einkommen aus digitalen
    Geschäftsfeldern und Mobile.
3   Die Zahl des MIZ umfasst alle Arten von Musikfestivals, also neben der Pop-Musik
    zum Beispiel auch Klassik, Jazz, Blues oder Volksmusik. Unsere Zählung beruht auf
    einem Abgleich der größten deutschen Veranstaltungs- und Festivalkalender. Gezählt
    wurden alle Pop-Festivals nach der unten stehenden Definition.

Festivals befanden (vgl. Pollstar, 2015).[4] Events wie *Rock am Ring* oder das *Hurricane* schneiden also in Bezug auf Besucher- und Umsatzzahlen relativ gesehen gut ab. Trotz eines Besucherrückgans im gesamten Festivalmarkt stellen beide Festivals im Jahr 2013 neue Besucher-Rekorde auf (Nützel, 2013; Zerfaß, 2015; Hurricane Festival, 2013). Für Stephan Thanscheidt (2014, S. 49), Geschäftsführer von FKP Scorpio, einem großen europäischen Festival-Veranstalter, war 2013 „die beste Festivalsaison aller Zeiten". Diese Erfolgsgeschichte setzt sich aber 2015 nicht fort, wie auch das *Hurricane Festival* belegt (o. V., 2015).

Trotzdem zeigen die Zahlen, dass Festivals seit den 1990er Jahren an Bedeutung gewinnen, aber in diesem stabilen Feld einige wenige Akteure herausstechen. Deshalb wird für Veranstalter_innen die Frage nach ihrer Strategie wichtiger, die wir mit de Certeau (1988, S. 23) als „Berechnung von Kräfteverhältnissen" verstehen, die einen „Ort" für den Umgang mit eigenen Kompetenzen und Ressourcen in Bezug auf eine „Außenwelt" voraussetzt, die sich nicht nur als ein veränderter Festivalmarkt darstellt. Musikkultur und Musikwirtschaft verändern sich vor allem im Kontext der Entwicklung von Musikmedien, in deren Folge sich in der Geschichte bisher immer nicht nur ihre Produktion und Verteilung, sondern auch ihre Wahrnehmung und Nutzung grundlegend verändert haben (vgl. u. a. Wikström, 2009; Winter, 2006; Winter, 2012). Anders als klassische Strategiemodelle nahelegen (vgl. Porter, 2014), hat heute Erfolg, wer sein Handeln nicht nur am Markt orientiert, strategischen Vorausblick entwickelt (vgl. Hamel & Prahalad, 1994) und sich dafür interessiert, was für Leute als Kunden in ihrem Leben wichtiger wird und wichtiger werden kann.

9.3 Pop-Festivals als Herausforderung für das strategische Medien- und Event-Management

Pop-Festivals stellen für das strategische Medien- und Event-Management einen besonderen Gegentand dar, insofern Pop-Kultur und hier vor allem Pop-Musik auf Momente verweisen, an denen sich mediale Chancen und Herausforderungen aller Medienkulturen heute offenbar zuerst zeigen (Winter, 2012; Winter, 2013). Pop-Festivals sind mehrtägige Musikfeste mit Event-Charakter, die von professionellen Organisationen regelmäßig und meist am gleichen Ort durchgeführt werden.[5] In der Regel sind sie monothematisch auf Pop-Musik fokussiert, auf einen

---

4   Zur Kritik am Pollstar-Ranking vgl. Dragila (2015).
5   Der Ursprung des Begriffs Festival findet sich im lt. „festum" (dt. Fest(tag) oder Feier) bzw. „festivus" (dt. festlich oder feierlich). Im dt. Sprachgebrauch etablierte sich zunächst

„Zusammenhang aus Bildern, Performances, (meist populärer) Musik, Texten und an reale Personen geknüpften Erzählungen" (Diederichsen, 2014, S. XI). Explizit umfassen sie nicht nur das musikalische Genre Pop, sondern sämtliche musikalischen Gattungen der Pop-Kultur wie beispielsweise auch Rock, Hip-Hop, Reggae, Metal oder elektronische Musik.

In Bezug auf Wertschöpfung, die Manager und die Managementforschung interessiert, sind Pop-Kultur und gerade Pop-Musik Wertphänomene, die immer in einem medial konstituierten Prozess der Subjektivierung realisiert wurden (Diederichsen, 2014; vgl. Hecken, 2009, S. 260f.). Deshalb war Pop-Kultur zuerst immer auch Subkultur. Heute und hier ist sie von besonderem Interesse, weil wir hier zuerst erleben, wie gewöhnliche Leute aus einer Push-Musikkultur, die andere aus oft kommerziellen Gründen für alle und für sie machen, eine Pull-, On-Demand- oder DIY-Kultur machen (ausf. Winter, 2011). Die Art und Weise, wie im Kontext von Pop-Festivals Wert geschöpft wird, ist damit unmittelbar verwoben mit originären auf einzelne Personen zurückgehende gesellschaftliche Potenziale und Prozesse. Dennoch ist diese Subjektivität und Individualität, die hier an der Konstitution von Pop-Kultur beteiligt ist, natürlich auch ein besonderes soziales Phänomen, das Gemeinschaftlichkeit konstituiert. Das ergibt sich aus dem historischen, soziologisch-funktionalen Kontext des Festes, in den die Phänomene ‚Festival' und ‚Event' immer auch einzuordnen sind und der für ein Verständnis neuer medialen Herausforderungen und Chancen zentral ist.

Funktional gesehen ermöglichen Feste durch die Loslösung von gesellschaftlichen Normen und Positionen für einen abgesteckten Zeitraum den Ausstieg aus dem alltäglichen Leben (Kirchner, 2011, S. 17f.). Musik war immer ein wichtiges Element von Festen, zunächst aber nicht ihr Schwerpunkt. Erst mit dem Aufkommen des bürgerlichen Musiklebens im 18. Jahrhundert entstanden Konzerthäuser mit ausgeformter Akustik, zentrierter Bühnenausrichtung und Musik als Grund des Zusammenkommens (Tröndle, 2011, S. 28). Vor allem nach dem Zweiten Weltkrieg begannen Musikfeste, einen Erlebnis- und Event-Charakter in den Vordergrund zu stellen und sich an den neuen Jazz- und Pop-Kulturen zu orientieren (Willnauer, 2013, S. 3). Pop-Festivals stellen eine Form des Festes dar, bei dem man durch außeralltägliche Erlebnisse die Erfahrung des Alltags durchbrechen kann (Gebhardt 2000, S. 19). Anders als beim ritualisierten Fest steht hier die Einzigartigkeit des

der Begriff der Festspiele, während die Bezeichnung Festival aus dem Englischen und Französischen stammt. Ein Festspiel oder Festival ist eine „periodisch wiederkehrende Veranstaltungsfolge, bei der Theateraufführungen, Opern, Musikwerke oder aber auch Filme präsentiert werden" (o. V. 2006, S. 137f.). Musikfeste, -festivals oder -festspiele finden dabei regelmäßig sowie über mehre Tage oder Wochen am gleichen Ort statt (Honegger und Massenkeil 1996, S. 47).

Erlebnisses im Mittelpunkt, die sich aus einer Verpflichtung zu Aktualität und einer genauestens geplanten Inszenierung ergibt (vgl. Willnauer, 2013, S. 4; Hepp et al., 2010, S. 14).

Im Diskurs der *Soziologie des Außergewöhnlichen* (Gebhardt et al., 2000) wird der Wert von Events häufig im Kontext der „Subjektivierungs-, Pluralisierungs-, Individualisierungs- und Globalisierungsprozesse" einer posttraditionellen Gesellschaft gesehen (Hitzler et al., 2008, S. 9): Wo Klasse, Familie, Nation oder Gemeinde an Bedeutung verlieren, werden neue Formen der Vergemeinschaftung wie etwa durch die Teilhabe an der Pop-Kultur wichtiger, die sich auf „Lebensziele" und „ästhetische Ausdrucksformen" beziehen (Hitzler et al., 2008, S. 9). In diesem Kontext sind Events ein Rahmen der Vergemeinschaftung (Friedrich, 2013), der es ermöglicht, nicht nur aus dem Alltag herauszutreten, sondern auch Teil einer situativen Event-Vergemeinschaftung zu werden, die durch multisensuale und „authentische" Erfahrungen in gemeinsamen musikalischen Performances konstituiert wird (Gebhardt, 2008, S. 207). Pop-Festivals sind oft multimedial und bedienen sich verschiedener ästhetischer Elemente wie Licht, Leinwänden, Tanz, Theater, Film oder bildender Kunst, um einzigartige Erlebnisse zu produzieren (Gebhardt, 2000, S. 20).

Simon Frith argumentiert eindrucksvoll, dass musikalische Erfahrungen so wertvoll sind, weil durch die *Präsenz* der gemeinsamen Musikerfahrung ein direktes Gefühl des In-der-Welt-seins produziert wird, in dem sich die individuellen und kollektiven Identitäten der Festivalgänger_innen artikulieren (Frith, 1996, S. 144). In diesem Zusammenhang weist Hans Ulrich Gumbrecht (2004, S. 11), der sich mit dem Präsenzbegriff intensiv für ein Programm nicht-hermeneutischen Erfahrens und Erlebens einsetzt, auf ein *Verlangen* nach solchen körperlichen und unmittelbaren Erfahrungen hin. Diese Erfahrungen sieht er dabei als notwendig vom Ort des Alltags entfernt, den er heute vor allem durch Prozesse der Stiftung von Sinn bestimmt sieht, während Musik- und Festivalerfahrungen eher einer Präsenzkultur zugeordnet werden. Musik, Tanz und Performances müssen nicht interpretiert werden. Sie werden erfahren.

Manager_innen von Festivals haben sich mit Lashs Kritik am „starken Programm" soziologischer Individualisierungstheorien (1996, S. 196) zu fragen, wie heute, wo ‚Ich' zum vorherrschenden Denk- und Handlungsmuster wird, Prozesse, Praktiken und Verpflichtungen von Gemeinschaften wie in der Event-Vergemeinschaftung sowie ihre unmittelbaren Erfahrungen von Präsenz überhaupt möglich sind (ebd., S. 273). Die Begriffe von Gumbrecht (2004) und Gebhardt und seinen Ko-Autoren (2000) erlauben uns Antworten darauf, was bei Festivals die „Verzauberung" der „entzauberten Welt" ermöglicht und die ‚Authentizität' dieser Erfahrungen ausmacht, die für sie den zentralen Wert des Events darstellen (vgl. Gebhardt et al., 2000, S. 10f.).

Soziologie kann jedoch nicht der alleinige Bezugspunkt bleiben, um zu verstehen, wie und für wen Pop-Festivals heute Werte schöpfen. Gerade Pop-Events sind mit Musikfans, die heute all ihre Beziehungen zu Musik mittels digitaler Netzwerkmedien organisieren, in komplexe, interdependente Transformationen wie den *Aufstieg der Netzwerkgesellschaft* (Castells, 2003) eingebunden. Event-Management-Apps wie *Eventbride*, Festival-Apps und -Playlists, Festival-Bilder und -Videos auf Plattformen wie der von Instagram, Check-Ins, Festival-Foren oder Wearables, die den Herzschlag der Musikerfahrung messen und teilen, zeigen, dass der *Wohlstand der Netzwerke* (Benkler, 2006) auch die Organisation von Wertschöpfung bei Pop-Festivals transformiert. Fragen der Wertschöpfung können heute ohne angemessene Konzeptualisierung des Handelns von Leuten im Bezug auf Medien nicht mehr erklärt werden.

Musikkultur kann als eine jeweils spezifische Artikulation von Momenten der Produktion, Verteilung, Rezeption und Nutzung von Musik betrachtet werden (Winter, 2012). Alle wertschöpfenden Handlungen, wie Aktivitäten von Musikunternehmen, Künstler_innen oder Fans, lassen sich analytisch anhand dieser vier Momente differenzieren. So musste Musik schon immer produziert und verteilt werden, und sie war auch immer Gegenstand spezifischer Formen ihrer Rezeption und Nutzung. Das gilt für den Bereich, den wir als Recorded Music kennen, ebenso wie für den des Publishings oder den hier interessierenden Bereich der Live-Musik. Abbildung 2 verdeutlicht die Anordnung der Momente in Kernbranchen der Musikwirtschaft.

Die Wertschöpfung in der Live-Musik-Branche, in der professionelle oder semi-professionelle Akteure die Organisation von Pop-Festivals übernommen haben, ist ein Prozesszusammenhang, für den Veranstalter_innen den Rahmen bereitstellen für die Aktivitäten ihrer Besucher_innen (Friedrich, 2013).

Einen Wert gibt es hier zuerst vor allem in der Form des Tickets. Dieser Wert ist ein Tauschwert für die Veranstalter_innen und der Nutzwert, der im Zugang zu Performances und Interaktionen mit Künstler_innen und Besucher_innen besteht. Das ist der Moment ihrer Wahrnehmung und der spezifischen Erfahrung der Nutzung von Live-Musik. Festivals sind ko-kreative Geschäftsmodelle avant la lettre, da ohne das Publikum kein Wert realisiert werden kann (zu Ko-Kreation vgl. ausf. Prahalad & Ramaswamy, 2004).

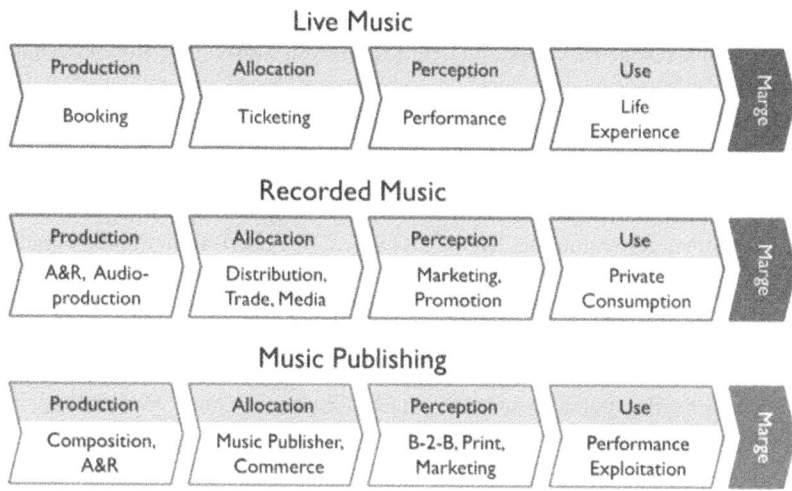

Abb. 2   Kernwertschöpfungsprozesse der Musikwirtschaft (nach Winter, 2013, S. 331)

In unserer heute digital medial vernetzten Musikkultur (vgl. ausf. Winter, 2013) mit digitalen Netzwerkmedien wie *YouTube, Soundcloud, Spotify* oder *Eventbrite* werden Live-Erfahrungen wichtiger, die nicht hauptsächlich von Unternehmen wie *Eventim* oder der *Marek Lieberberg Konzertagentur* ermöglicht werden. Die mit Netzwerkmedien produzierten Erfahrungen sind Resultate von alltäglicher Kreativität, mit der wir alle unsere Pop-Kultur organisieren (vgl. ausf. Kaufmann & Winter, 2014; Grünewald & Haupt, 2014). Pop-Kultur ist immer weniger ein kommerziell organisierter Bereich (vgl. Jacke, 2004, S. 41). Der Wert von Pop-Musik tritt nicht mehr, wie Diederichsen (2014) postuliert, vor allem im Moment der Rezeption auf, sondern wird zunehmend in unserem alltäglichen medialen Umgang mit Musik in allen Momenten ihrer Produktion, Verteilung, Wahrnehmung und Nutzung konstituiert (Winter, 2013).

Die Verfügbarkeit vielfältiger digitaler Netzwerkmedien wie *Facebook, Spotify, Instagram, Flickr, YouTube* usf. als Mittel eben nicht nur zur Nutzung, sondern auch zur Produktion und Verteilung von Musik sowie weiter zur Organisation und Orientierung ihrer Wahrnehmung erlaubt es uns, in allen Momenten, die eine Musikkultur konstituieren, sowohl qualitativ als auch quantitativ mehr mit Musik zu machen. Auch verändert der Umgang mit diesen neuen Netzwerkmedien die Beziehung der Momente untereinander. Indem Musik nicht mehr von anderen zu uns linear produziert und verteilt wird, bevor andere deren Wahrnehmung für uns mit verschiedenen Medien organisieren, bevor wir sie nutzen, gibt es für uns eine neue Nähe zu Musik und dem Erleben von Musik: Eine Konnektivität, die eine völlig neue mediale Form der Beziehung zu Musik und zu Leuten ist, ist weniger vorherbestimmt als frühere mediale Beziehungen zu Musik (vgl. ausf. Winter, 2006). Wer wo wann mit wem Musik macht, sich über sie mitteilt oder sie anderweitig nutzt, hängt mehr vom Moment ab als jemals zuvor. Aufzeichnungen von Londoner Technopartys sind auf *YouTube* verfügbar, werden in heimische Wohnzimmer gestreamt oder live in russische Clubs übertragen, um dort gegen Eintritt eigene Tanzveranstaltungen zu beschallen, wo sie wieder Teil eigener DJ-Mixe werden können (McQuaid, 2015). Digitale Netzwerkmedien erlauben es immer mehr Leuten immer unabhängiger von Raum und Zeit, etwas mit Musik zu machen, das für sie und andere wertvoll sein kann. Abbildung 3 verdeutlicht das als neue Konnektivität der Momente von Musikkultur, die unser Medienhandeln (M) im Umgang mit Netzwerkmedien konstituiert.

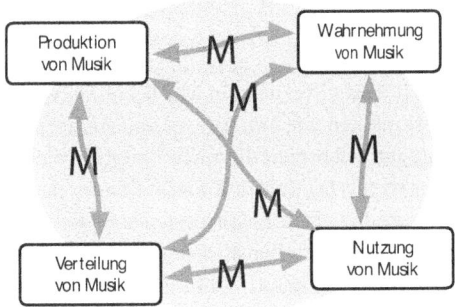

Abb. 3   Die mediale Konnektivität vernetzter Musikkultur (eigene Darstellung nach Winter 2012)

Eine Untersuchung der Strategien von Festivals vor dem Hintergrund der Entwicklung von Medien hat deshalb zu bestimmen, wie in ihrem Kontext Werte durch neue Möglichkeiten der medialen Produktion, Verteilung, Rezeption und Nutzung geschöpft werden können. Wie verändert die Möglichkeit zu medialer Konnektivität die Unmittelbarkeit der Live-Erfahrung, in der ja die Produktion, Verteilung, Wahrnehmung und Nutzung von Musik einst zusammenfiel?

9.4 Methode und Cases

Bezugspunkt unserer Argumentation sind vier Pop-Festivals in Deutschland, die von mehr oder weniger professionellen Akteur_innen seit mindestens fünf Jahren erfolgreich und regelmäßig veranstaltet werden. Nach dem Prinzip maximaler Kontrastierung unterscheiden sie sich hinsichtlich der Merkmale Besucherzahl, Ort, Line-Up und Geschäftsform der Organisation.

Zur Identifikation der Werte, die von einzelnen Pop-Festivals im Rahmen ihrer Strategie geschöpft werden, wurden vier leitfadengestützte Experteninterviews mit sieben Veranstalter_innen dieser Festivals geführt. Befragt wurden die Führungspersonen des jeweiligen Festivals im Jahr 2014 in deren Räumlichkeiten. Der Leitfaden orientiert sich an Fragen der strategischen Managementlehre zu konkreten Wertschöpfungsaktivitäten. Erfragt wurden Wertschöpfungsnetzwerke der Interviewten, um zu verstehen, wer in welcher Form als Partner_in, Zulieferer_in, Besucher_in etc. am Festival beteiligt ist und welche Werte für diese im Vordergrund stehen. Weiter wurde nach Bestandteilen der Geschäftsmodelle der Festivals gefragt und ob und welche Nutzeninnovationen entwickelt wurden (Kim & Mauborgne, 2005). Zuletzt interessierte uns, welche Ressourcen und Fähigkeiten entwickelt wurden, um das Werteversprechen zu vergrößern.

9.4.1 Vielfalt, Selbstorganisation und Ferienkommunismus: Fusion-Festival

Das *Fusion Festival* findet seit 1997 jährlich auf dem ehemaligen Militärflugplatz in Lärz (Mecklenburg-Vorpommern) statt. Es erstreckt sich über vier Tage zwischen den Hangars des Flughafens und wird jeweils Ende Juni veranstaltet. Mit ca. 70.000 Besucher_innen ist es unter den größten deutschen Festivals das größte nicht kommerziell ausgerichtete Festival. Das *Fusion* veranstaltet der gemeinnützige Verein *Kulturkosmos Müritz,* der 1990 aus der Gruppe *U.Site* hervorgegangen ist.[6] Beim *Fusion* fällt zunächst die große Nachfrage nach Tickets auf, weshalb vor einigen Jahren dazu übergegangen wurde, die Tickets im Losverfahren zu verkaufen. Bisher ist der Ansturm auf die Tickets so groß, dass der Server des *Kulturkosmos Müritz e. V.* regelmäßig zum Beginn der Verlosung der Tickets abstürzt. Obwohl das *Fusion* weder Werbung macht noch sein Programm vorab veröffentlicht, ist das

---

6 *U.Site* bezeichnen sich als „Kollektiv", das einem „Kulturkapitalismus" solidarisch organisierte Veranstaltungen entgegensetzen will (vgl. U.SITE o. J.).

größte Problem der Veranstalter_innen der große Andrang der Gäste, von denen viele ohne Ticket über die Zäune klettern.

Das musikalische Programm der *Fusion* umfasst Facetten elektronischer Musik, aber auch Hip-Hop, Jazz, Rock oder Polka. Neben Musikveranstaltungen und Dekorationen sind Theateraufführungen, Performances, bildende Kunst sowie Vorträge und Infostände Teil des Programms. Es werden Dinge kombiniert, die gewöhnlich getrennt sind. Gebucht werden auch weniger Headliner als vielmehr unbekanntere Künstler_innen. Die *Fusion*-Veranstalter beschreiben ihr Konzept als „Ferienkommunismus" mit Anspruch auf Offenheit, Gemeinschaftlichkeit, Toleranz und nicht kommerzielle Ausrichtung.[7] Als übergeordnete Ziele des Festivals nennen sie ein „gemeinschaftliches Erleben" sowie „Freiräume" für Künstler_innen und Besucher_innen.[8] Abbildung 4 illustriert die Gestaltung des Festivals. Der Text zum Foto aus der Fotosharingseite *Flickr* lautet: „This was such a great moment on the Fusion Festival. It was a giant wooden puppet walking through the crowd. It really gave us all goosebumps."

Die Veranstalter_innen des *Fusion* kommunizieren mit ihrem Publikum vor allem über Newsletter und ein eigenes Internetforum. Dieser Medieneinsatz ist für die Rekonstruktion der Strategie des *Fusion Festival* aufschlussreich, da diese Medien in erster Linie für Informations- und nicht für Werbezwecke genutzt werden. Der *Kulturkosmos Müritz e. V.* organisiert das Festival als etwas, das sie „relativ offene Struktur" nennen. Eine große Zahl an Helfer_innen und Ehrenamtlichen agiert bei der Produktion des Festivals relativ unabhängig von den Veranstalter_innen. Beide der von uns interviewten Veranstalter_innen kamen zunächst als Gäste auf das Festival und übernahmen sukzessive immer mehr Verantwortung.

---

7   Alle nicht weiter gekennzeichneten Zitate in diesem empirischen Teil (4) stammen aus den Interviews mit den Veranstalter_innen des jeweiligen Festivals.

8   Nichts könnte diesen Anspruch des Festivals besser illustrieren als ein Auszug aus dem Programm: „Dieses Jahr gibt es einen Raum auf der Fusion, der ausschließlich für Frauen, Lesben, Transgender und genderqueere Personen geöffnet ist und zur Begegnung, Stärkung und Vernetzung einlädt. Der transgeniale Glitzerdom ermöglicht ... gemütlich Tee trinken, Zines lesen und quatschen ... sich zu Themen wie Empowerment und Sexualität in einer angenehmen Atmosphäre austauschen ... im open space diskutieren oder eigene Workshops anbieten – bringt euch ein! ... selbstverständlich oben ohne oder in Drag rumlaufen." (Fusion Festival 2015)

Abb. 4   Das Fusion Festival (Hoek 2014)[9]

Der Verein übernimmt bei der Organisation des Festivals vor allem Planungs- und Koordinationsaufgaben sowie die Kosten- und Qualitätskontrolle. Die Produktion des Festivals selbst, zum Beispiel die eigener ‚Floors‘ für Konzerte, die Sanitäranlagen oder die Gastronomie, übernehmen ca. 200 verschiedene Vereine und selbstständige Gruppen, die oft linke politische Aktivitäten verfolgen und die ihre Aktivitäten selbstständig ausgestalten können.

Diese relativ offene Struktur erlaubt es dem Verein, das Festivalgelände und die Infrastruktur ganzjährig sowohl zu nutzen als auch weiterzuentwickeln. Dabei ist der Ort die wichtigste strategische Ressource für das *Fusion Festival* und die mit ihm verbundenen Erlebnisse, Aktivitäten und Erfahrungen:

> „Das gesamte Festivalgelände … ist eine Bühne – für die Fusionisten, die Künstler und Veranstalter. Das Gelände weist zwar gewachsene Strukturen (Hangars aus der Zeit der militärischen Nutzung) eines heterogenen Raumes auf, ist aber nichtsdestotrotz vor allem als Enklave zu verstehen.“ (Kirchner, 2011, S. 108)

---

9   Mit freundlicher Genehmigung von Merlijn Hoek.

Durch das Engagement der verschiedenen Vereine und Gruppen kann das *Fusion Festival* mit geringerem finanziellen Aufwand realisiert werden als Festivals ähnlicher Größe.[10] Bei der Zusammenarbeit der Veranstalter_innen und Helfer_innen stehen keine monetären Werte im Vordergrund. Vielmehr wollen die Beteiligten Freiräume schaffen, in denen sie Neues entwickeln und ausprobieren können. Dieser Umstand schafft die besondere „Atmosphäre" des Festivals, bei der die Helfer_innen Aufgaben übernehmen, „weil sie darauf Bock haben" und deswegen Zeit und „Liebe fürs Detail" in ihre Arbeit investieren. Das *Fusion Festival* wird vor diesem Hintergrund einzigartig, auch, weil es potenzielle Partner mit kommerziellen Interessen wie z. B. Medien- und PR-Organisationen ausschließt. Sie schaffen einen „sponsoringfreien Raum", in dem Authentizität und Vielfalt entstehen können. Erfahrungen auf dem *Fusion* sollen „Begegnungen" sein und nicht der „Selbstdarstellung" dienen. Besucher_innen sollen sich nicht als (politische) Minderheiten fühlen, sondern „zuhause".

9.4.2   Erholung an einem offenen Ort: Immergut Festival

Explizit als Gegenentwurf zu großen Headliner-Festivals wurde im Jahr 2000 in Mecklenburg-Vorpommern das *Immergut Festival* gegründet und seitdem vom gemeinnützigen Verein *Immergut-rocken* organisiert. Das in Neustrelitz beheimatete Festival wird jährlich meist am letzten Mai-Wochenende inmitten der Mecklenburgischen Seenplatte am Bürgersee veranstaltet. Dieses kleinste der in dieser Studie untersuchten Festivals ist seit 2004 mit jeweils 5.000 Besucher_innen immer ausverkauft und wird von seinen Veranstalter_innen als „Nischenfestival" ausgebaut.

Auch für dieses Festival ist der Veranstaltungsort von großer Bedeutung. Neben der künstlerischen Ausrichtung auf neue Indie-Musik und gelegentlich elektronische Musik wird der Erholungscharakter des Festivals hervorgehoben. Bei ihm geht es – so die Veranstalter – „um Urlaub". Ein Shuttle-Service und Ausflugsmöglichkeiten zu den umliegenden Seen, Stadtrundfahrten oder die Kooperation mit dem Landestheater sind wichtige Werttreiber des Festivals. Dieses Arrangement bezeichnet unser Interviewpartner auch als „Kernkompetenz". Der Ort des Festivals ist nicht wie beim *Fusion Festival* durch Abgeschlossenheit und

---

10 Der *Kulturkosmos Müritz e. V.* hat nach eigenen Angaben im Jahr 2013 5.300.018 Euro ausgegeben. Auf das *Fusion* entfielen davon 3.239.807 Euro u. a. für Aktivitäten von Handwerksbetrieben, Produktionsfirmen, den regionalen Behörden und Verwaltungen, öffentlichen Einrichtungen wie der Feuerwehr, Sanitätern, Busunternehmen, Gästehäusern oder auch Booking-Agenturen und Künstler_innen.

Abgeschiedenheit charakterisiert, sondern durch eine große Offenheit zur Stadt Neustrelitz und der umliegenden Region, deren Akteure (Politik, Gastronomie etc.) wo möglich ins Festival-Wertschöpfungsnetzwerk integriert werden, das gemeinsam an der Entwicklung des Ortes arbeitet. So wurde 2014 erstmals auf dem Gelände ein Kiosk errichtet, um Besucher_innen über einen Feiertag hinweg Einkaufsmöglichkeiten zu bieten. Bewusst verweigern sich die Veranstalter_innen all den Entwicklungen, die den „Auszeit-Charakter" des Festivals gefährden: z. B. digitale Tickets, bargeldlose Bezahlsysteme oder Festival-Apps. Es geht eher darum, „mal weg zukommen von seinem Handy", was auch durch den fehlenden Internetempfang in der Gegend erleichtert wird.

Das *Immergut Festival* ist (wie das *Fusion*) ein komplexes Wertversprechen. Veranstaltet werden soll, so strategische Überlegungen der Veranstalter_innen, ein ‚Gesamtgefühl', das Besucher_innen unabhängig vom Musikangebot anlocken soll. Dabei wird neben Urlaubselementen vor allem auf Kunst, „Ambiente" und eine große Nähe zwischen allen Beteiligten des Festivals gesetzt. Es gibt „Trassenwagen mit Vogelspinneninstallation" oder Lesungen sowie Fußballturniere, bei denen Veranstalter_innen auf Besucher_innen und Bands treffen können. Die Veranstalter_innen haben bezüglich solcher Elemente ein klares Ziel: „mehr! mehr! mehr!"

Organisiert ist das *Immergut* als gemeinnütziger Verein, worauf immer wieder verwiesen wird: Die Organisationsstruktur des Festivals soll besonders offen und flexibel sein. Hier ist die Festival-Produktion auf ein Netzwerk aus 28 Minigruppen verteilt, die einzelne Tätigkeitsbereiche organisieren und den „Wissenspool" des Vereins darstellen. Weil sie ehrenamtlich arbeiten, sind weniger Arbeitskraft, Know-how und finanzielle Mittel vorhanden als bei kommerziellen Veranstaltern. Die Veranstalter wollen dann auch vor allem die Kosten decken und ein möglichst gutes Pop-Festival veranstalten. Kooperationen und ein funktionierendes Netzwerk sind die Grundbedingungen für das Gelingen des Festivals, bei dem die verschiedenen Gruppen Neues entwickeln, das vom Vorstand des Vereins und von dessen Geschäftsführung koordiniert wird, wobei zumeist Vorstände aus den einzelnen Gruppen stammen oder dort auch aktiv sind.

9.4.3 Hafenatmosphäre, Kunstfestival und Entdeckermusik: MS Dockville

Seit 2007 findet nur wenige S-Bahnstationen vom Hamburger Hauptbahnhof das *MS Dockville* im Hamburger Stadtteil Wilhelmsburg statt. Organisiert wird es von der *Kopf&Steine GmbH*. Das Festival, das sich über drei Tage erstreckt und Mitte August stattfindet, ist stetig gewachsen und war 2013 mit 25.000 Besucher_innen erstmals ausverkauft. Es vereint Rock-Künstler_innen, Indie-Pop und elektronische Musik in einer urban-trendigen Atmosphäre, in der neue aufstrebende Musik, Kunst, Clubs und Mode eine wichtige Rolle spielen, und ist der Abschluss des Kunstfestivals *MS Artville*, in dessen Rahmen über mehrere Wochen künstlerische Projekte entstehen.

Ihr Festival sehen die Veranstalter_innen als einziges mittelgroßes Festival, das „von Konzernen oder Firmen" unabhängig ist. Das Festival ist aber – anders als das *Fusion* oder das *Immergut Festival* – ein kommerzielles Festival, auch wenn es nicht nur um „Profit", sondern um „Spaß" und kostendeckendes Arbeiten gehen soll. Auch hier sind die finanziellen Mittel deutlich knapper als bei großen Veranstaltern, weshalb auch hier die Headliner fehlen: Im Vordergrund stehen „Newcomer" und „Entdeckermusik".

Heute ist das *Dockville* ein wichtiger Akteur in der Hamburger Kulturszene, bei dem die Kunstinstallationen des *Artville* die Gestaltung des *Dockville*-Festivalgeländes maßgeblich mitbestimmen. Es ist mit zahlreichen Hamburger Clubs, Kultureinrichtungen und Künstler_innen vernetzt, die an seiner Verbindung von Musik und Kunst beteiligt sind. Die Beteiligung verschiedener Akteursgruppen erscheint trotz des zumindest partiell kommerziellen Charakters noch stärker ausgeprägt zu sein. Trotzdem ist für die Festivalbetreiber das, was das Festival ausmacht, die Kunst: „Was das Festival einzigartig macht, ist diese Kunst", wobei der Kunstbegriff von „hübscher Deko" bis zu „sperriger Konzeptkunst" reicht und auch eine Poetry-Slam-Veranstaltung sowie zunehmend mehr Programmpunkte aus dem Bereich der Literatur umfasst.

Die spezifische Atmosphäre des Festivals entsteht aus der Kombination von Musik und Kunst in Verbindung mit dem Ort des Festivals: eine Brachfläche des Hamburger Hafens inmitten von Container-Kränen, die auch in den Medien so repräsentiert wird (vgl. Haberecht, 2013). Barkassen-Shuttle unterstreichen die „Hafen-Urban-Morbide" Atmosphäre des Festivals. Dieses „Gesamtpaket" spricht – so die Veranstalter_innen – „trend- und modeorientierte Nerds und leichtintellektuelle Jungstudenten" an. Sie suchen beim *Dockville* weder eine chaotische Party, nicht den Underground-Gedanken des *Fusion* oder die Urlaubsatmosphäre des *Immergut*. Erwartet wird Neues und Kreatives und das Erlebnis, gemeinsam an einem außergewöhnlichen Ort zu feiern:

> „Wir haben zwei Grundregeln beim Dockville. Die erste ist: Keine Werbung an der Bühne. Gar nicht. ... Und die zweite Grundregel ist: Keine Markenartikel auf dem Artville-Gelände. [W]ir glauben, dass die Atmosphäre hier auf dieser Seite des Geländes so einzigartig und einmalig ist, dass da jede Art von Markenpräsentation schlecht wäre."

Unsere Interviewpartner betonen auch die sinnstiftende Bedeutung von Festivals, die für sie vor allem mit der Geschichte eines Festivals verbunden ist. Sie nehmen an, dass es schwerer wird, (vor allem kommerzielle) Festivals zu veranstalten, die nicht auf ihre Wurzeln im „Untergrund" verweisen können wie zum Beispiel das *Hurricane*.

9.4.4 Untertauchen im Kurzurlaub: Hurricane Festival

Das *Hurricane Festival* in seiner jetzigen Form findet seit 1997 auf dem Eichenring bei Scheeßel (Niedersachsen) statt. Bereits in den 1970ern hatte es hier eine Reihe von Festivals gegeben, bis 1977 nach einer verkorksten Festivalorganisation eine Bühne in Brand gesteckt wurde.[11] Dieser Brand wird in Interviews erwähnt und als „Kult" bezeichnet. Das *Hurricane* ist mit 73.000 Besucher_innen das drittgrößte Festival Deutschlands und das größte hier untersuchte Festival. Veranstaltet wird es von der *FKP Scorpio Konzertproduktions GmbH*, ein sehr erfolgreicher Festivalorganisator, der in Europa 17 Festivals organisiert.

Der Tatbestand, dass hier nicht nur ein Festival organisiert wird, ist ein großer Unterschied, weil sich dadurch ganz andere Voraussetzungen für die Strategie ergeben: Verluste können ausgeglichen werden, und es sind Synergieeffekte in der Produktion und der Künstler_innen-Akquise möglich. Das *Hurricane* ist ein Headliner-Festival, das auf sehr erfolgreiche Künstler_innen setzt und Publikum vor allem darüber anspricht – auch im Wettbewerb mit anderen Festivals. Das Programm des *Hurricane* ist nicht nur auf den deutschen, sondern auch auf den internationalen Festivalmarkt und -kalender abgestimmt. Das Programm setzt sich aus einer Mischung aus Rock, Alternative und zunehmend auch Elektro zusammen. *FKP Scorpio* kann bei der Produktion Verbundvorteile realisieren, weshalb möglichst alle benötigten Ressourcen wie Toiletten, Zäune oder Bühnen für alle Festivals bei dem gleichen bzw. möglichst wenigen Unternehmen eingekauft werden. Das Wertschöpfungsnetzwerk des *Hurricane* ist kleiner und viel geschlossener als bei den anderen Veranstaltungen. Ähnlichkeiten gibt es vor allem beim Ort und der „Urlaubsatmosphäre", die immer wieder im Interview angesprochen werden. Möglicherweise entsteht eine eigene Atmosphäre auch in der Folge der Arbeit mit vielen hunderten von freiwilliger Lotsen, die auf dem Festival ohne Vergütung z. B. als Parkplatzeinweiser oder Müllsammler arbeiten und dafür freien Zugang sowie ein eigenes Festival-Armband erhalten; das sogenannte „Lotsenbändchen" (vgl.

---

11 Der Blick in den Wikipedia-Artikel des *Hurricane* lohnt sich vor allem wegen dieser durchaus unterhaltsamen Geschichte.

Hurricane Festival, 2015). Viele von ihnen engagieren sich als Fürsprecher_innen des Festivals und sind – so die Veranstalter_innen – stolz darauf, das Festival verschönert und etwas gelernt zu haben.

Für die Veranstalter_innen soll das *Hurricane* einen „Kurzurlaub" ermöglichen, bei dem durchaus mit Komfort der Alltag verlassen und „untergetaucht" werden kann. Um diesen Komfort auszubauen, gab es im Jahre 2014 Kooperationen mit *H&M, Lidl, Jim Beam* oder dem Fernseh-Koch *Steffen Henssler,* mit denen Einkaufsmöglichkeiten auf dem Festival geschaffen wurden. Es wurden eine Festival-App und digitale Tickets eingeführt, und ein bargeldloses Bezahlsystem ist geplant. Dieses System soll neben Komfort- und Sicherheitsvorteilen Möglichkeiten eröffnen, besser verfolgen zu können, welche Services wie von welchen Besucher_innen genutzt werden. Auf diese Weise soll das Angebot erweitert und angepasst werden können, das sich schon heute durch eine große gastronomische Vielfalt auszeichnet: Neben Fast-Food-Ständen wird auch veganes und vegetarisches Essen angeboten. Zunehmend gibt es auch Camping- und Übernachtungsmöglichkeiten, Einkaufsmöglichkeiten und ein Freizeitprogramm. Das *Hurricane* entwickelt eigenständig teurere gehobene Varianten des Campings, wie z. B. das Green Camping mit befestigten Wegen und Wassertoiletten. Die entstehende, in den Interviews auch so bezeichnete „Zwei-Klassen-Gesellschaft" wird in Kauf genommen. Für viele reicht es, so die Veranstalter_innen des *Hurricane,* heute nicht mehr aus, nur Dixies aufzustellen.

Deshalb lautet das Ziel, mit dem *Hurricane* eine eigene „Welt" zu schaffen:

> „Wir stellen Zäune auf. Also wir kreieren sozusagen die Welt, und in dieser Welt sind die Leute fünf Tage lang in unserer Stadt, in unserer Welt."

Die kommerziellen Betreiber_innen des *Hurricane* formulieren am deutlichsten, wie erfolgskritisch es ist, ein Festival als eine eigene Welt zu erschaffen, die auch individuell als „eigene Welt erfahren werden kann". Dazu gehören beim *Hurricane* ein Riesenrad und eine Bungee-Jumping-Station – wobei auf andere Festivals verwiesen wird, die künstliche Dünen anlegen, um die Musik- und Festivalerfahrung aufzuladen. Elemente wie z. B. riesige Festivaleingangstore sind beliebte Motive für Fotos, in denen sich die Besucher_innen festhalten und die sie über Medien wie Instagram teilen.[12]

---

12 Vergleiche beispielhaft das Instagram-Foto zweier jugendlicher Frauen auf dem Hurricane: https://www.instagram.com/p/598zPxiSRS/.

9.5 Pop-Festival-Strategien im Kontext von Medienentwicklung

Diese Welten um die Inszenierung bestimmter Orte, die oft mit Geschichten aufge-laden sind um bestimmte Freiräume, Erfahrungen und Begegnungen, sind jenseits der Acts und der Musik die immer wichtiger werdenden Werte von Pop-Festivals: Sie ermöglichen eine bestimmte individuelle und soziale Form von Zugehörigkeit. Die untersuchten Pop-Festivals schaffen zu diesem Zweck vielschichtige außerall-tägliche Ereignisse und bieten ihren Besucher_innen mehr als ‚nur‘ eine Reihe von Musikkonzerten. Es geht um Kurzurlaube, Möglichkeiten der Teilhabe an der Festivalorganisation, um politische und/oder subkulturspezifische Programme (*Fusion*), offene Räume mit Urlaubsaktivitäten (*Immergut*), Kunst, Mode und „Ent-deckermusik" (*Dockville*) oder um komfortable Festivalerfahrungen mit großen Headlinern (*Hurricane*). Es geht also vor allem um die Konstitution spezifischer unterschiedlicher Erfahrungen für jeweils unterschiedliche Leute, für die diese auch unterschiedlich wertvoll sind.

Pop-Festivals sind Orte und Momente, an denen andere Erfahrungen mit Musik und Beziehungen zu anderen Akteur_innen der eigenen Musikkultur möglich sind. Diese Erfahrungen werden durch besondere Gestaltung und Inszenierung, die Besonderheit des Geländes und des Programms aufgewertet. Sie tragen zur besonderen Atmosphäre der Festivals bei. Strategien von und für Pop-Festivals zielen darauf, einen Rahmen zu schaffen, in dem Leute vor allem differenzierte Möglichkeiten vorfinden, sich als (Sub-)Kultur performen und unmittelbar als anwesende Gemeinschaft erleben zu können. So helfen sie, so lässt sich mit Frith (1992) formulieren, die Werte bestimmter Kulturen auf der Ebene der Repräsenta-tion von Sinn und Bedeutung im Raum zu artikulieren. Sie erlauben aber auch die Produktion von Präsenz durch Musik, die unmittelbare Erfahrungen ermöglicht und die Gemeinschaften und Individuen beinahe aus sich heraus produzieren kann, ohne dass dazu Sinn oder Bedeutung nötig wären (vgl. Gumbrecht, 2004).[13] Unsere Interviews zeigen, dass Festivals auf beiden Ebenen arbeiten.

Die Arbeit auf diesen beiden Ebenen verändert sich in dem Maße, in dem immer mehr der beteiligten Besucher_innen, Künstler_innen, Veranstalter_innen und Helfer_innen nicht mehr nur zu bestimmten Zeiten an bestimmten Orten wie zur Zeit des Festivals oder in Vorbereitungsgruppen verbunden sind, sondern über neue Netzwerkmedien jederzeit an jedem Ort. Heute ist die Festivalerfahrung, sowohl die in der Vergangenheit als auch die in der Zukunft, jederzeit möglich,

---

13 Diederichsen (2014) beschreibt das mit seiner Erfahrung eines Konzerts von Johnny Winter vielleicht schon zu eindrucksvoll.

weil immer irgendwer irgendwo ein Bild oder einen Track tauscht, eine Idee hat oder einen Festivalbesuch plant oder erinnert. Jede dieser Erfahrungen wertet dabei die Erfahrung des Festivals auf. Das belegen die beispielhaft herangezogenen Postings von Instagram oder Flickr. Möglichkeiten der Teilhabe an der Produktion, Verteilung, Rezeption und Nutzung von Musik durch mediale Aktivitäten wie Sharen, Uploaden, Crowdfunden etc. werden immer größer. Konzepte wie van Dijcks (2013) *Culture of Connectivity* zeigen, dass diese Aktivitäten heute immer mehr selber zu Normen und Werten werden. Sie werden wertvoll, weil man sich so Freunden mitteilen, Beziehungen aktualisieren kann (Haupt & Grünewald, 2014). Sie werden gleichermaßen zur Norm, weil die Nutzung digitaler Netzwerkmedien heute erwartet wird.

Deshalb kann es, um die Einzigartigkeit von Festivals zu unterstreichen, sogar hilfreich sein, wenn es, wie beim *Immergut Festival*, kein mobiles Internet gibt. Demgegenüber steht die Verdopplung des Raums der Orte im Raum der Ströme, wie sie etwa bereits das *Hurricane* praktiziert. Hier konvergiert der Space of Place, der konkrete, ortsbasierte Raum der Erfahrung musikalischer Präsenz in der medialen Konnektivität seiner Besucher mit dem Space of Flow (vgl. zu diesen Raumkonzepten insbes. Castells, 2003). Dieses Teilen von Erfahrungen an einem Ort im Raum der Ströme, ob Foto, Video, Text oder Audioschnipsel, erhöht den Wert eines Festivals. Deshalb besteht heute die besondere Chance oder Herausforderung bei der Entwicklung der Strategien von und für Musikfestivals in der Unterstützung von festivalbezogenen, medialen Aktivitäten.

Die mediale Herausforderung eröffnet eine Vielzahl von Chancen. Eine solche Chance ist die Öffnung der Festivalorganisation für mehr mediale Unterstützer, die mit ihren Medien als ihren Produktionsmitteln Erfahrungen produzieren, die für sie im Rahmen des Festivals wertvoll sind. Alle Interviewten wiesen auf die große Bedeutung freiwilliger und ehrenamtlicher Arbeit bei der Produktion der Festivals hin. Die Beteiligung von Leuten bekommt so eine ganz andere auch für sie größere, wertvollere Bedeutung, weil sie nun nicht mehr nur Fans sind, sondern noch aktiver zum Wert des Festivals, ihres Festivals beitragen können.

Die Verantwortung für die Organisation einer Veranstaltung kann auf immer mehr Schultern verteilt werden. Sie liegt nicht mehr nur auf den Schultern der klassischen Musikwirtschaftsakteure, sondern zunehmend auch auf denen von Musikschaffenden und ihren Fans, wodurch diese wertvoller werden, ohne dabei zugleich teurer zu werden (Paulus & Winter, 2014). Sie erhalten Möglichkeiten, andere Kapitalien zu akkumulieren wie z. B. subkulturelles oder akustisches Kapital (vgl. Lange et al., 2013), das für sie möglicherweise wertvoller ist als Geld. Als Teil einer Gruppe von Festival-Helfern produzieren sie Werte, die sie über Instagram oder andere Medien teilen, die wiederum andere am Laptop rezipieren können usw. Sie werden ein Teil der Ermöglichung der Festival-Erfahrungen, deren Wert die *Soziologie des Außergewöhnlichen* untersucht und den auch unsere Interviewpartner_innen in ihren Worten betont haben. Festivals wie das *Fusion* und das *Immergut* haben ihre offene Form der Organisation von einem Kosten- zu einem Wettbewerbsvorteil entwickelt. Ihre Form der Festival-Organisation und auch deren Durchführung ermöglichen Erfahrungen, die nicht mit Geld erworben werden können. Sie hängen von anderen Voraussetzungen ab, etwa von der Kenntnis bestimmter Personen, Genres und Subkulturen, wobei die Subkultur eines *Fusion* oder *Immergut* erst in der Organisation und dem gemeinsamen Erlebnis entsteht als jeweils individuell einzigartiger Moment der Pop-Kultur.[14] Dieser Moment ist der individuelle Wert eines jeden Festivals. Seine vielfältige kulturelle sowie auch kommerzielle Bedeutung wird strategisch gerade erst entdeckt als Möglichkeit, sich mitzuteilen, Gruppen zugehörig zu machen, sich zu differenzieren und Präsenz zu erfahren.

Dieser individuelle, medial vermittelte Moment der Pop-Festivals stellt diese im Wettbewerb untereinander vor neue Herausforderungen, während er zugleich auch ihre neue große Chance darstellt. Wer sie, die Herausforderung und die Chance als Veranstalter, verstanden hat, dem eröffnen sich bei der neuen Gestaltung von Ko-Kreationsmöglichkeiten im Umfeld von Pop-Festivals ganz neue Optionen. Die Wahrnehmung dieser neuen Möglichkeiten wird nicht nur unsere Festivals, sondern unsere Pop-Kultur wie auch breitere Formen von Kultur in Zukunft verändern, die aus einer Kultur, die von wenigen für alle organisiert wurde, zunehmend eine Kultur macht, die immer mehr von vielen organisiert wird. Pop-Festivals gehören zu den Wegbereitern dieser Kultur von allen für alle.

Literatur

BdV. (2014). *Konsumstudie des Veranstaltungsmarktes 2013.* Bundesverband der Veranstaltungswirtschaft e. V. (Hrsg.), Hamburg: bdv/musikmarkt.
Benkler, Y. (2006). *The wealth of networks: How social production transforms markets and freedom.* New Haven, CT: Yale University Press.

---

14 Die Metapher des ‚Kennens‘ einer Subkultur ist freilich eine schwierige, weil sie mit den Begriffen Friths (1996) homologisch ist, also davon ausgeht, dass es bereits eine Subkultur gibt, die Musik oder Festivals produziert, um sich zu repräsentieren. Wie gezeigt wurde, ist das Umgekehrte der Fall.

Castells, M. (2003). *Das Informationszeitalter Wirtschaft. Gesellschaft. Kultur. Bd.1: Der Aufstieg der Netzwerkgesellschaft*. Opladen: UTB.

Certeau, M. de (1988). *Kunst des Handelns*. Berlin: Merve.

Diederichsen, D. (2014). *Über Pop-Musik*. Köln: Kiepenheuer & Witsch.

Dragila, I. (2015, Juli). „Pollstar"-Ranking 1. Halbjahr 2015: FKP Scorpio und Lieberberg in Top 10. *Musikmarkt*. Verfügbar unter http://www.musikmarkt.de/Aktuell/News/Pollstar-Ranking-1.-Halbjahr-2015-FKP-Scorpio-und-Lieberberg-in-Top-10 [15.01.2016]

Dijck, J. van. (2013). *The cuture of connectivity: A critical history of social media*. New York, NY: Oxford University Press.

Friedrich, M. (2013). Niemand kauft das Recht Musik zu hören: Performative Wertschöpfung in digitalen Zeiten. In B. Lange, H.-J. Bürkner, & E. Schüßler (Hrsg.), *Akustisches Kapital: Wertschöpfung in der Musikwirtschaft* (S. 217–239). Bielefeld: transcript.

Frith, S. (1992). Zur Ästhetik der Populären Musik. *PopScriptum, 1 – Begriffe und Konzepte*, 68–88.

Frith, S. (1996). Music and identity. In S. Hall & P. Du Gay (Hrsg.), *Questions of cultural identity* (S. 108–27). London: Sage.

Fusion Festival. (2015). Das Workship 2015. Verfügbar unter http://www.fusion-festival.de/fileadmin/user_upload/fusion2015/download/workship.pdf. [14.01.2016].

Gebhardt, W. (2000). Feste, Feiern und Events. Zur Soziologie des Außergewöhnlichen. In W. Gebhardt, D. R. Hitzler, & M. Pfadenhauer (Hrsg.), *Events: Soziologie des Außergewöhnlichen* (S. 17–31). Opladen: Leske + Budrich .

Gebhardt, W. (2008). Gemeinschaften ohne Gemeinschaft. In R. Hitzler, A. Honer, & M. Pfadenhauer (Hrsg.), *Posttraditionale Gemeinschaften* (S. 202–213). Wiesbaden: VS Verlag für Sozialwissenschaften.

Gebhardt, W., Hitzler, D. R., & Pfadenhauer, M. (2000). Einleitung. In W. Gebhardt, D. R. Hitzler, & M. Pfadenhauer (Hrsg.), *Feste, Feiern und Events: Soziologie des Außergewöhnlichen* (S. 9–16). Opladen: Leske + Budrich.

Glashoff, B. (2014). *Konzertdirektion und Künstleragenturen*. Deutsches Musikinformationszentrum (Hrsg.). Verfügbar unter http://www.miz.org/static_de/themenportale/einfuehrungstexte_pdf/07_Musikwi rtschaft/glashoff.pdf. [26.01.2016].

Graf, C. (1995). *Kulturmarketing: Open Air und Populäre Musik*. Wiesbaden: Deutscher Universitätsverlag.

Grünewald, L., & Haupt, J. (2014, September). Value creation on YouTube: How musicians, YouTubers and commercial networks create social, cultural and economic capital. Vortrag auf den Wiener Tagen der Musikwirtschaftsforschung, Wien. Verfügbar unter http://www.researchgate.net/profile/Lorenz_Gruenewald2/publication/267393473_Value_Creation_on_YouTube__How_Musicians_YouTubers_and_Commercial_Networks_Create_Social_Cultural_and_Economic_Capital1/links/544e8b910cf26dda089015c7.pdf. [15.01.2016].

Gumbrecht, H. U. (2004). *Diesseits der Hermeneutik: Über die Produktion von Präsenz*. Frankfurt a. M.: Suhrkamp.

Haberecht, A. (2013, August). Dockville-Camp in Hamburg: Kunst oder Unkraut? Beides! *Spiegel Online*. Verfügbar unter http://www.spiegel.de/kultur/musik/das-kunstcamp-auf-dem-ms-dockville-festival-a-915274.html. [15.01.2016].

Hamel, G., & Prahalad, C. K. (1994). *Competing for the future*. Boston, MA: Harvard Business School Press.

Haupt, J., & Grünewald, L. (2014). Vom Produkt zum Produktionsmittel: Was Medienunternehmen von Spotify lernen können. In H. Rau (Hrsg.), *Digitale Dämmerung: Die Entmaterialisierung der Medienwirtschaft* (S. 101–117). Baden-Baden: Nomos.

Hecken, T. (2009). *Pop: Geschichte eines Konzepts 1955–2009.* Bielefeld: transcript.

Hepp, A., Höhn, M., & Vogelgesang, W. (2010). Einleitung: Perspektiven einer Theorie populärer Events. In A. Hepp, M. Höhn, & W. Vogelgesang (Hrsg.), *Populäre Events* (S. 7–33). Wiesbaden: VS Verlag für Sozialwissenschaften.

Hitzler, R., Honer, A., & Pfadenhauer, M. (2008). Zur Einleitung: „Ärgerliche" Gesellungsgebilde? In R. Hitzler, A. Honer, & M. Pfadenhauer (Hrsg.), *Posttraditionale Gemeinschaften* (S. 9–31). Wiesbaden: VS Verlag für Sozialwissenschaften.

Hoek, M. (2014, 30. Juni). The Fusion man // Fusion Festival [Foto]. Verfügbar unter https://www.flickr.com/photos/merlijnhoek/14605291834/. [14.01.2016].

Hofmann, M. (2012a, 5. Juni). Omas Teich: 700.000 Euro Gesamtbudget – 40 Prozent davon für Bands. Verfügbar unter http://festivalisten.de/35970-omas-teich-700-000-euro-gesamtbudget-40-prozent-davon-fuer-bands. [15.01.2016].

Hofmann, M. (2012b, 27. Februar). Rock am Ring-Macher Andre Lieberberg: Gagenbudget seit 2003 verdoppelt. Verfügbar unter http://festivalisten.de/35690-rock-am-ring-macher-andre-lieberberg-gagenbudget-seit-2003-verdoppelt. [15.01.2016].

Honegger, M., & Massenkeil, G. (1996). Festspiele. In M. Honegger & G. Massenkeil (Hrsg.), *Das neue Lexikon der Musik – Limitierte Sonderausgabe zur neuen MGG auf der Basis von Honegger/Massenkeil – in 4 Bänden* (Sonderausgabe, Bd. 2). Stuttgart: Metzler.

Hurricane Festival. (2013). Hurricane Festival 2013 ist AUSVERKAUFT! Verfügbar unter http://www.hurricane.de/de/infos/news/hurricane-festival-2013-ist-ausverkauft. [14.01.2016].

Hurricane Festival. (2015). Das Lotsenprojekt. Verfügbar unter http://www.hurricane.de/de/interaktiv/lotsenprojekt/. [15.01.2016].

Jacke, C. (2004). *Medien(sub)kultur: Geschichten – Diskurse – Entwürfe.* Bielefeld: transcript.

Kaufmann, K., & Winter, C. (2014). Ordinary People. Gewöhnliche Leute als Unternehmer ihrer Popkultur. In U. Breitenborn, T. Düllo, & S. Birke (Hrsg.), *Gravitationsfeld Pop: Was kann Pop? Was will Popkulturwirtschaft? Konstellationen in Berlin und anderswo* (S. 339–353). Bielefeld: transcript.

Kim, W. C., & Mauborgne, R. (2005). *Blue ocean strategy: How to create uncontested market space and make the competition irrelevant.* Boston, MA: Harvard Business School Press.

Kirchner, B. (2011). *Eventgemeinschaften: Das Fusion Festival und seine Besucher.* Wiesbaden: VS Verlag für Sozialwissenschaften.

Könau, S. (2015, 7. August). Open-Airs in Mitteldeutschland: Der Boom der Festivals. *Mitteldeutsche Zeitung.* Verfügbar unter http://www.mz-web.de/wirtschaft/open-airs-in-mitteldeutschland-der-boom-der-festivals,20642182,31396970.html. [15.01.2016].

Lange, B., Bürkner, H.-J., & Schüssler, E. (Hrsg.). (2013). *Akustisches Kapital. Wertschöpfung in der Musikwirtschaft.* Bielefeld: transcript.

Lash, S. (1996). Reflexivität und ihre Doppelungen: Struktur, Ästhetik und Gemeinschaft. In U. Beck, A. Giddens, & S. Lash (Hrsg.), *Reflexive Modernisierung: Eine Kontroverse* (S. 195–286). Frankfurt a. M.: Suhrkamp.

McQuaid, I. (2015, 30. November). Stream team: How Boiler Room changed the face of live music. *The Guardian.* Verfügbar unter http://www.theguardian.com/music/2015/nov/30/boiler-room-blaise-bellville. [15.01.2016].

Mielke, J. (2012, 29. Juli). Musik für die Massen. *Der Tagesspiegel*. Verfügbar unter http://www.tagesspiegel.de/wirtschaft/festivals-im-sommer-festivals-sind-ein-lukratives-geschaeft-/6933776-2.html. [15.01.2016].

MIZ. (2011). *Daten & Fakten zum Musikleben in Deutschland*. Deutsches Musikinformationszentrum (Hrsg.). Verfügbar unter http://www.miz.org/musical-life-in-germany/download/press/Pressemitteilung_Anhang_Daten_und_Fakten.pdf. [26.01.2016].

MIZ. (2014). *Umsatz der Musikfestivals nach Musikrichtungen 2013*. Deutsches Musikinformationszentrum (Hrsg.). Verfügbar unter http://www.miz.org/intern/uploads/statistik2.pdf. [18.01.2014].

Nützel, M. (2013, 25. Juni). „Southside 2013": Neuer Besucherrekord bei (relativ) gutem Wetter. *Musikmarkt*. Verfügbar unter http://www.musikmarkt.de/Aktuell/News/Southside-2013-Neuer-Besucherrekord-bei-relativ-gutem-Wetter. [15.01.2016].

o. V. (2006). Fest. In *Brockhaus Enzyklopädie* (Bd. 9). Mannheim: Brockhaus AG.

o. V. (2012, 6. August). Musikindustrie. Hunderttausende strömen zu den Festivals. *Frankfurter Allgemeine Zeitung*. Verfügbar unter http://www.faz.net/aktuell/wirtschaft/musikindustrie-hunderttausende-stroemen-zu-den-festivals-11846242.html. [15.01.2016].

o. V. (2015, 22. Juni). Kirmes, Krach und Kinderkrankheiten. *Kreiszeitung*. Verfügbar unter http://www.kreiszeitung.de/events/hurricane-festival-2015-ere317251/hurricane-2015-bilanz-sicht-festival-verantwortlichen-5151440.html. [15.01.2016].

Paulus, A., & Winter, C. (2014). Musiker als Media-Artepreneure? Digitale Netzwerkmedien als Produktionsmittel und neue Wertschöpfungsprozesse. In U. Breitenborn, T. Düllo, & S. Birke (Hrsg.), *Gravitationsfeld Pop: Was kann Pop? Was will Popkulturwirtschaft? Konstellationen in Berlin und anderswo* (S. 133–142). Bielefeld: transcript.

Pollstar. (2015). Musik-Festivals – Top 20 weltweit nach Umsatz 2014 | Statistik. Verfügbar unter http://de.statista.com/statistik/daten/studie/303823/umfrage/top-20-musikfestivals-weltweit-nach-umsatz/. [15.01.2016].

Porter, M. E. (2014). *Wettbewerbsvorteile: Spitzenleistungen erreichen und behaupten* (8. durchgesehene Aufl.). Frankfurt a. M.: Campus.

Prahalad, C. K., & Ramaswamy, V. (2004). *Die Zukunft des Wettbewerbs: Einzigartige Werte mit dem Kunden gemeinsam schaffen*. Wien: Linde.

Thanscheidt, S. (2014). Satt, aber gesund. *Visions* 25(1/2), 48.

Tröndle, M. (2011). Von der Ausführungs- zur Aufführungskultur. In M. Tröndle (Hrsg.), *Das Konzert: Neue Aufführungskonzepte für eine klassische Form* (S. 21–44.). Bielefeld: transcript.

U.SITE. (o. J.). u.site system. Verfügbar unter http://www.u-site.de/system.html [15.01.2016]

Wikstrom, P. (2009). *The music industry*. Cambridge, MA: Wiley-Blackwell.

Willnauer, F. (2013). *Musikfestivals und Festspiele in Deutschland*. Deutsches Musikinformationszentrum (Hrsg.). Verfügbar unter http://www.miz.org/static_de/themenportale/einfuehrungstexte_pdf/03_KonzerteMusiktheater/willnauer.pdf. [15.01.2016].

Winter, C. (2006). Medienentwicklung und der Aufstieg einer neuen Beziehungskunst. In M. Karmasin & C. Winter (Hrsg.), *Konvergenzmanagement und Medienwirtschaft* (S. 183–215). München: UTB/Fink.

Winter, C. (2011). Von der Push- zur Pull-Kultur(-innovation). In K. Janner, C. Holst, & K. Axel (Hrsg.), *Social Media im Kulturmanagement: Grundlagen. Fallbeispiele. Geschäftsmodelle. Studien* (S. 149–189). Heidelberg: mitp.

Winter, C. (2012). How media prosumers contribute to social innovation in today's new networked music culture and economy. *International Journal of Music Business Research* 1(2), 46–73.

Winter, C. (2013). Die Entwicklung der Medien als „Ursachen" und als „Wesen" musikbezogener Wertschöpfung. In B. Lange, H.-J. Bürkner, & E. Schüßler (Hrsg.), *Akustisches Kapital: Wertschöpfung in der Musikwirtschaft* (S. 321–347). Bielefeld: transcript.

Zerfaß, F. (2015, 1. April). „Rock am Ring" und „Rock im Park" vor Besucherrekord. *Wirtschaftswoche*. Verfügbar unter http://www.wiwo.de/unternehmen/dienstleister/zwillingsfestivals-rock-am-ring-und-rock-im-park-vor-besucherrekord/11585062.html. [15.01.2016].

Werbung und Musik

Versuch einer Typologie ihrer Beziehung mit einem Plädoyer für mehr interdisziplinäre Forschung

Benedikt Spangardt und Nicolas Ruth

Zusammenfassung

Musik und Werbung sind auf viele Arten und Weisen miteinander verbunden. Der vorliegende Artikel entwirft eine Typologie verschiedener Forschungsfelder rund um Musik und Werbung. Es wird kategorisiert, auf welche Arten und Weisen Musik und Werbung zueinander in Beziehung stehen oder zusammenwirken und welche Erscheinungsformen der Beziehung konkret beobachtet werden können. Vier Kategorien werden aufgespannt: Werbung mit Musik, Werbung für Musik, Werbung mit Musikern und Musik mit Werbung. Diese Typologie erhebt keinen Anspruch auf Vollständigkeit und auf scharfe Abgrenzbarkeit und kann naturgemäß nur einen Status quo darstellen. Sie soll helfen, die wissenschaftliche Beschäftigung mit dem Feld voranzutreiben und zu systematisieren. Dazu dienen unter anderem die Darstellung verschiedener wichtiger Forschungsergebnisse sowie die Identifikation von Forschungslücken zu jeder Kategorie.

Schlüsselbegriffe

Werbung, Werbewirkung, Sponsoring, Marken, Produktplatzierungen, Funktionale Musik, Typologie, Desiderata

© Springer Fachmedien Wiesbaden GmbH, ein Teil von Springer Nature 2019
L. Grünewald-Schukalla et al. (Hrsg.), *Musik und Stadt*, Jahrbuch für Musikwirtschafts-
und Musikkulturforschung, https://doi.org/10.1007/978-3-658-23773-8_10

10.1   Einleitung

Werbung und Musik – und damit Werbewirtschaft und Musikindustrie – gehören
untrennbar zusammen. Wang (2014) sieht sowohl die Musik- als auch die Werbeindustrie in der Interpenetrationszone der Systeme „Wirtschaft" und „Publizistik/
Medien". Beide, sowohl Werbung als auch Musikindustrie, wollen auf der einen
Seite Aufmerksamkeit und damit Publizität erreichen, welche die Systemlogik
des Systems „Medien" darstellt. Auf der anderen Seite sind beide auch auf die Systemlogik „Geld" (des Systems Wirtschaft) angewiesen. Zusätzlich beeinflussen sie
sich gegenseitig. Diese gegenseitigen Beeinflussungen und damit einhergehenden
Wechselwirkungen und Interaktionen will dieser Beitrag aufgreifen und ordnen.

Der Beitrag schlägt eine Typologie vor, die darstellt und ordnet, auf welche
Arten und Weisen Musik und Werbung zueinander in Beziehung stehen oder zusammenwirken können und welche Erscheinungsformen der Beziehung konkret
beobachtet werden können. Diese Beziehung in den Fokus der Forschung zu stellen
und dabei einen Systematisierungsvorschlag zu unterbreiten erscheint uns gerade
deshalb wichtig, weil wir beobachten, dass die Beziehungen zwischen Musik und
Werbung, vor allem im Zuge der zunehmenden Mediatisierung, immer schneller
immer komplexer werden.

Es soll hier nicht um die Erscheinungsformen des Zusammenwirkens auf der
Systemebene, der Makroebene, gehen, sondern um eine Typologie der konkreten
Ausprägungen und Erscheinungen des Zusammenwirkens zweier medialer Phänomene, wie Rezipient_innen auf der Individual- bzw. Mikroebene sie wahrnehmen.
Diese Typologie stellen wir im Folgenden vor. Sie kann und soll vor allem helfen,
das Forschungsfeld ‚Musik und Werbung' für die Medien- und Kommunikationswissenschaft, für die Musikwissenschaft und für die Kulturwissenschaften
sowie für angrenzende Disziplinen zu ordnen und aufzeigen, wo Ansatzpunkte für
Forschung liegen um damit womöglich weitere wissenschaftliche Beschäftigung
mit dem Forschungsfeld zu stimulieren.

10.2   Musik und Werbung, Werbung und Musik –
der Versuch einer Typologie

Musik und Werbung können in unterschiedlichen Formen und Ausprägungen miteinander auftreten. Die Ausprägungen sind im Einzelnen sehr zahl- und facettenreich,
sodass eine Zusammenfassung und Einordnung in eine Typologie durchaus sinnhaft
erscheint. Klar ist dabei, dass aufgrund des Facettenreichtums die Kategorien einer

solchen Typologie nicht absolut trennscharf sein können und Überschneidungen häufig sind. Die oben genannten Ziele der Ordnung des Forschungsfeldes und des Aufzeigens von Ansatzpunkten für die verschiedenen Disziplinen leiden darunter keinesfalls; im Gegenteil können dort, wo es Überschneidungen der Kategorien gibt, sogar bestimmte Verknüpfungen und Wechselwirkungen ausgemacht werden.

Werbekommunikation oder Werbung wird hier als persuasive Kommunikation verstanden. Das ist nicht ihr einziges, aber vielleicht ihr wichtigstes Wesensmerkmal (Siegert & Brecheis, 2010). Der vorliegende Beitrag folgt im Weiteren der Definition von Siegert und Brecheis (2010):

> „Werbung ist ein geplanter Kommunikationsprozess und will gezielt Wissen, Meinungen, Einstellungen und/oder Verhalten über und zu Produkten, Dienstleistungen, Unternehmen, Marken oder Ideen beeinflussen. Sie bedient sich spezieller Werbemittel und wird über Werbeträger wie z. B. Massenmedien und andere Kanäle verbreitet." (S. 28)

Vier Formen des möglichen Zusammenspiels von Werbung und Musik in den Medien mit dem mehr oder weniger klar erkennbaren Ziel der persuasiven Beeinflussung der Rezipient_innen werden identifiziert und benannt. Es sind diese:

1. Werbung mit Musik
2. Werbung für Musik
3. Werbung mit Musiker_innen
4. Musik mit Werbung

Im Weiteren werden diese vier Formen erläutert. Falls vorhanden, wird relevante Forschung zum jeweiligen Feld skizziert und Anknüpfungspunkte bzw. Desiderata werden aufgezeigt.

10.2.1 Werbung mit Musik

Der erste identifizierte Typus des Zusammenspiels von Musik und Werbung entspricht dem, was im Allgemeinen die Diskussion und auch die Literaturlage zum Forschungsfeld ‚Musik und Werbung' dominiert. Es geht dabei um Musik als Inhalt von Werbung, als Faktor, der die persuasive Botschaft der Werbung transportieren, unterstreichen oder verstärken soll (Gleich 2015; Schramm & Spangardt, 2016). Der Einsatz von Musik in den auditiven und audiovisuellen Medien gehört für viele zur Werbung dazu: Rösing (1981) gibt an, dass ca. 65 % der TV-Werbespots und ca. 70 % der Radiowerbespots Musik enthalten, Leo (1999) setzt den Anteil der deutschen

TV-Werbespots, die mit Musik arbeiten bei rund 85 % an und Allan (2008) fand heraus, dass 94 % der US-amerikanischen TV-Werbespots Musik enthalten. Es ist hier eine zeitliche Entwicklung zu erkennen und die Verwendung von Musik in der Werbung hat vermutlich seitdem eher noch weiter an Bedeutung gewonnen.

Für Musik in der Werbung gibt die Werbewirtschaft sehr viel Geld aus: Von „billions of dollars" (North et al., 2004) ist die Rede. Die Entwicklung und der Stellenwert der Forschung zu diesem Thema stehen allerdings in keinem Verhältnis dazu. Das hat zur Folge, dass Musik in der Werbung zwar in verschiedensten Formen verwendet wird, klare Aussagen oder Vorhersagen über die Wirkung auf die Rezipierenden jedoch nur selten möglich sind. Darum wenden Praktiker_innen der Werbewirtschaft häufig sehr einfache Regeln an, die sich auf Erfahrungswerte das Bauchgefühl der Werbepraktiker_innen gründen: Die Musik muss beispielsweise „gefallen", „zielgruppengerecht sein" oder „aktivieren" (Tauchnitz, 1993). Studien zur Wirkung von Werbemusik gibt es zwar, aber nur vereinzelt und keiner bestimmten Richtung oder Systematik folgend (Schramm & Spangardt, 2016).

Aus Sicht der Werbeforschung ist Musik heute einer der Hauptinhalte der Werbung (Kellaris et al., 1993). Musik wird in der Werbung meist entweder als Erkennungssignal oder als Hintergrundmusik eingesetzt; häufig ist auch die Kombination von beiden im Sinne eines ganzheitlichen Audio-Brandings (Krugmann & Langeslag, 2007). Im Falle des Einsatzes als Erkennungssignal kann Musik als Audiologo, Jingle oder Werbelied auftreten, wobei diese Kategorien teils ineinander übergehen (Zander & Kapp, 2007). Wie bereits angedeutet, versprechen sich Werbetreibende und Kreative vom Einsatz von Musik bestimmte Wirkungen. Diese können zum einen assoziativer Natur sein. So bedient sich die Automarke Audi eines Geräuschs als Audiologo. Seit über 15 Jahren ist ein Herzschlag ihr akustisches Erkennungszeichen. Das Ziel haben die Marketing-Praktiker_innen klar formuliert. Das Audiologo soll den „Vorsprung durch Technik", den die Marke für sich reklamiert, hörbar machen (Tacke, 2013). Zum anderen sollen aber auch affektive, kognitive und konative Effekte erzielt werden: So soll beispielsweise die Erinnerung an die beworbene Marke oder das beworbene Produkt verbessert werden oder es sollen bestimmte Emotionen bezüglich des Werbeobjekts induziert werden. Die Verwendung von Jingles (im eigentlichen Sinne die Vertonung des Slogans, wie bei „Haribo macht Kinder froh…", „Wenn's um Geld geht, Sparkasse!") beispielsweise beruht auf der Annahme, die einfache und einprägsame Melodie unterstütze die Aufnahme, Verarbeitung und Speicherung der zentralen Inhalte (Tauchnitz, 2001).

Die Erwartungen bezüglich der Wirkungen von Werbemusik beruhen häufig nicht auf empirischen Erkenntnissen, sondern eher auf Erfahrungen aus der Praxis (Schramm & Spangardt, 2016). Das bedeutet nicht, dass es solche Erkenntnisse nicht gibt. Verschiedene musikbezogene Faktoren sind in den letzten Jahren bzw.

Jahrzehnten bezüglich ihrer Wirksamkeit in der Werbung untersucht worden. Es kann hier allerdings nur ein kursorischer Überblick gegeben werden. Häufig untersucht wurde beispielsweise, ob Musik überhaupt einen Effekt auf die Erinnerungsleistung der Rezipient_innen oder die Wahrnehmung eines Produkts hat. Bei Testungen gegen Werbung ohne Musik wird diese Annahme häufig (aber nicht immer) bestätigt (vgl. z. B. Tauchnitz, 1990; Wallace, 1991; Wallace, 1994; Yalch, 1991). Weitgehender Konsens ist, dass die Musik und die Werbung kongruent sein müssen, bzw. Musik und beworbenes Objekt zueinander passen sollten, um Einstellungen, Erinnerungsleistung und letztendlich Kaufabsichten positiv beeinflussen zu können (vgl. z. B. North et al., 2004; MacInnis & Park, 1991), wobei mangelnde Kongruenz Werbeeffekte nicht nur verhindern, sondern sogar ins Gegenteil verkehren kann (Shen & Chen, 2006). Musikalische Kongruenz bzw. ‚musical fit‘ zur Werbung ist dann gegeben, wenn Rezipient_innen die Musik als zur Werbung passend empfinden und beurteilen (Schramm & Spangardt, 2016; North et al., 2004). Allgemein positiv evaluiert wird auch der Einsatz von Musik, die die Rezipient_innen mögen, im Vergleich zu solcher, die sie eher ablehnen (vgl. z. B. Galan, 2009). In Bezug auf Stil oder Genre der verwendeten Musik finden sich keine Effekte bezüglich einer Verbesserung oder Verschlechterung von Einstellungen oder Erinnerungsleistung. Verschiedene Musikstile beeinflussen aber signifikant die Eindrücke, die Rezipient_innen von beworbenen Produkten oder auch Testimonials haben (vgl. z. B. Zander et al., 2010; Zander, 2006). Auch die Stimmung (z. B. ‚fröhlich‘ vs. ‚traurig‘) der verwendeten Musik kann einen Einfluss (beispielsweise auf Kaufintentionen) haben (vgl. z. B. Alpert et al., 2005). Nicht zuletzt wurden auch des Öfteren musikalische Parameter (z. B. Tempo, Lautstärke, Tongeschlecht) untersucht, teils mit unerwarteten und oft mit einander widersprechenden oder nur schwer zu vergleichenden Ergebnissen (für einen Überblick zu Ergebnissen siehe Schramm & Spangardt, 2016).

Es wird allein an dieser Aufzählung schon deutlich, was oben bereits angedeutet wurde: Von konsistenter und systematischer Forschung kann im Bereich der Werbemusik kaum die Rede sein. Es fehlt zunächst an aktuellen Erkenntnissen zum Einsatz von Musik in der Werbung an sich: zur allgemeinen Verbreitung von Musik in der Werbung in TV, Radio und Internet, zum Einsatz der verschiedenen Typen von Werbemusik oder zur Verwendung von Stilmitteln. Auch fehlen systematische, belastbare und theoretisch fundierte Erkenntnisse, die die Wirkung des Mediums Musik in der Werbung belegen und charakterisieren und damit eine Basis für Übertragung von Erkenntnissen in die Praxis der Werbewirtschaft sein können. Des Weiteren sollte die Forschung aber auch danach streben, Einsichten in Abläufe zu gewinnen. Interessant wäre hier beispielsweise die Zusammenarbeit von Musik- und Werbepraktiker_innen; eventuell auch unter der Berücksichtigung der Wissenschaft als vermittelnder Instanz. Wirtschaftlich beachtenswert wären Erkenntnisse zur Funktion der Musik beinhaltenden Werbung in der Wertschöpfungskette: Was ‚nützt' die Musik der Werbewirtschaft bzw. der sie beauftragenden Industrie? Ist dieser Nutzen zu beziffern? Wird die vermutete Wirkung der Musik wirtschaftlich evaluiert? Auch solche Erkenntnisse fehlen bisher.

10.2.2 Werbung für Musik

Die zweite Kategorie der oben eröffneten Typologie soll *Werbung für Musik* heißen. Aufmerksame Beobachter_innen erkennen, dass sich die Musikindustrie die Logiken der Werbung zu eigen macht und für sich zu nutzen weiß, wie überhaupt beide Systeme einander ständig beobachten und Strategien und Logiken des jeweils anderen für sich zu übernehmen wissen (Wang, 2014). Das heißt, dass sich die Musikindustrie der Werbung bedient, um Aufmerksamkeit und Publizität für ihre Produkte zu schaffen. Musik und andere Angebote der Musikwirtschaft, wie z. B. Konzerte, werden dann zum Inhalt von Werbung.

In der Regel liegt die Verantwortung für die Werbung für Musikangebote bei den Produktmanager_innen der Musikunternehmen, die sich entweder mit der Vermarktung neuer Produktionen oder bestehenden Katalogprodukten widmen. Neben der klassischen Werbung für Musik über Fernseh-, Radio- oder Printwerbung werden im Marketingmix der Musikindustrie immer mehr auch neue Wege der Kommunikation relevant, während gerade die Plakat- bzw. Außenwerbung im Musikeventbereich eine gleichbleibend hohe Bedeutung hat (vgl. Mahlmann, 2009). Heute geht dies natürlich über Ankündigungen via Anzeige und Plakat hinaus; der Kreativität der werbenden Musikwirtschaft sind kaum Grenzen gesetzt. So fallen in diese Kategorie beispielsweise die Musikpromotion über Social-Media-Kanäle, Werbung in anderen Medienformaten oder auch die virale Verbreitung von Künstler_innen, von der beispielsweise in den letzten Jahren *PSY* oder *Walk off the Earth* profitiert haben. Moderne Kommunikationswege über soziale Netzwerke mittels Tweets, Videos und elektronischen Pressekits (EPK) sind längst fester Bestandteil des Marketing-Mixes. Dabei ist die Besonderheit der Musik, dass sie meist in den Massenmedien gleichzeitig Programminhalt und Werbeobjekt ist. Hier verschwimmen die Grenzen der kostenlosen Promotion und der bezahlten Werbung.

Zudem gilt, dass mittlerweile ein Paradigmenwechsel in der Musikindustrie vollzogen wurde (Tschmuck, 2009). Immer mehr Teilnehmer_innen am Markt, die nicht zwingend aus der Musikindustrie stammen, wie Amazon, Apple oder YouTube stellen die Musikwirtschaft vor neue Aufgaben und Herausforderungen. So kommt es, dass die etablierten Unternehmen wie Warner Music Group sich nicht mehr nur als Tonträgerunternehmen, sondern als umfassendes Unternehmen der Unterhaltungsindustrie verstehen und machen dies zum Beispiel mit einem neuen Namen deutlich: Warner Music Entertainment. Wirtschaftlich spiegelt sich dieses Bewusstsein in neuen Arbeitsfeldern und Distributionswegen wieder. Musikunternehmen verstehen sich zunehmend als 360°-Management der Musiker_innen und partizipieren mittlerweile in neuen Arbeitsfeldern wie Booking, Merchandise und Künstlermanagement, die zuvor Aufgabenbereiche externer Agenturen waren (vgl. Engh, 2009). Die Musikdistribution und damit einhergehend die Werbung für Musikprodukte beschäftigt sich mittlerweile neben den klassischen Musikprodukten auch mit Musikservices. Es werden neue Angebote geschaffen und beworben, die bei Streaming-Diensten angeboten und vermarktet werden (vgl. Huber, 2009). Auch Kooperationen, Exklusiv- oder Vorabangebote mit diesen externen Anbietern in ihrer Mannigfaltigkeit können in dieser Kategorie zusammengefasst werden. Ein konkretes Beispiel für eine erfolgreiche Marketingkooperation in Deutschland ist die Zusammenarbeit zwischen dem Streamingdienst Spotify und dem Telekommunikationsdienstleister Deutsche Telekom. Auch Beispiele für Exklusivangebote (die dann wieder selbst zum Werbeinhalt werden) liefert Spotify regelmäßig, so beispielsweise 2014, als der Backkatalog der deutschen Band Rammstein (Universal) ausschließlich für die User der schwedischen Streamingdienstes freigeschaltet wurde.

In Zusammenarbeit mit anderen Mediensystemen wird die Eigenart, dass Musik gleichzeitig Medieninhalt als auch beworbenes Produkt ist, ausgenutzt und in ganzheitlichen Medienangeboten vermarktet. Ein probates Mittel im Mediensystem Fernsehen sind dabei Formate, die Musik zum inhaltlichen Hauptbestandteil haben. Erfolgreich sind dabei schon lange sogenannte Chartshows, aber auch neue interaktive Musiksendungen wie *Sing meinen Song – Das Tauschkonzert*, produziert von *Talpa Germany* und *Naidoo records* (das von Xavier Naidoo gegründete Musik-Label). Die Sendung wird seit 2014 bei VOX ausgestrahlt und ist ein sehr beliebtes Format, das direkt 2014 den Deutschen Fernsehpreis als beste Unterhaltungssendung gewann. Die meisten der in der Sendung gespielten Coverversionen wurden anschließend erfolgreiche Single-Veröffentlichungen, zu denen es auch noch ein Album jeder Staffel mit einer Auswahl an Songs gab.

Ein weiteres bekanntes Beispiel für neue Werbeoptionen der Musikindustrie sind Musikcastingshows wie *Popstars, Deutschland sucht den Superstar* oder *The Voice of Germany* (Schramm & Ruth, 2014; siehe insbesondere zum Bewerben und Wiederverwerten des Backkataloges von Labels im Rahmen der erwähnten Shows auch Pendzich, 2005). In den sehr erfolgreichen Staffeln der Formate werden nicht nur neue Musiker gefunden und aufgebaut, wie es die Sendungen meistens darstellen, sondern darüber hinaus werden die Sendungen als Plattformen für etablierte Musiker und Musikprodukte genutzt. Gastauftritte für Musiker und

Bands bieten diesen eine Plattform, um neue Veröffentlichungen oder Konzerte zu bewerben. Durch die Möglichkeit für die Showteilnehmer_innen per Download der showeigenen Songs abzustimmen, werden die Musikstücke direkt beworben. Kompilationen werden genutzt, um die showeigenen Musikprodukte gezielt zu vermarkten. Zudem wird die Songauswahl der Teilnehmer dazu genutzt, um aktuelle Musikstücke oder Songs aus dem Katalog von etablierten Musikern zu bewerben (diese stammen in der Regel nur aus den Katalogen des Musikunternehmens, das auch die Sendung mitproduziert). Und schließlich werden auch die Mitglieder der Jury in Szene gesetzt und ihre neusten Produktionen oder Tourneen entsprechend beworben (vgl. Schramm & Ruth, 2014).

Darüber hinaus werden Inhalte, die sich viral verbreiten, für Musiker_innen immer relevanter. Zum einen, um zunächst die Bekanntheit zu steigern, zum anderen, um später die Musikprodukte fortlaufend zu bewerben. Auch hier gibt es zahlreiche Überschneidungen mit anderen beschriebenen Feldern, wie *Werbung mit Musikern*. Zum Beispiel hat Friedrich Liechtenstein mit seinem bereits zuvor existenten Song aus dem Edeka-‚Musikvideo' als Künstler profitieren können. Bei diesem Beispiel verwischen die Grenzen zur ersten Kategorie, genauso wie bei der verbreiteten Platzierung von Songs in Werbespots, um auf den Künstler/die Künstlerin aufmerksam zu machen. Die Musik wird dann (auch durch entsprechend starken Werbedruck) zu einem ‚must-have' (vgl. z.B. Zurstiege 2015), so wurde der im urbanen Umfeld längst bekannte Song „Supergeil" von Liechtenstein nach der Video-Veröffentlichung ein erfolgreicher Hit. Ein weiteres Beispiel wäre auch Lenka und der Song *Everything at once* aus der Windows-Werbung, der durch eine Nennung in einer Bauchbinde in dem Werbespot explizit, aber verhältnismäßig unauffällig beworben wurde. Die Möglichkeit über die Platzierung der Musik zu werben beschränkt sich natürlich nicht nur auf klassische Werbung und die virale Verbreitung von Inhalten, sondern findet auch Anwendung im Bereich von Film- und Fernsehproduktionen.

Sicherlich handelt es sich hierbei um die umfassendste Kategorie, gleichzeitig ist es aber auch eine, zu der sich in der Forschung nur sehr sporadisch Beiträge finden lassen. Die bestehende Literatur ist meist aus einer ökonomischen, deskriptiven Perspektive verfasst (z.B. Clement & Schusser, 2008; Gensch et al., 2009). In der persuasiven Kommunikationsforschung sind Musikprodukte oder -marken, wie Bands und Musiker, selten der Untersuchungsgegenstand. Vielleicht auch wegen der bereits beschriebenen schizophrenen Problematik von Musik als Programm- und Werbegegenstand, die allerdings die Forschung zur Wahrnehmung der speziellen Werbeformen gleichzeitig sehr spannend und herausfordernd macht.

Wie bereits aufgezeigt, gibt es in diesem Bereich die meisten Überschneidungen zu anderen angeführten Kategorien der vorliegenden Typologie, was auch dazu beiträgt, dass dieses Feld noch unterforscht ist. Spannende und gewinnbringende Ansätze wären beispielsweise, zu überprüfen, inwieweit Rezipient_innen verschiedene Fernsehformate, die Musik als zentralen Inhalt haben, überhaupt als Werbeplattformen wahrnehmen oder zu analysieren, inwiefern Musik oder auch Musikfirmen überhaupt als Marken wahrgenommen werden – im Fall von Indie-Labels wie *Aggro Berlin* oder *Chimperator* kann man sicherlich (und im Gegensatz zu den großen Major-Labels) durchaus von Markenbewusstsein sprechen. Auch die Nutzungs- und Kaufabsichten bezüglich in Filmen, Sendungen oder Werbung platzierter Musikprodukten sind noch wenig erforscht.

10.2.3 Werbung mit Musiker_innen

Der Einsatz von Testimonials ist eine der am weitesten verbreiteten Werbetaktiken überhaupt (Martin et al., 2008). Dabei wiederum kommt vor allem dem Einsatz von prominenten Testimonials eine besondere Bedeutung zu. Es ist belegt, dass prominente Testimonials einen positiven Einfluss auf Markeneinstellungen und Kaufabsichten der Rezipient_innen haben können (vgl. z. B. Amos et al., 2008; Eisend & Langner, 2010). Auch Musiker_innen können als Testimonials agieren. Sie sind dann zum einen Träger und Vermittler von Inhalten der Werbung und zum anderen selbst Inhalte der Werbung. Meist wird dabei auf bekannte und erfolgreiche Künstler_innen zurückgegriffen. Sehr prominente Musiker_innen werben gleich für mehrere Marken und Produkte verschiedener Branchen, unter Umständen sogar in verschiedenen Ländern. Im Sportkontext ist das längst gang und gäbe, aber auch die Schlagersängerin Helene Fischer, die 2014 sowohl die deutschen Single- als auch die Albumjahrescharts anführte und daher nach reinen Verkaufszahlen die erfolgreichste deutsche Musikerin war (GfK Entertainment, 2015), ist in Deutschland gleichzeitig als Testimonial für *Meggle*, *Garnier* und *Tchibo* und in Österreich für *VW* im Einsatz (Freitag, 2014).

Hinter dem Einsatz von Prominenten in der Werbung steht meist die Erwartung, dass sich das positive Image des oder der Prominenten auf Marke oder Produkt überträgt (Malik & Sudhakar, 2014). Im Falle von Musikern gibt es (ähnlich wie in der Sportartikelbranche) zudem im Bereich der Testimonialwerbung noch den Spezialfall des Endorsements. Es geht dann, anders als in der ‚klassischen‘ (nämlich möglicherweise auch branchenfremden) Testimonialwerbung, tatsächlich auch um die Branche und die Produkte, für die der oder die Prominente ‚steht‘; in diesem Fall eben musikspezifische Produkte und Ausrüstung. Die Prominenten übertragen hier nicht nur ein Image auf das Produkt, sondern treten als Expert_innen und Empfehler_innen auf. Aus der Forschung zu Sportler_innen als Endorser_innen stammt das Wissen, dass Testimonials, denen Expertise zugeschrieben wird besser als Empfehler_innen funktionieren, als andere (Shuart, 2007). Diesem Gedanken folgend, steht hinter der Wirkweise von Endorser_innen der Mechanismus stehen, dass diese Empfehler_innen den potentiellen Kunden implizit einen Erfolg versprechen, den sie selbst bereits haben, eben weil sie auf die beworbene Marke zurückgreifen. Anders gesagt: Potentielle Kunden, so wird suggeriert, könnten eine ähnliche Expertise entwickeln wie der Empfehler oder die Empfehlerin, wenn sie nur auf dieses (mutmaßlich besonders gute) Produkt zurückgriffen, das auch der Empfehler oder die Empfehlerin benutzt.

Auch eine bewundernde oder ‚Fan'-Komponente könnte bei der Wirkungsweise von Endorsements eine Rolle spielen: Der Kunde oder die Kundin kann sich – bei Kauf des Produkts – seinem oder ihrem Star näher fühlen, weil dieser (vorgeblich) dieses Produkt auch benutzt. So ist beispielsweise Eric Clapton Endorser für die Produkte des Gitarrenherstellers *Fender* und wird von diesem auch offensiv in der Werbung eingesetzt.

Die Forschung zum Thema Testimonials in der Werbung ist sehr übersichtlich. Meist drehen sich die Beiträge um Sportler_innen (z. B. Doyle et al., 2014; Schaaf, 2011) oder um Prominente im Allgemeinen (Malik & Sudhakar, 2014). Musiker_innen werden im letzten Fall allenfalls am Rande erwähnt oder gleich in der Kategorie „Entertainer" subsumiert (Yannopoulos, 2012). Die spezifischen Eigenheiten der Musikwirtschaft und der in diesem System handelnden (prominenten) Persönlichkeiten findet in der Forschung zu Testimonials in der Werbung daher keine Berücksichtigung. Eine Bestandsaufnahme zum Auftreten prominenter Musiker_innen in der Werbung oder die Analyse, für welche Produkte diese einstehen, wie es sie zum Beispiel für den Sportkontext gibt (Schaaf, 2011), fehlen gänzlich. Damit einhergehend fehlt auch der Vergleich zu anderen Branchen. Von Interesse könnte hier auch sein, inwiefern die Systeme wechselseitig profitieren: Ein Musik-Act, der für ein Produkt als Testimonial eingesetzt wird, könnte bei entsprechend hohem Werbedruck durchaus seine Bekanntheit steigern oder verfestigen bzw. Zielgruppen erschließen, die ohne die entsprechende Werbepräsenz nicht mit diesem Act in Berührung gekommen werden. An dieser Stelle verwischen die Grenzen zur Kategorie *Werbung für Musik*.

10.2.4 Musik mit Werbung

Der letzte in diesem Beitrag beschriebene Typus der Interaktion der Systeme Musikwirtschaft und Werbewirtschaft ist Musik mit Werbung, d. h. Musik, die Werbung beinhaltet. Es geht darum, Marken oder Produkte in der Musik zu platzieren. Die Werbeindustrie spricht hier von Product Placement oder Brand Placement, das im Prinzip in allen Mediengattungen vorkommen kann (vgl. z. B. Storm & Stoller, 2015; Sung & De Gregorio, 2008). Je nach Kontext können sich verschiedene Wirkungen entfalten, so die Vermutung (Rathmann, 2014), weshalb es sich lohnt, der Platzierung von Produkten und Marken in Musik besondere Aufmerksamkeit zu widmen.

Placements kann es nicht in der Musik selbst geben, sondern sie tauchen als sogenannte ‚Verbal Placements‘ im Songtext auf. Der Einsatz in Musikvideos ist etwas weiter weg vom eigentlichen Song, aber ebenfalls möglich und gängig (vgl. Schemer et al., 2008). Eine Schwierigkeit bei der Einordnung von Placements im Musikkontext ist allerdings, dass häufig nicht genau bestimmt werden kann, ob für die Platzierung eines bestimmten Produkts oder einer bestimmten Marke tatsächlich ein Wirtschaftsakteur bezahlt hat (und das bloße Zeigen eines Produkts/ einer Marke damit zum Placement macht). Dass Unternehmen dafür bezahlen, dass ihre Produkte und Marken in Songs erwähnt werden ist durchaus bekannt (van Buskirk, 2008), allerdings lassen sich solche absichtlichen Placements ohne Kenntnis der Hintergründe nur schwer von unbezahlten Erwähnungen unterscheiden, die beispielsweise schlicht in den persönlichen Alkohol- oder Fahrzeugpräferenzen des Textdichters und/oder Performers begründet liegen (Kaufmann, 2003). Im Hinblick auf eine eventuelle Wirkung bei Rezipient_innen hat diese Unterscheidung allerdings ohnehin keinen Einfluss hat.

Es gibt hinsichtlich des Einsatzes von Placements im Musikkontext einige wenige wissenschaftliche Erkenntnisse, so zum Beispiel, dass sie besonders im Kontext von Hip-Hop- und Rap-Musik und den entsprechenden (mutmaßlich markenaffinen) Kulturen üblich und auch vom Publikum akzeptiert sind (Ferguson & Burkhalter, 2015). Tatsächlich sind in diesem Genrekontext offensichtlich absichtlich platzierte Marken und Produkte besonders leicht aufzufinden. Ein Beispiel dafür sind die Texte des Rappers Sean Combs (bekannt als Diddy, P. Diddy oder Puff Daddy) bzw. seine Produktionen und Co-Produktionen, in denen des Öfteren die Wodka-marke Ciroc des Spirituosenkonzerts Diageo erwähnt wird (vgl. z. B. *Diddy – We dem Boys, French Montana – Worst nightmare ft. Diddy* oder *Rick Ross – Nobody ft. French Montana prod. by Diddy*), was kaum verwundert, da Combs seit 2007 Markenbotschafter für Ciroc und mittlerweile auch Investor bzw. Miteigentümer von Diageo ist (Kurson, 2015).

Bezüglich ihrer Wahrnehmung und entsprechend auch bezüglich ihrer Wirkung müssen Product Placements im Musikkontext sehr differenziert betrachtet werden (Schemer et al., 2008). Es ist mittlerweile im Kontext von Film und Fernsehen erwiesen, dass die Wirkung eines Placements von einer Vielzahl von Faktoren abhängt, zum Beispiel, ob ein Charakter mit dem Produkt interagiert, ob es nur gezeigt oder auch erwähnt wird, wie oft es gezeigt und/oder erwähnt wird, ob es im positiven oder negativen Kontext auftaucht und viele weitere (vgl. z. B. Schallhorn et al., 2014). Hier ließe sich eine Übertragung auf den Musikbereich sehr gut vornehmen, der auch zahlreiche denkbare Kontexte für Produkt- und Markenplatzierungen bietet. Auch was die Wahrnehmung angeht, eröffnet sich hier ein weites Feld: Während in Musikvideos – ebenso wie in Filmen und Serien – ein Produkt leicht zu erkennen ist (aber auch nicht immer erkannt wird), ist dies in Songtexten nicht unbedingt so, vor allem wenn diese eventuell nicht in der Muttersprache der Rezipient_innen gehalten sind, schnell oder undeutlich vorgetragen werden oder die Rezipient_innen gar nicht bemerken, dass er eine Produktplatzierung gehört hat, z. B. weil das Produkt bis dahin unbekannt war und ein Kontext fehlt, der es identifizierbar macht (wie beispielsweise ein zugehöriger visueller Reiz). In Bezug auf Werbung in der Musik wäre daher weitere Forschung zu Einsatz und Wahrnehmung und auch zur Akzeptanz von Placements bei den Publika wünschenswert. So ist es vorstellbar, dass bestimmte Produkte (z. B. solche, die moralisch nicht durchgehend anerkannt sind, vgl. Gupta & Gould, 1997) nicht akzeptiert werden und sogar Reaktanz verursachen und negative Emotionen auf den platzierenden Music-Act zurückfallen könnten. Hier wird deutlich, dass auch im Bereich der Wirkungen (und der intendierten Wirkungen) weiterer Bedarf an Untersuchungen besteht.

Waren Produktplatzierungen früher (zumindest bezogen auf Film und Fernsehen) gelegentliche Kompensations- oder Tauschgeschäfte zur Senkung von Produktionskosten, sehen wir uns heute millionenschweren integrierten Promotion-Kampagnen gegenüber. Schon deshalb muss die Wissenschaft interessieren, was die Kosten für die Werbewirtschaft und was die entsprechenden Erlöse für die Musikwirtschaft sind. Und auch weitere Einsichten in die wirtschaftlichen Hintergründe solcher Platzierungen fehlen. So müsste beispielsweise nach der Absicht oder Beiläufigkeit von Marken- und Produktnennungen gefragt werden, dies eventuell auch genreabhängig. Abseits der ökonomischen Bedingungen sind auf diesem Feld auch rechtliche Gegebenheiten sowie ethisch-moralische Hintergründe und Sichtweisen interessant, beispielsweise, wenn es um Musik geht, die sich explizit an Kinder und Jugendliche richtet.

10.3   Ausblick

Die hier entworfene Einteilung ist nicht erschöpfend. Vielleicht ist sie auch etwas plakativ und holzschnittartig. Darüber hinaus zeigt sich, dass es viele Überschneidungen gibt. Sie wird jedoch dem anfangs genannten Zweck gerecht, das

Forschungsfeld zu ordnen. Sie erlaubt auch einen Überblick über die verschiedenen Erscheinungsformen des Zusammenspiels von Musik und Werbung und vor allem die systematische Identifikation von Forschungslücken und Ansatzpunkten.

Weitere Typen des Zusammenspiels sind eventuell denkbar; dabei muss aber auch bedacht werden, dass hier nur die Mikroebene der Kommunikation von Kommunikator zu Rezipient_in eingeflossen ist. Inwieweit sich eine solche Einteilung auf andere Ebenen analog anwenden lässt, sollte in jedem Fall Gegenstand weiterer Diskussionen sein.

Aus systemimmanenter Sicht der Musikwirtschaft sind die hier vorgeschlagene Einteilung und die somit aufgezeigten Felder ebenfalls relevant, insbesondere, weil sie auch als Wertschöpfungsbereiche für die Musikindustrie angesehen werden können. Wenn bereits die Major-Labels und -Verlage all diese Felder in ihrer Arbeit berücksichtigen, liefert die vorliegende Strukturierung auch einen Ansatz zur Wertschöpfung für junge, unabhängige Musikunternehmen, wie Indie-Labels, Veranstalter oder Künstlermanager_innen. Eine Praxisrelevanz der aufgezeigten Felder ist daher nicht von der Hand zu weisen. Abseits der klassischen Musikdistribution (Teile davon sind oben unter *Werbung für Musik* zu finden), ist beispielsweise in einem B2B-Kontext die Vermarktung der produzierten Musik in der Werbebranche eine lukrative Erlösquelle (siehe *Werbung mit Musik*), sowohl durch kurzfristig entstehende Buy-Outs wie auch durch länger während Einnahmen über die nutzungsrechtlichen Lizenzgebühren. Auch die Musiker_innen, bzw. die Person oder Gruppe als Marke ist in einem Werbekontext denkbar und gewinnbringend für die Industrie, da auch Werbeerlöse Teil der Plattenverträge sind und ein erfolgreich platzierter Musiker in einer Werbekampagne (*Werbung mit Musikern*) ist ein wichtiger Faktor. Der sich stark entwickelnde Bereich *Musik mit Werbung* ist sicherlich nicht für jedes Genre gleichermaßen denkbar, da häufig, beispielsweise für das Genre Rockmusik die Authentizität der Musiker_innen unter zu auffälligen Produktplatzierungen leiden könnte. Dennoch nutzt die Musikindustrie dieses Mittel bereits in vielen, unmittelbar mit der Musik verbundenen Bereichen, wie in Musikvideos, auf Konzerten oder in den sozialen Netzwerken. So stellt auch dieses Feld ein Glied in der Wertschöpfungskette der Musikwirtschaft dar.

Klar ist, dass sich die verschiedenen Wissenschaftsdisziplinen der hier skizzierten Forschungsfelder rund um Musik und Werbung bald annehmen sollten, um zu Ergebnissen zu kommen, die für Forschung und Praxis gleichermaßen relevant sind. Dabei sollten sie in jedem Fall nach Interdisziplinarität und vielfältigen methodischen Herangehensweisen streben. So wäre aus unserer Sicht beispielsweise die Integrierung von Ansätzen aus Wirtschaftswissenschaften, Kulturwissenschaften, Kommunikationswissenschaft, Musikwissenschaft und Soziologie sinnvoll, um kreative belastbare Erklärungen für Vorgänge an der Schnittstelle der Systeme

Musik und Werbung anbieten zu können. Diese Erklärungen sollten sowohl theoretischer als auch empirischer Natur sein. Das Hauptproblem ist in unseren Augen bisher, dass, wenn überhaupt, fast ausschließlich im kleinen Rahmen, an einzelnen, isolierten Themen geforscht wird. Dies geschieht ohne über den Tellerrand der eigenen Disziplin zu blicken, sich die Sichtweisen und Instrumente der Nachbardisziplinen zunutze zu machen und an Erkenntnisse anzuknüpfen. Wenn hier mehr Bereitschaft herrschen würde, sich zu öffnen, kann die Forschung davon profitieren und bewegt sich von punktuellen Ergebnissen und unverbunden nebeneinanderstehenden Erkenntnissen hin zu ganzheitlichen Ansätzen mit der Möglichkeit systematischer empirischer Nachweise.

Die Interdisziplinarität und die Integration verschiedener Wissenschaftsdisziplinen und Perspektiven mit dem geschilderten Ziel sind für die Forschung zu Musikwirtschaft und Werbewirtschaft und ihrer Beziehung besonders wichtig und können gleichzeitig besonders fruchtbar sein, denn gerade diese beiden Felder liegen an Schnittstellen und werfen jeweils Fragen auf, die dementsprechend an den Schnittstellen verschiedener Forschungsdisziplinen angesiedelt sind und nur gemeinsam zufriedenstellend beantwortet werden können.

Literatur

Allan, D. (2008). A Content Analysis of Music Placement in Prime-Time Television Advertising. *Journal of Advertising Research, 48,* 1–14.

Amos, C., Holmes, G., & Strutton, D. (2008). Exploring the relationship between celebrity endorser effects and advertising effectiveness: A quantitative synthesis of effect size. *International Journal of Advertising, 27,* 209–234.

Alpert, M. I., Alpert, J. I., & Maltz, E. N. (2005). Purchase occasion influence on the role of music in advertising. *Journal of Business Research, 58,* 369–376.

Clement, M., Schusser, O., & Papies, D. (2008). *Ökonomie der Musikindustrie.* Wiesbaden: Gabler.

Doyle, J., Pentecost, R., & Funk, D. (2014). The effect of familiarity on associated sponsor and event brand attitudes following negative celebrity endorser publicity. *Sport Management Review, 17,* 310–323

Engh, M. (2009). Artist & Repertoire (A&R). Eine markentheoretische Betrachtung. In G. Gensch, E. M. Stöckler & P. Tschmuck (Hrsg.), *Musikrezeption, Musikdistribution und Musikproduktion* (S. 293–309). Wiesbaden: Gabler.

Ferguson, N., & Burkhalter, J. (2015). Yo, DJ, That's My Brand: An Examination of Consumer Response to Brand Placements in Hip-Hop-Music. *Journal of Advertising, 44,* 47–57.

Freitag, L. (2014). Geschäftsmodell Helene Fischer. *Wirtschaftswoche, 50,* 2014, 98–103.

Gensch, G., Stöckler, E. M., & Tschmuck, P. (2009). *Musikrezeption, Musikdistribution und Musikproduktion*. Wiesbaden: Gabler.

Galan, J.-P. (2009). Music and Responses to Advertising: The Effects of Musical Characteristics, Likeability and Congruency. *Recherche et Applications en Marketing (English Edition), 24*, 3–22.

GfK Entertainment (2015). *Helene Fischer mit Doppelsieg in Musik-Jahrescharts.* Verfügbar unter http://www.gfk-entertainment.com/news/helene-fischer-mit-doppelsieg-in-musik-jahrescharts/2784-helene-fischer-mit-doppelsieg-in-musik-jahrescharts.html [27.07.2015]

Gleich, U. (2015). Musik als Werbeelement. *Media Perspektiven, 6*, 304–306.

Gupta, P. B., & Gould, S. J. (1997). Consumers' perceptions of the ethics and acceptability of product placements in movies: Product category and individual differences. *Journal of Current Issues & Research in Advertising, 19*, 37–50.

Huber, M. (2009). Digitale Musikdistribution und die Krise der Tonträgerindustrie. In G. Gensch, E. M. Stöckler & P. Tschmuck (Hrsg.), *Musikrezeption, Musikdistribution und Musikproduktion* (S. 163–185). Wiesbaden: Gabler.

Iyer, E., & Banerjee, B. (1994). An Exposé on Green Television Ads. *Advances in Consumer Research, 21*, 292–298.

Karrh, J. A., McKee, K. B., & Pardun, C. J. (2003). Practitioners' Evolving Views on Product Placement Effectiveness. *Journal Of Advertising Research, 43*, 138–149

Kaufman, G. (2003, 6. Juni). *Push The Courvoisier: Are Rappers Paid For Product Placement? Being mentioned in the right song can spell big profits for drinks, cars and sneakers.* Verfügbar unter http://www.mtv.com/news/1472393/push-the-courvoisier-are-rappers-paid-for-product-placement [27. Juli 2015]

Kellaris, J., Cox, A., & Cox, D. (1993). The Effect of Background Music on Ad Processing: A Contingency Explanation. *Journal of Marketing 57*, 114–125.

Krugmann, D., & Langeslag, P. (2007). Akustische Markenführung im Rahmen eines identitätsbasierten Markenmanagements. In K. Bronner & R. Hirt (Hrsg.), *Audio-Branding. Entwicklung, Anwendung, Wirkung akustischer Identitäten in Werbung, Medien, Gesellschaft* (S. 70–79). München: Reinhard Fischer.

Kuron, K. (2015, 23. Juni). *The Real Reason Diddy's Arrest Matters Sean Combs arrest at UCLA could force him to divest from liquor holdings Ciroc & DeLeon.* Verfügbar unter http://observer.com/2015/06/the-real-reason-diddys-arrest-matters [27.07.2015]

Leo, H. (1999). *Musik im Fernsehspot*. Frankfurt a. M.: Peter Lang.

MacInnis, D. J., & Park, C. W. (1991). The Differential Role of Characteristics of Music on High- and Low-Involvement Consumers' Processing of Ads. *Journal of Consumer Research, 18*, 161–173.

Mahlmann, C. (2009). Marketing und Promotion von Musikprodukten. In G. Gensch, E. M. Stöckler & P. Tschmuck (Hrsg.), *Musikrezeption, Musikdistribution und Musikproduktion* (S. 205–238). Wiesbaden: Gabler.

Malik, A., & Sudhakar, B. (2014). Brand Positioning Through Celebrity Endorsement – A Review. Contribution to Brand Literature. *International Review of Management and Marketing, 4*, 259–275.

Martin, B. S., Wentzel, D., & Tomczak, T. (2008). Effects Of Susceptibility To Normative Influence And Type Of Testimonial On Attitudes Toward Print Advertising. *Journal of Advertising, 37*, 29–43.

Miller, F., & Allen, C. (2011). How does celebrity meaning transfer? Investigating the process of meaning transfer with celebrity affiliates and mature brands. *Journal of Consumer Psychology, 22*, 443–452.

Moormann, P. (2010). *Musik im Fernsehen.* Wiesbaden: Springer VS.

North, A. C., Mackenzie, L. C., Law, R. M., & Hargreaves, D. J. (2004). The Effects of Musical and Voice "Fit" on Responses to Advertisements. *Journal of Applied Social Psychology, 34*, 1675–1708.

Pendzich, M. (2005). Hit-Recycling: Castingshows und die Wettbewerbsstrategie „Coverversion". In Helms, D. & T. Phleps (Hrsg.), *Keiner wird gewinnen. Populäre Musik im Wettbewerb* (S. 137–150). Bielefeld: transcript.

Rathmann, P. (2014). *Medienbezogene Effekte von Product Placement: Theoretische Konzeption und empirische Analyse.* Wiesbaden: Springer.

Schaaf, D. (2011). Werben Sportler noch für Sportprodukte? Eine Längsschnittanalyse der Anzeigenwerbung in Publikumszeitschriften. In Schierl, T. & D. Schaaf (Hrsg.), *Sport und Werbung* (S. 68–85). Köln: Herbert von Halem.

Schallhorn, C., Knoll, J., & Schramm, H. (2014). Die Bedeutung der parasozialen Interaktion (PSI) für die Wirkung von Product Placements auf Erwachsene. In H. Schramm & J. Knoll (Hrsg.), *Innovation der Persuasion. Die Qualität der Werbe- und Markenkommunikation in neuen Medienwelten* (S. 16–33). Köln: Herbert von Halem Verlag.

Schemer, C., Matthes, J., Wirth, W., & Textor, S. (2008). Does "Passing the Courvoisier" always pay off? Positive and negative evaluative conditioning effects of brand placements in music videos. *Psychology & Marketing, 25*, 923–943.

Schramm, H., & Ruth, N. (2014). "The voice" of the music industry. New advertising options in music talent shows. In B. Flath & E. Klein (Hrsg.), *Advertising and Design. Interdisciplinary Perspectives on a Cultural Field* (S. 175–190). Bielefeld: transcript.

Schramm, H., & Spangardt, B. (2016). Wirkung von Musik in der Werbung. In G. Siegert, W. Wirth, P. Weber & J. A. Lischka (Hrsg.), *Handbuch Werbeforschung* (S. 433–449). Wiesbaden: Springer VS.

Shen, Y. C., & Chen, T. C. (2006). When East meets West: the effect of cultural tone congruity in ad music and message on consumer ad memory and attitude. *International Journal of Advertising 25*, 51–70.

Shuart, J. (2007). Heroes in sport: assessing celebrity endorser effectiveness. *International Journal of Sports Marketing and Sponsorship, 8*, 11–25.

Siegert, G., & Brecheis, D. (2010). *Werbung in der Medien- und Informationsgesellschaft.* Wiesbaden: VS Verlag für Sozialwissenschaften.

Storm, B. C., & Stoller, E. (2015). Exposure to Product Placement in Text Can Influence Consumer Judgments. *Applied Cognitive Psychology, 29*, 20–31.

Sung, Y., & De Gregorio, F. (2008). New Brand Worlds: College Student Consumer Attitudes toward Brand Placement in Films, Television Shows, Songs and Video Games. *Journal of Promotion Management, 14*, 85–101.

Tacke, T. (2013). *Horch mal.* Verfügbar unter http://blog.audi.de/2013/03/21/horch-mal/. [26.01.2016].

Tauchnitz, J. (1990). *Werbung mit Musik: Theoretische Grundlagen und experimentelle Studien zur Wirkung von Hintergrundmusik in der Rundfunk- und Fernsehwerbung.* Heidelberg: Physica-Verlag.

Tauchnitz, J. (1993). Musik in der Werbung. In H. Bruhn, R. Oerter & H. Rösing (Hrsg.), *Musikpsychologie. Ein Handbuch* (S. 168–174). Reinbek bei Hamburg: Rowohlt.

Tauchnitz, J. (2001). Musik in der Werbung: State of the art. In J. Neubauer & S. Wenzel (Hrsg.), *Nebensache Musik. Beiträge zur Musik in Film und Fernsehen* (S. 83–104). Hamburg: Von Bockel.

Tschmuck, P. (2009). Vom Tonträger zur Musikdienstleistung—Der Paradigmenwechsel in der Musikindustrie. In G. Gensch, E. M. Stöckler & P. Tschmuck (Hrsg.), *Musikrezeption, Musikdistribution und Musikproduktion* (S. 141–162). Wiesbaden: Springer Gabler.

Van Buskirk, E. (2008, 9. September). *Products Placed: How Companies Pay Artists to Include Brands in Lyrics.* Verfügbar unter http://www.wired.com/2008/09/products-placed [10.05.2016]

Wallace, W. T. (1991). Jingles in Advertisements: Can They Improve Recall? *Advances in Consumer Research, 18*, 239–242.

Wallace, W. T. (1994). Memory for music: Effect of melody on recall of text. *Journal of Experimental Psychology, 20*, 1471–1485.

Wang, P. (2014). *Musik und Werbung. Wie Werbung und Medien die Entwicklung der Musikindustrie beeinflussen.* Wiesbaden: Springer VS.

Yalch, R. F. (1991). Memory in a jingle jungle: Music as a mnemonic device in communicating advertising slogans. *Journal of Applied Psychology, 76*, 268–275.

Yannopoulos, P. (2012). Celebrity Advertising: Literature Review and Propositions. *World Review of Business Research, 2*, 24–36.

Zander, M. F. (2006). Musical influences in advertising: how music modifies first impressions of product endorsers and brands. *Psychology of Music, 34*, 465–480.

Zander, M. F., Apaolaza-Ibanez, V., & Hartmann, P. (2010). Music in Advertising: Effects on Brand and Endorser Perception. In R. Terlutter, S. Diehl, & S. Okazaki (Hrsg.), *Advances in Advertising Research* (S. 127–140). Wiesbaden: Gabler.

Zander, M. F., & Kapp, M. (2007). Verwendung und Wirkung von Musik in der Werbung. Schwarze Zahlen durch „blaue Noten"? *Medien und Kommunikationswissenschaft, Sonderband 1 „Musik und Medien"*, 92–104.

Zurstiege, G. (2015). *Medien und Werbung.* Wiesbaden: Springer VS.

Musik und Land

Jugendkulturförderung im ländlichen Raum und
ihre Bedeutung für die Entwicklung urbaner
Popkultur am Beispiel des Projekts *create music*

11

Yao Houphouet und Frederik Timme

Zusammenfassung

Die erfolgreiche jugendkulturelle Erschließung von ländlichen Räumen ist im Zusammenhang mit urbanen popkulturellen Entwicklungen von zentraler Bedeutung. Doch welche zukunftsweisenden Ideen und neuen Möglichkeiten gibt es, um die vorhandenen Kreativräume und Potenziale abseits der Ballungsgebiete aktiv dafür nutzbar zu machen – und welche charakteristischen Herausforderungen sind dabei zu überwinden? Im Rahmen des Landesprojektes *create music* wurde zwischen 2013 und 2015 die Förderung ländlicher popkultureller Strukturen anhand der Region Westfalen-Lippe (NRW) in einem Pilotprozess erprobt. Im vorliegenden Beitrag leiten die beiden Autoren, die diesen Prozess aktiv mitgestaltet haben, daraus die besonderen Chancen sowie wesentliche Voraussetzungen der Popkulturförderung abseits der Ballungsgebiete ab. Dabei werden die spezifischen Förderbedarfe beleuchtet und innovative Konzepte aus der Jugendkulturförderung im ländlichen Raum vorgestellt. Anhand konkreter Projektbeispiele werden schließlich die vielfältigen Handlungsfelder sowie die Wirkung spezifischer Förderwerkzeuge verdeutlicht, um damit strategische Ansätze für die weitere Förderung von Popkultur abseits der Ballungsgebiete zu liefern.

Schlüsselbegriffe

Popkultur, Jugend, Kultur, Jugendkultur, create music, Förderung, ländlicher Raum, Aktivierung, Westfalen-Lippe, NRW

© Springer Fachmedien Wiesbaden GmbH, ein Teil von Springer Nature 2019
L. Grünewald-Schukalla et al. (Hrsg.), *Musik und Stadt*, Jahrbuch für Musikwirtschafts- und Musikkulturforschung, https://doi.org/10.1007/978-3-658-23773-8_11

11.1 Einleitung

Die Entwicklung zukunftsweisender Konzepte im Sinne einer lebendigen und wachsenden popkulturellen Landschaft ist gerade aus Sicht der öffentlichen Förderung erst in der jüngeren Vergangenheit in den Fokus gerückt. Dabei bleiben die Potenziale der Jugend- und der jungen Musikkultur im ländlichen Raum bislang teilweise ungenutzt, obgleich sich die langfristigen Chancen, die sich aus einer gezielten popkulturellen Förderung auch der städtischen Peripherie für den zentralurbanen Raum ergeben, inzwischen deutlich abzeichnen. In Zeiten neuer gesamtgesellschaftlicher Herausforderungen kann es auch die Frage des gesunden Zusammenwirkens einer Stadt mit ihrem ländlichen Umland sein, die über das Entstehen wertvoller Synergien und damit langfristig über Aspekte wie Attraktivität und gefühlte Lebensqualität entscheidet. Dies war eine grundlegende Annahme, die dem Projekt *create music* in seiner Konzeption und seiner strategischen Ausrichtung zugrunde lag. So sollte auch der Frage nachgegangen werden, ob der ländliche Raum gerade im Hinblick auf kreative Freiräume und vorhandene Rückzugsorte, aber auch in Bezug auf grundlegende Nachwuchsfragen Entwicklungsflächen bereithält und welches Potenzial von deren Nutzung ausgeht. Im Verlauf dieses Beitrags sollen daher am Beispiel des Projektes *create music* Möglichkeiten aufgezeigt werden, wie die Entwicklung, Profilierung und Positionierung von Städten in diesem Bereich grundlegend Hand in Hand gehen kann mit der popkulturellen Stärkung des umliegenden ländlichen Raumes. Denn während für urbane Räume inzwischen international wie national gesehen sehr gute Beispiele dafür existieren, auf welche Weise sich Musikkultur und -wirtschaft sinnvoll durch Maßnahmen der Förderung, Vernetzung und Institutionalisierung in Richtung ‚smarter' Musikstädte entwickeln und sich aus diesen bereits spezifische Handlungsempfehlungen ableiten lassen, bleiben die Eigenheiten der jungen Musikkultur im ländlichen Raum bislang weitestgehend im Dunkeln.

In diesem Beitrag möchten die beiden Autoren, die von 2013–2015 als leitende Kräfte den Ausbau des Pilotförderprojektes gestalteten, die anhand von *create music* erprobten Praxismodelle und Aktivierungsinstrumente vorstellen. Dabei kann als Ergebnis bereits jetzt festgehalten werden, dass *create music* ausgehend von den Erfahrungen inzwischen landesweit ausgebaut wurde. Dabei ist die Trägerschaft seit 2016 von der Landesmusikakademie NRW auf das Kultursekretariat NRW Gütersloh übergegangen, wo auch das ursprüngliche Konzept (2010-2012) entwickelt wurde.

Zu den wesentlichen Steuer- und Finanzorganen des Projektes gehören damit seit Beginn das Ministerium für Familie, Kinder, Jugend, Kultur und Sport des Landes Nordrhein-Westfalen (MFKJKS), sowie seit 2013 die Kulturstiftung des Landschaftsverbands Westfalen-Lippe.[1] Dabei wurde im Zeitraum von 2013–2015 anhand der ausgewählten Förderregion Westfalen-Lippe spezifisch der ländliche Raum abseits der Ballungsgebiete in NRW in den Blick genommen, um ein belastbares Bild von den Strukturen und Problemstellungen, Bedarfen und Chancen derjenigen zu erhalten, die junge Popkultur in peripher gelegenen Gebieten ausüben, unterstützen oder rezipieren. Insbesondere im Hinblick auf das spezifische Zusammenwirken der im Verlaufe des Projektes identifizierten Faktoren wurden vielfältige Maßnahmen entwickelt, angewendet und evaluiert, um die Aktivierung und Vernetzung der vorhandenen Akteur_Innen zu verbessern und zu einer insgesamt stärkeren Wahrnehmung, Leistungsfähigkeit und Zusammenarbeit zu gelangen.

11.2   Eigenheiten des ländlichen Raumes am Beispiel der Region Westfalen-Lippe

Ob sich die in dieser Zeit gewonnenen Erfahrungswerte in relevantem Maße auch auf andere Regionen übertragen lassen, wird in nun folgenden Praxisprojekten weiter untersucht werden. Dennoch erscheinen die erschwerten Fördervoraussetzungen sowie die wichtigsten identifizierten Belastungsfaktoren in Westfalen-Lippe eher typisch für den ländlichen Raum.

Gleichzeitig bietet das Projekt aus urbaner Perspektive die Erkenntnis, wie mit dem Ausbleiben grundlegender kreativer Entwicklungsprozesse im ländlichen Raum auch drastische Folgen für das kreative Grundpotenzial in Städten entstehen können. So konnte festgestellt werden, dass die Anzahl an neugegründeten Bands und Musikformationen einem drastischen Rückgang unterworfen ist. Da-

---

1   Ausdrücklich danken möchten wir den Förderern und Partnern des Projekts, allen voran dem Kultursekretariat NRW Gütersloh sowie der Landesmusikakademie NRW als Träger des Projekts, als Impulsgeber und Kompetenzzentrum, sowie dem Ministerium für Familie, Kinder, Jugend, Kultur und Sport des Landes Nordrhein-Westfalen für die inhaltliche und formale Offenheit im Umgang mit einer neuen Zielgruppe, der LWL Kulturstiftung für die konzeptionellen Freiräume und die Ermutigung zur Erprobung neuer Wege. Unser großer Dank gilt zudem unserem ehrenamtlichen Fachbeirat, dessen strategische Beratungen wesentlich zum langfristigen Erfolg des Projektes und der erfolgreich ermöglichten Ausweitung auf NRW beigetragen haben. Dem gesamten Team des Projekts sowie unseren Stützpunkten und Satelliten möchten wir für den unermüdlichen Einsatz danken und hoffen, dass auch vor Ort ein nachhaltiger Nutzen geschaffen werden konnte. Allen, die uns auf dem Weg mit ihrem Wissen und ihren Erfahrungen begleitet haben sowie dem Team um Prof. Dr. Carsten Winter einen besonderen Dank.

mit einher geht auch der Rückgang an popkulturell wertvollen Veranstaltungen, was insgesamt zu einer Verflachung der Veranstaltungslandschaft führt (Jacobi, 2016)[2]. Dazu konnte im Projektverlauf die Erfahrung gemacht werden, wie dies auf dem Land zu einem absoluten Rückgang musikalischer Akteur_innen und damit wegbereitender Impulsgeber führt. Dennoch konnten auch hier außergewöhnliche ‚Erfolgsgeschichten' (vgl. Punkt 6.4, Markuz Walach) und inspirierende Beispielprojekte identifiziert werden (s. u.). Der Glaube junger Menschen an ihre eigene kulturelle Gestaltungskraft, an die mögliche Realisierung ihrer kreativen Vorhaben scheint dabei im ländlichen Raum insgesamt signifikant nachzulassen – und damit verbunden auch das Interesse an popkulturell anspruchsvollen, szenerelevanten und selbstgemachten Veranstaltungen abseits des medialen Mainstreams (Jacobi, 2016). Auf Dauer gefährdet dies nachweislich das Vorhandensein eines ausreichend starken Publikums für popkulturell relevante Marktsegmente bzw. den Unterbau eines bestimmten Gesamtmarktes.

Im Laufe des Projektes wurde dabei der Begriff der ‚Teilhabeverdrossenheit' für die Eigenschaft derjenigen Jugendlichen gewählt, die das eigene Mitwirkungspotenzial an Kulturgestaltungsprozessen nur wenig wahrnehmen und gleichzeitig als Publikum für diese Veranstaltungsformen verloren gehen. Sogar eine drohende Beeinflussung auch der urbanen Märkte wurde im Fachbeirat diskutiert. Es stellte sich dabei die Frage, ob urbane und periphere Kulturräume in diesem Zusammenhang in mehr oder weniger direkter Beziehung und damit auch in direkter Wechselwirkung zueinander stehen. Für den ‚ländlichen Raum' als Gebiet für junge Popmusikkultur möchten wir deshalb im Folgenden einige der spezifischen Bedarfe der Popmusikkultur in diesen Regionen aufzeigen und dazu die im Rahmen von *create music* erprobten Lösungswege darstellen: Ausgehend von den Bedarfen werden dazu vier konkrete Beispiele zu den im Rahmen des Projekts *create music* genutzten Fördermaßnahmen[3] detaillierter erläutert.

---

2   Insgesamt befragte Jacobi 4.151 junge Menschen im Alter von 14 bis 25 Jahren im Hochsauerlandkreis, Märkischen Kreis, Kreis Soest, Kreis Olpe und Kreis Siegen-Wittgenstein zum kulturellen Angebot in ihrer Heimat. Das Ergebnis der Studie zeigt, dass etwa jeder fünfte Jugendliche zu den „Kulturliebhabern" gehört, mit dem bestehenden Angebot aber eher unzufrieden ist. Hingegen zählt ein Viertel zu den „Kulturbanausen" und ist mit der kulturellen Situation in Südwestfalen zufrieden. Hinzu kommen die „Kulturindifferenten", welche sich mäßig zufrieden zeigen. Viele dieser befragten Jugendlichen denken bei dem Wort Kultur an Museen, Traditionen oder auch an Sitten und Gebräuche. Beim regionalen kulturellen Angebot stehen Schützenfeste und die Kirmes weit vorne.

3   Mit dem Begriff Förderung ist in diesem Text nicht nur die finanzielle, sondern jegliche Form der Unterstützung von Akteur_innen und Strukturen gemeint.

11.3 Spezifische Förderbedarfe der jungen Popmusikkultur im ländlichen Raum

Auch, wenn die Förderbereiche und die damit verknüpften konkreten Leistungen einer Fördereinrichtung im ländlichen und urbanen Raum im Wesentlichen ähnlich gelagert sind, differieren die Zielsetzungen durchaus und legen eine unterschiedliche Priorisierung in der Anwendung der zur Verfügung stehenden Ressourcen nahe. Die Aufgabenfelder von Förderung sind hier wie dort vielfältig: Auf Akteursebene sind bestmögliche Entwicklungsmöglichkeiten durch das Vorhandensein von Beratungs- und Coachingleistungen sowie Aus- und Fortbildungsangeboten herzustellen, auf Netzwerkebene ist für ein Gelingen des Kommunikations- und Informationsprozes- ses zwischen Netzwerkpartnern zu sorgen und auf übergeordneter Ebene (Politik und Öffentlichkeit) eine Entwicklung des jeweiligen Standorts im Sinne sinnvoll nutzbarer Infrastruktur zu erreichen. Darüber hinaus ist für eine ausreichende Sichtbarkeit und Außendarstellung zu sorgen und eine Berücksichtigung und Verständnis des Kulturbereichs junge Popmusik bei politischen Entscheidungen zu erwirken. Schließlich können zudem durch eigens initiierte Veranstaltungsreihen und Projekte spezifische Impulse in die Musiklandschaft gegeben werden, die im Besonderen den aufgezählten Zielen zugutekommen.

Im Gegensatz zur Stadt sind die Wirkungsradien der eingesetzten Fördermaßnah- men jedoch deutlich stärker begrenzt. Gerade für die Zielgruppe der 14–25-Jährigen stellen Entfernungen von mehreren Kilometern auf dem Land mitunter schon eine unüberwindbare Barriere dar, jenseits derer Infrastrukturen, Bildungsangebote, Veranstaltungen etc. nicht mehr für die eigene musikalische Entwicklung genutzt werden können. Bei der Förderung in der Fläche kommen individuell initiierte Veranstaltungen und Projekte also immer nur Teilbereichen der Region zugute und eignen sich deshalb nur unter besonderen Voraussetzungen für flächendeckende Impulse. Ähnlich verhält es sich mit konkreten materiellen Infrastrukturen wie beispielsweise Proberäumen oder Musikequipment. Auch Formate zur individuellen Unterstützung einzelner musikalischer Bands und Musiker_innen (bspw. im Sinne von Spitzenförderung, die sich auf die Förderung weniger Individuen über lange Zeiträume beschränkt) können nicht im Fokus der Arbeit stehen, sondern dienen eher als Best-Practice-Beispiele.

Aus Sicht der Autoren sollte der Schwerpunkt von nachhaltiger Förderung in peripheren Gebieten stärker noch als in der Stadt auf der Schaffung nachhaltiger Kommunikations- und Netzwerkstrukturen liegen (Breitenförderung), während die Einzel-/Talentförderung strategisch justiert wird. Dabei werden Impulse weniger durch direkte, finanzielle Förderung, sondern durch eine vorrangig in- direkte Strategie, wie etwa die Schaffung von Auftritts-Gelegenheiten, erzeugt.

Hinzu kommt die Notwendigkeit zur Durchführung besonderer Maßnahmen der Aktivierung, des Strukturaufbaus und der Struktursicherung. Auf Akteursebene bedeutet Netzwerkbildung dabei, trotz der Entfernungen lokale, regionale sowie überregionale als auch virtuelle und reale Ebenen miteinander zu verknüpfen. Dazu stellen auch Beratungs- und Fortbildungsangebote ein wirksames und nachhaltig sinnvolles Mittel dar, sofern sie nicht Selbstzweck bleiben, sondern letztendlich auf die Qualität der Netzwerke einzahlen.

Weniger Entwicklungsspielraum gibt es bei der Qualität der vorhandenen Infrastruktur (Proberäume, Auftrittsorte, günstige oder kostenlose Aufnahmemöglichkeiten, Equipment etc.), auf die nur sehr bedingt Einfluss genommen werden kann – zumal eine investive Unterstützung durch *create music* nicht möglich war. Dies bleibt überwiegend ein Handlungsfeld kommunaler Kultur- und Wirtschaftspolitik, auf die allerdings im Sinne von ‚Lobbyarbeit für junge Popmusik‘ bereits positiv eingewirkt wurde und wird.

11.4   Zur kommunikations- und handlungsorientierten Positionierung

Eine Fördereinrichtung wie *create music* spielt eine zentrale Rolle bei der Bildung einer gegenseitigen Wahrnehmung und Kommunikation zwischen Förderern auf der einen und der Zielgruppe Bands und Kulturakteur_innen auf der anderen Seite. Dabei müssen die jeweiligen Interessen beider Anspruchsgruppen identifiziert, bewertet und berücksichtigt werden. Das großflächige Fördergebiet führt hierbei zu einer stärkeren Ausdifferenzierung von Vorstellungen und Zielsetzungen seitens der verschiedenen Fördergeber, auch deshalb, weil die zu unterstützende Zielgruppe in einem Projekt, welches per se ‚in der Breite‘ fördert (sowohl geographisch gesehen als auch auf die künstlerische Leistungsfähigkeit der geförderten Musiker_innen bezogen), weniger klar differenzierbar ist und deren Wünsche und Bedarfe deutlich divergenter ausfallen.

In kommunikativer Hinsicht ist angesichts eines solch großräumigen Fördergebiets und unterschiedlich ausfallender Ansprüche zu entscheiden, wie die Fördereinrichtung insbesondere bezüglich der verschiedenen Zielgruppen in Erscheinung tritt: Wird der Kontakt zu Bands und Musiker_innen direkt aufgebaut und die Einrichtung als Marke für eine aktive Belebung der regionalen Musikszene positioniert? Oder tritt sie vielmehr mittelbar im Hintergrund als Unterstützer der Kulturakteur_innen auf, die ihrerseits dann die Musiker_innen kontaktieren und unterstützen? Auf welcher regionalen Ebene kann ein mehrere Kulturregionen

überspannendes Netzwerk, das im Prinzip überall in gleicher Weise als Ansprechpartner sichtbar sein soll, angemessen angesiedelt und kommuniziert werden? Und
welches Selbstverständnis liegt dabei zugrunde: Sollen kulturelle Prozesse aktiv
in eine von außen als ‚wünschenswert' betrachtete Richtung gelenkt und dabei
unweigerlich beeinflusst werden oder soll möglichst behutsam und rein beratend
gefördert werden?

Die Rolle von *create music* kann man in dieser Sache als die eines überregionalen Sprachrohrs der regionalen Musikszenen und ihrer Akteur_innen verstehen,
welches über die spezifische Markenarchitektur in erster Linie für Bands als auch
für Kulturakteur_innen aller Regionen sichtbar wurde. Diese Sichtbarkeit wurde
unterstützt über Formate wie die dezentralen Workshop-Touren oder die regionalen
und überregionalen Konferenzen.

11.5 Regionale Profilbildung und Nachteilsausgleich

Das Projektgebiet Westfalen-Lippe wies mit seinen fünf unterschiedlichen Kulturregionen und über 8,3 Millionen Einwohnern wie zu erwarten signifikante
Unterschiede bezüglich der Quantität und Qualität der vorhandenen kulturellen
Akteur_innen, der zur Verfügung stehenden Infrastruktur, der finanziellen und
personellen Ausstattung in Institutionen und Verbänden auf. Eine zielführende
und nachhaltige Förderung kann deshalb nur dann erfolgen, wenn das bestehende
Profil der einzelnen Regionen und somit ihre individuellen Stärken und Schwächen bei der Auswahl der Fördermaßnahmen berücksichtigt werden. Neben der
realen Verfügbarkeit der genannten Faktoren spielen auch deren relative Wahrnehmung und Sichtbarkeit nach innen (Wahrnehmung durch Musikschaffende,
Netzwerkakteur_innen, Musikinteressierte, Politik) wie außen (kulturelles Profil
der Region) eine entscheidende Rolle. Die notwendige Förderarbeit differenziert
sich dabei nach der Anzahl und Qualität vorhandener Kulturakteur_innen: Dort,
wo auf Kreis-, Stadt- und Gemeindeebene aktive Initiativen und Verbände junger
Popmusikkultur nicht (mehr) vorhanden sind, fehlen die notwendigen regionalen
Anker und Netzwerke für die Identifizierung musikalischer Akteur_innen oder
die Initiierung von Projektvorhaben. In Westfalen-Lippe betrifft dies vorrangig die
südlich gelegenen, schwach besiedelten Gebiete wie Südwestfalen, das Sauerland oder
die Hellweg-Region. Die wichtigsten Aufgaben von Förderung liegen dort zunächst
in der Aktivierung von Akteur_innen sowie in der Bereitstellung von Vernetzungs-
infrastruktur für Musikschaffende, aktiver überkommunaler Netzwerkarbeit und
der Initiierung von Leuchtturmprojekten (Regionalkonferenzen, Festivals, ...) und

aktivierenden Veranstaltungsreihen (DIY-Schulhofkonzerte, Wohnzimmer- und
Waldkonzerte), welche zur regionalen Profilbildung beitragen, als Begegnungsort
fungieren und eine nachhaltig motivierende Wirkung erzielen können. In jedem
Fall sind hier eine gewisse Anlaufzeit und somit auch längerfristig gestaltete För-
derungskonzepte notwendig, um die initiierten Netzwerk- und Infrastrukturen in
eine dauerhaft funktionierende Autonomie überführen zu können. In ländlichen
Regionen mit einem funktionierenden kommunalen Bestand von Akteur_innen
sind andere Problemstellungen zu bewältigen: Initiativen konzentrieren sich stark
auf die regionalen Ballungsgebiete und lassen bei ihrer Projekt- und Netzwerkarbeit
das peripherere Umland teilweise außer Acht. Abgelegene Netzwerkakteur_innen
haben mit Schwund sowohl auf Seiten des Publikums als auch auf Seiten der Bands
und Musiker_innen zu kämpfen – von den finanziellen Engpässen, die oft nur die
notwendige Basisarbeit ermöglichen, ganz zu schweigen. Hier geht es also verstärkt
um die Aufgabe, den Fokus der Initiativen über den lokalen Tellerrand hinaus zu
erweitern, aktiv Möglichkeiten der Vernetzung zu schaffen und einen gegenseitigen
Transfer von Wissen und Ressourcen anzustoßen sowie nachhaltig Kompetenzen
bei den kulturell aktiven Personen zu entwickeln. Auf politischer Ebene müssen
die Interessen solcher Akteur_innen aktiv vertreten und die Wertschätzung ihrer
oft ehrenamtlich geleisteten Arbeit sichergestellt werden – auch im Sinne eines
kulturell aufgeladenen Profils der Region. In der Projektregion von *create music*
traf dieses Profil auf die Regionen Münsterland und Ostwestfalen-Lippe zu, die
mit Münster, Bielefeld, Paderborn etc. über einige kreative Zentren verfügen, deren
Strahlkraft es für die umliegenden Gebiete zu nutzen galt.

11.6   Beispiele aus der Förderpraxis

Bei der Zusammenstellung der Förderbeispiele wurde von uns darauf geachtet,
dass es sich um Praxismodelle handelt, die wirkungsvoll in Ergänzung zu bereits
vorhandenen Förderkonzepten aus dem urbanen Raum eingesetzt werden können.
Ausgehend von einer vorhandenen Koordinierungsstelle können alle im Folgenden
genannten Beispiele mit vergleichbar geringem Mitteleinsatz so realisiert werden,
dass sich ein ganzheitlicher, regionsumfassender Förderansatz ergibt. Die genannten
Praxisbeispiele greifen zudem so ineinander, dass sie sich gegenseitig stabilisieren
und zu wertvollen, nachhaltig wirkungsvollen Synergien führen können.

11.6.1 Stützpunkte und Satelliten zum Aufbau von Netzwerk- und Infrastrukturen

Ein kulturelles Netzwerk kann insbesondere in einem weitläufigen ländlichen Raum wie Westfalen-Lippe nur dann funktionieren, wenn es über einige ausreichend aktive und stabile regionale Knotenpunkte verfügt, die ihrerseits aktiv in die Gemeinschaft einzahlen. Bei *create music* wurde dies durch eine Struktur von vier in der Region verteilt gelegenen Stützpunkten realisiert[4]. Diese wurden aufgrund ihrer bis dato bereits etablierten Netzwerke im Bereich der (Pop-)Musik ausgewählt, um auf den regional natürlich gewachsenen Netzwerkstrukturen aufbauen zu können. Durch den informellen Anschluss weiterer als Satelliten bezeichneter Akteure[5] gelang die Bildung eines feinmaschigen dezentralen Netzes aus Aktiven, die – meist ehrenamtlich – die junge Popmusikkultur unterstützten wollen. *create music* übernahm hierbei die Rolle einer unterstützenden Instanz mit koordinierender Funktion, die den übergeordneten Erfahrungs- und Wissensaustausch zwischen den vier Stützpunktregionen durch Schaffung eines regelmäßigen persönlichen Austauschs (Stützpunktrat, überregionale Konferenzen) ermöglichte, und die half, die einzelnen Stützpunkte als regionale Kompetenzzentren für junge Popmusik weiterzuentwickeln und überregionale Impulse zu setzen.

Eine besondere Rolle für das regionale Netzwerk spielt die Handlungsfähigkeit einzelner Akteur_innen, die diese zu impulsgebenden Knotenpunkten des Netzwerks werden lässt. Individuelle Coaching- und Fortbildungsangebote können ihren Teil dazu leisten, vorausgesetzt, sie zielen nicht nur auf die Entwicklung von temporären Fähigkeits- und Wissensvorsprüngen, sondern auf dauerhaft nutzbare Kompetenzen ab. Der Grad der Erreichbarkeit und die Niederschwelligkeit von Coachingangeboten sind allerdings, gerade durch die mangelnde Mobilität der jungen Zielgruppe und die fehlende Kompetenzvermittlung in der Vergangenheit, wesentliche Erfolgsmerkmale. So erreichen zentral angelegte Fortbildungsformate wie Bandcamps nur wenige Menschen. Als zielführend erkannt wurde die Wichtigkeit, auf subregionale Netzwerkstrukturen hinzuwirken, die ihrerseits eigene Fortbildungsmaßnahmen vorhalten. *create music* realisierte diesen Ansatz in Form zweier dezentraler Workshop-Touren, in deren Rahmen Workshops an zahlreichen über das Fördergebiet verteilten Standorten (Jugendzentren, Musikschulen, Pro-

---

4   Die vier im Rahmen des Projektes erfolgreich erprobten Stützpunkte waren: *Initiative muensterbandnetz* (Sitz: Münster, Kulturregion Münsterland), *Bunker Ulmenwall* (Sitz: Bielefeld, Kulturregion: Ostwestfalen-Lippe), *Lindenbrauerei* (Sitz: Unna, Kulturregion Hellweg), *Ensible e. V.* (Sitz: Schmallenberg, Kulturregionen Südwestfalen und Sauerland)

5   Teils bereits mit den Stützpunkten lose verbundene, teils neu gewonnene Netzwerkpartner

beraumzentren etc.) in Kooperation mit örtlichen Netzwerkpartnern angeboten wurden. Auf diese Weise konnte eine Vielzahl von Bands und Musiker_innen auch aus räumlich sehr entlegenen Gegenden von den Angeboten profitieren und durch das Zusammenkommen mit anderen Bands und Netzwerkakteur_innen in Kontakt kommen. Dabei ist es wichtig, zu analysieren, mit welcher spezifischen Problemstellung einzelne Akteur_innen zu kämpfen haben und auf welche Weise ihnen die Verknüpfung mit anderen Netzwerkpartnern bei der Realisierung ihrer Vorhaben helfen kann. Realisiert werden konnte dies in unserem Falle durch mehrere regionale Visionskonferenzen der Stützpunkte in Münster, Bielefeld, usw., die Musiker_innen, Kulturakteur_innen und Kreativwirtschaftler_innen die Möglichkeit zum Kennenlernen und Austausch boten. Doch auch individuelle persönliche telefonische Beratung durch *create music* und die jeweiligen regionalen Stützpunkte war hierbei ein wichtiges Mittel.

11.6.2 Die vernetzende Förderung der Initiative muensterbandnetz.de: Digitale Infrastruktur über Online-Bandportale

Die zunehmende Bedeutung des digitalen Raums für die Entwicklung kultureller Strukturen zeigt sich deutlich über neue Zugangs- und Präsentationsformen. Sollen Akteur_innen der Popmusikkultur jedoch gezielt in ihrem jeweiligen regionalen Wirkungskreis befördert werden, ist eine Verknüpfung zwischen den in der Onlinewelt geschaffenen Systemen und den in der realen Welt bereits bestehenden Organisations- und Kommunikationsstrukturen unerlässlich. Gerade junge Bands (fast) aller Musikgenres sind neben der Vermarktung ihrer Musik im Internet, die sich zunehmend auf soziale Netzwerke beschränkt, auf die ‚echten' Bühnen angewiesen, um die Wirkung ihrer Musik vor einem Publikum testen zu können und ihre eigene Bühnenpräsenz und -wirksamkeit zu entwickeln. Vor diesem Hintergrund ist die Entstehung der vier Bandportale in Westfalen-Lippe (*muensterbandnetz.de, bandnetzsuedwestfalen.de, hellwegmusik.de, zentralmusik-owl.de*) zu verstehen: Das bereits seit 2001 existierende *muensterbandnetz* wurde sowohl konzeptionell als auch technisch gesehen als direktes Vorbild der drei übrigen, im Jahre 2013 online geschalteten Portale genutzt. Allen vier liegt die Idee zugrunde, dass digitale und analoge Kulturarbeit am besten im direkten Schulterschluss miteinander funktionieren und wirken kann. Die Aufgabe eines solchen Bandportals (und des betreuenden Personals) besteht also nicht nur in der Bereitstellung der technischen Möglichkeiten zur Entwicklung dieser virtuellen Netzwerke, die den Austausch zwischen Akteur_innen des Popkultur-Netzwerks

(Musiker_innen, Veranstalter_innen, Initiativen etc.) ermöglichen. Weitaus wichtiger ist ihre Funktion als zentrale Kommunikationsdrehscheibe, die Bedarfe, Probleme und Veränderungen im Netzwerk on- und offline wahrnimmt und diese an andere regionale Anspruchsgruppen in Politik, Kultur, Musikwirtschaft und Gesellschaft kommuniziert. Gerade hier liegt der Nutzenvorteil im Vergleich zu bestehenden überregionalen Onlineportalen, denen der Bezug zur regionalen Kulturwelt fehlt und die deshalb die Handlungsspielräume der Bands und Musiker_innen nur in begrenztem Ausmaß erweitern können. Überdies hilft gerade im ländlichen Raum ein solches Portal dabei, die Vielschichtigkeit, die räumliche Verteilung und die Existenz der zahlreichen Garagen- und Kellerbands in Kleinstädten und Gemeinden sichtbar zu machen und sich so als deren regional kumuliertes Sprachrohr zu positionieren. Da jedes Portal an einen der vier *create music* Stützpunkte angedockt war, konnte eine dauerhafte persönliche Betreuung der Portale ermöglicht werden. Diese ist auch dringend notwendig, um die Portale lebendig zu halten und den Bands zu zeigen, dass das Portal für sie einen wirklichen Mehrwert bietet: Nutzbringend können dabei neben den reinen Vernetzungs- und Kommunikationsfunktionen der Portale bspw. die Präsentation von Neuigkeiten aus der Szene, Vermittlung von Auftrittsmöglichkeiten, Proberäumen und Musiker_innen, aber auch Umfragen zur Analyse von Bedürfnissen innerhalb der Musikszenen oder das Vorstellen von Netzwerkakteur_innen sein. Im Großen und Ganzen hat sich dabei gezeigt, dass dies – wie viele andere Förderbereiche – nur mit ausreichend Zeit und Herzblut zu bewerkstelligen ist, um vor Ort Ansprechpartner zu haben, die die örtliche Szene gut kennen, den Nutzer_innen der Portale für Fragen zur Verfügung stehen und authentisch mit ihnen in Kontakt treten können.

11.6.3 Aktivierende Förderung des Vereins Ensible e. V. durch die Projektreihe backyards – D.I.Y. Schulhofkonzerte

Wie erwähnt stellt die Weitläufigkeit des ländlichen Raums die Popmusikförderung im Bereich der Initiierung konkreter Projekte vor besondere Herausforderungen, da die Wirkungen solcher Maßnahmen meist auf einen relativ überschaubaren Teil des Fördergebiets beschränkt bleiben. Am Beispiel des ausgeweiteten Stützpunkt-Projektes *backyards – D.I.Y. Schulhofkonzerte* soll im Folgenden deutlich werden, welche Kriterien ein dennoch funktionierendes Projektdesign erfüllen sollte, um nachhaltige und flächendeckende Förderung zu ermöglichen.

Das Projekt, in dessen Rahmen Schüler_innen einer weiterführenden Schule ein Konzert mit regionalen Nachwuchsbands auf ihrem eigenen Schulhof planen und realisieren, ist eine regionale Entwicklung des Netzwerkpartners und Stützpunktes

Ensible e. V.. Das dort bereits im Modell erprobte Konzept zeigte das Potential auf, den bislang kulturell nicht-aktiven jungen Menschen eine greifbare Chance zu geben, ihre regionale Kultur – in diesem Fall ihre Livemusik-Szene – aktiv mitzugestalten. In Kooperation mit *create music* wurde das Konzept des Projekts evaluiert und erweitert, um eine Anwendung auch in anderen Projektgebieten zu ermöglichen. Zwischen Frühjahr und Herbst 2015 wurde das modifizierte Konzept als Transferprojekt in der Ortschaft Heek durchgeführt, als Kooperation zwischen dem Stützpunkt *Ensible e. V.*, dem Förderer *create music*, der *Kreuzschule Heek*, dem *Jugendzentrum ZaK* in Heek und der Gemeinde Heek. Nach einer Vollversammlung in der Kreuzschule mit den Klassenstufen 8.-10. Mitte Mai, in deren Rahmen das Projekt vorgestellt wurde, fanden sich etwa 20 interessierte Jugendliche im *Jugendzentrum ZaK* ein, um beim ersten Planungstreffen ihres eigenen Schulhofkonzerts dabei zu sein. Diese positive Resonanz belegte das große Interesse der 10–18-jährigen Zielgruppe, sich ohne jegliche Verpflichtung seitens der Schule oder eine andere Art von Gegenleistung an einem kulturellen Projekt zur Gestaltung ihrer kulturellen Umwelt zu beteiligen. Im Laufe der folgenden Monate erhielten sie – unterstützt durch Betreuer_innen des Jugendzentrums, Mitarbeiter_innen von *create music* und ein eigens vom Stützpunkt für dieses Projekt entwickeltes Online-Tool, der *Projektschmiede* – Einblick in alle Bereiche einer Konzertplanung, buchten Tontechniker_innen und Bands, erstellten Ablauf- und Zeitpläne und machten sich Gedanken über die Zielgruppe, Eintrittspreise und mögliche Vermarktungsformen ihres Konzerts. Beim Konzerttermin Anfang Oktober zahlte sich diese Arbeit aus: Mit über 400 Zuschauer_innen war die Veranstaltung ein voller Erfolg und wurde von allen Verantwortlichen, Zuschauer_innen und der Presse sehr positiv bewertet (Münsterlandzeitung, 2015). Akteur_innen aus anderen Regionen Westfalens bekundeten Interesse an einer Realisierung weiterer Schulhofkonzerte.

Welche Faktoren machen ein solches Projektkonzept nun insbesondere für den ländlichen Raum sinnvoll nutzbar? Wie kann ein derartiges Projekt über das eigentliche Konzertereignis und die Wirkungsregion hinaus nachhaltig belebend wirken? Eine ganze Reihe spezifischer Aspekte, die im ländlichen Raum relevant sind, lassen sich an diesem Beispiel aufzeigen:

a. *Entwicklungspotenziale für junge Kunst- und Kulturakteur_innen:* Das Projekt *backyards – D.I.Y. Schulhofkonzerte* zielt auf die persönliche Entwicklung und den Kompetenzgewinn bei den jungen Schüler_innen als Organisator_innen von Konzerten ab. Das Projekt eröffnet ihnen die Möglichkeit, zu jungen Unternehmer_innen der Kulturszene zu werden, indem sie die Erfahrung machen, dass sie selbst in der Lage sind, mit wenig Hilfestellung ihre eigenen Ziele und Vorstellungen zu realisieren, ihre Meinungen zu äußern, zu diskutieren, Kompro-

misse einzugehen usw. Dass das Projekt letztendlich gelingt, kann auch anderen
jungen Menschen als Beispiel dienen, sich als relevanten Faktor in ihrer regionalen
Kulturszene zu verstehen und sich dementsprechend aktiver einzubringen – sei
es in bestehenden Strukturen wie bspw. Konzertgruppen in Jugendzentren, oder
aber in der Gründung eigener Initiativen. Um den Betreuungsaufwand in einem
angemessenen Verhältnis zu halten, steht für zukünftige Ausweitungsvorhaben
die *Projektschmiede*[6] als speziell dafür entwickeltes Kulturmanagement-Tool
bereit, das den jungen Kulturakteur_innen eine zielgruppenorientierte Anleitung
bietet und in Ergänzung mit lokalen Mentoren (Jugendzentren o.ä.) zu einem
effizienten Projektablauf führt.

b. *Regionale Netzwerkinnovationen:* Projektkonzepte müssen nicht notwendigerweise immer neu entwickelt werden – immerhin existieren vielerorts bereits
spannende Ansätze zum kreativen Umgang mit den im ländlichen Raum
beschränkten Ressourcen und Infrastrukturen. Diese zu identifizieren und in
ihrer Ausweitung zu fördern, bietet neben einer einfacheren Umsetzung mit
geringerem Risiko zum ‚Scheitern' den Vorteil, dass Netzwerkpartner sich mit
ihrem Konzept auf diese Weise aktiv ins Netzwerk einbringen können.

c. *Konzeptionelle Flexibilität:* Projektkonzeptionen im ländlichen Raum sind
dann von großem regionalem Nutzen und lassen sich auch nur dann finanziell
sinnvoll darstellen, wenn sie sich wiederholt in ähnlicher Form auch anderorts
einsetzen lassen. Dies setzt jedoch voraus, dass das Konzept auf die örtlich ggf.
sehr unterschiedlich ausgestalteten infrastrukturellen Rahmenbedingungen
angepasst ist. Es ist in jedem Anwendungsfall abzuwägen, welcher regionale
Akteur (Schule, Jugendzentrum, Gemeinde) als Kernankerpunkt des jeweiligen Projekts dienen kann, wie sich vor Ort unter Umständen nicht vorhandene Kompetenzen substituieren lassen (Zentralisierung oder online-gestützte
Wissensvermittlung) und wie möglichst viele personal- oder kostenintensive
Teile des Projekts bei möglichen Wiederholungen eingespart oder durch lokale
Förderer kompensiert werden können.

d. *Erschließung neuer kultureller Räume:* Von außen initiierte Projekte können
den größten Nutzen dann entfalten, wenn sie zum Anlass genommen werden,
nicht bloß bestehende Kulturräume zu bespielen, sondern neue zu erschließen.
Dies kann ein Schulhof, aber ebenso gut ein leerstehendes Gebäude oder ein
nicht mehr aktives Jugendzentrum sein. Das jeweilige Projekt kann so eine
öffentlichkeitswirksame Erstnutzung dieser Räumlichkeiten und ein Beleg
dafür werden, welchen Mehrwert neue Kulturräume für die regionale Kultur
und Jugendarbeit bieten können.

---

6 Weitere Informationen unter www.youth-and-arts.nrw

e. *Verknüpfung von realem und virtuellem Playground:* Funktionierende Kultur-
arbeit ist heutzutage notwendigerweise ein Zusammenspiel realer, anfassbarer
Erfahrungsmöglichkeiten vor Ort und deren Erweiterung im digitalen Raum.
Letzterer lässt sich als Medium für die begleitende Kommunikation des realen
Projekts hinsichtlich verschiedenster Anspruchsgruppen nutzen, aber auch als
Produktions-, Kommunikations- und Kollaborationstool für die Teilnehmenden
des Projekts.

f. *Übergreifende Kulturarbeit:* Wie bereits angemerkt wurde, sind für gute Rahmenbedingungen zur Ausübung junger Popmusikkultur funktionierende Netzwerke
aus Kultur(-akteur_innen), Politik, Jugendarbeit und Bildung notwendig. Im
Falle des Projekts *backyards – D.I.Y. Schulhofkonzerte* konnten alle diese vier
Gruppen in einem gemeinsamen Projekt kollaborieren. Hierdurch konnten
nicht nur neue Kommunikationswege zwischen den verschiedenen Gruppen
aufgebaut und bestehende vertieft werden, sondern auch das Verständnis und
Bewusstsein für die jeweils anderen Seiten gefördert werden.

g. *Regionale Imagebildung:* Die durchgeführten Projekte sollten darauf ausgelegt
sein, die kulturelle Identität der jeweiligen Region zu stützen. Dies kann durch
eine öffentlichkeitswirksame Inszenierung des Projekts, eine Fokussierung auf
örtlich bereits stark ausgeprägte Subszenen (wie z. B. Hip-Hop) oder – ganz im
Gegenteil – durch eine Involvierung bisher wenig beachteter Genres oder Kul-
turrichtungen geschehen. So konnte das erfolgreiche Transferprojekt *backyards
– D.I.Y. Schulhofkonzerte* im Münsterland zum Anlass genommen werden, eine
Ausweitung mit insgesamt 10 Schulhofkonzerten und einem darauf zugeschnit-
tenen Finale ins Auge zu fassen. Dabei ist die nachhaltige Verankerung der
initiierten Veranstaltungen über die Jahr für Jahr stärkere Einbindung lokaler
Förderer und Sponsoren gesichert.

11.6.4 Aufsuchende Förderung von Akteur_innen: Singer/ Songwriter Markuz Walach

Als Beispiel für die aufsuchende Förderung von Akteur_innen aus dem ländlichen
Raum soll im Folgenden der Singer/Songwriter Markuz Walach aus dem Sauerland
dienen. Der junge Musiker zeichnet sich als innovative Ein-Mann-Band durch
kreative Aufführungsideen und außergewöhnliche Arrangements seiner Songs
aus. 2014 wurde er über die aktive Arbeit des regionalen Stützpunkts auf *create
music* aufmerksam und nahm mit dem Büro Kontakt auf, um bei einem seiner
Vorhaben finanziell unterstützt zu werden. Rasch zeichnete sich ab, dass aufgrund
fehlender Vorerfahrungen in der Formulierung von Anträgen der Beratungsauf-

wand deutlich höher als im Durchschnitt ausfallen würde. Nach Abwägung der Förderungswürdigkeit entschied sich *create music* jedoch aufgrund von Markuz' besonderem künstlerischem Ausdruck und seiner hohen musikalischen Qualität dafür, in diesem Fall weitere Zeit in die Beratung des jungen Mannes zu investieren. Nach einer Mehrzahl von Beratungen war er letztlich in der Lage, einen Antrag, der sowohl inhaltlichen als auch formalen Ansprüchen gerecht werden konnte, erfolgreich zu stellen. In der Folge realisierte Markuz durch finanzielle und beratende Unterstützung von *create music* sowohl ein Album als auch ein Musikvideo und stellte – dieses Mal ohne weitere Probleme – einen weiteren Antrag. Durch eine im Rahmen der Antragsberatung vorgenommene Platzierung seines Künstlerprofils im von *create music* unterstützten regionalen Bandportal *bandnetzsuedwestfalen.de* wurde Markuz für weitere Veranstalter und andere Bands aus der Region Südwestfalen/Sauerland sichtbar; Auftrittsmöglichkeiten und Supportkonzerte folgten. Im Sommer 2015 hatte sich Markuz auf diese Weise eine deutlich gewachsene Zahl an Fans und eine gewisse regionale Bekanntheit erspielt. Als Höhepunkt dieser Entwicklung erhielt er schließlich – direkt ausgehend von den ihm vermittelten Kompetenzen und der daraus resultierenden Bewerbungsmappe – im Juli desselben Jahres den Kasseler Kunstpreis der *Dr.-Wolfgang-Zippel-Stiftung*. Von entscheidender Bedeutung bei dieser Geschichte sind jedoch die Veränderungen, die sich nicht in Rezensionen oder Preisen ablesen lassen: Im Entstehungsprozess seiner CD waren Markuz' musikalische Fertigkeiten noch einmal deutlich gereift, darüber hinaus hatten die Anstrengungen der Antragsberatung ihn auch insgesamt in vielerlei Hinsicht weiterentwickelt: Er ging bei der Entwicklung und Vermarktung seiner Künstlerpersönlichkeit deutlich zielstrebiger und selbstreflektierter vor, konnte die Stellung seiner Musik am regionalen Livemusikmarkt besser einschätzen und dieses Wissen und die entwickelten sozialen Kompetenzen für sich nutzen. Die im Rahmen der Förderung entstandenen Ton- und Videoaufnahmen, die Vernetzung und Visualisierung im On- und Offlinebereich sowie die hergestellten persönlichen Kontakte ermöglichten ihm, Anschluss an die regionale Livemusik- und Singer-/ Songwriter-Szene zu finden. Diese in Zahlen nur bedingt darstellbaren Effekte sind es, die die teilweise zeit- und ressourcenintensive Beratung junger Musiker_innen erst zu einer lohnenden Investition machen – sowohl für die jeweiligen Akteur_innen als auch für das regionale Netzwerk.

11.7   Fazit

In dem Spannungsfeld von Stadt zu Land liegt in popkultureller Hinsicht ein
enormes Potenzial. Neue Zuschauergenerationen entwickeln ihre eigene Bedeutung durch das Wirken junger Künstler_innen in neuen kulturellen Räumen der
Region. Durch die flächendeckende Verknüpfung mit digitalen Werkzeugen zur
Förderung jugendkultureller Mikroprojekte kann der ländliche Raum wieder
neuen Bühnenplatz schaffen – und das auch für urbane künstlerische Kreativität.
Beispiele wie die Bandportale des Projekts *create music* zeigen deutlich, dass es
gerade abseits der Ballungsgebiete durch ein partnerschaftlich gedachtes Mikro-
netzwerk der Akteur_innen und Einrichtungen zu einer sinnvollen Verbindung
von ungenutzten Zuschauer- und Bühnenressourcen im ländlich geprägten Raum
und nicht abgerufenen Kreativpotenzialen im urbanen Umfeld kommen kann. Für
diese synergetische Form des gegenseitigen Nachteilsausgleichs wird jedoch eine
ausreichend vorhandene jugendkulturelle Infrastruktur benötigt.

Mit dem Landesförderprojekt *create music* wurde im Bereich Kunst- und Kulturförderung im ländlichen Raum eine Strategie erprobt, die ihre flächendeckende
Wirkung durch die Anbindung an die Fachbereiche Jugend, Kultur und Schule
erfährt. Allein letzterer bietet mit Blick auf die erfolgreichen Schulhofkonzerte und
angesichts der ca. 2.000 weiterführenden Schulen in NRW enorme Chancen für
die ländliche Jugendkulturentwicklung. Das mit digitalen Instrumenten gestützte
außerschulische Bildungsangebot für junge Kulturakteur_innen im ländlichen
Raum versteht sich als Ansatz zur Aktivierung und Qualifizierung, während die
damit geschaffenen Bühnen der Erprobung nachwachsender Talente dienen. Sich
als Veranstalter_in im eigenen Wohnzimmer zu erproben, bei der Gestaltung des
eigenen Schülerfestivals mitzuwirken, junge Bands über digitale Netzwerke ein-
zuladen und Konzerte sowie deren Proben online zu streamen sind Kompetenzen
und Möglichkeiten, die über das Förderprojekt *create music* und die vorgestellten
Methoden in der Fläche vermittelt werden konnten. Aus einer landesweiten Mo-
dellwirkung im Sinne der strukturellen Erhaltung und Entwicklung von Popkultur
auch in anderen ländlichen Regionen heraus ließe sich im Sinne von Jugend- und
Gestaltungskultur auch insgesamt die Frage nach der grundlegenden Vitalität einer
Region in den Mittelpunkt stellen.

Neben der positiven Wirkung auf solche weichen Standortfaktoren haben
die Erfahrungen aus dem Projekt *create music* aber auch deutlich gezeigt, wel-
che Notwendigkeit für eine aktive Förderung von Popmusikkultur abseits der
Ballungsgebiete besteht. Die Vielzahl spannender und höchst unterschiedlicher
Akteur_innen, die meist weitgehend unsichtbar die kulturelle Attraktivität ihrer
Gemeinde oder Kommune prägen, die mit viel Leidenschaft und Engagement dem

ländlichen ‚Bandsterben' entgegenwirken, sind in Teilen existentiell auf eine wirkungsvolle strukturelle Unterstützung und Förderung angewiesen. Dazu aber ist die Wahrnehmung ihrer Bedürfnisse auf individueller Ebene wesentlich, was ein hohes Engagement und Authentizität von allen Mitwirkenden erfordert.

In den drei Jahren der hier vorgestellten Projektlaufzeit gelang es durch die tatkräftige Hilfe der Netzwerkpartner auf allen Ebenen, neue Netzwerkstrukturen zu bilden und vorhandene Netzwerkknoten weiterzuentwickeln, die nun als Ausgangslage für die weitere Entwicklung der jungen Popmusik in NRW dienen können. Drei Jahre *create music* zeigen aber auch, dass sich gerade in der Fläche die Potenziale einer Region erst durch eine langfristige Entwicklungsarbeit sinnvoll ausschöpfen lassen. Hier zeigt sich der Modellcharakter des Projektes in der Verknüpfung mit urbanen Förderkonzepten: Dort, wo bereits die Förderung von Popkultur im aktiven Fokus einer Stadt liegt, ist die notwendige langfristige Ausrichtung in der Regel bereits mitgedacht und angeschoben. Diese Prozesse können durch den mikroprojektartigen Fördermechanismus gefestigt und ausgebaut werden. In abseits gelegeneren Gebieten können nach dem aktivierenden Prinzip des urbanen Jugendkulturzentrums verschiedenste Institutionen aus den Bereichen Kultur, Jugend und Schule in Zusammenarbeit mit einer Vielzahl an Künstler_innen zu lebendigen Standorten von kulturellem und kreativem Wirken entwickelt und ausgebaut werden.

Literatur

Jacobi (2016). *Kulturangebot für Jugendliche in Südwestfalen – Kurzpräsentation der Ergebnisse am 19.02.2016.* Fachhochschule Südwestfalen. Verfügbar unter https://www.suedwestfa-len.com/sites/default/files/prasent._kul_turjugendliche_vom_19.02.16.pdf. [03.05.2017]
Münsterlandzeitung (2015). *Gelungene Premiere für das Schulhofkonzert.* Verfügbar unter http://www.muensterlandzeitung.de/staedte/heek/Heeker-Kreuzschule-Gelungene-Premiere-fuer-das-Schulhofkonzert;art963,2835169. [03.05.2017]

Buchrezensionen

Bastian Lange, Hans-Joachim Bürkner & Elke Schüßler: *Akustisches Kapital. Wertschöpfung in der Musikwirtschaft*

12

Michael Ahlers

Akteur_innen innerhalb der postdigitalisierten Musikwirtschaft ist gemein, dass die neuen Möglichkeiten und Optionen, sich innerhalb veränderter Wertschöpfungskonfigurationen zu professionalisieren und aufzustellen sie teilweise mit gänzlich neuen Wissens- und Kompetenzbereichen konfrontieren. Aus akademischer Perspektive ist diese Phase ungemein spannend, lassen sich hieran doch optimaler Weise Prozesse der Machtkonstruktion, -verschiebung oder Verhandlungsprozesse rekonstruieren. Ebenso ist die verstärkte Fokussierung des Publikums und der Kreativen selbst – auch gerne zwischen *Artepreneuren* und *Prosumern* verortet – ein wissenschaftlicher Trend, der zu teils neuen, sehr informativen Ein- und Ansichten führt.

Der vorliegende Sammelband liefert in seinem einleitenden, von den Herausgebenden verfassten Kapitel dazu eine mögliche Interpretationsfolie in Form des namensgebenden *akustischen Kapitals*. Dieses wird in Anlehnung an Pierre Bourdieu als spezifisches Vermögen definiert, welches an konkrete Wissensformen gebunden ist und welches gegen andere Kapitalsorten getauscht bzw. in diese umgewandelt werden kann. Akustisches Kapital erwerben dabei sowohl professionelle Akteure_innen als auch Nutzer_innen. Die theoretische Fundierung ist schlüssig und bedarf jeweils einer Genre- oder szenespezifischen Differenzierung. Wobei klar ist, dass es sich dann jeweils nur um fluide und nicht um fixe Zustandsbeschreibungen oder Momentaufnahmen von Teilbereichen handeln kann.

Im folgenden Abschnitt werden Beispiele neuer Wertschöpfungskonfigurationen zusammengestellt. Eröffnet wird dieser Teil durch die Ergebnisse einer Interviewstudie unter DJs durch Hans Joachim Bürkner. Es wird klar, dass es ebensolcher, qualitativ angelegter empirischer Zugänge bedarf, um die sehr individualisierten Wissensbestände und die somit vorliegenden Wertschöpfungskonfigurationen und Selbstverständnisse der Akteure plausibel und facettenreich darlegen zu können. Bürkner leitet aus seiner Studie unter anderem eine Typologie ab sowie eine hilfreiche, grafisch aufbereitete Modellierungen der Unterschiede zwischen Mainstream-, Kleinlabel-, nicht-kommerziellen und Nachwuchs-Produzent_innen.

Eine integrale Idee der Publikation besteht in der Aufnahme von Interviews von Szene-Akteur_innen, Wirtschaftsvertretern_innen oder auch Kulturpolitikern_innen, sodass auf den grundlegenden Beitrag Interviews mit DJs und Produzent_innen folgen. Im weiteren Verlauf werden die sogenannte Neue Musik innerhalb urbaner Räume sowie das Projekt der *Digital Concert Hall* der Berliner Symphoniker adressiert und durch Interviews mit Tim Renner und Aktiven der Kulturpolitik gerahmt.

Der zweite thematische Schwerpunkt widmet sich den Intermediären innerhalb von Wertschöpfungsprozessen. Dabei zeichnet der eröffnende Beitrag von Jan-Michael Kühn ein differenziertes Bild des Veranstaltungssektors *Techno-Partys* in Berlin nach. Es wird klar, dass eine bewusste Abgrenzung zu vermeintlichen Mainstreamakteuren hier Prozessen der Distinktion dient, wobei die Veranstalter_innen stets einen Spagat zwischen finanzieller Planung und mangelnder Akzeptanz auf Seiten teils wenig liberaler Zielgruppen machen müssen. Bastian Lange hingegen schlägt in eine mittlerweile altbekannte Wunde, indem er eine *De-Professionalisierung* des Journalismus konstatiert, jedoch über Techniksysteme und Empfehlungs-Algorithmen innerhalb semantischer Netze schreibt. Dem Lamento folgt jedoch an dieser Stelle leider noch keine empirische Fundierung, was bedauernswert ist. Der folgende Beitrag von Malte Friedrich hingegen stellt die Frage, welche Chancen die Performativität von Musik für veränderte Wertschöpfungsprozesse und den Rechtehandel haben. Der weitere theoretische Beitrag rekurriert auf die Arbeiten von Elke Schüßler und Leonhard Dobusch, die sich im Umfeld von Urheberrechtsdiskursen auf Events bzw. Messen oder Festivals verorten lassen. Sie arbeiten heraus, welche Ziele die Teilnehmenden verfolgen und in welcher Weise sich die Events dabei selbst verändern oder verändert haben.

Der dritte Abschnitt des Buches ist mit *Wertschöpfung und Neue Medien* betitelt. Hierin referiert Peter Tschmuck zum 360 Grad-Modell und dessen Verheißungen für die Kreativen und die Wirtschaft. Wenngleich sehr umfänglich eingeleitet und kenntnisreich dargestellt lässt sich hieran symptomatisch beobachten, in welch rasanter Beschleunigung sich die aktuelle Musikwirtschaft befindet. So liest sich dieser Abschnitt, nur wenige Jahre später, bereits als einer der vielfältigen und nicht immer erfolgreichen Versuche der Musikwirtschaft, an alte Modelle und vor allem Erträge anzuknüpfen. Carsten Winter hingegen stellt die Medienentwicklung selbst mehr in das Zentrum seines Artikels und streift in seinem weiten Zugriff historische, philosophische und medienwissenschaftliche Diskurse, um dann auf Kernwertschöpfungsprozesse der Musikwirtschaft einzugehen. Er rekonstruiert den Übergang von *Push* zu *Pull*, um schlussendlich ein eigenes Schema der dynamischen Wertschöpfung innerhalb von *On-Demand*-Musikkulturen vorzuschlagen.

Das Buch liefert spannende Einblicke, authentische Einschätzungen und Beschreibungen von Macher_innen sowie eine noch neue theoretische Basis. Letztere ist in der Lage, zu differenzierten Beschreibungen von Teilszenen zu gelangen, sofern das allgemeine Problem des Feldzugangs gelöst werden kann. Weitere, vergleichende und rekonstruierende Arbeiten auf Grundlage des akustischen Kapitals wären nun sehr hilfreich, um dessen Potenzial weiter aufzuschließen. Letztlich sei das Buch aber jeder Person empfohlen, die sich im Umfeld der Musikwirtschafts- und Musikkulturforschung bewegt oder sich mit der Vergewisserung der eigenen Positionierung innerhalb globalisierter, postdigitaler Wertschöpfungskonfigurationen auseinandersetzen möchte.

▸ Lange, Bastian; Bürkner, Hans-Joachim; &, Schüßler, Elke (Hrsg.). (2013).
   Akustisches Kapital. Wertschöpfung in der Musikwirtschaft.
   Bielefeld: transcript.
   ISBN: 978–3-8376-2256-0

Uwe Breitenborn, Thomas Düllo, & Sören Birke: Gravitationsfeld Pop. *Was kann Pop? Was will Popkulturwirtschaft? Konstellationen in Berlin und anderswo*

Yvette Kneisel

Was kann Pop? Was will Popkulturwirtschaft? Der Sammelband „*Gravitationsfeld Pop*" (2014) eröffnet einen eigenen Diskurs zu Popkulturwirtschaft. Die Beiträge des Bandes eröffnen insbesondere verschiedene Perspektiven auf Pop am Beispiel Berlins. Im Band treffen unterschiedliche Standpunkte von „Produzenten", „Reflektoren" und „Nutzern", so die Überschriften der drei Kapitel des Bandes, kulturell, politisch und wirtschaftlich aufeinander. Anstoß zur Publikation gaben Gesprächsrunden im *Kesselhaus* der *KulturBrauerei* in Berlin (2008). Dort beschäftigten sich unterschiedliche Konstellationen mit Bedingungen von Pop und Kulturwirtschaft und mit der Frage, welcher Konzepte und Strategien es bedarf, auf (digitale) Transformationen in der Popkulturwirtschaft nicht mehr nur zu reagieren, sondern diese auch aktiv und kreativ zu gestalten. Entsprechend erörtern die Autor_innen der Beiträge Variablen eines Transformationsprozesses und zeigen Potenziale des Pop und der Popkultur auf.

Der Band zeigt zunächst, dass der Begriff Pop perspektivisch unterschiedlich verstanden wird. Die Herausgeber verwenden einen Begriff von Popkultur, der unterstellt, dass Popkultur-Produkte individuell sinnhafte, eigensinnige Handlungen als Kultur-Teilnehmer_innen eröffnen (können). Dabei ist nicht ausschlaggebend, ob diese Produkte populär oder nicht-populär sind, sondern die Frage, *wie* man mit ihnen umgeht und wie diese kreiert wurden. Sie werden als alltägliches und urbanes Phänomen behandelt, weshalb der exemplarische Bezug zu Berlin hier durchaus sinnvoll ist. Des Weiteren verstehen sie Popkultur gerade im Leben jüngerer Leute als Orientierung und als identitätsstiftend, wobei sie Popkultur nicht mit Jugendkultur gleichsetzen. Popkultur, die in hohem Maße heterogen und durch den Umgang mit Medien bestimmt ist, ist gleichermaßen Vergnügungskultur, wie sie zu ästhetischer, kultureller und sozialer Bildung beitragen kann.

Die Nutzung digitaler Netzwerkmedien wie *Facebook* oder *Soundcloud* verändern aus dieser Perspektive Popkultur und Popkulturwirtschaft und auch die Musikbranche, weil ihre immer produktivere Nutzung durch immer mehr Akteur_innen die Wertschöpfung in allen Sektoren der Branche verändert: Immer mehr ihrer Nutzer_innen übernehmen neuartige Media-Entrepreneur-Rollen, wie Aljoscha Paulus und Carsten Winter in ihrem Beitrag für Musikschaffende zeigen, die ursprünglich nicht selbst über Medien zur Produktion und auch zur Verteilung und der Orientierung der Wahrnehmung von Musik verfügen konnten. Das gilt auch für ‚gewöhnliche‘ Leute wie Fans, wie Katja Kaufmann und Carsten Winter zeigen, die deshalb immer mehr zu „Unternehmer_innen" ihrer quasi eigenen Popkultur werden. Popkultur wird nicht mehr nur kommerziell und industriell produziert, sondern nun auch marktfern und in neuen digital-medialen Netzwerken und in diesen neuen Formen ein Teil der Diskursproduktion und Diskurskontrolle und darüber ein immer wichtigerer Bestandteil der Popkultur.

Popkulturelle Diskurse, das veranschaulichen alle Beiträge des Bandes, sind geprägt durch die ständige Entwicklung neuer Medien und medialer Erscheinungsformen. Pop ist deshalb heute nach Christoph Jacke an sich kein politik- und gesellschaftsferner Raum mehr, sondern zunehmend auch Raum von Gesellschaft und sogar Politik. Meinungsführer bleiben jedoch, so Jacke in seinem Beitrag, in der Popkultur wichtig für die intellektuelle Einordnung und Kritik von Phänomenen, obwohl Popmusikjournalismus zunehmend in eine prekäre Situation gerät, da er immer seltener über Märkte finanziert werden kann.

Diesem Problem steht gleichermaßen die Popkulturförderung entgegen. Beklagt wird eine fehlende gesellschaftspolitische Anerkennung und Lobby von Popmusik und Popkultur. Als Reaktion auf diesen Zustand wurde nach langjähriger Arbeit und in Folge der Kampagne MUSIK 2020 BERLIN der Netzwerkakteur_innen der *Berlin Music Commission*, der *Clubcommission Berlin* und der *LabCom Berlin* das *Musicboard* 2013 in Berlin ins Leben gerufen (siehe den Beitrag von Martin Lücke und Anita Jóri in diesem Band). Mit diesen Entwicklungen konnten sich Pop-Akteur_innen aktiv in die Musikpolitik und Stadtentwicklung einbringen. Dennoch muss die Lobbyarbeit weiterentwickelt und das Thema Pop weiterhin öffentlich von vielen Akteur_innen vertreten werden.

Nicht nur klassische Artikel prägen den Band. Auch viele Interviews mit Pop-Akteur_innen dokumentieren den Status von Berlin für eine aktive Popkultur. Die Interviewten artikulieren die Interessen vieler Branchennetzwerke (*BMC, CCB, LCB, VUT*), der Club- und Szenewirtschaft, der *Initiative Musik* und der *Fête de la Musique*. Des Weiteren enthält die Publikation inhaltlich ergänzende Beiträge zu Weltmusik als populäre Musik, Pop und IT, zur Clubscene und der Creative Class, der Live-Entertainment-Branche, der Medialität von Popularkultur, zu Denkbildern, Nazi-Pop und der zu Pop-Art avancierten Schallplatte.

In der Summe der Beiträge wird dann Popkulturwirtschaft als „*Gravitationsfeld Pop*" sichtbar. Dessen Verständnis erfordert eine multiperspektivische Herangehensweise, die durch Verfasser_innen aus Kultur-, Musik-, Kommunikations- und Medienwissenschaft, IT, Journalismus, Politik und Wirtschaft sowie Berliner Branchen-Key-Player konsequent vorgeführt wird. Ihre große Heterogenität steht dabei für die Heterogenität der Popkultur, und ihre Diskussion bietet eine gelungene Grundlage für die thematische Auseinandersetzung mit dem Phänomen Pop. Die eingangs gestellten Fragen – Was kann Pop? Was will Popkulturwirtschaft? – werden damit facettenreich und multiperspektivisch behandelt. Der Band zeigt mit seinen Beiträgen, wie sich die Kräfte im Gravitationsfeld Pop verändern, komplex und auch konfliktreich miteinander verwoben sind und so für immer mehr und unterschiedlichere Akteur_innen Anziehungskräfte entfalten. Er ist mehr als eine gelungene Situationsbeschreibung und eine echte Leseempfehlung für alle, die sich für die Popkulturwirtschaft – insbesondere in Berlin – interessieren.

▶ Breitenborn, Uwe; Düllo, Thomas; & Birke, Sören (Hrsg.). (2014). Gravitationsfeld Pop. Was kann Pop? Was will Popkulturwirtschaft? Konstellationen in Berlin und anderswo.
Bielefeld: transcript.
ISBN: 978–3-8376-2451-9

Joseph Limper & Martin Lücke: Management in der Musikwirtschaft

14

Peter Tschmuck

14.1 Teil A: Die Musikwirtschaft als wirtschaftlicher Sektor

Mit rund 130 Seiten ist dieser Abschnitt des Buches der umfangreichste. Nach einer kurzen Einführung und nach Klärung der Frage nach der Abgrenzung der Musikwirtschaft, wird im dritten Kapitel ein historischer Überblick geboten, der die Entwicklung in fünf Abschnitte gliedert. Kurz wird die Ära der Mäzene, die bis ins späte 18. Jahrhundert reicht thematisiert. Dann wird die Verlagsära, die das 19. Jahrhundert prägt und schließlich um 1900 herum in der New Yorker Tin Pan Alley kulminiert, besprochen. Es ist die Zeit der Entstehung eines modernen Urheberrechts und dem damit Hand in Hand gehenden Aufkommen der Verwertungsgesellschaften. Die Ära des Rundfunks dominiert dann die Epoche von den 1920er bis 1950er Jahren, um dann von der Tonträger-Ära abgelöst zu werden, die schließlich um 2000 in die digitale Ära mit den bekannten Begleiterscheinungen – Filesharing, Onlinemusikvertrieb, DIY-Vermarktung etc. – überging.

Das Kapitel 4 ist den Kernbereichen der Musikwirtschaft gewidmet. Eingangs wird der Tonträgermarkt in seiner Entwicklung sowie Tonträgerindustrie mit ihren Akteuren besprochen und aufgezeigt, dass diese Branche zu den Verlierern des digitalen Paradigmenwechsels zählt. Das dann besprochene Verlagswesen weist hingegen Wachstumsraten über die letzten beiden Jahrzehnte auf, wobei die Autoren zwischen E-und U-Musikverlagen unterscheiden, wobei letztere vor allem von den Industrieverlagen der drei Major-Companies dominiert werden. Ein längerer Abschnitt ist dem Vertrieb und Handel mit Musikprodukten gewidmet, in dem vor allem der Übergang vom rein physischen Vertrieb der Tonträger-Ära hin zum Digitalvertrieb von Musik, der in den letzten Jahren immer mehr an Bedeutung gewonnen hat, dargestellt wird. Dem Live-Musikentertainment wird aufgrund seiner zunehmenden wirtschaftlichen Bedeutung ein längerer Abschnitt eingeräumt. Fokussiert wird dabei auf den Musikveranstaltungsmarkt in Deutsch-

© Springer Fachmedien Wiesbaden GmbH, ein Teil von Springer Nature 2019
L. Grünewald-Schukalla et al. (Hrsg.), *Musik und Stadt*, Jahrbuch für Musikwirtschafts- und Musikkulturforschung, https://doi.org/10.1007/978-3-658-23773-8_14

land, dessen Strukturen und Funktionen (Veranstalter, Agenturen und Ticketing) erläutert werden. Darüber hinaus wird auch noch auf die unterschiedlichen Arten von Spielstätten eingegangen, die *GEMA*-Tarifstruktur für Konzerte der Unterhaltungsmusik in verständlicher Form erklärt, der Festivalboom der letzten 20 Jahre unter die Lupe genommen und eine Strukturierung des Musikpublikums vorgenommen. Dem Thema Merchandising, das in ähnlich gelagerten Publikationen meist sträflich vernachlässigt wird, widmen die Autoren sogar ein ganzes Subkapitel und schließen Kapitel 4 mit einem Überblick über Musikinstrumentenherstellung und -handel sowie die Musikproduktion ab.

Erfreulich ist es, dass im Kapitel 5 sehr ausführlich das Verhältnis von Musik und Medien dargestellt wird. Immer noch ist der Hörfunk das wichtigste Promotionsinstrument für Musik. Musik und Fernsehen ist das nächste Thema. Dabei werden vor allem die unvermeidlichen Musikcasting-Shows und ihre wirtschaftliche Relevanz untersucht. Dem Musikfernsehen – *MTV*, *VIVA* & Co. – wird dann ein eigenes Subkapitel gewidmet, in dem auch die neuen Online-Angebote wie *YouTube*, *Vevo* oder *tape.tv* besprochen werden. Das Thema Musik im Film sowie die Berichterstattung über Musik in den Printmedien schließen das Kapitel thematisch ab. Es wäre dann noch spannend gewesen auch über neue Formen der medialen Musikrezeption wie z. B. Musikblogs oder über die immer wichtigere Rolle von sozialen Onlinemedien zu lesen. Das kann in einer erweiterten zweiten Auflage des Buches nachgeholt werden.

Im letzten Kapitel von Teil A beschäftigen sich die Autoren mit der Rolle der deutschen Musikverwertungsgesellschaften (*GEMA*, *GVL* und *VG Musikedition*), wobei es gelingt, deren komplexe Funktionsweise auf den wenigen zur Verfügung stehenden Seiten durchaus schlüssig darzustellen. Ein weiteres Subkapitel befasst sich dann mit den verschiedenen Interessensvertretungen der Musikwirtschaft in Deutschland vor allem mit dem *Bundesverband Musikindustrie e. V.* und dem *VUT* und mit den wichtigsten deutschen und internationalen Musikmessen wie das *Reeperbahnfestival* in Hamburg, die *MIDEM* in Cannes oder das *SXSW*-Festival in Austin/Texas. Schade nur, dass man über das wichtigste und größte europäische Showcase-Festival – *Eurosonic* in Groningen/Niederlande – nichts erfährt. Eine lässliche Sünde ist es allerdings, dass die Vienna Music Business Research Days (noch) unerwähnt bleiben. Aber das wird sich sicherlich noch ändern.

14.2   Teil B: Rechtliche und wirtschaftliche Strukturen der Musikwirtschaft

Im zweiten Abschnitt des Buches wird im ersten Teil sehr ausführlich die klassische Wertschöpfungskette der Musikwirtschaft dargestellt. Abgesehen davon, dass es sich eher um ein Wertschöpfungsnetzwerk handelt, wird an dieser Stelle vor allem das deutsche Urheberrecht und die daraus erwachsenden Institutionen wie die kollektive Rechtewahrnehmung durch die Verwertungsgesellschaften erklärt. Auch die verwandten Leistungsschutzrechte, die für die Interpret_innen und Labels von Relevanz sind, werden ausführlich besprochen. Das Live-Musikgeschäft und seine vertraglichen Besonderheiten werden dann dargestellt und dem Merchandising wird sogar ein separates Subkapitel gewidmet. Schließlich wird noch sehr breit die Rolle von Werbung, das Sponsoring und das Branding für die Musikwirtschaft behandelt. In allen Abschnitten bekommt man Basisinformationen über Verträge und relevantes rechtliches Basiswissen vermittelt.

Soweit so gut. Kapitel 2 über „Veränderungen der klassischen Wertschöpfungsketten" fällt im Vergleich dazu nicht nur im Umfang, sondern auch in der Qualität deutlich ab. Die Veränderungen werden ausschließlich auf Basis passiver und aktiver 360-Grad-Deals abgehandelt. Keine Rede ist davon, dass sich das Wertschöpfungsnetzwerk grundlegend verändert hat; dass die Künstler_innen und ihr Management in das Zentrum der Wertschöpfung gerückt sind und sich neue Machtkonstellationen ergeben, die sich auch in der vertraglichen Gestaltung niederschlagen. In diesem Abschnitt müssen die Leser_innen den Eindruck gewinnen, dass die Autoren die digitale Revolution verschlafen haben, und dass es sich bei der Digitalisierung um einen graduellen Wandel im Musikbusiness handelt – wohlgemerkt nur im Teil B entsteht dieser Eindruck!

14.3   Teil C: Fallstudien

Abgerundet wird das Buch im dritten Teil mit drei Fallstudien aus unterschiedlichen Bereichen der Musikwirtschaft. Dargestellt wird die in Zürich angesiedelte *restorm AG*, die sich mit der Selbstvermarktung von Musiker_innen und dem Lizensieren von Musik beschäftigt. Weiters wird die *Hamburger Aktiv Music Marketing* (AMM) besprochen, die eine Einkaufs- und Marketingkooperationsplattform für den unabhängigen Tonträgerfachhandel anbietet und die Plattenladenwoche organisiert. Fast schon symbolisch ist die Darstellung der *EMI Music Germany*, die zum Zeitpunkt der Buchpublikation schon Teil der *Universal Music* war und

für den Konsolidierungsprozess der Tonträgerindustrie steht. In allen drei Fallstudien werden Interviews mit Entscheidungsträgern dieser Unternehmen zu
aktuellen Entwicklungen am Musikmarkt und in die Musikwirtschaft insgesamt
abgedruckt. Natürlich hätten die Autoren auch noch mehr Fallstudien – z. B. über
Musikstreamingdienste oder Content Aggregatoren – ins Buch nehmen können,
aber letztendlich bleibt es immer eine subjektive Entscheidung, welche Fallstudien
behandelt werden oder eben nicht.

14.4   Fazit

Das Buch bietet insgesamt einen hervorragenden Überblick über die Strukturen und
Funktionsweise der Musikwirtschaft, wobei der Fokus vor allem auf Deutschland
gerichtet ist, aber dennoch internationale Entwicklungen im Auge behalten werden.
Vor allem Teil A ist sehr ausführlich und spiegelt die hohe Kompetenz der Autoren
wieder. Nur wenige Aspekte, wie die Musik(wirtschafts)ausbildung, Social Media
oder Musikerkennungssysteme bleiben von der Darstellung ausgeklammert. Das
tut aber der hohen Qualität dieses Abschnitts aber keinen Abbruch. Schwerer wiegt
hingegen, dass im Teil B zwar die klassische Wertschöpfungskette ausführlich behandelt wird, die Veränderungen aber auf das Phänomen der 360-Grad-Verträge
reduziert werden. Das ist wohl größte Schwäche des Buches, das ansonsten wärms-
tens als Lehrbuch in der Musikwirtschaftsausbildung aber auch darüber hinaus
als einführendes Werk in die Strukturen und Funktionsweise der Musikwirtschaft
empfohlen werden kann.

▶ Limper, Josef; Lücke, Martin (2013). *Management in der Musikwirtschaft*.
   Stuttgart: Kohlhammer
   ISBN: 978–3-17-022146-8

Alexandra Manske: *Kapitalistische Geister in der Kultur- und Kreativwirtschaft. Kreative zwischen wirtschaftlichem Zwang und künstlerischem Drang*

Aljoscha Paulus

Die sogenannte Kultur- und Kreativwirtschaft (KuK) ist ein relevantes Bezugsfeld für und von Musikkultur- und Musikwirtschaftsforschung. Nicht nur, weil die Musikwirtschaft als eine wichtige KuK-Teilbranche gilt, sondern auch, weil Analysen zu anderen KuK-Zweigen oder dem Branchenkonglomerat KuK insgesamt regelmäßig Fragestellungen behandeln und Befunde hervorbringen, die Musikkultur und -wirtschaft bzw. ihre Akteur_innen mehr oder weniger unmittelbar betreffen oder zu Anschlussforschung in diesem spezifischen KuK-Feld anregen. Als Inbegriff hierfür können Untersuchungen zu *künstlerisch-kreativer Arbeit* gelten, die sich der Analyse konkreter Arbeitsformen und -verhältnisse, der politischen Adressierung und/oder wissenschaftlich-diskursiven Auseinandersetzung mit derselben widmen. Die Soziologin Alexandra Manske legt mit *„Kapitalistische Geister in der Kultur- und Kreativwirtschaft. Kreative zwischen wirtschaftlichem Zwang und künstlerischem Drang"* eine Monographie vor, die in bisher beispielloser Weise die internationale Diskussion um künstlerisch-kreative Arbeit bündelt, mit Analysen zu arbeitsgesellschaftlichen Transformationsprozessen im deutschen Raum verknüpft und durch weiterführende konzeptionelle Überlegungen und empirische Einsichten in ausgewählte künstlerisch-kreative Erwerbsfelder ergänzt, um auf dieser Basis eigene Deutungsangebote zur gegenwärtigen sozialen Situierung von künstlerisch-kreativer Arbeit zu präsentieren.

Dreh und Angelpunkt dieser „Analyse des Strukturwandels von künstlerisch-kreativer Arbeit in seiner arbeitsgesellschaftlichen Dynamik" (S. 359) ist die Feststellung der Autorin, dass sich hinter dem bekannten Mantra, wonach die KuK ein Feld mit Modellcharakter für zukünftige Arbeits- und Wirtschaftsformen darstellt, ein „Streit um die Frage nach dem Subjektideal der gegenwärtigen Arbeitsgesellschaft" (S. 35) verbirgt. Die Rekonstruktion und Systematisierung dieses multidisziplinären Diskurses in Kapitel 2, dessen Inhalte in den folgenden Buchkapiteln immer wieder reflektiert und differenziert werden, ist eine der zentralen Leistungen der

© Springer Fachmedien Wiesbaden GmbH, ein Teil von Springer Nature 2019
L. Grünewald-Schukalla et al. (Hrsg.), *Musik und Stadt*, Jahrbuch für Musikwirtschafts- und Musikkulturforschung, https://doi.org/10.1007/978-3-658-23773-8_15

Publikation. So gelingt es Manske, die Vielzahl der Diagnosen plausibel auf drei Positionen zu verdichten und sie als *„Unternehmer-"*, *„Opfer-"* und *„Komplizenthese"* zu pointieren. Demnach werden Künstler und Kreative in einem Diskussionsstrang, der sich wesentlich aus dem Unternehmerbegriff Joseph Schumpeters, Richard Floridas Analysen zur „Creative Class" und nicht zuletzt dem neoliberalen politischen Diskurs um die KuK speist, als innovative *„Unternehmer"* und als solche zu Vorreitern einer Wissensökonomie und volkswirtschaftlichen Hoffnungsträgern erhoben. Konträr dazu steht die Betrachtung von Künstlern und Kreativen als *„Opfer"* von Prekarisierung und damit als Vorreitern von deregulierten, sozial unsicheren Arbeits- und Lebensverhältnissen – eine Perspektive, die speziell auf Ergebnisse der soziologischen Ungleichheitsforschung und namentlich u. a. auf Arbeiten von Pierre Bourdieu sowie aktueller von Pierre-Michel Menger rekurriert. Die dritte Position nährt sich schließlich vorrangig aus Luc Boltanskis und Ève Chiapellos Kapitalismusanalysen, Michel Foucaults Gouvernementalitätsstudien sowie daran anschließenden Untersuchungen zu Subjektivierungsformen und -weisen als „unternehmerisches Selbst" (Bröckling) und „kreatives Subjekt" (Reckwitz). Nach dieser Lesart tragen Akteur_innen künstlerisch-kreativer Erwerbsfelder durch „Selbst-Unterwerfung unter neue kulturelle und ökonomische Imperative" (S. 16) maßgeblich dazu bei, „soziale Unsicherheiten gesellschaftsfähig zu machen" (ebd.) und agieren mithin als *„Komplizen"* des flexiblen Kapitalismus.

Ausgehend von der Frage, inwieweit die vorhandenen Deutungsangebote die soziale Praxis adäquat erfassen, widmet sich Manske der empirischen Untersuchung der Arbeits- und Sozialverhältnisse in der KuK. Soziologisch aufschließen will sie damit zuvorderst, welche Subjektivierungsweisen die Akteur_innen tatsächlich in Anschlag bringen, um ihre Ideen von künstlerisch-kreativer Arbeit zu verwirklichen, auf welche strukturellen Bedingungskonstellationen und Hindernisse sie hierbei stoßen und vor allem, welche handlungsstrategischen Kompromisse sie machen, um sich mittels Arbeit einen bestimmten sozialen Status zu verschaffen (S. 19). Kapitel 3 erläutert den hierfür gewählten konzeptionellen Zugang. Dieser kombiniert Bourdieus praxeologischen Ansatz einer Feldanalyse mit einem Rekurs auf Foucaults Spätwerk, wobei die Autorin speziell dessen Terminus der „Entunterwerfung" für die Untersuchung fruchtbar zu machen sucht. Handelt es sich insgesamt zweifelsohne um eine anspruchsvolle Anlage, wird diese indes auch für sozialtheoretisch weniger versierte Leser_innen nachvollziehbar dargelegt und zumindest insofern plausibel, als sie im Kern auf die klassische Herausforderung soziologischer Forschung abhebt, den Zusammenhang zwischen strukturellen Bedingungen und sozialen Praktiken zu erhellen. Kapitel 4 beschreibt das methodische Design der empirischen Untersuchung, die als ethnografisch inspirierte Feldforschung verschiedene qualitative Verfahren kombiniert und einsetzt.

Die Ergebnisdarstellung eröffnet Manske in Kapitel 5 mit einer „allgemeine[n], empirische[n] Bestandsaufnahme der Arbeits- und Sozialverhältnisse in der Kultur- und Kreativwirtschaft" (S. 30). Unter Rekurs auf die in Kapitel 2 vorgestellten Deutungsangebote entfaltet sie als ersten zentralen Befund, dass zwischen der politökonomischen Installierung der KuK, wie sie in der vorgestellten „Unternehmerthese" zum Ausdruck kommt, und den real existierenden Arbeitsverhältnissen eine deutliche Diskrepanz besteht. In den Kapiteln 6 bis 9 wird die Untersuchung dann sowohl räumlich als auch in Bezug auf die Erwerbsfelder spezifiziert. So kapriziert sich die Analyse hier auf den Untersuchungsort Berlin und die Designbranche, innerhalb derer die Erwerbsfelder Kommunikations- und Modedesign differenziert und vergleichend betrachtet werden. Ungeachtet dessen, dass sich auch andere KuK-Teilbranchen (wie etwa die Musikwirtschaft) für eine entsprechende Analyse angeboten hätten, erscheint eine solche Eingrenzung unerlässlich. So wäre in Anbetracht der Heterogenität des Branchenkonglomerats KuK, das sich qua definitionem aus elf Teilbranchen zusammensetzt und mithin unzählige Berufsgruppen und Erwerbsfelder umfasst, der Anspruch vermessen, auf der branchenübergreifenden Ebene ein vergleichbar differenziertes Verständnis der herrschenden Arbeits- und Sozialverhältnisse entwickeln zu wollen bzw. zu können.

Wie im abschließenden Kapitel 10 deutlich wird, weisen Manskes teilbranchenspezifische Befunde gleichwohl auch Erklärungspotenziale für andere KuK-Branchen bzw. den übergeordneten Gegenstand der Studie, den Strukturwandel von künstlerisch-kreativer Arbeit in seiner arbeitsgesellschaftlichen Dynamik, auf. Zentral ist in diesem Zusammenhang Manskes Beobachtung, dass sich in künstlerisch-kreativen Erwerbsfeldern offenbar „hybride Arbeitsformen und Positionierungsstrategien" (S. 359ff.) herausbilden, die nach Meinung der Autorin über die vergleichsweise klar gefassten Grenzen bisheriger Deutungsangebote (Opfer-, Komplizen- und Unternehmerthese) hinausgehen. In der Konsequenz soll die Studie dann auch als eine „empiriebasierte Kritik an einseitig überspitzten Vorreiter-Annahmen" (S. 375) gelesen werden: Weder die Diagnose, dass Kreative kapitalistisch vereinnahmte Subjekte oder Opfer einer prekären Lebenswelt seien, noch ihre Inszenierung als innovative Unternehmer sei die realitätsnahe und analytisch weiterführende Interpretation, sondern vielmehr die Frage nach ihrer spezifischen Verschränkung resümiert die Forscherin (ebd.). Entsprechend plädiert sie auch nicht für eine radikale Abgrenzung von den drei etablierten Deutungsangeboten, sondern vielmehr dafür, sie „ein Stück weit zu relativieren, partiell miteinander zu verschränken und konzeptionell zu öffnen" (ebd.). Der Umsetzung dieses Plädoyers widmet sich das Teilkapitel 10.3, in dem Manske ihren Befund der „hybriden Konstellationen" weiterführend entfaltet. Dies scheint empirisch tatsächlich geboten und stellt insofern eine konstruktive Ergänzung der vorhandenen Deutungsrahmen dar, als sie darauf zielt, abseits eindeutiger Theoretisierung die soziale Wirklichkeit weiter zu differenzieren und vor allem auch in ihrer praktischen Widersprüchlichkeit aufzuschließen (S. 367ff.).

Inwiefern die Studie dem Anspruch gerecht wird, damit nicht nur Gesellschafts-, sondern auch Kapitalismuskritik zu leisten, hängt von der subjektiven Lesart ab. Anknüpfungspunkte für diesbezüglich divergente Beurteilungen liefert last but not least der das Buch abschließende Ausblick, in dem Manske dieses Bemühen im Kontext ihrer Befunde und mit Blick auf identifizierte Herausforderungen für künftige arbeits- und ungleichheitssoziologische Forschung explizit diskutiert.

Empfohlen sei dieses Buch zunächst all jenen Personen, die an einer theoretisch, methodisch und empirisch fundierten Zeitdiagnose zu künstlerisch-kreativer Arbeit interessiert sind. Zu diesen sollten Musikkultur- und Musikwirtschaftsforscher_innen ebenso zählen wie jene, die es werden wollen. „*Kapitalistische Geister in der Kultur- und Kreativwirtschaft*" ist zudem eine empfehlenswerte Lektüre für kritische Köpfe nicht nur jeglicher (sozial- und kultur-)wissenschaftlicher Disziplinen, sondern auch für Künstler und Kreative sowie für Menschen, die sich über den sozialen Status und die gesellschaftliche Position dieser Berufsgruppe sowie diesbezügliche Dynamiken informieren wollen. Etwa weil sie mit Blick auf die skizzierten Vorreiter-Annahmen hier zukunftsweisende Befunde betreffend der über die KuK hinausgehende Frage nach der „(neoliberalen) Durchökonomisierung der Gesellschaft" (S. 398) suchen, die, wenn man Manske folgen mag, noch keineswegs abschließend beantwortet, sondern durchaus noch umkämpft ist.

▶ Manske, A. (2016). Kapitalistische Geister in der Kultur- und Kreativwirtschaft. Kreative zwischen wirtschaftlichem Zwang und künstlerischem Drang. Bielefeld: transcript.
ISBN: 978–3-8376-2088-7

Veranstaltungsbesprechungen

Drei Jahre Most Wanted: Music
Das Branchenevent der Berlin Music Commission

16

Lorenz Grünewald-Schukalla, Martin Lücke und Carsten Winter

Seit einigen Jahren Jahren treffen sich die Akteur_innen der Berliner Musikwirtschaft mit Akteur_innen aus angrenzenden Branchen und aus dem Ausbildungs-, Hochschul- und Forschungsbereich bei der *MOST WANTED: MUSIC #convention (MW:M)*. Das 2014 erstmals von der *Berlin Music Commission* (BMC) veranstaltete Event steigerte dabei seine Besucherzahlen von anfangs 300 kontinuierlich auf inzwischen über 1.200 (2016) Gäste. Die MW:M punktet vor allem als Netzwerk- und Vernetzungsveranstaltung, auf der sich die unterschiedlichsten Teilnehmer_innen über die vielfältigsten Entwicklungen in der Musikbranche informieren, sich miteinander vernetzen und sich außerdem in Workshops neue insbesondere digitale Kompetenzen aneignen konnten. Ein besonderes Merkmal dieses Branchenevents ist dabei die hervorragende Integration von Forschung und Ausbildung, die hier in der Rückschau dann auch im Fokus steht.

Die erste MW:M im Berliner *Frannz Club* eröffnete 2014 mit einem von der GMM organisierten Impulsvortrag von Janina Klabes, ehemals Clustermanagerin des *Clustermanagements Musikwirtschaft in Mannheim und Region*. Unter dem Motto „Die Geister, die ich rief. Die Zahlen, die ich wollte" fragte sie, wie die Wertschöpfung einer Musikwirtschaft konzeptualisiert und legitimiert werden kann, wenn die zentralen wertschöpfenden Akteur_innen keine industriellen Tonträgerunternehmen mehr sind. Wie können die neuen Organisationsformen von Musikwirtschaft und Musikkultur sichtbar evaluiert und entwickelt werden? Sie stellte zwei Formen der Entwicklung urbaner Musikwirtschaften in den Mittelpunkt: Top-down – das Beispiel Mannheim – und Bottom-up, die Variante der Berliner. Diese Frage hat nichts an ihrer Aktualität eingebüßt.

Laut Klabes, die Forschungsprojekte zu beiden Städten kennt, lassen sich Berlin und Mannheim als idealtypische Fälle urbaner Organisation von Musikwirtschaft betrachten. Dabei steht Berlin mit den gewachsenen Strukturen verschiedener Netzwerke für Bottom-up-Prozesse auf der einen und das strategisch durch die

Politik mitentwickelte Vier-Säulen-Modell der Mannheimer Musikwirtschaft für eine Organisation nach dem Top-down-Prinzip auf der anderen Seite. Ihr Vortrag war für die folgenden Panels und Präsentationen des Konvents ein Impuls, darüber nachzudenken, was und wie beide Städte und ihre Netzwerke voneinander lernen können, damit effizientere Prozesse zwischen Top-down- und Bottom-up-Organisation realisiert und kommuniziert werden können.

Im Anschluss an den Eröffnungsvortrag bot die MW:M 2014 ein vielfältiges Programm, bei dem es nicht leicht war, sich zwischen den vielfältigen Angeboten zu entscheiden. Zu den beliebten Veranstaltungen im Programm gehörten Fallstudien zur Selbstvermarktung unabhängiger Musiker_innen und Labels mit *YouTube* sowie das Panel *Battle der Musikredakteure*. Hier wurde deutlich, welche grundlegenden Herausforderungen die digitale Transformation der Medienwirtschaften noch immer für musikbezogene Organisationen und Musiker_innen darstellt. Im Kontext *YouTubes* wurde deutlich, dass eine Musikwirtschaft ohne das entstehende Ökosystem um *Googles* Medienplattform nicht mehr denkbar ist. Die präsentierten Fallbeispiele verdeutlichten, dass sich Strategien des Musikmarketings immer mehr an aktiveren Fans, aber auch an neuen Akteur_innen der *YouTube*-Ökonomie wie Marken und *YouTube*-Netzwerke orientieren müssen. Ähnlich stellte sich dies im Panel der Musikredakteur_innen dar: Christian Meier (*MEEDIA*) moderierte geschickt durch die Diskussion, bei der vor allem anhand der entgegengesetzten Positionen von Carlo Wittek (*Vevo*) und Rabea Weihser (*Zeit Online*) deutlich wurde, wie Deutungshoheiten zwischen Fans und Musikjournalist_innen neu verhandelt werden.

Den Abschluss des inhaltlichen Programms bildete der von Sören Birke und Aljoscha Paulus moderierte Workshop *Musik 2020 Berlin – Ein Ergebnisabgleich*. Paulus unterzog einleitend die gleichnamige, im Jahr 2010 von *BMC*, *Clubcommission* und *LabCom* initiierte Kampagne zur Entwicklung des Musikstandortes Berlin einer kritischen Würdigung, in der er vor allem auch Lob verteilte, dass es den Akteur_innen immer auch gelang, sich gemeinsam politisch zu organisieren. Im Anschluss erhielten die anwesenden Mitglieder der Netzwerke die Chance, in Arbeitsgruppen selbst Zwischenbilanzen im Hinblick auf die in der Kampagne vereinbarten Ziele und Ergebnisse zu erarbeiten und dann gruppenübergreifend zu diskutieren. Dabei ging es nicht nur darum, herausragende Resultate wie etwa die Gründung des *Musicboard Berlin* mit den 2010 formulierten Vorhaben und Ansprüchen abzugleichen, sondern auch noch nicht erreichte Ziele sowie neu hinzugekommene Bedarfe zu identifizieren und zu diskutieren.

Ein Jahr später weitete die Berlin Music Commission die MW:M aufgrund ihres Erfolges auf zwei Tage aus. Neben der Convention – seit 2015 im Haus Ungarn am Alexanderplatz – gab es samstags zahlreiche Satellitenveranstaltungen in der ganzen Stadt. Mit auf dem Programmpunkt standen Themen wie die Möglichkeiten der Monetarisierung von Musik im neuen *YouTube*-Ökosystem, der die Perspektiven der *YouTube*-Veranstaltung aus dem Vorjahr weiterentwickelte, sowie ein Workshop, bei dem sich die Teilnehmer_innen Strategien zur Vermarktung von Musik in den immer wichtiger werdenden Streaming-Playlists aneignen konnten. Damit zeigte die MW:M, dass sie den aktuellen Wandel der Musikwirtschaft hin zu neuen Formaten, Partner_innen und Lizensierungsmöglichkeiten erkannt hat und diese Entwicklungen mit ihren Mitgliedern treiben will. Erstmals auf dem Programm standen auch Fragen zur Ausbildung von Musikmanager_innen und Künstler_innen. So diskutierten Vertreter_innen des Musikernetzwerks *Musik erlaubt*, der *Hochschule Macromedia*, der *Hochschule der populären Künste* (HdpK) sowie der Universität der Künste unter dem Motto „Insider Perspektive", wie man Studierende besser ausbilden und miteinander vernetzen kann.

2015 organisierte die *GMM* erstmals ein wirtschaftlich orientiertes Nachwuchsprogramm auf der MW:M. Beim *New Music Business Models Contest* konnten Nachwuchsgründer_innen ihre musikbezogenen Geschäftsideen vorstellen und ein einjähriges Mentoring gewinnen. Die einzige Bedingung war, dass das Projekt noch nicht aus der Entwicklungsphase erwachsen sein und keine Investor_innen haben durfte. Drei ausgewählte Teams pitchten dann ihre Businesspläne vor einer Jury aus Berliner Musikwirtschaftsexpert_innen, die im Anschluss Feedback gaben und darüber hinaus für den Verlauf eines Jahres für Mentoringgespräche und weitreichende Vernetzungen zur Verfügung standen. Die Gewinner_innen des Contests waren das Team um *Pindar*, ein App-Konzept, dessen Nutzer_innen trotz räumlicher Trennung gemeinsam Musik hören und ihre Erfahrungen austauschen können, *TINT*, eine Kollaborations- und Vernetzungsplattform für Kreative, sowie *Resonate*, ein neuer Musikstreamingdienst, der nicht Investor_innen, sondern, genossenschaftlich organisiert, seinen Mitgliedern gehört. Das Mentoringprogramm hat sich gelohnt: Die App des Teams Pindar steht bereits unter dem Namen *dö* im App Store zum Testen bereit.

2016 baute die MW:M ihre Aktivitäten mit 110 Speaker_innen, 45 Sessions und über 25 Satellitenevents sowie etwa 1.200 Teilnehmer_innen noch einmal deutlich aus. Erneut engagierte sich die *GMM* für den Nachwuchs in der Musikwirtschafts- und Kulturforschung. Beim *GMM Best Paper Award* wurden in zwei Kategorien (Bachelor und Master) sowie mit zwei Sonderpreisen innovative wissenschaftliche oder angewandte Arbeiten ausgezeichnet. Eine Jury aus Wissenschaft und Praxis – bestehend aus Prof. Dr. Rolf Budde (*Budde Music*), Anita Carstensen (*public link*), Björn Döring (*Reeperbahn Festival*), Olaf Kretschmar (*BMC*), Tom Kurth (*Native Instruments*) und Prof. Dr. Martin Lücke (*Hochschule Macromedia*) – beurteilte dabei Abschlussarbeiten hinsichtlich ihrer wissenschaftlichen Qualität und ihrer

Anwendbarkeit. Prämiert wurden dabei die Bachelorarbeit von Laura Weinert (*Hochschule für Musik, Theater und Medien Hannover*) über das ästhetische Kriterium der Authentizität in der Popmusik, die Masterarbeit von Marco Räuchle (*Popakademie Baden-Württemberg*) über Informationsbedarfe, -angebote und -validierung zwischen Musikschaffenden und der *GEMA* sowie Luise Wolfs (*Humboldt-Universität zu Berlin*) Sound Study zu Drone-Musik. Ein Sonderpreis für die beste Anwendbarkeit erhielt Aaron Röver (*Universität Siegen*) mit einer Arbeit über die Blockchain in der Musikindustrie.

Nach dem *GMM Best Paper Award* fand ein durch die *GMM* präsentierter und von Carsten Winter moderierter Professionalisierungs-Round-Table statt. Hier hatten Besucher_innen die Chance, die Professionalisierung der Ausbildung für Musikberufsfelder mit Vertreter_innen verschiedener Branchen der Musikwirtschaft sowie aus der Musikwirtschaftsforschung und -lehre zu diskutieren. Geleitet wurden die jeweiligen runden Tische von Vertreter_innen der Berufsfelder und der zuständigen Disziplinen *Journalismus* (Tim Taler und Prof. Dr. Thomas Becker), *Live* (Sören Birke und Prof. Dr. Martin Lücke), *Musikverlag* (Prof. Dr. Rolf Budde und Prof. Robert Lingnau), *Label* (Fred Casimir und Aljoscha Paulus) und *Kreative* (Søren Janssen und Prof. Dr. Carsten Winter). An mehreren Tischen wurde produktiv mit Branchenakteur_innen und interessierten Studierenden und Nachwuchskräften über die Entwicklung der Ausbildung und die Herausforderungen verschiedener Berufsfelder der Musikwirtschaft diskutiert. So kamen Themen und Herausforderungen wie das Management der Wertschöpfungsnetzwerke von Kreativen oder die Diskrepanz zwischen dem Image von Musikverlagen als klassische Papierverleger und den tatsächlichen Geschäftsfeldern moderner Verlage zur Sprache, die ihre Aktivitäten über digitales Management und Künstler_innenentwicklung differenziert haben. Die Ergebnisse der Diskussionen wurden abschließend von teilnehmenden Studierenden dem Plenum präsentiert.

Die Nachwuchsförderung war auf dieser MW:M aber nicht nur für Wissenschaftler_innen ein Thema. Ein Satellitenevent der *HdpK* stellte ein Programm für junge Künstler_innen auf die Beine, die ihre Zusammenarbeit mit dem Radio verbessern wollten. Auf der Bühne der *HdpK* in der Potsdamer Straße versammelten sich dazu eine ganze Reihe Berliner Musikredakteur_innen, die im Beisein der Bands deren Musik unter die Lupe nahmen und kritische Hinweise und Tipps für die Bemusterung und das Songwriting gaben.

Konferenz der Intermediäre?
Das Reeperbahnfestival zwischen Showcases und Business-Netzwerken

17

Lorenz Grünewald-Schukalla und Georg Fischer

Wer sich in Deutschland mit Musikwirtschaft und Musikkultur beschäftigt, egal ob aus der Perspektive der Forschung oder Praxis, kommt seit einigen Jahren an einem Ereignis sicherlich nicht vorbei: Am Reeperbahnfestival, DEM Hamburger Musikindustrietreffen und Musikfestival, bei dem Networking, Konzertgenuss und die Diskussion und Weiterführung von Themen der Musikwirtschaft und Musikkultur Hand in Hand gehen.

Zu Beginn des Events waren wir zunächst dankbar für die gelungene Festival-App, mit der sich aus dem breiten Programm an Vorträgen, Panels und Präsentationen ein eigener Reeperbahn-Timetable zusammenzustellen ließ. Hier konnte man auch die Gesellschaft für Musikwirtschafts- und Musikkulturforschung (GMM) finden, denn wir durften uns freuen, als Partner des Festivals nicht die Jahreshauptversammlung der GMM im Kontext der Hamburger Musikkultur organisieren zu können, sondern auch programmatisch aktiv zu werden: Ein Vortrag von Carsten Winter zu „Smart Music Cities" sowie das durch die GMM besetze Panel zum gleichen Thema beschäftigten sich mit den Herausforderungen und Potenzialen urbaner, vernetzter Musikwirtschaften für Städte.

Auch für uns als Konzertfans stellte die App einen Mehrwert dar, z. B. wenn das Smartphone vor Einlassstopps der leider oft überfüllten Konzerte und Showcases warnte. So war es dann dennoch möglich auf Programmänderungen zu reagieren und den Flow des Festivals aufrecht zu erhalten. Neben starken Konzerten von Senkrechtstarter-Bands wie Wanda (Wien) konnten wir auch die etwas abseits gelegenen, kleineren Gigs entdecken, als die Kiezbühnen *Docks* oder die *Große Freiheit* schon längst dicht waren. Herausragend waren dabei die Showcases der Netzwerkorganisationen aus Berlin (*Berlin Music Commission*) und Mannheim (*Clustermanagement Musikwirtschaft*) aber auch die von Unternehmen wie *Spotify*, die mit authentischen Künstler_innen wie *Laura Carbone* (Mannheim) oder *Kid Astray* (Norwegen) begeistern konnten.

© Springer Fachmedien Wiesbaden GmbH, ein Teil von Springer Nature 2019
L. Grünewald-Schukalla et al. (Hrsg.), *Musik und Stadt*, Jahrbuch für Musikwirtschafts- und Musikkulturforschung, https://doi.org/10.1007/978-3-658-23773-8_17

255

Auf Seiten der Musikwirtschaft, quasi dem ‚ernsten' Teil des Festivals, wurden wir ebenfalls nicht enttäuscht. Gerade Panels und Vorträge zu den Möglichkeiten neuer Streaming-Medien bargen viele neue Erkenntnisse über die aktuellen Wandlungsprozesse der Ökosysteme für Musik. So wurde deutlich, wie sich datengetriebene Werbestrategien und neue Praktiken der Organisation und Nutzung von Musikdatenbanken verbinden, wenn Werbung auf einmal nicht mehr an prominente Künstler oder die mit zielgruppenspezifischen Hoffnungen verbundenen Genres geheftet wird. So konnten wir lernen, wie die Musik-Strategien von Werbern immer mehr dahin tendieren, sich an Stimmungen, Aktivitäten und die immer beliebteren Playlists der Streaming-Dienste zu heften und Marken gezielt an Kontexte wie Kochen, Freunde treffen oder – wie könnte es anders sein – Romantik zu heften.

Andere Veranstaltungen der Business-Seite des Festivals waren dann weniger informativ, dafür aber umso unterhaltsamer: Dave Steward, seines Zeichens Teil des Duos *Eurythmics* mit Sängerin *Anni Lennox* und Autor des tausendfach gecoverten Hits *Sweet Dreams* – überzeugte weniger mit klugen Analysen, als mehr mit illustren Geschichten seiner Biographie als Musicpreneur; beispielsweise wie er Ende der 1990er Jahre versuchte, Ikonen wie *Dr. Dre* oder *Stevie Wonder* im New Yorker Vorstandsaal der Deutschen Bank von der Transformationskraft des Internets für die Musikindustrie zu überzeugen – über den Erfolg seiner Bemühungen schwieg er sich letztlich aber aus.

Ein anderer Schwerpunkt des Reeperbahnfestivals lag auf der musikwirtschaftlichen Verwertung von Copyrights und der derzeitig stattfindenden Harmonisierung des europäischen Urheberrechts. Heiko Maas, der Bundesminister für Justiz und Verbraucherschutz, war für eine Keynote angekündigt, sagte aber bedauerlicherweise kurzfristig ab. Stattdessen kam der Bundestagsabgeordnete Ulrich Kelber, der in seiner Rede die Maxime „Vergüten statt verbieten!" in den Vordergrund stellte. Damit zielte er vor allem auf die durch die Digitalisierung veränderte Situation bei der Bereitstellung und Verwertung von Musikstücken durch Downloads und Streaming. Kelber hob dabei die Verantwortung hervor, die den Akteuren der Musikwirtschaft und den Verwertungsgesellschaften gegenüber den „Prosumenten" zuteilwerde und mahnte an, dass die Komplexität des Urheberrechts entscheidend dafür sei, wie gut es im Alltag funktioniere: je schwerer das Urheberrecht von Nutzern nachzuvollziehen sei, desto weniger würde es von ihnen akzeptiert werden. Gleichzeitig gab der SPD-Abgeordnete auch zu bedenken, dass Datenschutz und Persönlichkeitsrechte einen höheren Stellenwert bei den Überlegungen genießen sollten – egal, wie verlockend die Verwertung von Big Data auch sei.

In einem anderen Panel ging es um die „Blurred lines with Sound alikes", also die rechtlichen Graubereiche im Musikmarketing. „Sound alikes" sind Musikstücke, die einem erfolgreichen Stück nachempfunden sind und daher sehr ähnlich wie das Original klingen. Sound alikes werden in der Regel eingesetzt, wenn die Originalrechte eines Lieds z. B. für eine Verwendung in einem Werbespot nicht geklärt werden können. Die Teilnehmer_innen des Panels, allesamt Vertreter der Branche, hoben die Relevanz von Sound alikes für die Werbeindustrie hervor. Der Grund für den Erfolg von Sound alikes ist rechtlich und ökonomisch begründet: das Budget für einen Werbespot sieht in der Regel nur einen geringen Betrag für Musiklizensierungen vor, der aber in starkem Kontrast mit den hohen Lizenzforderungen stehe.

Neben den vielen positiven Learnings gab es am Ende dann aber doch noch einen Wehrmutstropfen: Wir waren enttäuscht über die fehlenden Musiker_innen in den Panels der Musikwirtschaft. So waren die Bühnen des Konferenz-Streams „Music & Brand Partnerships" durchaus prominent und vielschichtig besetzt. Letztendlich fehlten aber vor allem die Akteur_innen, die den Marken ihre begehrte Musik liefern. Viel konnte über die Aktivitäten und Strategien von Verlagen, Labels, Werbe-und PR-Agenturen gelernt werden. Auch informative Einführungen in die Branding-Strategien von Marken wie der *Telekom* oder *Audi* boten hervorragende Einblicke, bei denen die anwesenden Panelist_innen jederzeit offen für Fragen und Anmerkungen waren. Diese Fragen wurden oft von Künstler_innen gestellt, die sich jedoch fast ausschließlich im Publikum befanden. Selbst bei innovativen Formaten wie dem Panel „Brand Partnerships on Trial", bei dem laut Ankündigung die gesamte Wertschöpfungskette einer Markenkooperaton durch Jurist_innen verhört werden sollte, fehlten gerade die Marken und die Künstler_innen. Somit hinterließ die Besetzung der Business-Panels den Eindruck, dass es vor allem um die Intermediäre dieser Musikwirtschaft ging, die freilich wenig Probleme hatten, für „ihre" nicht anwesenden Künstler_innen zu sprechen. Letzteren schien man vor allem die Showcases am Abend überlassen zu wollen.

Ausnahmen bestätigen die Regel: Beim Podium zur Frage von Haltung durften auch Musiker_innen diskutieren. Interessant waren hier vor allem die Anmerkungen der Berliner Rapperin *Sookee* zu einem markengetragenen Musikmarkt. Sie stellte aus ihrer Perspektive sehr differenziert dar, dass bei Partnerschaften nicht nur wirtschaftliche Zwänge und Möglichkeiten für Künstler_innen von Bedeutung sind, sondern dass immer auch politische und gesellschaftliche Werte in diesen Deals verwoben werden, die keine geringen Risiken für die Integrität von Künstler_innen darstellen und die durchaus Potenzial für Gesellschafts- und Kapitalismuskritik entfalten können.

Den gelungenen Abschluss des Festivals stellte dann überraschenderweise kein Showcase der Reeperbahn dar. Etwas abseits der Party-Meile und fernab von Networking- und Business-Praktiken wurden wir zu einem Secret Gig der *Sofar Sounds* eingeladen. Hier gab es keine Festivalbesucher_innen, sondern nur Freunde und

Bekannte der anwesenden Independent-Bands. Auf Kissen sitzend konnten wir die intime Musik genießen und den Künstler_innen ihr Taschengeld in den Hut werfen.

Räume, Märkte, Szenen.
Neue Arbeiten zur Popgeschichte.
Workshop des Zentrums für Zeithistorische Forschung und des Exzellenzclusters Bild, Wissen, Gestaltung

Lorenz Grünewald-Schukalla

Am 15. April 2016 fand in den Räumen des Exzellenzclusters Bild, Wissen, Gestaltung der Humboldt Universität Berlin der Workshop Räume, Märkte, Szenen. Neue Arbeiten zur Popgeschichte statt. Anlass für den vom Exzellenzcluster und dem Zentrum für Zeithistorische Forschung Potsdam (ZZF) organisierten Workshop war laut Bodo Mrozek, Initiator des Workshops, die bereits zwei Jahre zurückliegende Veröffentlichung zweier Bände zum Thema Popgeschichte im transcript Verlag.

Eröffnet wurde der Workshop von Jürgen Danyel und Bodo Mrozek sowie vom im Programm sogenannten Sympathisanten der hier anwesenden Pop-Historiker Daniel Morat. In seiner klugen Rezension der oben genannten Bände zur Popgeschichte stellte er ausgehend von Diedrich Diederichsens Definition von Pop-Musik als „Zusammenhang aus Bildern, Performances, (meist populärer) Musik, Texten und an reale Personen geknüpfte Erzählungen" für die Historiker die Frage, ob und wie sich ein solcher Pop-Begriff eigne, um die Transformationen und Zäsuren populärer Kulturen sowie von Pop-Kultur historisch zu erforschen. Stefan Krankenhagen (Universität Hildesheim) entgegnete, dass sich Pop-Kultur vor allem durch die Reflexivität ihrer Praktiken von den populären Kulturen unterscheide und dass eine historische Erforschung des Pop solche Reflexivitätsgrade berücksichtigen könne.

In den sich anschließenden drei Panels zu Räumen wie New York, London und Hildesheim(!), zu Pop als Wirtschaftsgeschichte sowie zu Pop als Jugendkultur stellten sowohl angehende Doktoranden als auch fortgeschrittene Forscher_innen einen erfrischenden Mix aus laufenden und abgeschlossenen Forschungsprojekten vor. So machte Christian A. Müller von der Goethe Universität Frankfurt für das Feld der Musikwirtschaftsforschung den Vorschlag, Pop nicht entweder als Wirtschafts- oder Kulturgeschichte zu verstehen, sondern interdisziplinär eine miteinander verkoppelte Wertschöpfungskette zu erforschen, die auch Zirkulations- und Rezeptionsmomente berücksichtige.

© Springer Fachmedien Wiesbaden GmbH, ein Teil von Springer Nature 2019
L. Grünewald-Schukalla et al. (Hrsg.), *Musik und Stadt*, Jahrbuch für Musikwirtschafts-
und Musikkulturforschung, https://doi.org/10.1007/978-3-658-23773-8_18

Neben den wissenschaftlichen Diskussionen gab es eine Besichtigung der Räume und Experimente des Clusters in der Sophienstraße sowie spannende Praxisbeiträge wie die Vorstellung und Diskussion einer Ausstellungsidee über Berliner Subkulturen zwischen Mauerfall und Wiedervereinigung durch das Archiv der Jugendkulturen. Abschließend gab es ausreichend Raum, auch Projektskizzen geplanter Dissertationen zu diskutieren.

Damit zeichnete sich der Workshop nicht nur durch die breite interessanter Themen und Projekte zur Popgeschichte aus, sondern durch die gewollte Offenheit für junge Forscher_innen, ihre Projekte zu entwickeln und sich mit etablierten Personen der Pop-Forschung zu vernetzten. Somit war der Workshop nicht nur inhaltlich, sondern auch für die disziplinäre und interdisziplinäre Vernetzung der Pop-Forscher_innen ein großer Mehrwert.

Das GMM Summer Institut (GMMSI) in Porto

19

Christine Preitauer

Das Summer Institute der Gesellschaft für Musikwirtschafts- und Musikkulturforschung (GMMSI) findet einmal jährlich in Porto statt. Am selben Ort, an dem auch die GMM im Jahr 2014 als gemeinnütziger Verein bei strahlendem Sonnenschein auf der Dachterrasse des Casa Dioscesana Seminário de Vilar von gegründet wurde.

Ziel des GMMSI ist eine inter- und transdisziplinäre Vernetzung interessierter Musikforscher_innen, um jeweils aktuelle Fragestellungen zu diskutieren. So hatte das erste GMMSI im Jahr 2015 *Musik, Stadt und Land* zum Thema, das zweite GMMSI stand unter dem Schwerpunkt *Musicpreneure* und das in diesem Jahr stattfindende dritte GMMSI beleuchtet *konzeptuelle und methodische Herausforderungen an der Grenze von Disziplinen*.

Im Rahmen des GMMSI ist ein Austausch mit etablierten Forscher_innen, Doktorats- und Master-Studierenden sowie Musikwirtschaftsakteur_innen gegeben, sodass im entspannten Flair der portugiesischen Stadt neue Kontakte in Wissenschaft und Praxis aufgebaut und vertieft werden können. Teilnehmer_innen haben die Möglichkeit, ihre eigenen Arbeiten vorzustellen und darauf vorbereitetes Feedback von anderen Teilnehmer_innen zu erhalten. Weiterhin werden im Rahmen der Kolloquien die Arbeiten mit Wissenschaftlicher_innen und Entscheidungsträger_innen der Musikwirtschaft diskutiert. Mit den Musikwirtschaftsakteuren findet außerdem ein Panel zu aktuellen Herausforderungen der Branche statt.

19.1 Das 1. GMMSI im Jahr 2015 – „Musik, Stadt und Land"

Mit 21 Teilnehmer_innen begann am 1. September 2015 das erste Summer Institute in Porto unter dem Thema „Musik und Stadt". Verschiedene Akteure aus Forschung, Musikwirtschaft und Institutionen hatten sich im Seminário de Vilar

© Springer Fachmedien Wiesbaden GmbH, ein Teil von Springer Nature 2019
L. Grünewald-Schukalla et al. (Hrsg.), *Musik und Stadt*, Jahrbuch für Musikwirtschafts- und Musikkulturforschung, https://doi.org/10.1007/978-3-658-23773-8_19

eingefunden. Neben GMM-spezifischen Meetings standen Panels, Kolloquien und Vorträge auf dem Programm. Die wissenschaftliche Leitung lag in diesem Jahr bei Prof. Dr. Carsten Winter und Prof. Dr. Martin Lücke.

Eröffnet wurde das 1. GMMSI von Prof. Dr. Carsten Winter, der nach einer kurzen Begrüßung seinen Vortrag zum Thema *Städtische Musiknetzwerke für eine intelligentere, inkludierendere und nachhaltigere Werte-Schöpfung im Pluralen Sektor* hielt. Anschließend verglich Dr. Matthias Rauch *Music City Konzepte von Mannheim, Toronto & Adelaide.* Jasper A. Friedrich referierte über den *Wandel von Wirtschaft und Marktmacht im Musikbusiness durch Digitalisierung Entprofessionalisierung.* Zum Abschluss stellten Yao Houphouet und Frederik Timme die Ergebnisse ihres Projekts vor: *Musik und Land. Reflektion und Evaluation des Projektes Create Music.* Im Anschluss an die halbstündigen Vorträge machten sich die Teilnehmer_innen auf, um die südländische Stadt zu erkunden.

Beim Kolloquium im Rahmen des 1. GMMSI stellten folgende Doktorats-Studierende ihre Forschungsvorhaben und Zwischenstände vor: Anita Jóri, Gunda Schwaninger, Lorenz Grünewald, Alexander Schories, Christian Rhein sowie Christopher Buschow.

Als Master- und Bachelorstudierende stellten Alexander Rühl, Christine Preitauer, Georg Fischer, Hanni Liang und Marcus Torke ihre Forschungsvorhaben zur Diskussion. Im forschungspraktischen Teil hielt Lorenz Gründewald einen Impulsvortrag zum Thema *Diskursanalyse(n). Verschiedene Typen und ihre Anwendung.* Weiterhin referierte Christopher Buschow zum Thema *Schreibprozesse und Arbeitsweisen.*

19.2   Das 2. GMMSI im Jahr 2016 – „Musicpreneure"

Das zweite Summer Institute der GMM fand vom 14. bis 20. September 2016 statt. 22 Teilnehmer_innen erwarteten spannende Vorträge, kritische Diskussionen und interessante Kolloquien. Das zentrale Thema in diesem Jahr: Musicpreneure. Die wissenschaftliche Leitung lag in diesem Jahr bei Univ.-Prof. Dr. M. Ahlers (Lüneburg), Univ.-Prof. Dr. Chr. Jacke (Paderborn) und Univ.-Prof. Dr. C. Winter (Hannover).

Nachdem Prof. Dr. Winter am ersten Tag die Runde begrüßt und um eine kurze Vorstellung gebeten hatte, eröffnete er das Summer Institute mit seinem Vortrag zum Thema *Smart Music Cities für alle – Musicpreneure und ihre Netzwerke* und regte sogleich im Anschluss eine interdisziplinäre Diskussion an. Nach der Mittagspause begann Holger Schwetter mit seiner „Kritik des Musicpreneurs", worauf im

Anschluss Robin Hofmann und Andreas Schoenrock einen Zwischenstand ihres Forschungsprojekts *ABC_DJ* vorstellten.

Am Freitag begannen die Promotionskolloquien, in denen die Doktorats-Studierenden ihre Forschungsvorhaben präsentierten, um darauf Feedback zu erhalten. Es begannen Christopher Buschow mit seinem fortgeschrittenen Dissertationsthema *Neue Organisationsformen des Journalismus*, Christian Rhein zu *Fassaden-Medien*, Lorenz Grünewald zur *Musikkultur der Marken* und Aljoscha Paulus zu seinem fortgeschrittenen Promotionsvorhaben *Organisiert Euch!* Moderiert wurde das Kolloquium von Prof. Dr. Matthias Welker. Nach der Mittagspause stellten Alexander Schories sein Promotionsvorhaben *Internationalisierung der Musikausbildung* und Josef Schaubruch das Thema *EDM und Liveness: Konzeption des Materialkorpus des Vorhabens* vor. Moderiert wurde von Prof. Dr. Michael Ahlers. Zuletzt präsentierten zwei weitere Doktorantinnen ihre Promotionsideen unter der Moderation von Prof. Christoph Jacke: Gunda Schwaninger zum Thema *Sciencepreneure – oder die Zukunft des digitalen Publizierens* und Felicitas Cardenas zu *Die Auswirkungen von Medieninnovationen auf die Musikindustrie am Beispiel des Video-Netzwerks YouTube*.

Am Samstag stellten die Studierenden Christine Preitauer, Sascha Ponikelsky und Philipp Strunk ihre Mastervorhaben zur Diskussion unter der Leitung von Christopher Buschow und Christian Rhein. Im Anschluss machten sich die Teilnehmer_innen auf, um im Rahmen einer *Worst Tour* die spannendsten Hotspots Portos zu erkunden, wobei unter anderem in einem von Musiker_innen besetzten Einkaufszentrum Halt gemacht wurde.

Wie auch im Vorjahr fand ein forschungspraktischer Teil mit einem Impulsvortrag statt, der von Gunda Schwaninger zum Thema *Research Gate & Co. Als wissenschaftliche Produktionsmittel* für alle Interessierten gehalten wurde. Schließlich standen die Räumlichkeiten im Seminário de Vilar für Gruppen- und Projektarbeit zur Verfügung, um die eigene Arbeit nochmal kritisch im kleinen Kreis zu reflektieren und weiterzuentwickeln.

Neben all den spannenden Vorträgen und Diskussionen bleibt beim GMM Summer Institute stets ausreichend Zeit, um in entspannter portugiesischer Manier einen Espresso und ein *Pastéis de Nata* auf der sonnigen Terrasse mit Meerblick zu naschen, einen Ausflug zum Strand zu machen und in die Wellen zu springen oder bei „Mama" im Tapas-Restaurant um die Ecke eine köstliche Einführung in die einheimische Küche zu genießen.

The manufacturer's authorised representative in the EU is Springer
Nature Customer Service Centre GmbH, Europaplatz 3, 69115 Heidelberg,
Germany. If you have any concerns regarding our products, please
contact ProductSafety@springernature.com

Printed and bound by CPI Group (UK) Ltd, Croydon, CR0 4YY
27/04/2026
02097655-0002